동아시아 근대 역사학과 한국의 역사인식

동아시아 근대 역사학과 한국의 역사인식

초판 1쇄 발행 2013년 6월 30일
초판 2쇄 발행 2014년 7월 10일

편저자 ㅣ 이신철
펴낸이 ㅣ 윤관백
펴낸곳 ㅣ 선인

등록 ㅣ 제5-77호(1998.11.4)
주소 ㅣ 서울시 마포구 마포동 324-1 곱마루빌딩 1층
전화 ㅣ 02)718-6252 / 6257
팩스 ㅣ 02)718-6253
E-mail ㅣ sunin72@chol.com
Homepage ㅣ www.suninbook.com

정가 36,000원
ISBN   978-89-5933-633-3   93900

· 저자와 협의에 의해 인지 생략.
· 잘못된 책은 바꿔 드립니다.

* 이 책은 2010년도 정부재원(교육과학기술부 인문사회연구역량강화사업비)으로 한국
  연구재단의 지원을 받아 연구되었음(NRF-2010-413-A00003).

동아시아 근대 역사학과 한국의 역사인식

이신철 편저

선인

서문

근대 역사학의 재조명을 시도하며

연구자라면 누구나 연구사 정리를 하게 마련이지만, 사학사를 연구 대상으로 하는 일은 그렇게 쉽지 않다. 아마도 자기 주제 이외의 영역에 대한 논평을 해야 하는 데 따른 부담감과 은사나 선배 연구자들에 대한 비판이 포함되어야 하는 불편함 탓일 것이다. 그런 연유에서인지, 역사학계에서 사학사 연구는 대부분 은퇴하신 대가들의 몫이 되어버렸다고 해도 과언이 아니다. 게다가 근대이후의 사학사를 논할 때면, 식민사관 극복과 민족주의 역사학에 대한 '이해'가 전제되어야 한다.

1990년대 말부터는 그러한 '거대담론'에 반발해 포스트모더니즘적 시각에서 근대 역사학을 재구성하려는 시도가 시작되었다. 또 한편에서는 근대 역사학을 통째로 신자유주의적 시각에서 재구성하려는 소위 '뉴라이트' 역사관이 등장하기도 했다. 이래저래 한국의 근대 역사학은 재검토의 대상이 된 상황이다. 그렇지만 그 구체적인 연구는 매우 부족한 실정이다. 또한 근대 한국의 사회적 변화와 지성사적 변화, 그리고 동아시아 지성의 흐름과의 관련 등 다양한 시각의 연구는 이제 겨우 발을 뗀 상황이라고 할 수 있다.

이러한 상황에 착목하여 성균관대학교 동아시아역사연구소에서는 '동아시아 지성의 계보와 역사인식'이라는 연구과제를 설정하였고, 한국연구재단에서도 연구의 필요성을 인정하여 2010년부터 중점연구소로 지정해 주었다. 이 과제는 3년씩 3단계로 구성되어 있는데, 각 단계는 대한제국, 일제시기, 해방이후라는 시기를 기준으로 나누어져 있다. 또 각 단계마다 앞의 2년은 주로 동아시아 지성의 흐름과 역사학이 어떠한 영향을 주고받는지에 초점이 맞추어져 있다. 마지막 1년은 실제로 역사학 텍스트를 분석하여 근대 역사학이 어떤 모습으로 만들어지고 변화해 왔는가를 살핀다. 최종적으로 마지막 3단계에서는 어디로 가야할지 대안까지 모색해 보는 데 목표를 두었다.

동아시아역사연구소는 2013년 8월로 연구 3년차를 마무리하면서 전체 3권의 총서를 기획 발간한다. 첫 번째 총서는 『서구학문의 유입과 동아시아지성의 변모』(2011)였다. 두 번째 총서는 『근대전환기 동·서양의 상호인식과 지성의 교류』(2013)이다. 두 권의 총서는 모두 근대지성이 어떻게 동양으로 이입되고, 일본을 거쳐 중국과 한국으로 전달되고 있는지, 그리고 그에 따른 변화의 양상이 어떠했는지의 문제를 다룬 것이다. 이 책은 세 번째 총서로 근대 역사학의 형성에 초점을 맞추었다. 구체적으로 동양 3국에서 근대 역사학이 어떻게 형성되었는지, 그리고 특히 한국에서 그것이 어떻게 수용되고 변용되고 있었는지를 밝힌 글들을 모았다.

책은 전체 3부로 구성되었다. 1부는 한·중·일 3국의 근대 역사학 형성을 역사인식과 사상사적인 측면에서 살펴보는 데 초점을 두었다.

이진일은 서양에서 근대 국민국가의 탄생과 함께 만들어진 '국사'가 동아시아로 어떻게 전이되고 있는 지를 다루었다. 그는 일본이 받아들인 '과학으로서의 역사학'이 랑케의 뒤를 이은 신랑케주의자들의 '세계정책'과 제국주의 이론을 바탕으로 한 것이었으며, 1887년 도쿄대 문과대학에 초빙된 역사학자 리스가 바로 그 신랑케주의자의 일원이었음을 추적하였다.

정현백은 서양 역사학이 한국으로 도입된 것이 반드시 일본을 통하여 진행된 것은 아니었다는 사실을 강조하고 있다. 그를 통해 한국과 일본 두 국가 모두 서양의 역사서를 수입하면서도 서로 다르게 변용하고, 종국에는 각자의 현실적 요구에 따라 각기 다른 방식으로 전유하는 과정을 거친다는 사실을 입증하고 있다.

이 같은 서양의 영향과는 별개로 스다 쓰토무는 일본의 전통적 요소 속에서 일본의 근대 침략주의가 발흥하고 있었음을 논증하고 있다. 그는 일본에서 형성된 '국사'가 가지는 배타성과 아시아 침략의 문제는 근대주의나 천황제만으로 설명될 수 없다고 주장한다. 그는 '국사'는 그 맹아 단계에서 무력·무위를 중시하는 에도시대 공통인식을 기반으로 한 것이었기 때문에, 근대에 들어와 폭력의 전문가인 군부·군인이 '국사'에 공명하였다는 것은 지극히 당연한 일이라고 주장하면서, 일본 사회에 전통적으로 존재하고 있던 폭력·무력에의 경도 문제를 '국사'의 탄생과 연관시켜 논증한다.

중국의 근대 역사학의 형성 문제를 다룬 스젠궈는 근대 역사학 형성을 세 시기로 나누고 있다. 그 첫 번째 시기는 아편전쟁부터 1860년 전후의 시기로 '경세치용'·'구망도강(救亡圖强)'의 역사학 사조(思潮)가 발흥하고, 중국과 서양 문화의 충돌아래에서 역사학이 전통적인 학술 구조를 극복하기 시작한 시기로 설정했다. 두 번째 시기는 1860년대에서 1890년대 말까지로 유신변법(維新變法) 사조가 퍼지고 서양 근대사상이 더 많이 전파되어, 많은 지식인들이 외국으로 나가 견문을 넓혔던 시기로 역사학에서 서양의 사회진화론이 신속히 전파된 시기로 규정했다. 마지막 세 번째 시기는 20세기 초 20여 년이다. 이 시기에는 신해혁명(辛亥革命)의 영향으로 '신문화운동'이 탄생하고, 신사학이 등장하는 한편으로 유물사관이 급속히 전파되는 과정이었음을 살폈다.

도면회는 서유럽에서 탄생한 근대적 역사 개념이 한국에서 어떤 과정을 거쳐 수용되고 어떠한 의미를 갖는 용어로 탄생했는지, 그리고 그것이 한국 사회에서 어떠한 역할을 했는지를 검토하였다. 그의 연구는 일본을 통해 수입된 '역사'라는 번역어가 1900년경에 이르러 그 때까지 쓰이던 '사기(史記)'의 자리를 대신해 주류적 자리를 차지하게 되는 과정을 추적한다. 그리고 1906년 이후에는 서유럽과 마찬가지로 '과거에 일어난 일 자체'라는 의미의 '역사'라는 말이 일상용어로 자리 잡는다. 이와 더불어 '역사'는 '과거 및 현실 전체' 등의 의미까지 띠면서 추상적이고 보편적인 실체적 존재라는 의미로 사용되었다. 급기야 1908년경에는 구래의 '국사' 편찬 전통과 결합하여 '역사'는 곧 '국사', 즉 '국민국가의 역사'라는 의미로 확정되었다. 그는 이러한 점에서 1906년은 한국에서 근대적 역사 개념의 여러 요소들이 탄생한 시점임을 논증한다.

이신철의 글은 근대 역사학의 태동을 근대적 역사주체의 형성과 그에 대한 역사학적 인식이라는 측면에서 접근하고 있다. 그는 근대적 역사인식과 역사주체의 관계를 살필 때 비단 서구문명의 영향을 받은 문명개화한 도시인 뿐 아니라, 조선후기 이래 봉건질서에 저항하고 있던 '민'의 등장이라는 측면도 함께 고려되어야 한다고 주장한다. 전자의 경우만을 강조할 경우 사회진화론적 근대주의적 역사인식을 극복하기 힘들게 된다. 초기 근대 역사학의 대부분은 그 같은 한계를 벗어나지 못했다. 그렇지만, 민족주의적 인식을 강조하는 다른 한편의 역사 인식은 점차로 새로운 역사주체로서 민(民)을 인식함으로써 반식민주의 또는 탈식민주의 역사인식으로 나아갈 가능성에 접근하게 되는 것이라고 주장한다.

2부에는 한중일의 근대 역사학을 근대적 교육제도와 역사교육에 초점을 두고 살핀 글들을 모았다. 이규수는 일본의 근대 역사교육제도를 분석했다. 그는 1872년의 '학제' 제정과 더불어 시작된 메이지 신정부의 교육체제 확립과정과 개인주의적·공리주의적 사상을 바탕으로 하는 메이지 초기의 교육이념이 어떻게 국가주의·군국주의 사상으로서의 교육이념으로 변했는지를 살펴보았다. 그는 메이지 신정부가 추진한 '학제' 제정으로 상징되는 교육개혁이 전통적인 유가사상의 반발에 부딪혀 자유교육령 등의 수정을 거치게 되는 과정을 분석했다. 또 결국에는 천황을 중심으로 한 '국민의식'의 결집이라는 필요성이 국가주의적인 교육을 통해 충족되고, 역사교과서의 통제와 관여를 바탕으로 '국민'의 역사 지식을 장악함으로써 일본이 국가주의, 더 나아가 군국주의로 나아가게 되는 과정을 분석하고 있다.

중화민국 초기 중국의 학제개편과 역사교육은 김지훈이 다루고 있다. 신해혁명 이후 중화민국 임시정부의 교육부가 각종 교육관련 정책을 반포하고 학제를 개편하는 과정을 살폈다. 이를 통해 청나라 말기부터 중화민국 초기까지의 교과과정 개편이 교과목과 편제 등에서 일본 학제의 영향을 받았지만, 일본의 천황제 교육이념과 공화제 국가인 중화민국의 교육이념은 차이가 있었음을 밝히고 있다. 그같은 교육이념의 차이는 교육내용에도 반영되어, 중국의 학교에서는 황제 개국의 공적과 역대 위인의 언행, 동아시아 문화의 연원, 중화민국의 건설과 근래 백년의 중외관계 등을 배우게 됨을 밝혔다.

2부 마지막에서 구희진은 대한제국 전반기에 정부와 개신유자(改新儒者)들이 어떻게 애국적인 국민을 양성하여 국난에 대처하려 했는지를 추적했다. 대한제국 수립후 정부와 개신유자, 독립협회의 지식층 등은 부국강병을 위한 정치개혁을 도모하고, 국민의 역할과 위상에 대하여 새롭게 모색하게 되었다. 인민의 직무가 논의됨과 아울러 국민교육이 중시되어 본격적으로 지방에 공립 소학교가 설립되는 등 소학교 교육의 확장이 모색되었다. 정치적인 책무를 다할 인민을 양성하는 방안으로 본국사에 대한 교육도 중시되었다. 나라의 위기가 커 갈수록 개신유자들은 국권의 침탈에 분노할 수 있는 도덕적인 '의기(義氣)'와 '자강의 기개'를 양성하여 애국심을 발휘하게 만드는 국민교육을 중요하게 생각했다. 이에 따라 공·사립 소학교가 설립되어 갔다. 그것은 이후 '조선혼', '국수(國粹)'에 대한 강조로 계승되었음을 분석하고 있다.

3부에서는 구체적으로 한국 근대의 역사인식에 어떠한 변화가 있었는지, 당대의 역사(교과)서 분석을 통해 추적한 네 편의 글을 실었다. 김종복의 글은 먼저 대한제국시기 역사(교과)서들이 기년표기에서부터 중화질서로부터의 탈피를 내세우고 있다는 점을 각 교과서의 특징 분석을 통해 살피고 있다. 이어서 그는 단군·기자조선과 발해에 대한 교과서들의 인식을 통해 중화질서에서의 탈피를 추적하고 있다. 이 글은 대한제국기 역사서가 중세적 정통론을 기반으로 자주적 근대국가의 수립에 부응하고자 했지만, 전통적인 서술 형식으로는 그 한계를 극복할 수 없었던 반면에, 발해사에 관해서는 새로운 변화가 뚜렷이 나타나고 있었음을 분석하고 있다.

조성산의 글은 19세기 이래 조선이 중화를 문명과 같은 의미로 추상화하면서 중국대륙의 문화와 일정하게 거리를 두는 방향에서 중화주의를 극복해 나가는 과정을 살피고 있다. 이 과정은 두 가지 경향으로 모아지는데, 첫째는 개화적인 입장에서 중화의 원형을 일본으로부터 찾고자 하는 과정에서 청나라를 비판하는 것이었고, 둘째는 보수적인 입장에서 반청적인 태도를 취하고 조선의 중화성을 강조하려는 것이었다. 탈청(脫淸), 반청(反淸)은 개화파, 위정척사파 모두를 만족시킬 수 있는 것이었던 것이다. 조선시대 서술에서도 중국에 대한 사대적인 서술이 현격하게 감소하면서 독립을 강조하는 경향이 강해지고 있다는 사실을 확인시켜 준다. 또한 후기로 갈수록 일본에 관한 호의적인 서술도 늘어나고 있음을 보여준다.

3부 마지막 두 편의 글은 각각 일제초기와 대한제국기에 등장한 역사서『동국사략』과『대동사』의 당대사 인식과 고대사 인식을 통해 근대적 역사인식이 어떻게 형성되고 있었는지를 살피고 있다. 전자에서 이신철은 일본인 임태보가 식민사관을 도입해 쓴『조선사』·『조선근세사』의 번역본으로 치부되던 현채의『동국사략』이 당대사 역술과 서술에서 재평가되어야 할 부분이 적이 않다는 사실을 구체적 내용 분석을 통해 입증하고 있다.『동국사략』이 근대 역사학적 서술체계를 갖추고 있음은 모두가 공인하는 바이지만, 현채가 번역과정에서 덧붙이고 수정한 부분과 새로 쓴 부분에 대해서는 과소평가되어 있음을 밝히고 있는 것이다.『동국사략』이 식민사관에 물들어 있다고 비판받았지만, 실제 당대사 서술에서는 오히려 그 침략성과 제국주의적 속성을 명확히 꿰뚫고 있음이 증명되었다. 현채는 이 같은 서술을 통해 애국적인 대한제국의 국민을 만들어내고자 했던 것이다. 다만, 그는 일본중심적이면서 사회진화론적인 근대주의를 맹목적으로 신봉함으로써 국망(國亡)이라는 위기에 봉착해 식민사관의 수용이라는 변절의 길을 스스로 받아들이고 만다. 그럼에도 현채의『동국사략』이 한국 근대 역사학의 출발이라는 위치는 변하지 않음을 이 글은 주장하고 있다.

김종복은『대동사』의 저자 유인식이 기존의 단군과 기자를 정통으로 보는 단기정통론과 신라정통론을 극복하기위해 단군정통론을 기반으로 고려이전까지의 역사를 남북조로 인식하는 독특한 역사서술을 하고 있음을 발견한다. 더불어『대동사』가 단군의 정통성과 함께 고구려와 발해의 무강(武强)을 강조하여, 망국 원인의 하나인 사대주의를 극복하고자 했음을 밝혔다. 그는『대동사』가 대한제국기의 역사학 전통을 이으면서도 민족주의 역사학의 초기 형태를 보여주고 있는 것으로 평가한다.

지금까지 살펴본 대로 이 책은 서구의 영향에서부터 한·중·일 3국에서 근대적 '국사'가 만들어지는 과정, 그리고 근대적 역사주체와 역사인식이 형성되는 과정을 살피고, 나아가 그것을 교육하고 제도화하는 과정도 분석하고 있다. 마지막으로 구체적인 역사서들을 통해 실질적으로 어떻게 중세적 역사서술이 근대적 역사서술로 전환되고 있는지를 실증적으로 검토하고 있다. 물론 근대전환기의 근대 역사학에 대한 연구가 아직은 부족한 탓에 부분적으로 미흡한 곳이 적지 않다. 그리고 하나의 일관된 체계를 갖춘 서술도 부족하다. 그럼에도 이 책이 근대 역사학을 좀 더 폭넓은 시각에서 바라보고, 좀 더 실증적으로 분석하여 새롭게 인식하는 데 기여하기를 기대한다.

한국연구재단의 과제 수행이라는 조건은 정해진 시간 안에 연구성과를 만들어내어야 하는 한계와 더불어 하나의 주제를 여러 사람이 동시에 고민하게 만드는 장점을 가지고 있다. 이 책은 그러한 한계와 장점을 고스란히 담고 있다. 이 기획연구를 위해 좋은 글을 새로 써 주신 스다 쓰토무, 스젠궈, 조성산 선생님, 그리고 귀한 원고를 선뜻 내어주신 구희진 선생님께 감사드린다. 여기에 실린 글들은 한편을 제외하고는 모두 중점연구소 주관의 학술대회에서 발표된 후 여러 학술지에 실린 것들을 수정·보완한 것이다. 이 책에 실린 글들의 출처는 책의 마지막에 밝혔다.

외국 연구자 두 분의 글을 정성껏 번역해준 한혜인, 박민경, 정재균, 이강 선생에게도 감사의 말씀을 드린다. 그리고 조덕환, 김헌기, 박재은 등 연구보조원들의 노력 덕분에 책의 오류가 줄었음을 밝혀둔다. 마지막으로 이 책을 만들기 위해 급한 일정에도 불구하고 성심을 다해준 도서출판 선인의 윤관백 사장님과 편집진을 비롯한 모든 구성원들에게 감사를 표한다.

2013년 6월
필자들을 대신하여 이신철 씀

차례

III. 한국 근대의 역사인식 변화

I.

동아시아 근대 역사학의 탄생

근대 국민국가의 탄생과 '국사'(national history)

동아시아로의 학문적 전이를 중심으로

이진일

1. 머리말

근대 역사학은 19세기 국민국가(nation-state)라는 특별한 형식의 국가형태와 긴밀한 관련을 맺으며 발전하였다. '과학적 방법론'이 제시되었고, 역사학의 전문화와 제도화, 분과학문으로의 독립 등이 진행되었으며, 이 과정에서 역사가들은 자민족의 고유성을 강조하고, 민족적, 지역적 테마들을 자국의 형성과 발전이라는 차원에서 다룸으로써 국민국가의 역사적 기반을 제시하기 위해 진력하였다. 국민국가를 중심으로 하는 역사쓰기는 먼저 영국, 프랑스, 독일 등 서유럽을 중심으로 진행 되었으며, 1870년대 이후에는 유럽을 넘어 아시아와 전 세계로 확산되었다.[1]

---

[1] Iggers, Georg/ Wang, Edward, *A global history of modern historiography* (London, 2008); Berger, Stefan/ Donovan, Mark (eds.), *Writing national histories. Western*

물론 서양에서 민족사를 서술하기 시작한 것은 중세로 그 기원이 거슬러 올라가겠지만, 우리는 오늘날 민족사가 다루고 있는 문제들이 계몽주의와 역사주의 시대에 이르러서야 비로소 역사가의 시야에 들어오게 되었음을 기억할 필요가 있다. '네이션'(nation)을 둘러싼 개념은 근대를 둘러싼 다른 거의 모든 개념들과 더불어 18세기 후반부터 19세기 중반까지의 시기에 집중적으로 근본적 변화를 맞는다.[2] 역사학은 민족의 구성원들에게 공동체로서의 기원과 발전과정을 설명해주고, 이를 위한 증거물들을 제시하였으며, 이를 통해 민족 혹은 국민으로서의 집단적 정체성, 즉 공동의 과거를 갖는 기억공동체로서의 정서적, 학문적 기반을 제공하였다.[3]

무엇이 민족을 구성하는가에 대한 지난 수많은 논의들을 통해 우리

Europe since 1800 (London, 1999); Conrad, Christoph/ Conrad, Sebastian (eds.), *Die Nation schreiben. Geschichtswissenschaft im internationalen Vergleich* (Göttingen, 2002).

[2] Koselleck, Reinhart/ Schönemann, Bernd, "Volk, Nation", *Geschichtliche Grundbegriffe. Historisches Lexikon zur politisch−sozialen Sprache in Deutschland*, Bd. 7 (Stuttgart, 1992), pp.281-431. 산업화와 프랑스 혁명에 따른 담론과 언어상의 변화를 동반하면서 의사소통과 학문 공동체 사이의 대대적 변화가 일어나는 이 시대를 코젤렉은 자텔차이트(Sattelzeit, 말안장의 시대)로 표현한 바 있다. 이에 대한 논의는 다음을 참조할 수 있다. 박근갑, 「말안장 시대의 운동개념」, 박근갑 외, 『개념사의 지평과 전망』(소화 2009), 31-60쪽; 이진일, 「개념사의 학문적 구성과 사전적 기획 사이에서」, 『개념과 소통』 7호, 2011, 135-162쪽.

[3] 스테판 베르거(Stefan Berger)는 이 과정에서 민족사를 만들어내는 레벨과 민족사 재현의 투사 레벨 (level of projection of representations of national history)을 구분하는 것이 중요함을 지적한다. 전자는 주로 19-20세기에 제한되지만, 후자는 고대나 중세 초기 시대까지 거슬러 올라가기 마련이다. 태고시대에 기원을 둔 민족의 연원이나 민족국가의 중단없는 발전은 이러한 뒤로 향한 투사에 의존해 왔지만 이 또한 유럽에서는 공통적으로 19세기 중반부터 나타나기 시작한 민족사 서술의 한 현상이었다. Berger, Stefan, Narrating the Nation (London, 2008); Berger, Stefan, "History & Forms of collective identity in Europe", Rorato, Laura/ Saunders, Anna (eds.), *The Essence and the Margin* (Amsterdam, 2009), p.27.

가 배운 것 중 하나는 아마도 민족을 구성하는 소위 '객관적' 구성요소
들이란 존재하지 않는다는 사실일 것이다. 18세기 말 헤르더(Johann
Gottfried Herder)가 민족의 구성 요건으로서 제시했던 공동의 문화와
공동의 언어는 그렇게 설득력 있는 제안은 아니었다.[4]

역사는 네이션을 구성하는 요소들이 시대에 따라 변화해 왔음을 보
여준다. 계몽주의 시대에 네이션을 주로 정해진 국경 내에 존재하는
정치적 공동체로 규정하고자 시도했었다면, 현대에 이르러서는 문학과
역사, 음악과 그림, 민족의 영웅과 전쟁의 상흔, 박물관과 전통의식, 매
일매일의 신문과 그날그날의 일상 등을 공유하고 함께 가꾸어가는 문
화적 공동체로 규정하고자 하는 시도들이 두드러진다.[5] 공동의 언어
나 문화적 전통, 공동의 종교적 귀속, 동일한 혈족 등으로 하나의 네이
션을 구성할 수는 있지만, 그렇다고 그것이 필수적 조건인 것도 아니었
다. 그보다는 오히려 여러 세대를 거치면서 형성된 구성원들 간의 공
동의 역사적 경험과 같은 것들이 더 결정적인 역할을 하기도 했다. 스
위스는 세 개의 서로 다른 언어를 국어로 사용하고 있으면서도 스스로
를 주변 국가들과의 투쟁을 통해 이룩해 낸 하나의 네이션으로 생각하
고 있으며, 오늘날의 오스트리아 인들은 자신들을 독일과 무관한 독립
된 네이션으로 생각한다.[6] 그래서 이미 에르네스트 르낭(Ernest Renan)

---

4) Jaeger, Friedrich/ Rüsen, Jörn, *Geschichte des Historismus* (München, 1992),
   pp.25-26.

5) 베네딕트 앤더슨,『상상의 공동체』(나남, 2004); 프라센짓 두아라의「민족의 지
   구적, 지역적 구성: 동아시아로부터의 관점」, 심재훈 편,『화이부동의 동아시아
   학』(푸른역사, 2011), 19-64쪽도 참고할 만하다.

6) 예를 들어, 독일과 오스트리아의 민족 정체성을 두고 독일의 보수적 역사학자
   에르트만은 "세 국가, 두 국민, 한 민족"이라는 테제를 내어놓음으로써, 1980년대
   중반 독일과 오스트리아에서 격렬한 찬반 논쟁을 불러일으킨 바 있다. Erdmann,
   Dietrich Karl, "Drei Staaten, zwei Nationen, ein Volk? Überlegungen zu einer

이 19세기에 지적했던 바, 언어나 혈연처럼 이미 주어진 불변하는 요소들이 아니라, 자유로운 시민의 자발적 동의에 따른 '매일 매일의 국민투표'(everyday plebiscite)를 통해 네이션이 '구성'된다는 표현은 여전히 현실성이 있다고 판단된다.[7] 네이션은 더 이상 자연과 역사 속에서 그냥 있어왔고 사람들이 단지 이를 재발견한 것일 뿐인 공동체가 아니라, 적극적으로 고안해 낸 사회적 구조물이며 민족 정체성이라는 사고도 문화적 창조물의 결과라는 생각이 관철된 것이다.[8]

19세기 이러한 서구 역사학 경향의 학문적 전이는 1870년대 이후 일본을 거쳐 동아시아로 진행되었다. 한국과 중국 등으로의 학문적 전이 과정에서 역사의 서술은 민족사, 곧 국사의 서술로 받아들여지게 된다.[9] 이후 전개되는 동아시아에서의 식민/제국주의적 침략과 이에 대

---

deutschen Geschichte seit der Teilung", *Geschichte in Wissenschaft und Unterricht*, Vol. 36, 1985, pp.671-682. 에르트만 논쟁에 대한 종합적 정리는 Ritter, Harry, "Austria and the Struggle for German Identity", *German Studies Review*, Special Issue, Winter 1992, pp.111-129 참조.

[7] 에르네스트 르낭, 『민족이란 무엇인가?』 (책세상, 2002).

[8] 네이션이나 계급이 실재적 존재라기보다 하나의 문화적 '구성물'이라는 생각은 앤더슨과 겔너, 홉스봄의 서술 이래 오늘날 인문학이나 사회과학에서 폭넓게 받아들여지고 있다. E. Gellner, *Nations and Nationalism* (Cornell Univ. 2009); 에릭 홉스봄, 『1780년 이후의 민족과 민족주의』 (창비, 1998). 이 세 책은 우연히도 모두 1983년에 발간되었다.

[9] nation이 '국민'이나 '국가', '민족' 등 단일한 개념만으로 고정되기 힘든 것처럼, national history 또한 '국사', '민족사' 혹은 '국민사'로 시대와 문맥에 따라 번역될 수 있을 것이다. 본문에서는 일단 혼란을 피하기 위해 '국사' 혹은 '민족사'로 표현하였다. '국민'과 '민족'이 의미가 분명한 경우에는 '국민'과 '민족'을 구분하여 서술하였으며, 이러한 구분이 오히려 이해를 방해할 경우에는 '네이션'으로 적었다. nation을 어떻게 표현할 것인가의 딜레마는 결코 번역에 기인한 문제가 아니며, nation이라는 단어가 만들어지고 사용되어 온 역사 속에 이미 함축되어 왔다. 궁극적으로 national history는 nation이라는 헤게모니적 개념이 구성되고 유지되는 과정, 즉 nation을 국민과 영토와 신화를 통해 규정하고 제도화해 온 역사로 필자는 판단한다.

한 저항은 역사 서술의 자국중심적 경향과 민족적 패러다임을 더욱 심화시키는 결과를 가져왔다. 동서양에서 진행된 이러한 개별 민족 중심의 역사서술의 결과 민족주의가 전 유럽, 혹은 전 아시아적 차원에서 진행되었던 작동방식에 대한 문제의식을 쉽게 간과하도록 만들었던 것으로 판단된다. 이러한 생각의 연장에서 동아시아 역사를 개별 국가들의 민족 패러다임 중심으로 서술한다면, 개별 국가가 경험했던 제국주의적 지배와 복속의 과정은 명확히 드러나지만 서구에서 동아시아로의 민족주의 담론의 이식과정, 동아시아 차원에서 작용했던 민족주의 패러다임의 특수성, 19세기 후반 동아시아가 처했던 상황적 특성에 따른 민족주의 담론 전개의 비교사적 시각 등은 소홀해짐을 알 수 있다.

특히 19세기 후반, 일본이 진행시킨 역사 방법론의 선별적 수용과정을 추적하다보면, 우리는 지금까지 익숙해온 일본의 제국주의적 식민 담론에 의해 가려졌던, 다른(alternative) 민족사의 서술구조에 접근할 수 있게 된다. 요컨대 일본은 계몽의 진보적 이상에 따라 형성된 단선적 문명관을 받아들여 새로운 일본과 일본적 동양을 재구성하였으며, 그 과정에서 제국주의적 역사학을 넘어서는 다른 발전의 가능성들을 말살하였던 것이다.

19세기 후반, 제국주의의 확산과 함께 지구적 차원에서 진행된 학문전이(Wissenstransfer)의 역사에 대한 관심은 세계적으로 1990년대 이후 비로소 시작되었다 할 것이다.[10] 그간 우리에게 국경을 넘어 전파되고

---

10) Jordan, Lothar/ Krotländer, Bernd (eds.), *Nationale Grenzen und internationaler Austausch. Studien zum Kultur—und Wissenschaftstransfer in Europa* (Tübingen, 1995); Mayntz, Renate et al. (eds.), *Wissensproduktion und Wissenstransfer. Wissen im Spannungsfeld von Wissenschaften, Politik und Öffentlichkeit* (Bielefeld, 2008).

변형되는 '트랜스내셔널 역사학'(transnational history)의 이론과 방법론적 접근법의 소개는 있어왔지만, 이를 적용한 실증적 연구는 흔치 않아 보인다. 그 중에서도 서구 유럽의 학문이 동아시아로 전파되는 과정에 대한 실증적 연구는 이제 그 초입에 있다 할 수 있을 것이다.[11] 본 과제가 '트랜스내셔널 역사학'적 연구 방법론을 적용한 연구는 아니다.[12] 그보다는 민족사 혹은 국사로 불리울 수 있는 역사 서술이 서양에서 동아시아로 전이되는 과정의 첫 단계를 파악하고자 시도하였다.

본 글에서는 먼저 유럽의 근대 국민국가 형성과정 속에서 진행된 민족사 서술의 전개를 추적한 후, 이를 일본이 선별적으로 받아들이게 된 배경과 과정을 확인해 보고, 유럽과 일본에서의 민족사 서술의 진행과정을 상호 비교해 보며 그 과정에서 특히 구체적으로 서구 역사학의 어떤 논의와 흐름들이 동아시아 민족주의 역사학과 민족사적 서술에 영향을 미쳤는지를 확인해 보고자 한다.

---

[11] 메이지유신 이후 일본이 서구 역사학을 받아들이면서 일본적 동양을 재구성해 가는 논리와 과정에 대하여는 쓰테판 다나카,『일본 동양학의 구조』(문학과 지성, 2004), Stefan Tanaka, *Japan's Orient: Rendering Pasts into History* (Univ. of California Press, 1993)가 있다. 서구 역사학의 일본으로의 학문적 전이과정에 대한 정리된 연구로는 함동주,「19세기 후반 일본의 서양사 수용과 근대적 교양의 성립」,『이화여자대학교 인문과학대학 교수학술제』15, 2007, 29-42쪽; 함동주,「근대일본의 형성과 역사상: 田口卯吉의『日本開化小史』를 중심으로」,『역사학보』174, 2002, 171-199쪽; 본서의 정현백 논문 등을 참조할 수 있다. 트랜스내셔널 역사방법론에 대해서는 박혜정,「민족적인 것의 경계를 넘어서—트랜스내셔널 히스토리를 통한 민족사 패러다임의 극복 가능성」,『독일연구』, N. 20, 2010, 177-207쪽; 오경환,「"트랜스내셔널" 역사: 회고와 전망」,『한국사학사학보』25, 2012 참조.

[12] 횡단역사학적 방법론에 대해서는 Pernau, Margrit, *Transnationale Geschichte* (Göttingen, 2011) 참조.

2. 보편사적 서술의 전개

세계적 시각과 문명사적 개념을 강조하는 보편사 서술은 계몽주의 시대 이전부터 있어온 역사쓰기의 긴 전통의 하나였다.[13] 축적되어가는 다양한 지구상의 지역과 인간사에 관련된 지식들은 계몽주의 역사가들로 하여금 보편사적 서술이라는 과제를 순조롭게 달성할 수 있을 듯 보이도록 했다. 특히 대학에 적을 두지 않은 아마추어 역사가들은 유럽 바깥 지역의 발전에 상대적으로 넓은 공간을 부여했으며, 지구 다른 지역과의 생생한 접촉경험을 이야기 식으로 전달하여 독자들을 끌어 모았다. 사실 보편사에 입각한 세계사 서술은 계몽의 시기를 구성하는 중요한 요소 중 하나였다. 19세기 초반 낭만적, 자유주의적 역사가들인 미슐레(Jules Michelet), 기조(Francois Guizot), 티에르(Adolphe Thiers), 티에리(Augustin Thierry) 등은 프랑스라는 네이션이 지닌 특별한 정신을 프랑스의 문화와 프랑스혁명을 통해 설명하고자 시도하였다. 그들은 독일 역사가들처럼 이론적이고 방법론적 문제에 집중하기 보다는 일반 교양 대중과의 소통에 더 치중했고, 국가와 정치사보다는 사회, 문화적 측면을 더 고려에 넣었으며, 특히 토크빌로부터 끌어들인 자유와 민주의 개념이 이들 역사적 연구의 핵심 대상이 된다.[14] 계몽주의 역사학이 가졌던 문명사적 요소들에 대한 관심은 기조(1787-1874)의 저작에서 분명히 드러난다. 그를 통해 프랑스에서는 문명사 장르가 확립되었으며, 그의 『프랑스 문명사』(Histoire de la Civilisation en France, 5권, 1829-1832)는 1886년까지 14판을 거듭하였다. 1828년 정치에서 물러나 소르본 대학의

---

13) Weber, Wolfgang E. J., "Universalgeschichte", Maurer, Michael (ed.), *Aufriss der Historischen Wissenschaften*, Bd. 2: Räume (Stuttgart, 2001), pp.15-98.

14) Iggers, Georg/ Wang, Edward, *A global history of modern historiography*, pp.69-71.

교단으로 복귀한 그는 유럽문명사, 이듬해 프랑스문명사 등의 강의를 통해 자유주의와 국민주의의 측면을 강조하면서 당대의 문명개념들의 내용과 기능을 분석하였다. "문명의 일반사는 모든 역사들 가운데 가장 중요한 역사이다. 이는 그 자체로서 다른 모든 역사들을 포괄한다. 이미 겉으로 드러나는 윤곽만으로도 문명이 역사적 사실의 중심이고 거대한 최종 결과물임을 가르치고 있으며, 이를 바탕으로 다른 모든 사건들이 관련을 맺고, 그 속에서 각 사건들의 의미가 비로소 전체적으로 드러난다."15) 강의와 저술을 통해 그는 프랑스 국민을 인류의 문화를 만들어내고 전파시키는 전달자로 칭송한다.16) 그의 문명사적 문제제기는 문명사라는 이름으로 7월 혁명의 실패와 1848년 혁명 등 반동과 혁명이 반복되던 시대에 근대적 국민국가 형성의 자취를 확인하고자 함이었으며, 그 속에서 점차 형성되어가는 유산시민들의 자기의식을 분명히 드러내고자 하였다. 특히 문명을 표현하는 프랑스 민족주의는 배타적이지 않았으며, 프랑스의 문명은 유럽 공통의 문명적 요소들과 관련을 맺고 있었다. 프랑스인들이 보기에 독일인은 야만인이라기보다는 그저 다른 서유럽 국가보다 조금 늦게 문명화된 민족이었을 뿐이었다.17)

영국의 경우 맥컬레이(Thomas Macaulay)와 버클(Thomas Buckle)의 문명사 서술은 세계적으로 큰 반향을 불러일으킨다.18) 프랑스의 미슐레

---

15) Guizot, Francois Pierre, *Allgemeine Geschichte der europäischen Civilisation* (Stuttgart, 1844). [(Schleier, Hans, "Neue Ansätze der Kulturgeschichte zwischen 1830 und 1900. Zivilisationsgeschichte und Naturgesetze. Darwinismus und Kulturbiologismus", Muhlack, Ulrich (ed.), *Historisierung und gesellschaftlicher Wandel in Deutschland im 19. Jahrhundert* (Berlin, 2003), p.137 재인용)]; 조지 이거스, 『현대 사회사학의 흐름』(전예원, 1975), 39쪽; 프랑스의 문명/문화 개념의 역사적 전개에 대해서는 외르크 피쉬, 「문명과 문화」, 『코젤렉의 개념사 사전』 1 (푸른역사, 2010), 171-177쪽 참조.

16) Jaeger, Friedrich/ Rüsen, Jörn, *Geschichte des Historismus*, p.77.

17) 외르크 피쉬, 「문명과 문화」, 176-177쪽.

를 모범으로 삼으면서 영국의 문명사가들은 네이션의 집단적 기억을 보편적 문명사와의 상호결합 속에 자리 잡도록 했고, 그 속에서 인간사와 자연사를 추구하는 인간을 서술하고자 하였다.[19] 버클에게 인간의 역사는 역사적 법칙들에 기반하고 있었으며, 역사가들은 과학적 방법, 통계학, 자연과학의 최근 연구 성과들을 사용하고, 기후학, 지질학, 심리학 등을 응용함으로써 역사적 법칙을 발견하고 설명할 수 있으며, 이를 바탕으로 인간에 대한 보편적 역사를 서술할 수 있다고 믿었다. 즉 역사는 자연과학이 설명하는 특징들과 동일한 모델을 응용함으로써 '과학적'으로 된다는 실증주의적 사고에 바탕하고 있었다.[20] 특히 영국에서는 자신들만의 상황, 즉 광범위한 제국을 지배함에서 요구되는 보편사적 시각이 주류를 이루게 된다. 영국사에 앞서 세계사가 선행되어야 하며, 이것은 모순이 아닌 인간 발전의 광범위한 연쇄에 대하여 깊이 있게 생각하는 많은 이들의 자연스러운 생각으로 받아들여진다.[21] 민족과 관련된 역사는 정치사, 사건사, 법제사, 행정제도사 등을 통해 드러낼 수 있다고 보았다. 이러한 방식으로 영국의 민족사는 문명사라는 더 높은 질서 안에 통합되었다. 영국의 문명사 서술이 기여한 공헌으로서 역사가 구치(George Peabody Gooch, 1873-1968)는 역사연구의

---

[18] Macaulay, Thomas, *History of England from the Accession of James II* (London, 1848-61); Buckle, Thomas, *History of Civilisation in England* (London 1857/1861), 2 Bde.

[19] Stuchtey, Benedikt, *Eminent Victorians und die britische Zivilisationsge—schichtsschreibung*, p.187.

[20] Osterhammel, Jürgen, "Nation und Zivilisation in der britischen Historiographie von Hume bis Macaulay", *Historische Zeitschrift* (이하 HZ), Bd. 254, H. 2, 1992, pp.281-340.

[21] Stuchtey, Benedikt, *Eminent Victorians und die britische Zivilisationsge—schichtsschreibung*, p.183.

대상을 국가나 정치 대신, 자연의 영향력, 경제적 요소, 이념의 근원과 변환, 과학의 기여, 예술, 종교, 철학, 문학, 법, 삶의 물질적 조건들, 대중들의 행복 등을 다루었던 점을 평가하였다.[22] 이처럼 보편사로서의 문명사 서술은 그 중심을 국가와 정치가 아닌 사회구조와 사회발전에 두었으며 문명이나 문화의 단계적 발전이라는 과정을 상정하여 다양한 문명을 해명하고자 하였다. 특히 근대화와 물질문화의 발전이 점점 더 크게 주목받으면서 시민계층과 이들의 역사에서의 역할, 경제와 학문, 정신문화 등등이 주된 역사서술 대상이 된다.[23] 서구만이 이처럼 발전할 수 있었던 배경에는 유럽이 자리하고 있는 인종적, 지리적 환경이 있었고 그 체계 속에서 서구 바깥지역은 정체된 지역으로서 근대적 발전의 서술 대상에서 제외됨을 의미하였다. 이처럼 보편사에 기반을 둔 문명사 서술 전통에는 유럽만의 고유한 풍토를 배경으로 하는 유럽중심주의적 사고가 자리하고 있었다.

계몽의 끝에는 프랑스혁명이 있었다. 프랑스혁명을 경험한 이후 계몽주의 역사가들은 인간 진보의 성취와 발전을 통한 근대 국민국가 형성을 서술의 목표로 삼게 된다. 혁명 이전, 권력과 정치적 주권이 왕정

---

22) Gooch, G. P., *Geschichte und Geschichtsschreiber im 19. Jahrhundert* (Frankfurt/ M, 1964), p.573. 독일의 전통이 인물을 역사적 서술의 중심대상으로 설정하고 그 밑에 국가와 네이션을 귀속시키는 것이었다면, 영국은 진화론적 전통을 자신들의 중심에 세웠다. 그것은 독일 역사주의에 대한 일종의 대칭모델이었다. 즉 한편에서는 역사-정치적 서술을, 다른 한편에서는 사회 진화론적 형식(스펜서, 다윈 등)을 진행시켰다. 독일에서는 에른스트 핵켈(Ernst Haeckel, 1834-1919)이 이를 받아들여 우생학과 사회유기체론으로 발전시키는데, 일본은 이 경우에도 진화론적 사고방식을 직접 영국으로부터가 아니라 독일의 핵켈의 번역 등을 통해서 변형된 논리로서 전수받는다. 마루야마 마사오, 카토 슈이치, 『번역과 일본의 근대』(이산, 2000), 150-152쪽.

23) Schleier, Hans, "Neue Ansätze der Kulturgeschichte zwischen 1830 und 1900. Zivilisationsgeschichte und Naturgesetze. Darwinismus und Kulturbiologismus", pp.136-157.

국가나 일부 사회적 엘리트들의 손에 있었다면 계몽의 시대는 주권은 국가를 구성하는 국민에 있다는 생각에 기반하고 있었다.[24] 처음 네이션의 역사를 주권을 갖는 국민의 역사로 서술하는 과제는 단지 역사학자에게만 국한된 임무는 아니었고, 사회학자나 정치학자들에게도 부여된 공통의 과제였다. 이러한 과제를 맡게 된 학자들은 무엇보다 영토국가(territorial states)의 범위를 분명히 확정하고, 국가 구성의 기본과정으로서 조국에 대한 충성심을 일으킬 수 있는 분명한 정치제도의 발전과 자유화를 국민들에게 보여줄 필요가 있었다. 이는 자연스럽게 문화적 동질성의 추구로 이어진다. 그것은 한 민족이란 영토, 언어, 종교 등의 공동체를 통해 확립된 존재임을 전제로 하는, 보다 진전된 문화적 통합체로의 진행을 의미하였다. 물론 이런 국민화 과정이 전 세계에 걸쳐 동일한 정도로 진행된 것은 아니었지만 19세기 전반에 걸쳐 유럽뿐 아니라 아시아와 남아메리카 등 거의 모든 국가들에서 진행되었다. 이 같은 19세기 민족사, 곧 국사의 대두는 역사학이 근대적 학문분과로 독립되는 변화와도 동시에 진행된다. 역사학과, 학술지, 공공 기록물 보관소 등 역사학이 갖는 제도적 기본구조들의 대부분은 19세기 중반 이후 형성되고 국가에 의해 지원되었다.[25]

---

24) Fuchs, Eckhardt, "Conceptions of Scientific History in the 19th Century West", Wang, Q. Edward/ Iggers, George G. (eds.), *Turning Points in Historiography: A cross-cultural Perspective* (NY, 2002), pp.147-161.

25) Porciani, Ilaria/ Tollebeek, Jo (eds.), *Setting the Standards. Institutions, Networks and Communities of national Historiography* (NY, 2012).

3. 랑케와 민족사 서술의 발전

독일에서의 민족주의적 역사서술의 뿌리는 낭만주의와 연결되어 있다.[26] 헤르더나 피히테 같은 낭만적 철학자들은 개별국가들의 발전에 있어서 무엇이 자신들만의 고유한 것이고, 어떻게 권위 있는 민족적 특성들이 형성되는가에 초점을 맞추어 역사를 서술하였다. 독일에서 프랑스 혁명 자체가 독일연방 구성원들에게 직접적으로 민족의식을 불러일으키지 못했던 것은 분명하다. 독일의 계몽주의 학자들도 볼테르와 콩트로부터 영국과 프랑스의 보편적 문명개념을 받아들여 역사서술뿐 아니라 역사철학, 역사이론에서 다양한 형태의 발전시켰으며, 의식적으로 이들은 정치 중심, 사건사 중심의 역사개념에서 탈피하고자 하였다. 하지만 개별 국가에 대한 충성심이나 영주들에 기대했던 개혁에 대한 신뢰가 점차 상실되어 가면서, 그리고 보다 결정적으로는 나폴레옹의 독일 지배에 대항하는 투쟁의 와중에서 독일 역사가들은 스스로를 '국민 건설자'(nation-builder)로 분명히 인식할 수 있었다.[27] 역사가들은 민족적 전통을 중세나 고대에서 끌어와 구성했으며, 만일 부족하거나 없다면 만들어 내어서라도 국민들에게 자신들만의 민족국가의 길을 목표로 제시하고자 하였다.[28] 역사가들은 국민들로부터 민족적 정체성을 이끌어 내는 것을 자신들의 과제로 상정하였으며, 국민들로 하여금 비록 늦기는 했더라도 자신들만의 영광스러운 민족국가를 이

---

26) Berger, Stefan, "Narrating the Nation: Die Macht der Vergangenheit", *Aus Politik und Zeitgeschichte*, 1/2, 2008; Berger, Stefan, "The Invention of European National Traditions in European Romanticism", Woolf, Daniel (ed.), *The Oxford History of Historical Writing* (Oxford, 2011), pp.19-40.

27) Berger, Stefan, *The Search for Normality* (NY, 2003), p.22.

28) 홉스봄, 에릭 외, 『만들어진 전통』 (휴머니스트, 2004).

루어 낼 수 있다는 의식을 촉진시켰다. 세계시민적, 문화지향적 18세기 독일의 계몽주의와 괴테, 헤르더, 칸트 등의 인문주의적 이상은 프로이센 중심의 권력지향적 형태로 변하게 된 것이다.[29] 하지만 독일 역사학이 처음부터 그처럼 권위주의적이거나 민족적, 보수주의적 성격을 가졌던 것은 결코 아니었다.

19세기 전반기 독일의 자유주의자들은 유럽의 국가들 안에서 독일이 상대적으로 낙후되어 있었고, 이의 극복을 위하여 국가가 개혁되어야 한다는 확신을 갖고 있었다. 전통적 프로이센 학파의 역사가들 중 달만(Dahlmann), 드로이젠(Droysen), 트라이츠케(Treitschke), 몸젠(Wilhelm Mommsen) 등은 모두 자유주의적 입장에서 역사를 시작했던 사람들이다. 즉 입헌왕정을 주장하며, 법치국가와 사상의 자유, 자본주의적 시장경제를 옹호했다. 하지만 1848년 이후 대학 소속 역사학자들은 한결같이 반 자유주의적 복고로의 회귀(Restoration)를 지향하게 되는데, 이들은 오직 통일된 민족국가와 사회적 안정이라는 이유만으로 프로이센의 관료주의 전제정을 받아들인다. 물론 서구 근대 국민국가의 형성과정에서 민족주의가 모두 구세력과 구제도를 청산하는 쪽으로 진행된 것은 아니었지만 민족주의가 구체제의 청산, 반봉건적 잔재의 일소까지는 진보적이었던 반면, 그들이 그 임무를 완수한 순간 이

---

29) 18/19세기 독일의 역사를 이념사적 시각에서 서술한 마이네케 책의 제목도 『세계시민주의와 민족국가』(Weltbürgertum und Nationalstaat, 1907)였음을 상기할 필요가 있다. 즉 그는 독일의 통일이 이루어지기까지 독일에서 세계시민주의라는 보편주의와 민족국가라는 민족성 원칙이 지속적으로 충돌하였고, 궁극적으로 민족국가 이념의 승리로 끝날 수 있었다고 독일통일의 역사를 해석한다. 하지만 그 과정을 양 이념의 상호 배타적, 분리적, 대립적 관계로 강조하는 것은 이념의 전개에서의 내면적 연속성을 이해하지 못한 것이라고 마이네케는 지적한다. 마이네케, 프리드리히, 『세계시민주의와 민족국가』(한길사, 2007), 41-42쪽.

미 더 이상 진보적이지 않았다는 점에서는 그들 국가들은 모두 공통적이었다.30) 특히 프랑스 계몽주의 사상에서 벗어나, 민족 통일과 독일적 전통에 충실한 자유주의 제도를 수립하기 위해 절대왕정과 싸웠던 정치적 신념은 국가중심의 정치지향적 사고로 바뀌며, 민족에 대한 심미적이고 문화지향적 접근방식은 점차 민족국가 이념으로 대체되어 가는 것이 독일적 특징이었다.31)

훔볼트(Wilhelm von Humboldt, 1767-1835)에 의해 시작된 독일 대학 개혁을 통해 역사학은 독립된 학과로 체제를 갖춰나간다. 먼저 제도개혁이 있었고, 역사 방법론에 관한 이론적 논의는 19세기 중반 이후 뒤따랐다. 이 과정에서 독일 관념철학(Idealismus)을 역사서술에 맞게 변형시키는데 가장 큰 영향을 준 학자는 훔볼트와 랑케(Friedrich Ranke, 1795-1886)였다.32) 독일 역사주의의 전개과정에서 헤겔과 랑케를 이어주는 위치에 있었던 훔볼트는33) 1809년부터 프로이센 내무부의 문화 및 교육부서 책임자로서, 프로이센의 개혁가인 하르덴베르크(Karl A. Hardenberg), 슈타인(Baron von Stein) 등과 함께 새로운 대학체제와 인문고등학교 교육체제 개혁, 베를린 대학의 설립을 통한 교육제도 개혁에 이바지하였다. 이러한 그의 행정가로서의 실천은 역사가이며 관료이자 교사이기도 했던 랑케의 활동을 통해 이어진다.34) 랑케는 체계적

---

30) 벨러, 한스-울리히, 『민족주의』 (푸른역사, 2007), 110쪽.

31) 조지 이거스, 『독일 역사주의』 (박문각, 1992), 26-28쪽.

32) 위의 책, 21-22쪽.

33) 비록 이거스와 애거/뤼젠의 역사주의에 대한 정의가 서로 다르기는 하지만, 헤겔과 랑케를 이어주는 역사주의의 중간자, 그리고 랑케 이전 역사주의의 실제적 기반을 닦은 사람으로서의 훔볼트에 대한 평가는 모두 일치한다. Jaeger, Friedrich/Rüsen, Jörn, *Geschichte des Historismus*. 훔볼트는 역사가의 임무를 "일어난 일에 대하여 양심에 따른 진실성을 갖고 단순히 서술하는 것"으로 정의하였다. Humboldt, Wilhelm v., *Über die Aufgabe des Geschichsschreibers* (Berlin, 1960/1841).

인 교육을 통해 역사학자들을 직업 역사가로 길러내고자 하였으며, 사료의 비판적 언어분석 방법 도입 등 역사학에 제도적, 방법론적 기반을 마련하였다. 비판적 사료분석, 제도화된 연구, 잘 조직된 학문적 전문가 양성제도, 세미나식 역사 연구방법 등은 모두 랑케가 후대에 남긴 유산들이다. 특히 문서화된 사료만을 바탕으로 경험 많은 연구자의 지도 아래 진행되는 언어학적 – 역사학적 사료비판 세미나는 독일에서뿐 아니라 전 세계의 보편적 역사연구 모델로 인정받게 된다.[35] 그는 학문연구가 역사현실에 대한 객관적 인식을 바탕으로 진행되어야 한다면서, 해석학, 언어학 등등의 방법을 사료 비판에 동원해 '객관성'과 '진실'에 도달하고자 하였다. 이러한 방법만이 그에게 과학성을 보장해 줄 수 있었다.[36]

1859년 독일 역사학보(Historische Zeitschrift) 창간 첫 논문에서 역사가 기세베리히트(Wilhelm Giesebericht)는 새로 출범한 역사학 잡지의 앞으로의 방향을 제시한다. 그는 19세기 초반 독일 역사학이 하나의 독립된 학문으로 발전되는 경과를 설명하면서, 무엇보다 그 과정에서 진행된 '민족적 원칙'(das nationale Prizip)의 중요성에 대해 강조한다. "역

---

34) 조지 이거스, 『독일 역사주의』, 31쪽; Rüsen, Jörn, *Konfigurationen des Historismus*, Ff/M, 1993.

35) 물론 사료에 대한 비판적 분석방법론 자체는 랑케에서 시작된 것은 아니었고, 독일에서는 이미 18세기 괴팅엔 대학을 중심으로 일군의 역사학자들에 의해 진행되고 있었다. 이에 관해서는 Blanke, Horst Walter, "The Rise of Historical Criticism and the Process of Professionalization in Historical Studies in Europe. The Case of Germany", Rüsen, Jörn, et al. (eds.), *Historical Truth, Historical Criticism and Ideology. Chinese Historiography and Historical Culture from a New Comparative Perspective* (Brill, 2005), pp.289-336; Vierhaus, Rudolf, "Ranke und die Anfänge der deutschen Geschichtswissenschaft", Faulenbach, Bernd (ed.), *Geschichtswissenschaft in Deutschland* (München, 1974), p.28.

36) 조지 이거스, 『독일 역사주의』, 21쪽; Jaeger, Friedrich/ Rüsen, Jörn, *Geschichte des Historismus.*

사학이 전력을 다해 우선 민족적 원칙을 수립해야만 비로소 역사학은 다른 학문들과 독립된 연구 분야가 되어 우리 자신들로부터도 완전히 자유로운 위치에 서게 된다."[37] 이는 앞으로의 독일 역사학의 지향점을 가늠할 수 있는 언급이었다. 보다 분명하게는 1870년 독일의 통일 이후, 대부분 민족주의적 자유주의자들이었던 독일의 역사가들은, 다른 여러 자유주의자들처럼 급격히 체제옹호자로 변한다. 그들은 민족주의 담론을 통일에 따른 어쩔 수 없는 논리적 부수물 쯤으로 생각하거나, 민족통합을 정당화시키는 논리로 받아들인다. 자유주의자들은 비스마르크와의 화해를 받아들이면서 자신들이 제기했던 자유주의적, 민족주의적 요구사항 가운데 대부분이 독일제국 내에서 구현되었다고 간주하였다.[38] 그런 면에서 독일 민족주의는 프랑스나 영국과 달리 민족국가를 초월하는 이념을 갖지 못하였다. 독일 역사가들은 서유럽의 실증주의적 역사방법론을 거의 무시하였으며[39], 랑케에 의해 그 이론적 토대가 갖추어진 독일 역사주의(Historicism/Historismus)는 점차 민족적인 것, 민족국가적인 것으로 그 시야를 좁혀간다.[40] 독일 역사가들

---

[37] Giesebrecht, Wilhelm, "Die Entwicklung der modernen deutschen Geschicht-swissenschaft", *HZ*, 1/1859, p.11.

[38] 조지 이거스, 『독일 역사주의』, 47쪽.

[39] Droysen, Joh. Gustav, "Die Erhebung der Geschichte in den Rang einer Wissenschaft", *HZ* 9/1863, H. 1, pp.1-22. 한 예로 드로이젠은 버클의 *History of Civilisation in England*에 대한 서평에서, 역사학의 과학성을 다루고자 한 글임에도 그는 역사와 다른 사회과학의 과학적 특성의 문제에 대해 특별한 언급 없이 버클을 설명한다.

[40] 트뢸치(Ernst Troeltsch)는 1902년 역사주의를 "사물의 한 면만을 구성하는 것이 아닌, … 가치와 명목에 대한 모든 사고의 기반을 이루는 것"으로 정의 내렸다. Troeltsch, Ernst, *Die Absolutheit des Christentums und die Religionsgeschichte* (Tübingen, 1902), pp.3-4. (Iggers, George, "Die deutsche Geschichtswissenschaft seit der Aufklärung im internationalen Vergleich", Müller, Bernd (ed.), "*Historie, Didaktik, Kommunikation*" (Marburg, 1988), p.28 재인용.) '역사주의'가 갖고 있는

은 국가를 자신들 관심의 중심에 두었지만 그들이 상정하는 국가란 비스마르크에 의해 통치되는 프로이센 중심의 관료정이었으며, 시민계급의 의사에 의해 좌우되지 않고 시민사회 위에 군림하는 국가였다. 역사가들은 이러한 국가를 서술하면서 사회적 발전과정에 대한 분석을 생략하고 전적으로 인물과 국가가 중심이 되도록 배치하였다. 그것은 랑케가 제시했던 불편부당의 방법론과는 거리가 있는 당파적 역사쓰기였다. 랑케를 포함한 독일 역사가들은 국가의 이해관계를 전 사회의 초당파적 이해관계와 동일시하면서, 정작 자신들이 서술하고자 하는 사회가 얼마나 특정 계층이나 계급의 특별한 이해관계를 대변하는가에 대해서는 도외시하였다.[41] 드로이젠, 지벨(Heinrich v. Sybel), 트라이츠케 등 랑케의 후학들도 프로이센이 영도하는 독일의 통일을 정당화하는 투쟁의 무기로서 역사를 서술하였다는 점에서 다를 바가 없었다. 이들은 독일 학문의 후진성과 자신들이 습득하지 못한 실증주의적 역사서술 방법론을 대신하여, 사료 비판이라는 방식을 택함으로써 자신들의 모자람을 상쇄시키고자 한 것이다. 그러나 이들이 사료비판을 통해 이룬 역사주의는 여전히 정치와 국가 중심주의적이었다. 그들은 학문과 정치적 당파성의 동반을 그 어떤 모순으로 인식하지 못했고, 세계무대에서 열강으로서의 독일의 역할을 위해 역사학이 학문적으로 개입해야만 한다고 보았다.

이거스는 랑케류의 독일 역사주의가 역사적으로 지탱해왔던 국가와

다양한 의미와 그 연원에 관해서는 Wittkau—Horgby, Annette, "Zur Entstehung der Mehrdeutigkeit des Historismusbegriffs", *Zeitschrift für Geschichte*, N. 48, 2000, H. 1, pp.5-19.

[41] Iggers, George, "Die deutsche Geschichtswissenschaft seit der Aufklärung im internationalen Vergleich", Müller, Bernd (ed.), Historie, Didaktik, Kommunikation, p.29.

의 친연성을 다음과 같이 설명한다. "어느 측면에서 분명 '비이성적 계기'(irrationale Moment)가 랑케를 시작으로 마이네케를 거쳐 리터까지 독일의 고전적 역사주의 학문이론이 갖는 내적 구성요소로 자리하고 있다. 이것이 독일 역사학이 그처럼 쉽게 정치적으로 '유혹'에 넘어가도록 하였다. … 랑케에게는 국가의 중심적 역할－그것도 프로이센 왕정을 모범으로 하는 국가의－에 대한 강조가 사회 전체의 이해를 대변하는 것이었지만, 이미 독일 역사학의 정치적 일방성과 방법론적 제한성을 전제로 하고 있었다. 이러한 결함은 지난 계몽주의 시대 영국과 프랑스, 그리고 독일의 역사가들이 이미 획득한 바 있던 …… 인식의 가능성들을 다시금 상실하게 만들었다."[42] 이러한 방식으로 이거스는 독일 대학이 가졌던 학문적 전통으로서의 문화사나 경제사의 계몽주의적 개념들이 폐기되었다고 판단한다.

물론 19세기 유럽에서는 다른 역사서술의 방법들, 예를 들면 문명사나 문화사, 경제사, 세계사 등을 통한 역사적 접근법 또한 시도되고 발전하였다. 그럼에도 서유럽 국가의 역사서술이 근본적으로 민족주의적이었음에는 별 차이가 없었다.[43] 독일을 포함해 유럽 국가들은 어떻게 다른 학문분과와 구분되는 역사학만의 학문적 체계를 세울 것인가를 고심하였고, 이를 통해 네이션의 역사를 재구성 하고자 하였다는 점에서 그들은 공통된 문제의식을 가졌다고 평가된다.

여기에서 영국이나 프랑스에서 발전한 'scientific history'(과학적 역사)와 독일 역사주의의 'science of history'(Geschichtswissenschaft 역사과학)는 구분할 필요가 있다. 우선은 단어의 뜻에서도 분명한 차이가 있

---

[42] Iggers, George, Ibid., p.32.

[43] 프랑스, 미국과 일본의 민족사 역사서술 비교연구로는 Hill, Christopher L., *National History and the World of Nations* (Durham, 2008) 참조.

다. 'science'와 'Wissenschaft'는 모두 '과학'으로 번역되지만, 독일어에서의 'Wissenschaft'는 자연과학이라는 의미보다는 지식 전반을 포함하는 '학문'으로서의 의미가 더 강하다. 아울러 '과학'에 접근하는 학문적 입장, 접근법에도 근본적인 차이가 있는데[44], 즉 전자가 실증주의와 보편성, 자연과학의 발전을 수용한 근대적 역사학을 과학적 역사학의 본위로 설정했다면, 후자는 철저한 사료비판에 입각한 엄밀한 학으로서의 역사학을 주장하였다.[45] 그리하여 이제 학문적 지식은 '과학'이라는 이름 아래 전문적 훈련을 거치고 일정 기준을 획득한 특정 전문가들에 의해서만 전수되는 전문화, 제도화의 길을 밟게 된다. 그 결과 영국과 프랑스는 독일보다 덜 이데올로기적이고, 위계질서에 덜 종속되며 발전하였다.[46]

19세기 후반 독일이 제국주의적 정책에 적극적으로 참여하면서 역사학은 현실정치에 입각한 정치적 실천의 장으로 변한다. 객관적이고 사료에 기반한 연구 대신, 랑케의 권력국가 이상론이나 세력균형을 토대로 한 대외정책 우위의 역사학이 중심에 놓이게 되는데, 렌츠(Max Lenz, 1850-1932), 마르크스(Erich Marcks, 1861-1938), 레만(Max Lehmann, 1845-1929) 등으로 대표되는 소위 '랑케 르네상스'는 이러한

---

44) 물론 독일에서도 19세기 후반 자연과학적 방법에 기반한 문화과학을 연구하려는 시도가 진행된다. Wilhelm Dilthey, Wilhelm Windelband, Heinrich Rickert 등에 의해 대표되었으며, 역사적이라기보다는 사회학적, 혹은 철학적 접근을 시도하였다. 역사주의 역사가들과 법칙 정립적 역사가들과의 충돌은 1890년대 람프레히트 논쟁으로 발전한다.

45) 역사적 접근방식에 따라 학문의 과학화가 가져온 결과도 달라진다. 크리거(Leonard Krieger)는 '과학적 역사학'의 두 의미를 '비판적 방법론'과 '법칙적 일반화의 추구'로 표현한 바 있다.

46) Stuchtey, Benedikt, "Eminent Victorians und die britische *Zivilisationsgeschichtsschreibung*".

현상을 배경으로 등장한 흐름이었다.[47] 이들은 프로이센 중심의 관념론적 전통과 역사발전의 이론적 보편화, 법칙성, 유형적 고찰 시도 등에 대해 반대하면서 반 실증주의, 개체주의적 역사고찰, 비합리적 역사파악 등을 그 입장으로 하였다. 신랑케주의자들은 1890년대 람프레히트(Karl Lamprecht) 논쟁을 통해 정치적, 방법론적 도전의 봉쇄에 성공하였고, 독일 황제 빌헬름 Ⅱ세의 '세계정책'(Weltpolitik)을 이데올로기적으로 지원하였다.[48] 랑케의 엄격한 객관성으로 되돌아갈 것을 주장했던 이들은 아이러니하게도 제국주의적 팽창의 시대에 대외팽창과 급속한 전함의 건조을 꾀했던 빌헬름 2세의 제국주의적 '세계정책'에 봉사하였던 것이다. 뒤늦게 제국주의 경쟁에 뛰어든 독일이 식민지 획득에 적극 참여하는 것만이 세계열강들 간의 힘의 균형을 유지할 수 있는 길이며, 랑케가 제시했던 유럽모델이야말로 제국주의 시대 새로운 국제적 힘의 균형에 통용될 역사적 모델이라는 것이다. 그렇지만 이들 신랑케주의자들은 다른 학문들과의 교류에서 고립되어 있었고, 결코 독일을 대표하는 지도적 역사집단도 되지 못하였다. 그들은 독일 문화과학 내에서 일어나고 있는 근대화에 대한 담론들로부터도 고립되어 있었다.[49]

19세기 말 제국주의의 확산과 전지구화의 물결이 확산되면서 비유

---

[47] Krill, Hans-Heinz, *Die Rankerenaissance. Max Lenz und Erich Marcks. Ein Beitrag zum historisch-politischen Denken in Deutschland 1880-1935* (Berlin, 1962).

[48] Krill, Hans-Heinz, 위의 책. 1880년대 강의와 세미나를 통해 랑케의 작품들이 다시금 체계적으로 다루어지면서 그의 전집간행이 성행하였다. 그의 전집은 1886년 모두 간행되었고, 그의 전기가 간행되었으며, 뒤를 이어 랑케에 대한 평가논문과 저술들이 쏟아져 나온다.

[49] Bruch, Rüdiger vom, "The Academic Disciplines and Social Thought", Chickering, Roger (ed.), *Imperial Germany. A Historiographical Companion* (London, 1996), p.354.

럽 지역에 대한 중요성이 더욱 커지지만[50], 세계사, 보편사, 비유럽 지역에 대한 역사연구는 점차 역사학의 연구범위에서 제외되어 간다. 대학 체제 내에 있던 대부분의 역사가들은 문자 없는 자연종족을 역사 없는 종족으로 등치시키면서 문명권에서 분리시켰고, 역동적인 서구 문명을 나머지 아시아나 중남 아메리카의 정적인 문화와 대비시킨다.[51] 동양은 정체와 부동의 상태로 파악되었으며, 그 결과 19세기 중반 이후 유럽사 이외의 역사들을 학문적 역사연구에서 제외시켜 버린다. 늦어도 19세기 후반 이후부터는 대학의 전문 역사가들은 보편사적 서술과는 거리를 두게 되는데 그들은 보편사 서술이 더 이상 학문성, 정확성, 사실 기반성 등의 요구들과 조응하지 않는다고 생각했기 때문이었다. 아시아의 역사와 문화는 이제 이슬람 학자, 오리엔탈리스트, 중국, 일본, 인도 전문가의 영역이 되며, 이와 함께 서구 바깥에서 살아가는 자연부족들에 대한 연구는 인류학, 민속학의 영역으로 정리된다. 이들을 통해 획득된 새로운 지식들은 이제 식민지적 혹은 제국주의적 관련성의 틀 안에서 진행되게 되며, 특히 인류학과 사회학이라는 새로운 분과 학문의 일부로 들어가게 된다.

---

[50] Conrad, Sebastian, *Globalisierung und Nation im deutschen Kaiserreich* (München, 2006).

[51] 오스터함멜은 1780-1830년 사이 전개되는 서구의 비서구 세계에 대한 관심이 계몽적, 개방적 유럽중심주의에서 유럽의 우월성에 바탕을 둔 배타적 유럽중심주의로 진행되었다고 표현한다. Osterhammel, Jürgen, *Die Entzauberung Asiens: Europa und die asiatischen Reiche im 18. Jahrhundert* (München, 1998), p.380.

4. 민족사의 일본으로의 전파

18세기 이후 발달된 서유럽의 계몽주의적, 민족주의적 역사 서술방식은 일본을 거쳐 중국과 한국으로 전이된다. 1853/54년의 강제적인 개국과 이를 잇는 도쿠가와 쇼군의 몰락, 그리고 메이지 부흥(1868)에 따른 천황 지배의 재건 등 학문외적 배경은 일본이 받아들이는 역사학의 방법론적 틀을 결정하는 계기가 된다. 이 시기 일본의 엘리트들을 지배한 의식은 무엇보다 당시의 국제관계 속에서 대등한 독립국가로 인정받아야 한다는 것이었다. 강제로 문호가 개방된 후, 이어지는 서구 국가와의 불공정 조약은 국가 간의 조약과 힘의 중요성을 깨닫게 하였다. 즉 '문명'의 정도야 말로 그 나라가 근대국가인지 아닌지를 판정하는 기준이었으며, 서둘러 서구 문명을 받아들이는 것만이 근대적 국가로 탈바꿈할 수 있는 길이라는 주장이 받아들여졌다. 이러한 조류 속에 유럽을 주제로 하는 다양한 각국사와 문명사 일반 서적들이 번역되며 후쿠자와 유키치, 다구치 우키치, 미야케 요네키치, 나카와 미야케, 구메 구니타케같은 계몽주의적 역사가들이 서양의 역사방법론에 주목한다.[52] 그들은 혼란의 시대에 질서를 도출해 낼 수 있는 개념을 원했고, 유럽의 실증주의적 역사서술을 통해 새롭게 시작된 국민국가로서의 일본을 '세계' 문명의 반열에 오를 수 있게끔 하는 최선의 것이 무엇인지에 대해 고민하였다. 일본의 계몽주의 역사가들은 서구가 제시한 문명의 보편적 법칙을 확인하고 일본을 그 틀 속에 집어넣어야 한다고

---

[52] 1860년대 Peter Parley (1793-1860)의 *Universal History*(『만국사』)와 Henry T. Buckle (1821-1862)의 *History of Civilization in England* (『영국 개화사』, 메이지 번역국 역)가 번역되어 나왔으며, Francois Guizot(1787-1874)의 *Historia de la civilisation en Europe depuis la chute de l'Empire romain jusqu' a la Revolution francaise*(『유럽 문명사』)는 무려 세 종류의 번역물이 출간되었다.

생각했다. 이러한 학술작업은 일본사회의 변화를 설명하기 위해 필요했다.

후쿠자와 유키치는 기조가 제시한 로마제국의 붕괴에서 프랑스 혁명에 이르는 문명사적 탐색을 통해, 그리고 버클의 과학적 방법론을 동원한 근대 영국의 자유주의적 의회제를 통해, 근대적 국민국가 형성과정을 더듬어 갈 수 있었다. 기조와 버클을 통해 일본이 받아들인 것은 궁극적으로 보편사적 시각과 문명론의 진보 사관이었지만, 구체적 내용에 있어서는 선택적이었다. "그것은 진보적인 동시에 보수적인 이데올로기로서, 자유민권운동과 같은 민중운동을 반격하는데 효과적으로 동원되었다. 수용할 수 있는 변화는 점진적이어야만 했고, 그것은 오직 과거에 대한 과학적 탐구만으로 확인될 수 있었다."[53] 그 결과 1875년 후쿠자와는 이들에 대한 이해를 바탕으로 『문명론의 개략』을 출판할 수 있었다.[54] 후쿠자와에게 문명은 곧 보편성과 진보를 의미하였으며, 프랑스적 문명정신으로 무장된 계몽주의는 인류의 진보에 대한 신념을 드러내는 사상이었다. 그는 'Nationality'를 '국체'로 번역하면서, '국체의 보존'이 서구 문명을 받아들이는 궁극의 목적임을 설파한다.[55] 후쿠자와의 관심의 중심에는 근대적 문명국가에 어울리는 '국민'(nation)의 창출이 있었다. 문명이야말로 근대적 국민의 형성에서 핵심을 이루는 사항이지만, 그가 보기에 "일본에는 정부는 있어도 국민(nation)은 없(었)다."[56] 즉, 민족(Volk)을 국민으로 만들어야 했던 것이다.

---

53) 스테판 다나카, 『일본 동양학의 구조』, 70쪽.

54) 국내에서의 후쿠자와의 서양문명 수입이 역사학에 미친 영향에 대해서는 함동주, 「메이지 초기 서양사 수용과 프랑스 혁명관의 사회문화사」, 『동양사학연구』 108, 193-195쪽 참조.

55) 후쿠자와 유키치, 『문명론의 개략』(제이앤씨, 2012), 49-51쪽.

56) 위의 책, 295쪽.

메이지유신 이후 20여 년 동안의 계몽주의 사상과 진보사관은 그런 의미에서 일본 근대 사학사를 관통하는 유력한 조류로서 큰 의미를 지닌다.[57] 비록 후쿠자와 같은 계몽주의 역사가들이 서양의 방법론을 배우고자 했지만, 자신들의 사상까지도 자유주의적으로 변한 것은 아니었다. 그는 적극적인 해외진출을 통해 서구 열강과의 경쟁 속으로 일본이 뛰어들 것을 권유하지만, 그의 서구적 진보가 민족주의와 만나면서 배타적 애국심으로 귀착되고 만 것이다. 1874년 일본의 타이완 침략의 성공을 기뻐하며 그는 "타이완 출병 이후 오늘에 이르기까지의 과정을 보면 우리는 완벽한 전승국이고 중국은 완벽한 패전국이다. 우리의 현재 형세를 중국의 형세와 비교해보면 그 누구인들 의기양양하지 않을 자가 있겠는가. 나 역시 그 양양한 사람 가운데 한 사람이다."[58]고 적는다. 그런 의미에서 저 유명한 탈아론의 종결부분은 일본적 계몽주의가 쇠퇴하는 모습이며, 서구적 문명국가 대열에 합류함으로써 식민주의에 이르는 논리적 귀결이었다. "오늘을 도모하려 할 경우 우리 일본은 인접한 나라의 개명을 기다렸다가 함께 아시아를 부흥시키는 것은 불가하다. 그렇게 하기보다는 오히려 저들 무리에서 벗어나 서양의 문명국들과 진퇴를 함께하고, 저 지나와 조선을 대하는 방법 또한 이웃나라라는 이유로 특별한 사정을 보아서는 안 되며, 바로 서양인이 그들을 대하는 방식을 따라서 처분해야 할 따름이다. 나쁜 친구를 가까이하는 자는 나쁜 이름을 면할 수 없다. 우리는 마음으로부터 아시아 동방의 나쁜 친구들을 사절해야 한다. 메이지 18년(1885) 3월 16일."[59]

---

57) 나가하라 게이지, 『20세기 일본의 역사학』 (삼천리, 2011), 36쪽.

58) 후쿠자와 유키치, 「타이완 평화협상에 관한 연설」, 『명육잡지』, 전집 19, 539쪽. (임종원, 『후쿠자와 유키치』, 한길사, 272쪽 재인용.)

59) 후쿠자와 유키치, 『탈아론』. (니시카와 나가오, 『국경을 넘는 방법』 208쪽 재인용).

메이지 20년대(1887-96)에 접어들면서 일본 역사학자들의 관심의 표적은 꽁트와 기조 등 프랑스에서 시작된 실증주의적 문명에의 지향에서 점차 집단적 역사상과 민족 정체성의 확립문제로 전환되어 간다.[60] "그들 각각에게 과거는 문화적이거나 역사적인 대등함, 역사적 변화, 근대국가로서 일본이 지닌 잠재력과 능력을 인정해주는 문서 보관소를 제공했던 것이다."[61] 즉 시라토리가 메이지 시대 마지막 10년의 시기 동안 "꽁트의 보편주의에서 랑케의 정신으로 이동해 갔던"[62] 것처럼, 일본의 역사학은 "일본 한학과 계몽주의적 역사학 양측의 불만스러운 부분을 벗어 던지고" 급속히 보편주의적 문명이론에서 개별적이고 특수한 독일의 문화이론으로 이동해 간 것이다.[63] 후쿠자와류의 계몽주의적 진보사관은 1880년대 구가 가쓰난 등 일본주의자들에 의해 부정되며, 지금까지의 '문명' 개념은 '국민문화'로 대체된다.[64] 니시카와 나가오는 그의 『국민을 그만두는 방법』(2009)과 『국경을 넘는 방법. 문화, 문명, 국민국가』(2006) 등의 저서에서 기조와 후쿠자와류의 문명론이 독일적 문화론으로 변형되어가는 과정을 분석하면서, 문명의 진보와 보편성에 대한 신뢰가 후발국가 모델인 문화개념으로 이동해 가는 의식의 변화를 설득력 있게 비판하고 있다. 그는 근대국가가 갖는 양

---

[60] Pyle, Kenneth B., *The New Generation in Meiji Japan* (Stanford, 1970).

[61] 스테판 다나카, 『일본 동양학의 구조』, 80쪽.

[62] 위의 책, 138쪽.

[63] 위의 책, 108쪽; 프랑스나 독일, 영국의 역사학 방법론이 유럽의 주변 국가들에 미친 영향도 이와 비슷하여, 예를 들면 헝가리 역사학의 경우 20세기 초반 독일로 대표되는 보수적이고 문화 지향적 삶의 방식과 영국이나 프랑스로 대표되는 자유주의적이고 진보적 정치입장의 두 입장을 놓고 상호 경쟁한다. Pok, Attila, "Rankes Einfluss auf Geschichtsschreibung und Geschichtsdenken in Ungarn", Mommsen, Wolfgang (ed.), *Leopold v. Ranke und die moderne Geschichtswissenschaft* (Stuttgart, 1988), pp.201-214.

[64] 니시카와 나가오, 『국경을 넘는 방법』, 212-214쪽.

면적 특성을 문명과 문화로 나누면서, 전자는 보편주의, 후자는 개별주의로 분류하고 이 양자의 조응관계를 역사적으로 추적한다. 국민통합 이데올로기로서의 문명/문화의 기만성을 드러내면서 그는 이 양자의 관계가 대립적이라기보다는 방패의 양면과 같은 성질이라고 설명한다.[65] 그럼에도 그는 다른 한편 "근대의 역사기술은 대부분 국민의 전기라고 할 만한 국민사지만, 독일의 국민사가 본질적으로 문화사인데 비해 프랑스의 국민사는 기조나 미슐레로부터 브로델에 이르기까지 기본적으로 문명사"[66] 라며, 문명/문화 개념에 함축된 의미와 그 차이를 시종일관 보편과 특수, 진보와 해방 등의 이분법적 구도 속에서 설명하고 있다. 물론 저명한 독일의 사회학자 엘리아스(Norbert Elias, 1897-1990)도 자신의 『문명화 과정』에서 영국과 프랑스에서의 문명의 의미와 독일에서의 의미가 다름을 지적하고 있다. 그에 따르면, 문명개념이 여러 민족들 간의 차이점보다 인간들의 공통적인 것들을 강조함에 비해 독일의 문화개념은 민족적인 차이와 집단의 특성을 유달리 부각시킨다는 것이다. "특히 영국과 프랑스에서 사용되는 이 개념(문명, 필자 주)의 의미와 독일에서 사용되는 의미의 차이는 현격하다. 영국과 프랑스에서 이 개념은 자국의 중요성에 대한 자부심, 서구와 인류 전체의 진보에 대한 자부심을 담고 있다. 그 반면 독일어권에서 '문명'은 아주 유용한 것이기는 하지만 단지 이류급에 속하는 것, 다시 말하면 단지 인간의 외면과 인간 존재의 피상적인 면만을 의미한다. 독일인들이 자기 자신을 해석하며 자신의 업적과 자신의 존재에 대한 자부심을 표현하는 일차적인 단어는 '문화'이다."[67] 이처럼 독일이 전통적

---

65) 니시카와 나가오, 『국민이라는 괴물』, 34-35쪽.
66) 위의 책, 90쪽.
67) 엘리아스, 노르베르트, 『문명화 과정』 I (한길사, 1996), 106, 108쪽.

으로 문화를 문명의 개념보다 중시하여 받아들인 것은 역사적 사실이
지만, 과연 니시카와의 지적처럼 독일의 국민사를 문화사로 부를 수 있
을지는 의문이다. 오히려 19세기 말, 람프레히트 등에 의해 시도되었던
독일 역사의 문화사적 서술 시도는 지벨, 트라이츠케 등 프로이센 학파
에 의해 거부되었고 학계의 변방으로 밀려났음을 기억할 필요가 있
다.[68] 니시카와의 해석에는 독일과 프랑스의 민족적 발전 사이에서 야
기된 대립상을 문화와 문명의 대립으로 과도하게 양분한 측면이 있다
고 판단된다.[69] 이를 통해 니시카와는 일본이 서구문명에 대한 독일문
화의 우월성을 강조함으로써 서구 입헌 국가들의 표면적 자유보다는
내적 자유와 문화 민족주의적 경향을 추종하였다고 해석한다. 하지만
그러한 해석은 이 시대 일본 역사서술에서의 가장 중요한 모티브, 즉
일본 보수주의 지식인들의 아시아 침략 의지를 독일식 민족주의 조류
와 섞어버림으로써 그들의 의지 자체를 희석시키는 결과를 낳게 된다.
덧붙여 일본이 문명을 버리고 문화를 선택하였던 것이 의식적 결단의
문제는 아니었을 수 있다. 오히려 독일 역사학이 역사 방법론에서 우
위를 차지하게 된 것은 비단 역사학뿐만 아니라, 이 시기 거의 모든 학
문과 제도를 독일로부터 수입하고자 했던 당시 일본 정부의 의도에 따
른 결과이기도 했다. 이미 메이지 4년(1871)부터 6년(1873)까지 일본정
부는 이와쿠라 사절단을 미국과 유럽에 파견하여 서양의 문물과 제도
를 탐색한 바 있으며, 이 과정에서 비스마르크에 의해 지도되는 관료제
적 권위주의 체제에 높은 평가를 한 바 있다.[70]

---

[68] 조지 이거스, 『독일 역사주의』, 332-334쪽.

[69] 외르크 피쉬 또한 개념사적 설명에서 〈문명〉과 〈문화〉의 이분법적 구분이 독일
에서 먼저 일어난 원인을 독일의 사회구조나 독일의 민족성, 고유사상 등으로 거
슬러 올라갈 필요가 없음을 이야기한다. 외르크 피쉬, 「문명과 문화」, 115-116쪽.

[70] 구메 구니타케, 『미구회람실기』 3권 (소명, 2011/1878), 305-407쪽; "프로이센이 학

기조류의 계몽주의의 몰락 이후 일본의 역사학은 두 가지 방향으로 진행된다. 그 하나는 민족주의적 서술이며 또 다른 하나는 교육제도의 정비와 제도화, 역사학의 분과학문으로의 전문화였다. 역사서술의 제도화는 무엇보다 국가의 임무로서 진행되었다. 수사관은 메이지유신 이후 국가적 차원의 역사편찬사업을 위해 설치된 수사국의 후신으로서 사료수집 및 편찬, 이를 바탕으로 한 정사 편찬 작업을 준비하였으며, 1882년부터 정사 편술을 시작한다.[71] 이들 직업 역사가들은 지금까지 자신들의 경쟁자들, 즉 전통적으로 유지되어 왔던 전통적 훈고학자들과 문헌학자, 현학적 취미 역사가, 대학교육을 받지 않은 향토사가들과 단절한다. 새로운 사회질서에 대한 정당화 작업과 천황을 중심으로 국민적 신화를 만들어 가고자 하는 의도는 세세한 문헌분석을 그 주 임무로 하는 일본의 전통적 훈고학적 역사서술방식으로는 적절하지 않았으며, 그보다는 독일 역사주의가 더 적절한 시각을 제공하는 듯 보였다.

일본 문부성의 의뢰를 받은 독일 베를린 대학 역사학과의 한스 델브뤽(Hans Delbrück)은 1887년 도쿄대학 문과대 교수로 자신의 제자 루드비히 리스(Ludwig Riess, 1861-1928)를 추천한다.[72] 리스의 고용은

술분야에서 석학이나 뛰어난 지식인을 다수 배출한 것은 유럽에서도 단연 으뜸이다. 또한 규율을 잘 지키고 최선의 노력을 다하는 성격이 있기에 군사훈련에 정진하는 병사들의 … 용명함이 현재 유럽에서 가장 높다.” 같은 책, 326쪽.

[71] 1886년 다시 임시 수사국으로 되었다가 1888년 정사편찬을 중단하고 사료를 도쿄대학 사료편찬소로 이관한다. 나가하라 게이지, 『20세기 일본 역사학』, 46-48쪽.

[72] 리스의 고용에 관하여는 Martin, Bernd, “Deutsche Geschichtswissenschaft als Instrument Selbstfindung in Japan”, Hübinger, Gangolf et al, (eds.), *Universalgeschichte und Nationalgeschichten* (Freiburg, 1994), pp.209-230; Mommsen, Wolfgang, “Ranke and the Neo-Rankean School in imperial Germany”, Iggers, George (ed.), *Leopold v. Ranke and the Shaping of the Historical Discipline* (Syracuse, 1990), pp.124-140.

일본의 역사학에 큰 영향을 끼쳤는데73), 사료 비판이라는 기반 위에 진행되는 역사교육과 민족주의를 추구하는 '외교사 중심'(Primat der Aussenpolitik)의 엄격한 실증주의 학문경향은 일본이 바라던 바였던 것이다. 약관 스물일곱의 나이에 동경에 도착한 리스는 교육과 사학회 조직, 학술지의 간행, 서구에 흩어져 있는 일본자료의 수집 등을 통해 역사학의 제도적 안착을 도왔다. 아울러 1891년에는 츠보이 구마초가, 그 이듬해에는 미즈쿠리 겐파츠가 독일에서 돌아와 도쿄 제국대학에서 독일 역사학을 가르치기 시작했으며74), 도쿄대학은 독일의 근대적 역사학에 바탕한 객관적이고 보편적임을 자처하는 과학적 인식론을 전파하는 중심에 서게 된다.75) 이어지는 이들의 동아시아 역사연구는 일본이 제국주의적 침략을 감행하는데 필수적인 역사지식으로 축적된다. 결국 일본이 받아들인 '과학으로서의 역사학'이란 랑케의 뒤를 이은 신랑케주의자들의 '세계정책'과 제국주의 이론을 바탕으로 한 새로울 것 없는 역사학이었다. 특히 1887년 도쿄대학 문과대학에 초빙된 역사학자 리스가 바로 그 신랑케주의자의 일원이었음은 기억할만한 일이다.76)

---

73) 스테판 다나카, 『일본 동양학의 구조』, 50쪽.

74) 누마타 지로, 「시게노 야스츠구와 역사서술의 근대 도쿄전통」, W. G. 비슬리 외, 『중국과 일본의 역사가들』(신서원, 2007), 407쪽.

75) 헝가리 출신 역사가 체르피(Georg G. Zerffi)에게 청해 출판된 The Science of History(1879)도 『사학』이라는 이름으로 1887년 번역이 완료되어 출간된다. 이에 반하여 베르하임의 『역사학 입문』이나 랑글로와/세뇨부의 『역사학 입문』은 각기 1935, 1942년에 번역되어 나왔다.

76) 리스는 사실 랑케의 직접 제자도 아니었으며, 생전에 그와 만난 경우도 두세 번 정도였던 것으로 알려질 만큼 두 사람이 개인적으로 친밀한 관계는 아니었다. 리스는 1885년 베를린 대학에서 『중세 영국의회의 선거권의 역사』(Geschichte des Wahlrechts zum englischen Parlament im Mittelalter)로 박사학위를 획득하였으며, 그의 박사학위 지도교수는 역사학자로서 상당한 인정을 받던 한스 델브뤽이

　　물론 독일로부터 역사학 방법론을 받아들인 일본 역사학이 갈 수밖에 없었던 제국주의적 학술정책을 그들이 밟았던 역사적 배경을 통해 분석할 수는 있지만, 역사분석에서 그렇게 될 수밖에 없던 필연적인 길을 상정한다면 비역사적일 것이다. (그렇더라도) 근대학문으로서의 역사학의 등장 자체가 이미 네이션의 정치적 정당성과 함께 태어났고, 자신의 존립의 근거를 민족적 정체성의 구성에서 찾았다는 면에서 제국주의적 팽창에 기여했던 일본 근대 역사학의 특성은 그 귀결에서 필연적이었다 할 수 있을까? 일본은 아시아에서의 자신들 문화의 우수성을 확신했고, 자신들이 문명사의 수입을 통해 배운 것처럼 이를 아시아의 보편주의로 전환시키고자 노력하였다. 이러한 노력의 연장에 대동아공영권의 제창이 자리하는 것이다. 만일 일본이 처음 받아들였던 대로 영국/프랑스로부터의 실증주의적, 보편사적 역사학을 고수하였다면, 일본의 동아시아에 대한 역사인식은 보다 보편적 인식에 바탕을 둘 수

있다. 1902년 12년간의 계약을 마치고 리스는 베를린으로 돌아간다. 이후 리스는 독일 『역사학보』(*Historische Zeitschrift*) 등에 글을 게재하면서 베를린 대학에서 지속적으로 역사서술과 강의를 하였지만, 랑케를 잇는 대표적 후계자 명단에 들어갈 만큼 학자로서 명망을 인정받지는 못하였다. 가장 대표적인 랑케의 후계자로서 랑케 르네상스의 중심에 섰던 역사학자는 Max Lenz(1850-1932), Erich Marcks(1861-1938), Max Lehmann(1845-1929) 등이다. Martin, Bernd, "Deutsche Geschichtswissenschaft als Instrument Selbstfindung in Japan", pp.124-140. 리스는 1918년 독일의 역사학자 Georg Weber의 『세계사 서술』을 재편찬해 출간하며 그 서문에서 자신이 이 새로운 세계사 서술에 적용시키고 따라한 모범은 오로지 랑케의 역사서술 방식이었음을 다시 한 번 강조한다. 그는 역사서술에서 가장 중요한 기술은 "사건들의 관련성을 개별 사례들 하나하나의 관계 속에서 이해하고 증명하는"것이며, 랑케가 표현했듯이 이를 통해 "개별 사건들을 전체적 상황 속에 녹이고, 그 속에서 개개의 사항들을 알 수 있도록 하는 것"이라고 함으로써, 자신의 역사연구 방법이 근본적으로 랑케에 기반하고 있다는 것이다. Weber, Georg/ Riess, Rudwig, *Weltgeschichte in drei Bänden* (Leipzig, 1924), 서문 VIII. 그는 독일로 돌아간 후 자신이 일본에서 혹은 일본과 관련하여 쓴 논문들을 모아 『일본에서의 모든 것』(*Allerlei aus Japan*, I-II, Berlin, 1904/5.)이라는 책 두 권을 출간하였다.

있었고, 그렇다면 일본에서의 민족과 국민에 대한 인식은 다른 결과가 나왔을까? 니시카와는 일본이 받아들였던 독일 문화개념 자체에 제국주의적 맹아가 있었다고 논지를 전개하지만 문명담론이건 문화담론이건 그것의 주체가 네이션이 되는 한, 어떤 이념이나 어떤 조류도 자국민의 우월과 타국의 문명/문화에 대한 멸시의 감정으로 쉽게 전화된다. 즉 한 국가의 타국에 대한 식민/제국주의적 공격성은 그들이 어떤 문화 혹은 문명개념에 입각해 있느냐의 문제가 아니라 민족이나 국민의 이름으로 공동의 기억을 만들고, 자신들만의 소속의식을 구성하며, 타자를 만들어 공동체에서 배제하고자 하는 욕구가 다다르는 필연적 귀결이 아니겠는가?

5. 맺음말

우리는 19세기 유럽의 민족사의 확산에서 상승하는 부르주아 계급의 자기 발언과 국가를 자신들의 것으로 일치시키고자 하는 의식을 발견하게 된다. 근대 국민국가의 형성은 시민사회가 국가와 구별되고, 국가의 임의적 감독으로부터 벗어나 자유로운 결사가 가능한 시민들의 공적 세계로서 성장한 데에서 비롯되었다. 이 과정에서 공통적으로 보수적 지배 엘리뜨들은 자신들의 기득권을 지키고 공동체의 전반적 결집을 강화하기 위한 근거들을 문화적 연속성과 종족신화, 상상된 공통의 역사적 경험같은 신비스러운 관념에서 찾고자 하였다.

다른 한편, 독일과 일본은 모두 1870년경 처음으로 국가적 통일을 통한 국민국가 형성의 틀을 획득하였으며 공통의 역사와 전통을 바탕으로 위로부터의 민족적 정체성을 만들어 내고자 시도하였다. 이 과정에서 민족주의 이데올로기는 제국을 지향하는 권위주의와 결합되어 양 사회 공히 본질적으로 배타적이고 국수주의적이며, 침략적으로 기능하였다.

일본은 서구의 '과학적 역사' 서술방식을 수입하여 민족사, 혹은 국사를 재구성하지만, 서구에 의해 내려진 옥시덴트와 오리엔트, 혹은 동과 서의 구분에 담겨있는 인식론적 불평등의 극복 노력이 아니라, 반대로 동아시아에서 또 다른 서양으로 행세함으로써 불평등과 종속의 복제, 그 재생에 주력하였다. 그것은 민족사에 대한 자발적 문제의식이 아닌 수입해 들어온 문제의식이 갖는 한계이기도 하였지만, 보다 근본적으로는 민족적 정체성을 떠받치고 지지하기 위해 쓰인 모든 민족사는 폐쇄성과 과거 회귀성, 비관용, 자민족 중심주의적 성격을 갖고 있다고 해야 할 것이다.[77] 그런 면에서 선한 민족주의와 악한 민족주의로의 구분 짓기는 무의미하다고 판단된다.

이상의 서구와 일본에서의 근대 국민국가 성립과정과 민족사의 확산과정을 점검하면서 다음과 같은 공통점들을 확인할 수 있었다.

1. 문명사 혹은 보편사와 민족사간의 대립은 민족사의 승리로 끝나며 그 과정에서 민족사가 갖고 있던 진보나 자유주의적 성격은 상실된다.

2. 이미 유럽이나 일본에서는 자신들만의 발전시킨 역사서술방식이 있었고, 이에 따라 민족사가 제도 내에 안착하기 위해서는 학문 구성원 내에서 종종 학문적 주도권을 두고 충돌과 싸움을 겪어야 했다.

---

[77] 사토 마사유키는 서구의 역사서술이 근본적으로 역사적 맥락 내에서 사건의 의미를 부여하는 인식론적 접근임에 비하여 동아시아는 서구의 이론을 받아들였음에도 불구하고 여전히 규범적 서술을 유지하고 있음에 대해 고민하면서, 그 원인으로 규범(norm)은 형식에 가치를 두며, 형식이 인식론적 발전의 가능성을 가로막기 때문이 아닌가 판단한다. 함께 고민해 볼만한 테제로 생각된다. Masayuki, Sato, "Cognitive Historiography and Normative Historiography", Jörn Rüsen, *Western Historical Thinking. An Intercultural Debate* (Oxford, 2002), pp.128-141.

3. 양자 간의 대립의 과정에서 세계사, 문화사, 경제사 등 다른 방식의 전통적 역사서술은 주변화되며, 그 중 일부는 사회학, 인류학, 민속학 등 타학문으로 이전된다.

4. 역사학이 분과학문으로 체계를 갖추고, 점차 소수의 전문 역사가들에 의해서만 쓰이고 학문적으로 인정받게 되면서, 아마추어 역사가, 역사 소설가들의 공공성, 대중성을 띤 역사가와 대학 체계 내에 있는 전문역사가로 이분화된다.

일본서 받아들인 서구적 역사방법론은 다시 1900년대 초 량치차오를 통해 중국으로 전이되며, 조선으로는 중국을 거치지 않고 직접 일본 역사서와 번역서 등을 통해 수입된다. 자국 중심적, 민족 중심적 역사서술이라는 점에서 동아시아 3국은 유사하였고, 민족사 속에 들어 있는 계몽적 역사관의 요소들, 즉 진화론적 사관, 발전론적 사관, 영웅사관, 정치/사상사 중심체계 등도 모두 공통적이었다.

물론 이러한 결과가 일본으로부터의 역사학 수용 방식에서 기인한 것만은 아닐 터이고, 무엇보다 강요된 개방과 제국주의 위협 앞에 놓인 약소국가들의 결핍에 대한 자각에 따른 것이기도 했다.

돌이켜보면 19세기 민족주의는 모든 개별국가들로 하여금 자민족 중심적이고 폐쇄적이며, 공격적 모습을 유지하도록 만들었지만, 결과적으로 자기만의 정체성을 잃지 않으면서 국가적 경계를 넘어 사상과 학문의 교류와 제도화에 결정적 역할을 하였음도 부인할 수 없다. 이러한 영향 하에 민족사 서술도 국경을 넘는 전도성(transnationality)을 자신의 특성으로 드러내었다. 궁극적으로 모든 민족사 서술은 "기존 네이션이나 특정 형태의 네이션에 대한 정당화, 혹은 아직 현실화되지는 않았지만 기대할 수 있는 국민국가에서의 민족감정을 일깨우기 위한" 공동의 정치적 목표를 갖고 있는데, 이러한 공통성이야말로 그 모든 부

정적인 요인에도 불구하고 민족사 서술이 국가의 경계를 넘어 성공적
으로 전 세계에 확산 될 수 있었던 주된 요인이 된 것으로 판단된다.
일본에서 중국과 조선으로의 역사학의 전이과정, 그리고 국가별 역사
학의 제도화와 전문화 과정에서 상호 주고받은 영향력에 대한 서술은
다음 과제로 넘긴다.

일본 근세사회에 있었던
'국사'의 맹아

스다 쓰토무(須田努)

1. 머리말

'일본에 있어서 동양학 형성과 국사·동양사·서양사 3과 제도 성립'
에 관한 선행연구로는 하타다 다카시(旗田巍)[1], 고이 나오히로(五井直
弘)[2] 등의 연구가 선구이고, 최근에는 나카미 다테오(中見立夫)[3], 요시
자와 세이이치로(吉澤誠一郎)[4]에 의해 충분하게 논의되어 오고 있다.

동양학과 동양사 형성에 관한 연구 성과는 "일본 근대화 및 근대주
의의 형성 과정에서 생겨난 한국·중국에 대한 우월감으로 동양학과

---

[1] 旗田巍, 「日本における東洋史學の傳統」, 『歷史學硏究』270, 1962.

[2] 五井直弘, 『近代日本と東洋史學』(靑木書店, 1976).

[3] 中見立夫, 「日本的「東洋學」の形成と構圖」, 『「帝國」日本の學知 第3卷』(岩波書店, 2006).

[4] 吉澤誠一郎, 「東洋史學の形成と中國」, 위의 책.

동양사는 아시아 침략과 결부된 연구체제 속에서 성장하였다."고 요약할 수 있다. 하타다 이후의 연구는 근대라는 이름하에 자행된 지(知)의 폭력성을 폭로하는 성과를 올렸지만, 한편으로는 일본에 의한 아시아 침략을 근대 특유의 현상으로만 분석하는 위험성을 내포하고 있다. ─17세기에 도요토미 히데요시(豊臣秀吉)의 조선 침략이 있었음에도 불구하고─ 이미 에도시대의 민중 의식 속에는 무력·무위(武威)에 대한 절대적인 자신감에서 조선을 경시하는 인식이 존재하고 있었기 때문에5), 일본이 가지고 있는 조선·중국에 대한 우월감이나 멸시관 등은 근대 특유의 현상이라고 말할 수 없다.

근대에 형성된 국사의 기저에는 국·국가라는 의식이 존재한다. 이 자국의식은 타자=타민족·타국을 거울로 삼아 형성되어 간다. 이상을 전제로 하여 필자는 국사성립의 배경을 근대주의의 영향하에서 형성된 학지(學知) 이전의 일본 근세사회로 거슬러 올라가서 분석해 보고자 한다. 국사란 근대 국민국가 형성에 의해 만들어진, 특정 인물이나 정치집단의 일대기가 아니라 폭넓은 서술 기간을 지닌, 정치사 중심으로 기술된 것이라고 규정하고자 한다.

근대에 들어와 앞서 소개한 동양사를 견인했던 사람들 중 한 명인 시라토리 구라키치(白鳥庫吉, 1865-1942)는 1910년대 '국체'론에 강하게 경도되어 그 관점으로 일본고대사 논문을 발표하였다. ─그의 제자로 국사 연구를 담당한 쓰다 소우키치(津田左右吉)라는 인물이 배출되었다.─ 그리고 야마타이국(邪馬台國)의 존재를 둘러싸고 시라토리와 논쟁을 전개한 나이토 고난(內藤湖南)─역시 동양사 출신─에 의해 국사는 초창기를 맞이하였다. 즉 역사학이 분화하여 형성된 초창기의 국사

---

5) 須田努, 「江戸時代 民衆の朝鮮·朝鮮人觀」, 『思想』 1029號, 2010; 趙景達 외 편찬, 『「韓国併合」100年を問う』(岩波書店, 2011).

는 동양사 · 동양학의 영향하에서 '국체'론을 기반으로 형성되었다고 이해할 수 있다. 이후 기타 사다키치(喜田貞吉, 1871-1939) · 구로이타 가쓰미(黑坂勝美, 1874-1946) 등이 등장하여 국사라는 분야는 독자적인 학문체계를 확립하게 된다.

본론에서는 릿코쿠시(六国史)[6]나 『아즈마가가미(吾妻鑑)』 · 『도쿠가와짓키(德川実紀)』 등 위정자의 명에 의해 그들의 사적을 기술한 정사와 특정한 사상(事象)과 개인의 사적을 서술한 역사모노가타리(歷史物語)[7]의 등장에 대해 간단히 다루고, 에도시대 사람들의 역사인식 · 자국의식을 분석한다. 그리고 국사형성의 기반을 이룬 '국체'라는 개념에 관하여 논하고자 한다.

일본 근세에 많은 역사서가 탄생하게 되는데에 다대한 영향력을 미친 책으로는 17세기 전반의 『다이코키(太閤記)』와, 18세기 후반의 『니혼가이시(日本外史)』가 있다. 이 두 책을 분석하는데, 여기에서는 타자=타민족 · 타국을 어떻게 서술하고 있는가라는 시점을 중시하였다.

2. 정사편찬과 역사모노가타리(歷史物語) · 군키모노(軍記物)

1) 고대 : 조정에 의한 '정사'편찬과 역사모노가타리의 탄생

8세기 전반부터 10세기 전반에 걸쳐, 『고지키(古事記)』, 릿코쿠시(六

---

[6] 고대 율령국가가 편찬한 『일본서기』부터 『일본삼대실록』까지의 6책의 역사서를 말한다.

[7] 번역자 주 : 역사이야기, 역사소설 등으로 번역하기도 하지만, 모노가타리는 일반적 이야기나 소설과는 다른, 일본문학에 있어서 독특한 장르이기 때문에 고유명사로 취급한다.

国史) 등의 정사가 편찬되어, 천황가 역사를 중심으로 한 율령국가의 변천이 서술되었다.

10세기 전반, 천황의 정치권력이 흔들리면서 천황의 직접 통치가 불가능해져, 정치의 실권은 신하[셋쇼(摂政)·감빠쿠(関白)[8]]인 후지와라씨(藤原氏)에게 넘어가자, 천황가를 중심으로 왕조 역사를 서술하던 정사 편찬은 종언을 맞이하게 되었다. 그리고 11세기 후반에 정치실권을 장악한 후지와라씨의 입장에서 본, 후지와라씨를 중심으로 하는 지극히 좁은 시점에서 서술된 역사모노가타리인『에이가모노가타리(栄花物語)』,『오오카가미(大鏡)』등이 편찬되었다.

2) 중세 : 무가에 의한 정사편찬과 군키모노의 등장

12세기에 가마쿠라(鎌倉)막부가 성립하자, 정사=『아즈마가가미』가 무사의 손에 의해 편찬된다.『아즈마가가미』는 1180년 헤이씨(平氏)정권 타도를 목적으로 한 겐지(源氏, 후에 가마쿠라 쇼군 일족)의 거병에서부터 가마쿠라막부 성립과정을 묘사하고, 가마쿠라막부의 안정기를 가져온 싯켄(執權)[9] 호조씨(北條氏)의 사적을 중심으로 서술하고 있다.

14세기에는 귀족을 대신하여 무력·폭력으로 지위를 높인 무사가 정치의 실권을 장악했던 것을 배경으로 무사의 발흥과 그들의 무력·폭력, 전투에 의한 흥망성쇠의 양상을 묘사한『헤이케모노가타리(平家物語)』와 같은 군키모노라는 장르도 형성되었다.

---

8) 번역자 주 : 셋쇼, 즉 섭정과는 달리, 최종적 결재자는 천황인 경우를 말함.

9) 번역자 주 : 가마쿠라바쿠후의 직명. 카마쿠라 최고자를 도와 정무를 총괄하는 관직.

또한 남북조의 내란기(14세기)에는 각각이 의존하는 권력주체의 정통성과 우위성을 이야기하는 역사서=『진노쇼토키(神皇正統記)』나 군키모노=『다이헤이키(太平記)』 등도 편찬되었다.

무가(武家) 정권에 의한 정사와 역사서·군키모노는 특정한 조직(막부), 정치세력 혹은 개인의 사적, 활약을 유교적 명분론이나 불교적 인과응보론으로 서술한 것이었다.

인쇄 기술이 없었던 중세에 이러한 정사, 역사서·군키모노 등이 출판되어 유통된 것이 아니라 구전이나 사본으로 전해졌기 때문에 그 전달 범위(영향력)는 매우 한정적이었다. 따라서 이러한 것들로 당시 사람들 사이에 일정한 공통적 역사인식이 형성되지는 않았다.

3) 근세 : 에도막부와 그 주변에 의한 정사편찬과 군키모노·역사서 출판

17세기 전반, 에도막부는 유학자인 하야시 라잔(林羅山)·가호(鵞峯) 부자에게 『혼쵸쓰간(本朝通鑑)』 편찬을 명하였다. 1670년에 완성된 이 역사서는 신대(神代)부터 고요제이천황(後陽成天皇, 17세기)까지의 정치사가 편년체로 기재되어 있다.

17세기 전반, 도쿠가와 쇼군의 친척인 미토번(水戸藩)의 도쿠가와 미쓰쿠니(德川光圀, 미토 번주)는 진무천황(神武天皇) 이후 정치사를 주자학의 대의 명분론적 입장에서 서술하는 『다이니혼시(大日本史)』 편찬을 시작하였다. 이 『다이니혼시』는 약 250년의 세월을 거쳐, 1906년에 완성되었다. 『다이니혼시』 편찬사업에서 소위 미토학(水戸學)이라는 학문 체계가 형성되었다.

18세기 전반, 막부의 유학자로 막부 정치를 리드했던 아라이 하쿠세키(新井白石)는 주자학의 입장에서 『도쿠시요론(讀史餘論)』을 집필하였다. 『도쿠시요론』에서 주장한 '천하의 대세'=정치사란 고대 천황친정에서 후지와라씨의 셋칸정치(摂関政治), 인세(院政)[10]로 '구헨(九變)'이라는 공가(公家)정치시기로 시대구분을 하고, 무가 정권 탄생으로 '오헨(五變)'이라는 무가정치시기[11]로 시대구분하여 에도막부에 이르러 안정되었다고 하는 도쿠가와 쇼군가의 권력의 정통성을 서술한 것이다.

19세기 전반, 에도막부는 초대 쇼군 도쿠가와 이에야스(德川家康)에서 10대 쇼군인 도쿠가와 이에하루(德川家治)까지 역대 쇼군의 사적을 편년체로 정리한 본편과, 특기사항·일화를 수록한 부록으로 이루어진 정사=『도쿠가와짓키(德川実紀)』를 편찬하였다.

근세가 되자 이 같은 에도막부와 그 주변에 의한 정사편찬사업과는 별도로 민간 지식인들에 의한 역사모노가타리와 군키모노가 출판되었다. 오다 노부나가(織田信長, 1534-1582)가 통일정권을 길을 열어주고 도요토미 히데요시(豊臣秀吉, 1537-1598)가 전국을 통일하여 장기간의 전국시대는 종결되었다. 그러자 이들의 사적을 합전 중심으로 그린 군키모노가 등장한다. 일반에게 공개되지는 않았지만, 17세기 전반 오다 노부나가의 가신 오타 규이치(太田牛一, 1527-1613)가 노부나가의 사적을 기록한 『노부나가코키(信長公記)』가 편찬되었다. 오제 호안(小瀬甫庵)이 도요토미 히데요시의 일대기인 『다이코키(太閤記)』를 집필하였다. 오제의 『다이코키』는 출판된 이후 에도시대 전반에 걸쳐 독자가 가장 많았다.

---

10) 번역자 주 : 직위한 천황의 직계존속인 상왕이 천황대신에 정무를 직접 행하는 형태의 정치를 말함.

11) 번역자 주 : 『読史余論』의 시대구분 방법. 누가 정치권력을 장악하고 있는가를 기준으로 시대구분 한 것으로 '九變五變論'이라고 한다. '九變'은 공가정치 시대구분이고 '五變'은 무가정치시대 구분을 말한다.

『다이코키』에는 도요토미 히데요시의 조선침략이 그려져 있다.[12] 선봉에 섰던 고니시 유키나가(小西行長)의 2만 군대가 부산 상륙 전투에서 조선군을 공격하는 장면을 다음과 같이 서술하고 있다. (「권 제13, 名護屋부터 各出船之事」)

적 2만여 기병이 빈틈없이 모여서서 화살 쏠 준비를 하고 있는데, 철포로 꼼짝 못하게 하고 북적거리며 밀고 들어가 마침내는 두 세 개의 무리를 만들어 쫓아 들어가, 본성을 오전 9시 전후에 함락하여 약 8,500여 명을 남김없이 베어 죽였다. 그 밖에 생포한 자가 200여 명이었다.

또 동래성(東萊城) 공략에서는 다음과 같은 서술이 있다.

이 함락한 성을 앞선 사람이 준 교훈으로 삼아 열을 정비하여 준비를 철저히 해야 한다. 절대로 다른 세력에게 넘겨줄 수 없다. 정작 동래성을 공격하여 탈취하여, 다른 나라의 이름난 성을 하루 동안 2개소를 공격하여 많은 적을 토벌하고 생포하여 일본으로 넘겨 조정의 인정을 받았다고 하더라도 조금도 긴장을 풀 기색도 보이지 않고,…… 부산해의 함락된 성들은 적의 세력들을 베어 죽이는 것을 두려워하여 방어전을 함께하지 못하고 모두 함락되어 도망갔다. 고니시 도노모노스케(小西主殿助), 기도사쿠 우에몬노죠(木戶作右衛門尉) 등은 직접 부대를 이끌고 이들을 뒤쫓아 900여개의 머리를 취하였다. 그날 밤은 그 성에 진을 치고 병사과 말을 쉬게 하였다.

이어서 「목사판관성책지사(木曾判官城責之事)」[13]에서는 가토 기요마사(加藤淸正)가 공격하는 모습을 아래와 같이 그리고 있다.

---

[12] 小瀬甫庵, 檜谷昭彦・江本裕 교주『新日本古典文學大系 60 太閤記』(岩波書店, 1996).

[13] 번역자 주: '木曾'은 조선의 지방 관직명인 '牧使'를 일본어로 잘못 표기한 것.

목사는 히데요시의 신하 오카모토 곤노조(岡本権之丞)에게 토벌당했
다. …… 머리수는 15,300으로 어떤 자는 바위에서 뛰어내려 죽고, 어떤
자는 강에 빠져 익사하여 도합 25,000여 명이 허무하게 죽었다.

이와 같이 『다이코키』는 히데요시 군대의 강력한 군사력과 압도적
인 승리를 강조하는 한편, 약하여 항상 패하는 조선군이라는 알기 쉬운
2항 대립의 서술방법을 취하고 있다. 『다이코키』에서는 부산진의 격전
이나 동래부사 송상현의 분투 모습은 완전히 무시되고 있다. 더욱 중
요한 것은 정유재란에 관해서는 전혀 언급하고 있지 않다는 사실이다.
『다이코키』에서는 정유재란은 의도적으로 생략되었다. 『다이코키』는
"히데요시의 평전을 축으로 하면서도 히데요시 사망 전후에는 붓을 대
고 있지 않고, 사실(史實)에 입각한 역년을 따르지 않았다. 호안과 관계
가 있는 인물(織田造酒丞 · 堀尾吉晴 등)의 묘사를 덧붙였다."고 평가되
는데[14], 그 평가대로 조선침략의 결말이나 히데요시 정권의 종언에 대
해서는 지극히 애매하게 기술되어 있다.

이처럼 오제의 『다이코키』는 역사적 사실을 무시하거나 왜곡하는
면이 다수 보이는 등 오락물적인 색깔이 강한 히데요시의 성공담이었
다. 그러나 과학적 실증법과 같은 근대 역사학의 방법론이 성립하기
이전인 에도시대의 사람들에게 사실과 픽션으로 구별될 리도 없기 때
문에 당시 사람들은 『다이코키』의 역사서술을 사실(史實) · 사실이라고
인식했다.

---

14) 檜谷昭彦, 「『太閤記』における「歴史」と「文藝」」, 小瀬甫庵, 檜谷昭彦 · 江本裕 교
주, 위의 책.

3. 공통된 자국의식, 역사인식의 형성

1) 미디어로서의 조루리(淨瑠璃)

18세기 전반 민중의 세계에 커다란 영향력을 지녔던 극작가 지카마츠 몬자에몽(近松門左衛門)은 오사카 시내에서 제9차 조선통신사의 일본방문을 의식하여 조선을 소재로 한 조루리=인형극작품『혼쵸상고쿠시(本朝三国志)』를 창작하였다. 이 작품에서는 도요토미 히데요시의 조선침략을 묘사하였는데, 그 장면의 대부분은『다이코키』에서 영향을 받은 것이었다.『혼쵸상고쿠시』의 마지막에서는 일본 무사들의 잔혹한 폭력장면이 묘사되어 있다. 그와 더불어 생포된 조선 국왕이 히데요시군에게 목숨을 구걸하자 이를 살려주고 그 댓가로 조선은 일본에 조공을 바친다고 되어 있다.

또한 완전히 같은 시기에, 오사카에서 기노카이옹(紀海音)이라는 조루리 작가가 조선을 의식한 작품=『진구코고 산칸사쿠(神功皇后三韓責)』을 창작하였다. 이 작품은 고대의 정사인『니혼쇼키(日本書紀)』에 기술된 진구코고의 '삼한정벌'을 모티브로 삼아, 일본='신국', 조선='만적(蠻賊)'이라면서 일본에 패하여 목숨을 구걸하는 조선왕을 묘사하고, 이후 조선왕은 '일본의 개'가 되었다는 것으로 끝나고 있다.

지카마츠 몬자에몽이나 기노카이옹의 조루리 작품에 묘사되었던 세계는 역사사실이 아니다. 그러나 앞에서 서술하였듯이 당시의 사람들은 이 문제를 이해할 수 없었다.

역사모노가타리를 읽고 이해하기 위해서는 글을 읽는 능력이 필요하기 때문에 그 수요는 한정된다. 한편, 조루리=인형극을 관람할 때는 그 능력이 필요하지 않기 때문에 지카마츠의 조루리 작품은 시각적으로 역사를 전달하는 미디어로 많은 민중에게 영향을 주었다.

고대의 정사인『니혼쇼키』와『다이코키』의 역사서술을 모티브로, 조루리라는 미디어를 통해 에도시대 사람들 사이에는 조선이라는 타자를 거울로 해서, 일본=무력의 나라라는 공통된 자국의식과 역사인식이 형성되었다.[15]

2)『신론(新論)』으로 보는 타자 = 서구의식과 '국체'의 발견

18세기후반 로주(老中)[16]였던 다누마 오키쓰구(田沼意次)의 정권하에서, 민간사회의 경제격차는 확대되었다. 또한 덴메이(天明)의 기근(1782년부터 1788년에 걸쳐 발생한 대기근)에 처하여 다누마 정권은 유효한 대응책을 하나도 취하지 못하여, 막부에 대한 민중의 불신감은 확산되어 갔다. 다누마는 실각하고, 마쓰다이라 사다노부(松平定信)가 로주에 취임하였지만, 이러한 경향을 막을 수는 없었다. 에도막부를 중심으로 하는 막번체제는 인정(仁政) 이데올로기와 무위(武威)라는 두 가지 이념에 의해 유지되고 있었다.[17]

18세기 후반부터 19세기 초에 걸쳐, 인정 이데올로기와 무위라는 막번체제의 지배이념은 흔들리기 시작했다. 이는 막번체제의 근간에 관련되는 큰 문제였다. 이러한 정세에 위기감을 느낀 로주 마쓰다이라

---

15) 須田努,「江戸時代 民衆の朝鮮・朝鮮人觀」.

16) 번역자 주 : 에도막부 및 번들의 직명. 쇼군에 직속되어 국정을 총괄하는 상임직.

17) 약 150년 계속된 전국시대를 끝내고 평화를 만들어 낸 것은 도쿠가와 가문이며, 평화의 사회를 보전하고 있는 것은 막번 영주라는 것을 전제로, 막번 영주는 백성들에게 과중한 세금(年貢)을 부과하지만, 백성의 생명과 가문의 상속을 공법적으로 보장해야 한다는 사고방식을 인정(仁政) 이데올로기라고 부르며, 막번 영주는 강대한 무력을 독점하며 통치자로서 군림하지만 이를 실제로 행사하는 일 없이 지배를 관철시킨다는 관념을 무위(武威)라고 호칭한다.

사다노부는 동요하기 시작한 막번제 사회와 지역사회를 다시 세우고, 새로운 역사인식과 아이덴티티의 형성을 도모하기 위해, 막부 공식의 지지地誌 편찬사업을 기도하였다. 이는 사다노부 은퇴 후, 『도쿠가와 짓키(德川実記)』, 『신펜 무사시후도키코(新編武藏風土記稿)』, 『간세쵸 슈쇼가후(寬政重修諸家譜)』로 결실을 맺었다. 또한 일본 각지(여러 번들이나 민간인)에서도 지지가 편찬되었다. 시라이 데츠야(白井哲哉)는 이 지지편찬사업들을 근세 지역 시스템이 붕괴되는 가운데 '동아시아의 문화적 영향을 벗어나 새로운 국가의식을 지향하는 사업의 일환'이었다고 논하고 있다.[18]

필자는 18세기 후반부터 19세기 초에 걸쳐 인정 이데올로기와 무위의 구조가 흔들리는 와중에 막부의 역사편찬사업에 자극을 받고, 거기에 교육의 보급과 식자율의 상승과도 연결되어 민간사회에서 역사에 대한 흥미와 관심이 높아졌다고 본다.

한편 18세기 후반~19세기 초, 러시아 사절의 통상요구를 막부가 거부한 것을 계기로 러일관계는 긴장되었고, 막부는 이국선에 대비하는 해상 방비책을 전개하였다.

1824년 5월 28일, 히타치노쿠니(常陸国)의 미토번(水戸藩)령의 오쓰하마[大津浜, 현 이바라키현(茨城縣) 기타이바라키시(北茨城市)]에 12명의 영국인이 상륙하였다. 오쓰하마의 어민들에게 연락 받은 나카야마가(中山家)의 가신들 100여명은 현지로 급히 달려가 해안에 대포를 배치하여 경비를 강화하였다. 영국인들과의 '필담 담당자'(교섭 담당자)로 아이자와 세이시사이(會澤正志齋, 유학자이자 후기 미토학의 중심인물)가 현지에 부임하여 영국인들을 심문하였다. 영국인들은 포경선

---

18) 白井哲哉, 『日本近世地誌編纂史研究』(思文閣史學叢書, 2004).

원으로 일본 근해 도항 목적이 포경이었다고 말하였지만, 아이자와는 그들의 말을 신용하지 않고, 일본을 침략하는 것이 영국인들의 최종목적이라고 판단하였다.

이 영국인 상륙사건(오쓰하마 사건)의 결과, 막부는 '이국선추방령(異国船打払令)'을 내리고 '남만(南蛮)·서양'은 '어제금사교(御制禁邪教)'=크리스트교를 믿는 나라이기 때문에 이후 이방인이 상륙한 경우, 그 자리에 있는 인원으로 공격하라고 하였다. 막부는 오쓰(大津) 사건을 계기로 서구와의 접촉을 차단해 갔다. 그리고 영국은 오쓰사건을 직접 경험해서 일본을 침략하고 있다고 한 아이자와 세시사이는 『신론(新論)』을 저술하였다. 이 『신론』이야 말로 존왕양이론(尊王攘夷論)의 기반이 되며 근대 국사탄생에 다대한 영향을 미친 책이었다. 『신론』[19]의 서두는 다음과 같이 되어 있다.

> 삼가 생각하기에, 신의 나라(神州, 일본)는 태양이 떠오르는 곳이며 원기(元氣)가 시작되는 곳으로, 태양신의 자손인 천황이 대대로 황위에 올라 통치하여 영구히 바뀌는 일이 없다. 원래부터 세계의 원수(元首)이자 만국의 기강(紀綱)이다. 진실로 이 우주 내에 군림하여 천황의 교화는 멀고 가까움에 관계없이 영향을 미친다.

아이자와는 유학을 공부했다고 하지만, 위의 담론은 유학의 합리성과는 거리가 먼 결론이다. 우선 일본은 '신의 나라'라는 규정으로 시작하여, 일본은 '천일(天日)'=태양의 자손인 천황이 통치하고 있는 나라이며, 천황의 지배는 '우내(宇內)'=일본은 물론 해외에도 미쳐야 한다는 것이다. 더 나아가 아이자와는 타자=서구를 이적화하면서 이것과 비교

---

19) 會澤正志齋, 「新論」, 今井宇三郎 외 편, 『日本思想大系 53 水戶學』(岩波書店, 1973).

하여 태양의 자손인 천황이 신화의 시대부터 영원히 다스리고 있는 일본은 훌륭하다고 하여 이 특질을 '국체'라는 개념으로 말하고 있다. 아이자와는『신론』에서 '국체'라는 자국의식을 발견하였다. 이 '국체'라는 관념을 생각하는데 있어서 다음의 기술은 중요하다.

감히 국가가 의지해야 할 것에 대해 논하겠다. 첫째로 국체인데, 이것은 신성하여, 충효를 기반으로 하여, 나라를 건설할 것을 논하여 마침내 무(武)를 숭상하는 백성의 명령을 중시하였다는 설에 이르렀다.

'국체'란 국가의 중추를 형성하는 관념인데, 이것은 신성한 것이며 충효를 기반으로 하지만, 무력을 중시한다는 것이다. 더 나아가 아이자와는 다음과 같이 말한다.

우리나라(일본)의 조정은 무(武)로 나라를 건설하여 야만인을 지배하여 사방에 권력을 자유롭게 행사한 유래는 태고시대로부터였다. 호시(弧矢)와 과모(戈矛)의 이용은 이미 신대(神代)부터였다.

앞에서 서술하였듯이『신론』이전의 역사서에서는 무력을 중심하는 정치체제(정권)를 12세기에 성립한 가마쿠라 막부부터 계속된 무가정권 특유의 것으로 말해왔다. 그러나『신론』에는 일본이란 무력에 의해 건국되었고, 신화 시대부터 일본은 무력을 중시해 왔다고 한다. 아이자와는 무력이란 무가정권에 한정되는 것이 아니며 무력이야 말로 일본의 원점을 이룬다고 논한다.

일본=무력의 나라라는 '국체' 관념·자국의식은 타자=서구의 강대한 군사력을 인식하면서 형성되어, 역사로 회귀되는 형태로 언급된 것이다.

아이자와 세계관의 중심은 일본(신의 나라)이며 이는 서구를 거울로 삼아 형성되었는데, 이 때 동아시아=중국·조선은 배제·무시되었다.

18세기 전반 일본의 유학은 야마가 소코(山鹿素行)·오규 소라이(荻生徂徠)를 중심으로 독자적인 세계관을 형성하여, 중국문화를 상대화하기 시작하였지만, 18세기 후반에는 러시아의 접근을 계기로 통치자와 지식인들은 서구를 향한 대항 의식으로 서구멸시, 아시아 무시의 배타적인 관념을 만들어내고, 이것은 점점 과격한 양이론으로 형성되어 갔다. 다만『신론』은 출판된 것이 아니라, 일부 지식인·무사들 사이에 사본으로 보급된 것에 지나지 않았다.

3)『니혼가이시(日本外史)』의 등장

이상과 같은 정치적·사회적 정세, 그리고 서구에 대한 대항으로 아이자와가 '국체'라는 자국의식을 형성해가던 시기에 라이 산요(賴山陽, 1781-1832)는『니혼가이시(日本外史)』를 집필하였는데, 이 저술은 당시 사회에서 높은 평판을 얻었다. —마쓰다이라 사다노부는 이에 주목하였고 라이 산요는 사다노부에게『니혼가이시』를 헌상하였다. —
『니혼가이시』[20)의 서두에는 아래와 같이 적혀 있다.

> 이 책은 각 가문의 흥망을 상세히 기록하여 이를 살펴보기에 이바지하고자 한다. 굳이 본기(本紀)를 세워 정사(正史)처럼 하지 않고, 다만 그 속에 제왕의 연호, 기년(幾年) 기월(幾月)을 가지고 조리(條理)를 표명할 뿐이다.

---

20) 賴山陽,『日本外史』下(岩波書店, 1981).

　　이처럼 『니혼가이시』는 인물과 그 가문(모두 무사)의 흥망성쇠에 대하여 등장인물의 사적을 중심으로 서술한 것이다. 주목하고 싶은 것은 「권4 겐지후기 호조씨(源氏後記 北條氏)」에 있는 겐코(元寇)의 장면이다.

　　'붕에(文永) 전쟁'
　　이 시기에 송(宋)은 오랑캐 원(元)에게 멸망하게 되어, 여러 이웃나라는 모두 원에게 복종했다. 홀로 우리나라만이 통신사를 보내지 않았다. 원의 군주 쿠빌라이(忽必烈)는 고려인(韓人)을 시켜 우리에게 글을 보내 말하기를 "복종하지 않는다면 군대를 보내겠다."라고 하였다. (중략) 서해부(鎭西)의 장수들로 하여금 진입을 막게 하였다. 쇼니 가게스케(少貳景資)는 힘껏 싸워 화살로 오랑캐의 장수 유복형(劉復亨)을 쓰러뜨렸다. 그러자 오랑캐 병사들은 흩어져 도망갔다.

　　'고안(弘安) 전쟁'
　　중국(漢)·원(胡元)·고려(韓)의 병사 모두 10만 여명이 범문호(范文虎)를 대장으로 하여 쳐들어왔다. (중략) 오랑캐 병사 10만 명 중에 탈출하여 돌아간 자가 불과 3명, 원이 다시 우리의 국경을 넘보지 못한 것은 호조 도키무네(時宗)의 힘이다.

　　이렇듯 붕에·고안 전쟁 모두 일본 무사들의 분투로 원군이 철퇴했다고 되어 있다. 그리고 원나라 군대를 물리친 것은 슈켄 호조 도키무네(北條時宗)의 힘이라는 것을 강조하면서 서술은 끝나고 있다. 이 장면에서는 '호원(胡元)'=원, '여러 이웃나라'와 나란히 '우리나라'라는 어휘를 발견할 수 있다. 에도시대에 태어난 사람들이 국가라는 영역·존재를 인식한다는 것은 일단 없었다. '국가(國)'란 무사의 입장에서는 번(藩), 서민의 입장에서는 향토를 의미하는 것이었다. 그러나 『니혼가이시』에서는 겐코라는 대외와 전쟁을 벌이는 장면에서 국가라는 것을 의식하고 있다.

2장에서 확인하였듯이, 일본에서는 고대(8세기)부터 근세(18세기)까지, 많은 역사서가 만들어졌지만, 이는 현 정권(고대왕조나 무가정권=막부)이 그 정치적 정통성을 설파하는 것이거나, 특정 정치세력의 우위성을 설명하는 시야가 좁은 이야기였으며, 독자층은 지극히 한정되어 있었기 때문에 그 영향력은 미약하였다.

중세에 탄생한 『다이헤이키(太平記)』는 근세에 들어와, 충군·인정을 이해하기 위한 교육서로서, 통치자인 다이묘(大名)에서 민중에 이르기까지 폭넓은 독자층을 얻었다. 또한 『다이코키』는 "입신출세"한 도요토미 히데요시의 통쾌한 이야기로 백성에서 천하를 거머쥔 사람까지 민중의 갈채를 받았다. 그러나 『다이헤이키』와 『다이코키』는 모두 서술 대상 시기가 짧고, 협소한 역사 장면만을 이야기하는 레키시모노가타리였다.

유학자인 라이 산요가 집필한 『니혼가이시』는 앞에서 서술하였듯이, 전 막부 로주였던 마쓰다이라 사다노부에게 헌상되어, 1836년에는 에도에서, 1848년에는 오사카에서 간행되어 이후 판을 거듭했다. 『니혼가이시』는 앞에서 소개한 『진노쇼토키(神皇正統記)』 등의 군키모노나 『다이코키』뿐만 아니라, 『아사노케기(淺野家記)』 등의 많은 역사서·군키모노를 바탕으로 하였고, 또한 여러 가문의 계보와 『구칸쇼(愚管抄)』 등의 수필을 참고자료로 이용하여, 12세기의 겐페이(源平) 쟁란부터 18세기의 도쿠가와 5대 쇼군인 쓰나요시(綱吉)까지 약 800년간의 무가정권의 변천=정치사를 상세하게 묘사하였다.

4) 『니혼가이시』의 타자＝조선 인식

12세기부터 18세기까지 무가정권의 대외관계는 이하 ①~⑥이다.

중세: ①겐코(元寇) ②아시카가 요시미쓰(足利義滿)에 의한 명과의 국
교수립, ③포르투칼인의 도일
근세: ④도요토미 히데요시의 조선침략 ⑤도쿠가와 막부의 조선·
명·류큐와의 교섭 ⑥쇄국체제

『니혼가이시』에는 ①겐코, ④도요토미 히데요시의 조선침략, ⑤의
일부(도쿠가와 막부와 조선의 교섭)만이 기술되어 있다. ①겐코에 관
해서는 앞에서 서술하였으므로 ④, ⑤에 관하여 다루어 보고자 한다.
『니혼가이시』는 도요토미 히데요시의 조선침략의 전제를 언급하여
"히데요시가 산요(山陽) 지역을 정복하자 '조선과 명'을 공격할 것을 기
도하였고, 류큐(琉球)에게는 조공을 오게 하였다."라고 한다. 그런 다음
조선침략의 서술이 시작된다. ―『니혼가이시』에서는 분로쿠(文祿)·게
이초(慶長)의 전쟁이라는 호칭은 사용하고 있지 않지만, 도요토미 히데
요시의 조선침략을 두 가지 사건으로 묘사하고 있다.

분로쿠(文祿) 전쟁＝임진왜란에 관한 기술
용맹스런 도요토미 군대[가토 기요마사(加藤清正)·고니시 유키나가
(小西行長)]는 육상전투에서 조선군을 압도하여, 평양까지도 점령하였지
만, 해상전투에서는 이순신의 수군에 패하여 제해권을 장악하지 못하고,
히데요시 군대의 진격은 불가능하게 된다. 조선 각지에서 '의병'이 일어
나 히데요시 군대를 공격하기 시작했고, 조선의 요청으로 명나라 군대
가 출진하였다. 히데요시 군(고니시 유키나가)은 명군[심유경(沈惟敬)]과
화평교섭을 시작하였다. 조선과 명의 사신이 일본을 방문하여 히데요시

와 정식 화평교섭을 행하지만, 결렬, 히데요시는 재차 조선출병을 명령하였다.

> 게이초(慶長) 전쟁=정유재란에 관한 기술
> 여러 다이묘는 히데요시의 명령으로 여러번 바다를 건너 조선반도를 전쟁터로 만들었다. 조선·명 연합군은 강했고, 가토 기요마사는 울산에서 성을 지키고 있었으나, 명나라 군대의 맹공격을 받아, 고니시 유키나가·시마즈 요시히로(島津義弘) 등도 고전을 면치 못하였다. 이러한 가운데 히데요시 사망 연락이 오자, 히데요시 군은 군세를 정비하여으로 나고야(名護屋)로 돌아갔다. 명군은 추격해 오지 않았다.

분로쿠 전쟁(임진왜란)에서 강조되고 있는 것은 가토·고니시 전투가 용맹스러웠다는 것과 명과의 화평교섭에 대한 양상이며, 게이초 전쟁(정유재란)에서는 강대한 명나라 군사력과 이에 대치한 울산 전투 등 히데요시군의 고난과 역경의 모습이다.

『니혼가이시』 서술에서는 조선군 병사나 의병의 활약상은 거의 묘사되어 있지 않고, 히데요시군이 고전한 상대는 명나라 군대였다고 서술하고 있다. 그런 이유로 히데요시군은 조선군·의병과의 전투 결과 패배한 것이 아니라, 히데요시가 사망하였기 때문에 질서정연하게 귀국하였다고 결말을 맺고 있다. 『니혼가이시』의 서술도 일본 무사의 강력함과 침략 당한 조선인의 취약함이라는 이항대립 구조로 되어 있다.

『니혼가이시』에서는 도요토미 정권 와해 후, 정권을 탈취한 도쿠가와 이에야스(德川家康)가 '도요토미 히데요시의 조선출병에 나는 관계하지 않았다'고 하면서 조선과의 국교수립을 원하여 조선에서 사절단이 일본으로 와서 이에야스에게 배알할 것을 원하였다고 기술하고 있다. 이것은 일본 우위의 기술로 조선 측에서 배알을 원했다고 서술되어 있다.

　조선통신사가 마지막(제13차 사절)으로 일본에 온 것은 1811년이었다. 이 사절은 쓰시마(對馬)까지라고 생각하였다. 즉 쇄국하에 있는 에도시대의 대다수 사람들은 1764년 제12차 사절을 마지막으로 약 50년간이나 타자=조선인을 의식 · 경험하지 못했다. 1811년 조선통신사가 끝난 이후도 조선 · 조선인을 소재로 한 연극작품=가부기(歌舞伎)작품이 쓰루야 남보쿠(鶴屋南北)에 의해 계속 만들어져 큰 인기를 얻었다. 쓰루야 남보쿠는 치카마쓰 몬자에몽(近松門左衛門)이 묘사한 기본적 모티브를 유지하여, 조선인은 약하고 일본 무사는 무력에 뛰어났음을 한층 과장하였고, 조선은 히데요시에 의해 멸망당하였다고까지 서술하였으며, 또한 조선인 멸시관까지도 삽입하고 있다.21) 이 쓰루야 남보쿠의 작품은 열광적인 지지를 얻어 그 후에도 상영되어 많은 민중에게 영향을 주었다. 이러한 타자=조선인 인식이『니혼가이시』의 등장과 더불어 영향력을 행사할 수 있는 사회문화적 배경이었다.

5) 기억되는 자국의식 · 역사인식

　『니혼가이시』는 12세기의 겐페이(源平)의 쟁란에서 18세기의 도쿠가와 5대 쇼군인 쓰나요시(綱吉)까지, 무가정권의 번성을 서술한 역사서이며, 거기에 묘사되고 있는 것은 겐지(源氏) · 아시카가씨(足利氏) · 오다 노부나가(織田信長) · 도요토미 히데요시 · 도쿠가와 이에야스 등 무장들의 전투와 그들의 정치적 역량이며, 내용의 대부분은 전투에 대한 서술로 채워져 있다. 무장들의 폭력(무력)을 서술한 것이야말로『니혼가이시』의 큰 특색이며, 폭력에 의한 정치적 해결을 중시하는 역사관

---

21) 須田努,「江戸時代　民衆の朝鮮 · 朝鮮人觀」.

이 형성되어 있다. ―여기에 정통성을 부여하고 있는 것이 근왕·존왕이라는 사상이다. ― 그리고 이국과의 관계=겐코·히데요시의 조선침략 장면에서 특히 일본의 무력이 강조되고 있다.

『니혼가이시』는 중세부터 근세 전기까지 형성된 역사서 및 사료들을 집대성한 것이라는 데에 의미가 있다. 또한 장기간에 걸쳐 정치사를 서술하고 있는데, 그런 의미에서 일본에서 등장한 첫 타입의 역사서로 평가할 수 있다. 그리고 보다 중요한 것은『니혼가이시』가 목판본으로 출판되어 대외위기를 맞이한 19세기, 공가(公家)·다이묘, 무사에서 서민에 이르기까지 많은 사람들에게 영향을 준 역사서였다는 사실이다.

앞에서 서술하였듯이, 18세기 조루리라는 미디어에 의해 일본=무력의 나라라는 공통된 자국의식과 역사인식이 형성되었다. 그러나 시공이 한정되어 있는 극장이라는 공간에서 상연되는 조루리는 극 내용을 반복해 이해할 수 없었다. 19세기에 들어와 서민교육의 보급으로 민중들 글 읽는 능력 수준은 현저히 향상되었다. 사람들은 책으로 되어 있는『니혼가이시』의 서술내용을 시공의 제약 없이, 반복해서 확인하면서 기억해 갈 수 있었다.

19세기 서구의 접근이라는 대외위기를 배경으로 발간된 라이 산요의『니혼가이시』로 일본=무력의 나라라는 공통된 자국의식·역사인식이 기억되고 확산되어 가는 중에, 아이자와 세시사이의『신론』을 입수할 수 있었던 특정 지식인·무사들은 여기에 '국체' 관념·자국의식을 가미하여 과격한 존왕양이사상을 형성하였다.

4. '국체'와 결합한 조선침략론

1) 계속되는 서구의 접근과 존왕양이운동

1853년 미국 동인도함대 사령장관 페리는 우라가(浦賀)에 입항, 필모어 대통령의 친서를 막부에 건네고 미국 포경선이 잠시 일본항에 머물 수 있도록 허가를 요구해 왔다. 같은 해 러시아의 프차친도 나가카시(長崎)에 입항, 개항을 요구해 왔다. 다음해인 1854년, 막부의 로주 아베 마사히로(阿部正弘)는 미일화친조약체결을 도모한다. 이를 계기로 서구의 군사력에 굴복하여 쇄국이라는 조법(祖法, 원리원칙)을 방기한 막부에 대한 비판이 높아졌다. 이는 막번체제의 지배이념이었던 무위의 붕괴를 의미하였다. 그러나 화친조약은 곤란한 미국 포경선원을 위해 식료·땔나무와 물을 공급한다는 내용으로 이것은 유교적 '인'의 행위범주라고 해석되어, 이 조약으로 인해 존왕양이 운동이 격화되지는 않았다.

미일화친조약 체결로 일본에 들어온 미국주일공사 하리스는 막부에 통상조약 체결을 압박하였다. 1858년 막부의 다이로(大老) 이이 나오스케(井伊直弼)는 고메이천황(孝明天皇)의 칙허가 내려지지 않은 상태로, 미일수호통상조약을 체결해 버렸다. 미국의 영리를 목적으로 하고 있는 통상조약은 취약한 일본의 경제를 파탄시켰다. 타자='이적(夷狄)'이 일본국내에서 상거래를 하는 것은 '신의 나라'가 더럽혀진다는 인식에서 양이운동이 격화되었다. 그리고 막부의 행위는 고메이천황을 업신여기는 것이라는 강한 막부비판도 나타났다. 이이 나오스케는 폭력을 발동하여 이 반대파들을 탄압하였지만(安政大獄), 본인은 존왕양이파의 테러로 살해당하였다. 미일수호통상조약의 조인으로 무위라는 지배이념은 땅으로 추락하고, 존왕양이운동은 격화되었다. 존왕양이 운동의 멤버가 성전으로 여긴 것이 아이자와의 『신론』이었으며, 특히 '국체'론이 중시되었다.

2) 보호해야할 '국체'

조슈번(長州藩)의 병학자(兵學者)이자, 존왕양이 운동으로 막부를 토벌할 것까지도 생각했던 요시다 쇼인(吉田松陰, 1830-1859)은 막부가 조정을 무시하고 미일수호통상조약에 조인한 것에 격분하여 로주 암살계획을 세웠지만 실패, 1859년 체포되어 처형되었다(安政大獄). 조슈번·사츠마번(薩摩藩)이 중심이 되어 에도막부를 무너뜨린 것은 이보다 약 10년 후인 1868년이다. 앞에서 서술하였듯이, 이이 나오스케가 실권을 장악하였던 시기에 존왕양이파는 막부를 비판하면서 이이 나오스케를 암살하였지만, 막부 그 존재 자체를 부정하여 막부토벌을 제창한 인물은 쇼인뿐이었다. 가장 과격한 사상과 행동을 취한 쇼인은 라이 산요의 『니혼가이시』와 아이자와 세이시사이의 『신론』에서 영향을 받아, 다수의 정책헌정서·정치론을 집필하였다. 생전의 영향력은 조슈라는 지역에 한정되었지만, 제자들[구사카 겐즈이(久坂玄瑞)·다카스기 신사쿠(高杉晉作)·기도 다카요시(木戶孝允)]이 메이지 유신의 원동력이었기 때문에, 쇼인의 영향력은 메이지 유신을 전후해서 급격히 상승하였다.

요시다 쇼인은 막부의 저자세외교로 인해 서구에 통상조약을 강요당하면서, 일본의 '국체'가 손상되었다고 인식하였다. 그 때문에 일본의 '국체'를 재구축하기 위해서는 막부를 토벌할 수밖에 없다는 논리로 귀착하여 제자들에게 로주 암살을 실행하도록 책동하였다. 그러나 그의 제자들은 쇼인의 과격한 사상에 동의하지 않아, 쇼인의 학통≒정치그룹은 붕괴 위기에 직면한다. 그러자 쇼인은 가장 신뢰하였던 제자(구사카 겐즈이·가츠라 고고로(桂小五郎, 기도 다카요시의 다른 이름)에게 편지의 형태로 다음과 같이 말하였다.

> 다케시마(竹島, 울릉도) 개간 정책안이 있다. 이 시점에 막부의 허가를 받아 홋카이도(蝦夷)처럼 만든다면 명나라 말기 정성공(鄭成功)의 공적도 이룰 수 있다고 생각한다. (중략) 겐즈이가 상세하게 알고 있으니 계략을 내야 한다. 천하에 아무 일이 없다면 막부가 이익이 되고, 일이 생긴다면 원대한 책략으로 착수는 우리 번에서 조선·만주에 임하는 것이 가장 좋다. 조선·만주를 지배하고자 한다면 타케시마는 제1의 발판이 될 것이다.
>
> 「書狀 桂小五郎宛」 1858년

> 다케시마(울릉도)가 영국의 소유라는 것은 매우 믿기 어렵다. 흑룡강(黑龍江), 홋카이도(蝦夷)는 우리 번에서 너무 멀다. 그보다는 다케시마·조선·북경 변경이야말로 우리 번의 급무에 적절하다.
>
> 「書狀 久坂玄瑞宛」 1858년

미일수호통약조약체결(1858년) 이전, 아이자와의 '국체'론을 계승한 요시다 쇼인은 일본을 신화 시대부터 무력에 의거해 온 '황국'이라고 규정하였다. 그리고 군학자(軍學者)이기도 하였던 쇼인은 국가의 보전은 무력에 의존할 수밖에 없다는 강고한 견해를 갖게 되었다. 그러나 현실의 에도막부의 무력은 저하되어 서구의 침략을 받고 있었다. 쇼인의 사상은 역사로 회귀한다. 그리고 '진구코고의 삼한정벌' 이야기를 꺼내어 이를 '웅략'=용맹스럽고 장대한 이상의 시대였다고 논한다. 또 도요토미 히데요시의 시대는 조선에 진출하는 등, 일본의 세력은 강대하였다고 서술하고 있다. 즉, 쇼인의 타자(조선)인식은 3장에서 확인한 에도시대의 사람들과 공통된 것이었다고 할 수 있다.

그런데 미일수호통상조약 체결 직후부터 쇼인의 논리는 갑자기 비약한다. 조선은 취약하기 때문에 조선에 출병하여 일본='황국'의 '국위'을 회복해야 한다고 말하기 시작하였다. 에도시대의 사람들은 조선을 무력이 뒤떨어진 약한 나라라고 보았어도, 침략의 대상으로 인식한 것은 아니었다. 쇼인이 영향을 받았던 아이자와 세시사이의『신론』이나 라이 산요의『니혼가이시』에도 조선침략론은 없다.

군학자이기도 한 쇼인은 서구의 강한 군사력을 충분히 인식하면서 '국체'를 서구로부터 지켜야 할 것으로 규정하고, 타자=서구를 거울로 삼아 약자로 의식하여, 더욱 더 타자=조선에 대한 침략을 제창하기 시작하였다. 쇼인에게 있어서 '국체'는 보호해야 할 것이라고 말할 수 있으며, 여기에 타자=조선에 대한 침략을 연결한 것이다.[22]

5. 맺음말

'국체'론을 기저로 일본 우위의 논리와 배외사상을 포함한 '국사'는 아시아 침략을 정당화하는데 기여한 동양사·동양학의 영향을 받아 형성되었다. 그런 의미에서 '국사'란 근대 천황제의 산물이다. 그렇지만 근세 후기에 막연한 형태이지만, 라이 산요의『니혼가이시』에서 국사는 그 싹을 보였고, 아이자와 세시사이의『신론』에서 '국사'가 발견되어, 요시다 쇼인에 의해 '국체'는 보호해야 할 것으로 여겨져 조선침략과

---

22) 須田努,「征韓論への系譜」, 趙景達 他編,『近代日本のなかの「韓國併合」』(東京, 堂出版, 2010).

결부되었다.

타국 침략을 정당화하는 논리는 근대주의, 제국주의의 논리뿐만 아니라, 무력·무위에 절대적 신뢰를 두는 일본 근세사회 속에서 축적된 전통적 관념에서 형성된 것이었다.

1930년대 이후, 울트라 내셔널리즘이 전개되는 상황에서 '국사' 연구의 담당자인 히라이즈미 기요시(平泉澄)는 군부와 연결해 파시즘을 견인하였다. 애초부터 '국사'는 그 맹아 단계에서 무력·무위을 중시하는 에도시대의 사람들에게 공통된 역사인식을 기반으로 한 것이었기 때문에, 근대에 들어와 폭력의 전문가인 군부·군인이 '국사'에 공명하였다는 것은 지극히 당연하다고도 할 수 있다.

일본에서 형성된 '국사'가 가진 배타성과 아시아 침략의 문제는 근대주의나 천황제에 있다기보다도, 오히려 일본 사회에 전통적으로 존재하고 있었던 폭력·무력에의 경도라는 문제가 존재하고 있었다.

일본 근대 역사학의 형성과 서구 역사학의 영향 그리고 개화기 조선

트랜스내셔널 전이를 중심으로

정현백

1. 머리말

유라시아 대륙의 국가군에서는 중국과 유럽이라는 두 개의 거대한 문화전통의 병행적인 발전이 있었고, 이는 지금까지 끝없는 비교의 대상이 되고 있다. 최근에는 두 문화가 스스로의 과거를 불러내는 역사서술의 전통에서 드러나는 차이에 대한 관심이 높아지고 있는데, 이 과정에서 이 두 전통의 최초의 조우가 중국이나 유럽이 아니라 19세기 말 일본에서 이루어진 점을 우리가 간과하였음을 발견한다.[1] 19세기 중엽까지 주된 문화적 역할 모델이 중국이었던 일본에서, 서구 역사학이 도입되는 과정의 반응들 그리고 그것이 개화기 조선으로 전이되는 과정은 매우 흥미 있는 주제이고, 이는 트랜스내셔널 히스토리의 방법

---

[1] Masayuki Sato, "Historiographical Encounters: 'The Chinese And Western Traditions in Turn-Of-The-Century Japan'", *Storia Della Storiografia*, 19, 1991, p.13.

론적 매력을 한껏 높이고 있다.[2] 이 글은 메이지 시대 일본의 서구 역사학 수입과 조선으로의 전이과정을 구명하는 것을 통해서, 근대성의 도전과 응전 속에서 형성되는 두 국가의 자기정체성을 드러내는 작업이다. 물론 이 분석 작업에서는 문명계몽의 과제에 직면한 중국이라는 변수도 함께 고려될 수밖에 없다.

1897년 대한제국의 성립은 격심해진 열강의 침략 경쟁 속에서 국가의 주권을 지키고, 자주독립국가로서의 발전을 모색하려는 노력의 일환이었다. 이러한 시대적 흐름 속에서 신문물에 대한 관심이 자주독립이라는 민족적 과제와 긴밀히 연계되면서, 근대적 교육제도를 발전시키고 새로운 학문을 배우려는 의욕이 발현하였다.[3] 이러한 과제를 실행하려는 열정과 노력 속에서 역사, 그중에서도 서양사는 기본적인 전달매체로서 그 중요성이 인식되었다. 민족적 자각을 각성하기 위하여 우리 역사와 전통을 연구하고 그 의미를 새로이 구성하려는 노력도 있었지만, 외국의 역사 속에서 부국강병책을 통해 국운을 키우고 자주독립국가 건설에 성공한 사례 혹은 번창했던 국가가 쇄락하여 강대국에 예속되는 사례로부터 어떤 교훈을 얻을 필요성도 있었던 것이다. 이런 문제의식 속에서 서양사 관련 저술이나 역서가 출간되거나 세계사 교과서가 학부 주도로 혹은 민간편찬으로 발행되었다. 역사학이 창조되고 교육되는 것은 바로 국민이 만들어지는 것이고, 이는 근대 국민국가 형성의 토대가 된다. 이에 서양사의 수용과 출간된 저서나 역서에 대한 분석을 통해서 개화기 조선의 시대정신을 읽어볼 수 있다.

---

[2] 정현백, 「트랜스내셔널 히스토리의 가능성과 한계」, 『역사교육』 108, 2008, 204-209쪽; Gunilla Budde/ Sebastian Conrad/ Oliver Janz (ed.), *Transnationale Geschichte. Themen, Tendenzen und Theorien* (Göttingen, 2006) 참조.

[3] 김흥수, 「광무개혁기의 중학교의 설립과 실태에 관한 소고」, 『한국근현대사논문선집: 계몽(8)』 (삼귀문화사, 2001), 181-201쪽 참조.

지난 10여 년 사이에 개화기 조선의 근대 역사학 성립과 역사서에 대한 관심이 더 높아졌고, 많은 연구 성과가 나타났다. 이런 맥락에서 서양사 교육 및 교과서에 대한 연구도 현저히 증가하였다. 그러나 이런 연구들에서는 개화기 서양사 수용을 바라보는 유사한 시각과 해석 패턴이 발견된다. 이는 우선 서양사 혹은 세계사 관련 사서나 교과서가 일본의 그것을 무비판적으로 수용하였다는 것이다. 둘째로는 일본을 통해 전해진 세계사 해석에 있어서 서구중심주의(Eurocentrism)를 벗어나지 못했다는 비판이다.[4] 19세기 서구의 근대적 시민사회의 사상과 발전유형이 '보편적 타당성'을 지닌다고 보았고, 그래서 '서양을 세계의 중심'으로 간주하였다는 것이다.[5] 셋째로는 일본을 위시한 열강의 제국주의적 인식과 침략적 의도를 비판적으로 파악하고 대응하지 못하였다는 것이다. 이러한 사고의 배경에는 사회진화론에 입각한 역사의식에 따라 세계를 야만-미개-문명의 세 등급으로 나누고, 한국, 중국, 인도, 터키나 그 외 다수의 아시아 국가들을 반(半)개화국가로 분류하는 문제의식이 내면화되었다는 것이다.[6]

그 외에도 우리의 서양서나 세계사 교과서도 서양의 시대구분법을 받아들여 역사발전을 고대사-중세사-근세사의 3분법으로 나누고,

---

4) 여기에서 '서구중심주의'라는 번역어를 사용한 것에 대한 해명이 필요하다. 유럽 중심주의라 할 경우 유럽만을 대상으로 하는 것이고, 서양 중심주의라 할 경우는 엄밀히 말하자면 아프리카와 남아메리카를 포함한 것이어야 한다. 이에 비해 서구라는 개념은 흔히 유럽과 북미국가들을 통칭하는 것으로 해석되기 때문에, 서구중심주의라는 명칭을 이 글에서는 사용하였다.

5) 이영효, 『역사교육 탐구』(전남대 출판부, 2012), 214쪽; 고유경, 「대한제국 후기 (1905-1910) 서양사 교과서에 나타난 서구중심주의」, 『역사학연구』, Vol. 41, 2011, 269-281쪽.

6) 이영효, 위의 책, 213-215쪽; 고유경은 문명화의 과제가 제국주의 지배의 위험성을 희석시켰고, 만국사 교과서들에서는 약소국에 대한 감정이입이 부족하다고 파악하였다. 고유경, 위의 논문, 281쪽.

역사를 근대를 향한 일직선적 발전과정으로 이해하였고 그 안에서 근대를 경험하지 못한 지역의 역사를 평가절하 하였다는 것이다.[7] 또한 위의 서적들에서는 '동양'과 '서양'의 이분화가 두드러졌다는 비판도 제기되었다. 동양으로 포함되는 지역이 교과서에 따라 다양하였지만, 분명한 점은 서양과 동양을 문명화 여부를 기준으로 분류하고 전자는 진보와 발전으로, 후자는 보수와 정체로 대비하였다는 것이다. 이를 통해 동양보다 서양이 더 우월하다는 시각을 내재화하였다는 평가를 내렸다.[8]

본고는 서양의 시대구분법을 그대로 받아들였다던가, 동양과 서양의 이분화를 가져왔고 그 결과로 지금에 이르기까지 국사—동양사—서양사의 3분법이 우리 역사학계에 고착되는 결과를 초래하였다는 비판에 대해서는 대체로 동의한다.[9] 그러나 본고가 지닌 문제의식은 일본의 근대 역사학이 서구로부터 크게 영향을 받았고 이를 개화기 조선의 지식인들이 수입한 점에는 동의하지만, 우리의 서양사 저술이나 세계사 교과서가 일본의 서양사학을 그대로 모사한 것으로 이해되거나 개화기 조선의 세계사 관련 저술을 서구중심주의라는 다소 정형화된 해석으로 일관하는 것에 대해 재성찰하자는 것이다. 우리의 세계사 관련 저술이나 교과서를 일본판의 재생산이나 서구중심주의를 탈피하지 못한 것으로 해석하는 것은 풍전등화의 위기상황을 살았던 당시 지식인

---

7) 위의 책, 273-276쪽; 백옥경, 「한말 세계사 저·역술서에 나타난 세계인식」, 『한국사상사학』 제35집, 2010, 193-194쪽.

8) 여기에서 문명과 근대는 "국민주의의 확립, 자유운동, 과학의 진보, 공업의 융성, 군비의 확장과 교육의 보급, 선교 및 자선사업"으로 이해되었다는 것이다. 위의 논문, 193쪽.

9) 신주백, 「한국 현대 역사학의 3分科制度 형성과 역사인식·역사연구방법」, 『동방학지』 149, 2010, 131-176쪽 참조.

들이 겪었을 고뇌를 읽을 기회를 놓칠 위험을 안고 있다. 역사가는 그 시대의 구조가 가하는 압박 속에서 역사의 주체들이 만들어내는 행위 공간과 틈새를 통해서 그 시대를 끊임없이 새로이 읽어야 한다. 즉 우리의 세계사 지식과 저술이 과연 일본적인 내용을 그대로 받아들이기만 한 것인지, 아니면 그를 토대로 재해석 혹은 재전유의 과정이 있었던 것인지, 있었다면 그 내용이 무엇인지를 다시 질문해야 한다.

이를 위해서 먼저 메이지시대 일본과 개화기 조선에서 출간된 저술을 파악하고 여기에서 드러난 서양사 수용의 태도나 경향을 분석하고자 한다. 뒤이어 메이지시대 일본과 개화기 조선에서 발간된 서양사 관련 교과서의 분석을 통해서 양국의 세계 인식을 고찰하고자 한다. 이를 통해서 서양사 수용의 경향이나 출간물의 내용에서 드러나는 자기주장을 들여다보고, 개화기 조선과 일본 간의 공유점과 차이를 구명하려고 한다.

2. 메이지시대 일본과 개화기 조선의 서양 역사서의 출간 그리고 그 시대정신

1) 메이지시대 일본의 서양 역사서 출간과 전유
: 문명과 계몽을 향한 열망

일본의 근대화과정에서 서양의 존재는 결정적인 자극제이자 거울의 역할을 하였다. 외형적으로는 페리 제독에 의해 개국이 강요되었지만, 이를 통해 들어온 서양의 발전된 제도와 문물은 일본 사회의 내면에 보다 크게 영향을 주었다. 이러한 일본의 근대화 혹은 서구화 과정에서 지금까지 많은 주목을 받지 못했지만, 주요한 매개수단이 된 것은 역사, 그중에서도 서양사의 수용일 것이다.[10] 이를 후쿠자와 유키치(福澤諭吉)가 메이지시대 서양에 대해 소개한 최초의 백과사전이라 말할 수 있는 자신의 책『서양사정 초편(西洋事情初編)』에서 "한 국가의 정치적 사정을 가장 잘 볼 수 있는 것은 그 역사를 들여다보는 것이다."라고 주장하면서, 역사의 중요성을 강조한 데에서 잘 확인할 수 있다.[11]

1860년대 후반의 일본에서 서양 관련 서적의 번역이나 편역서가 등장하였는데, 이 과정에서 서양에 대한 관심을 크게 환기한 것은 바로 위에서 언급한 후쿠자와 유키치의『서양사정 초편』이었다. 서양사회 전반에 대한 정보를 알기 쉽게 서술한 후쿠자와 유키치의 책은 1866년에 출간되었는데, 이는 당시 도쿄의 종이가격을 급등시킬 정도로 일반인에게까지 큰 인기를 끌어 발행부수가 15만부에 이르렀다고 한다.[12] 그는 1권에서 서양의 제도와 문물을 광범하게 소개하고, 2권에서는 미국과 네덜란드, 3권에서는 영국에 대해 기술하였는데, 그 내용은 사기(史記), 정치, 해륙군(海陸軍), 전화출납(錢貨出納)으로 구성되었다고 한다. 이러한 항목들의 배열에서 우리는 후쿠자와 유키치가 서양에서 배우고자 하는 것이 무엇인지를 가늠할 수 있고, 여기에서 역사서를 서양을 이해하는 기초로 간주하고 있음을 알 수 있다.[13]

---

10) 함동주는 그간의 연구가 문명사 혹은 문명개화 문제에 지나치게 집중하면서, 서양사 도입이 메이지 시대 일본인의 인식에 끼친 영향을 충분히 파악하지 못하고 있음을 지적하고 있다. 함동주, 「메이지 초기 서양사 수용과 프랑스혁명관의 사회문화사」,『동양사학연구』108집, 2009, 194쪽.

11) Imai Hiroshi, "British Influence on Modern Japanese Historiography", *Saeculum*, vol. 38. No.1, 1950, p.99.

12) 함동주, 「메이지 초기 서양사 수용과 프랑스혁명관의 사회문화사」, 195-196쪽.

13) 함동주, 「19세기 후반 일본의 서양사 수용과 근대적 교양의 성립」, 이화여자대학교 인문과학대학 교수학술제, vol. 15, 2007, 32쪽.

<표 1> 1870년-1880년대 서양역사서 목록

• 역사서

1. 만국사

1) Alexander Fraser Tytler(西村茂樹 역), 『校訂萬國史略』(1872)

2) Samuel G. Goodrich(牧山耕平 역), 『巴來萬國史』(1876)

3) Markham(Elizabeth Penrose)(小林雄七郎 역), 『日耳曼國史』(1877)

4) Samuel G. Goodrich(漢加斯底爾, Th. J. van Kasteel 역), 『具氏佛國史』(1878)

5) 大島貞益 편역, 『英史』(1872)

6) George Payn Quackenbos(高橋基一 역), 『米國史略』(1873)

7) 千葉文爾 편역, 『露國沿革史』(1880)

• 잡서

1. 문명사

1) Francis Guizot(永峯秀樹 역), 『歐羅巴文明史』(1874-1877)

2) Henry Buckle(土居光華·萱生奉二 역), 『英國文明史』

2. 난세사

1) F. Mignet(河津祐之 역), 『佛國革命史』(1876)

2) 久松義典 편역, 『革命史鑑』(1882)

3) 曾根種虎 편, 『淸國近世難史』(1879)

3. 각국사

1) Elizabeth Missing Sewell(楯岡良知 역), 『希臘史略』(1872)

2) Elizabeth Missing Sewell(大槻文彦 역), 『羅馬史略』(1874)

4. 만국근세사

1) 箕作麟祥(편역), 『萬國新史』(1871)

2) Thomas H. Dyer(島田三郎等譯), 『近世泰西通鑑』(1883)

* 함동주, 「메이지 초기 서양사 수용과 프랑스혁명관의 사회문화사」, 『동양사학연구』, 108집, 2009, 196-197쪽에서 인용

1870년대 일본 사회에서 문명개화 풍조가 일면서[14], 서양의 기술 뿐 아니라 사상, 예술, 교육 등을 광범하게 도입하려는 움직임이 일어났고, 이 과정에서 서양 역사서의 번역이나 편역서의 발간이 본격화되었

---

[14] 일본의 근대화 과정에서 '문명개화'는 대체로 1870년대 전반부에 나타난 서양문명의 수용풍조를 가리키는 용어이다. 위의 논문, 30쪽.

다. 위의 도표에서 드러나는 대로, 서양서는 대체로 세계의 역사를 개괄적으로 다루는 만국사 외에도 각국사, 문명사, 혁명사를 들 수 있다. 이 책들은 서양의 역사에 대한 개설서에 해당하고, 아동용으로 집필된 경우가 많다. 특히 만국사는 당시 일본 사회의 일반인이 필요로 하는 서양의 역사에 대한 기초지식을 전달하는 기능을 수행하였을 뿐 아니라, 그들에게 새로운 세계 인식을 제공하였을 것이다. 그런데 이런 역사서의 저자들은 기조(Guizot)와 버클(Henry Thomas Buckle)을 제외하자면, 전문 역사가이기 보다는 대부분 교과서 집필자나 소설가 혹은 무명의 저자였다.[15]

문명개화 풍조 속에서 유행하던 문명사의 대표적인 서적은 기조와 버클의 저술이었다. 1828년에 출간된 기조의 대표적인 저서『Histoire de la civilisation en Europe』의 영역본을 번역한『구라파문명사(1874-77)』는 가장 대중적인 호평을 받았다. 버클의『History of Civilization in England』는 1874년에 처음 번역되었으나, 1879년에『영국문명사』라는 제목 하에 출간되었다. 문명사를 대표하는 앞의 두 서적은 큰 인기를 누리면서, 당대 일본사회의 세계관 형성에 크게 영향을 끼쳤는데, 이들이 여러 번에 걸쳐 번역되었다는 점을 통해서도 영향력의 심도를 확인할 수 있다. 버클과 기조에게 모든 문명은 진보과정에 있는데, 그 발전 정도에 따라 각 사회는 야만－미개－개화로 분류되었다. 이에 따라 영국이나 프랑스와 같은 서구 국가는 개화한 경우이고, 이에 비해 러시아나 투르크 등은 야만상태를 탈피하지 못한 상태라 파악하였다. 이런 역사관은 일본사회 뿐 아니라, 이후 개화기 조선의 지식인들에게도 영향을 끼쳤다.[16]

---

15) Imai Hiroshi, "British Influence on Modern Japanese Historiography", p.101; 함동주, 「메이지 초기 서양사 수용과 프랑스혁명관의 사회문화사」, 197쪽.

16) 함동주, 「19세기 후반 일본의 서양사 수용과 근대적 교양의 성립」, 35쪽.

19세기 후반 일본에서 서양 관련 역사서 중 가장 폭넓게 읽힌 것은 위에서 언급한『구라파문명사』와『영국문명사』외에도『만국사략』과『파래만국사』를 들 수 있다. 후자는 1830년대 미국에서 많이 읽힌 본디 아동용 도서출간 프로젝트인 파래 시리즈(Peter Parley Series)의 하나로 나온『파래대학역사(Peter Parley's University History, 1837)』를 번역한 것이다.17) 이를 통해서 19세기 말 일본사회에서 인기를 끌었던 서양 관련 역사서는 대체로 서구인에 의해 써진 것이었음을 알 수 있고, 또한 메이지 시기 일본 사회 자체가 서구적 시각의 세계사를 그대로 수용하였음을 유추할 수 있다.

1870년대에 이르러 나타난 역사서 중 개별 국가의 역사로는 우선 영국사가 집중적으로 소개되었다. 개국에서부터 1890년까지 사이에 영국사에 관한 책은 매해 1권이상이 출간되었다고 한다.18) 프랑스사나 미국사가 그 뒤를 따랐다. 함동주는 '국가적 위상이나 일본과의 관계에서의 경중에 따라' 영국사가 먼저 선호되었으리라고 판단하지만19), 여기에서 더 나아가 영국이나 프랑스의 역사가 지닌 교훈적 의미에 대한 고려가 크게 작용하였던 것이 아닌가 한다.

1858년 일본의 개국과 함께 영일조약이 체결되었는데, 그 10년 전에 맥커리(Thomas B. Macaulay)의 저서『영국사(The History of England)』가 출간되었다. 이 시기에 일본인들은 세계정복에서 영국이 성공할 수 있었던 비결을 찾고 있었고, 마침 이즈음의 영국 역사학계에서는 휘그적 해석이 정통파의 지위를 굳히고 있었다. 결과적으로 일본의 영국사에

---

17) 위의 논문, 34쪽.

18) 이 영국사 관련 서적들은 중국어로 된 번역본을 다시 번역하는 경우도 있었지만, 대다수는 영어본을 직접 번역하였다고 하고, 곳곳에서 그 번역이 정확치 않았다고 한다. Imai Hiroshi, "British Influence on Modern Japanese Historiography", p.101.

19) 함동주, 「19세기 후반 일본의 서양사 수용과 근대적 교양의 성립」, 33쪽.

대한 인식은 휘그적 역사관과 궤를 같이 하는 것이었다. 이런 휘그적인 영향은 후쿠자와에서도 잘 드러난다. 1862년 영국 방문에서 그는 영국의 의회제도에 큰 감명을 받았다. 군사력의 사용 없이 점진적으로 이루어지는 개혁이 큰 매력으로 그에게 다가왔고, 그래서 명예혁명의 중요성을 그의 저술에서 강조하기도 하였다.[20] 혹은 영국사에서 입헌군주제의 의미와 성과를 배우려는 의도도 작용하였을 것이다.

물론 앞에서 언급한 역사서들의 출간이 단지 일본인의 역사관 뿐 아니라 정치적 관점에도 영향을 끼친 것은 분명하다. 기조와 버클이 저술한 문명사 관련 서적들은 역사적 진보에 대한 신념만이 아니라 자유주의적 정치관을 잘 드러내고 있다. 후쿠자와 역시도 자신이 경영하는 게이오의숙에서 1872년부터 상기한 두 역사가의 서적을 교재로 사용하였다고 한다. 또한 1875년 그가 출간한『문명론의 개략』에서 그는 '문명의 진보를 정치적 자유 및 권리의 신장과 동일시'하는 입장을 드러내었다는 것이다.[21] 이렇게 당시의 서양 역사서들은 일본 사회에 자유주의 사조를 도입하는 데 교두보 역할을 하였다.

---

[20] Imai Hiroshi, "British Influence on Modern Japanese Historiography", pp.99-100; Marius B. Jansen, ed., The Cambridge History Of Japan, vol. 5: The Nineteenth Century (Cambridge: Cambridge University Press, 1989), pp.39-40.

[21] 함동주,「메이지 초기 서양사 수용과 프랑스혁명관의 사회문화사」, 201-202쪽; 후쿠자와 유키치, 임종원 역,『문명론의 개략』(제이엔씨, 2012), 71-93쪽.

<표 2> 1870–1880년대 서양혁명사 목록

출판연도	저자(역자 포함), 서적명
1876	F. Mignet(河津祐之譯), 佛國革命史
1882	久松義典 편역, 泰西革命史鑑 鈴木五郎 편, 佛國革命原因論
1883	Christopher W. Koch, 歐羅巴革命史
1884	Adolphe Thiers, 佛國革命全史
1885	F. Guizot, 英國革命史 Roesler, 佛國革命論
1886	中江篤介, 革命前法朗西二世紀事
1887	高木秋浦, 通俗佛國革命史
1888	Marcius Wilson(富塚玖馬譯), 佛國革命史論
1890	渡邊操편, 萬國革命史

* 함동주, 「메이지 초기 서양사 수용과 프랑스혁명관의 사회
문화사」, 『동양사학연구』 108집, 2009, 199쪽에서 인용.

일본의 서양사 관련 서적들의 수입에서 주목할 만한 또 다른 점은
주로 1880년대에 서양혁명사 관련 서적이 대거 출간된 것인데, 그중에
서도 프랑스혁명에 대한 관심이 두드러졌다. 대략 서구의 유명 역사가
들의 저작을 직역한 것으로는 미네의『불국혁명사』, 티에르의『불국혁
명전사』, 뢰슬러의『불국혁명론』, 윌슨의『불국혁명사론』을 들 수 있
다. 그 외에도 일본 저술가에 의해 편역되거나 저술된 책들이 출간되
었다.

그렇다면 왜 메이지시대에 서양혁명사, 특히 프랑스혁명사에 대한
관심이 높았던 것인가? 이에 대한 해답을 찾기 위해서는 먼저 메이지
시대기에 나타난 프랑스혁명 관련 서적들이 어떤 해석적 입장을 견지
하였는가를 물어야 한다. 미네와 티에르의 저술은 자유주의적 입장에
서 프랑스혁명의 정당성을 옹호하는 입장이었다. 이에 비해 뢰슬러나
윌슨은 프랑스 혁명사가들이 혁명과정에서 발생한 파괴와 혼란에 대

해 침묵하는 것을 비판하면서, 자유를 누릴 준비가 되지 않은 인민에게 지나친 권력을 주는 것을 우려하였다. 일본인 저술가에 의해 집필된 서적에서도 프랑스혁명에 대한 해석은 긍정적 해석과 부정적 해석으로 나뉘었다. 이를 통해 우리는 프랑스혁명에 대한 관심이 당시의 정치적 담론과 직접적인 관련이 있다는 점을 유추할 수 있다. 우선 정부 인사들 내에서는 프랑스혁명에 대한 부정적인 평가가 나타났고, 또한 자유민권파 내부에서도 평가가 갈렸는데, 이는 프랑스혁명의 폭력적 측면이나 과격한 변혁에 대한 우려에서 기인하였다. 정리하자면 프랑스혁명에 대한 관심은 단순한 역사지식의 차원을 넘어 입헌제를 둘러싼 논란과 대립 속에서 적지 않은 정치적 의미를 내포하고 있었다는 것이다.[22]

그러나 프랑스혁명에 대한 높은 관심과 정치적 논쟁의 치열성은 그 지식이나 역사적 해석이 지식인만의 전유물은 아니었기 때문이라는 지적도 있다. 이미 도쿠가와 말기인 1820년대에 나폴레옹에 대한 저술이 쏟아져 나왔고, 나폴레옹 개인에 대한 인기도 높았다. 그래서 나폴레옹에 대한 독서가 프랑스혁명에 대한 관심을 높여, 새로이 문자해득 능력을 갖게 된 시민들에게 그 초보적 지식이 전달되었을 것이라는 것이다. 그러나 나폴레옹에 대한 인기는 막말에서 메이지유신에 이르기까지 일본 사회의 역사의식을 지배한 것은 여전히 전통적인 역사지식과 그에 토대를 둔 '근왕론'인 점과 일정하게 연계되는 것임을 염두에 둘 필요가 있다.[23] 여기에서 우리는 근대 서구국가의 물질적, 정신적

---

22) 함동주, 위의 논문, 208-211쪽, 217쪽.

23) 이런 맥락에서 메이지시대 일본에서의 일반교양에서는 여전히 전통지식이 보다 높은 비중을 지니고 있고, 그래서 문명개화론과 관련하여서도 서양의 사례보다는 전통적인 지식을 더 많이 사용하였다는 함동주의 주장은 매우 흥미롭다. 위의 논문, 212-213쪽; 함동주, 「19세기 후반 일본의 서양사 수용과 근대적 교양의 성

성과를 전유하기 위해서, 자신들의 전통적인 문명을 최대한 활용하는 일본적 근대화의 길을 확인할 수 있다.[24]

그럼에도 불구하고 문명개화의 열풍 속에서 서구의 신식문물에 대한 관심과 수요가 높아졌고, 이런 흐름 속에서 서양사 서적 읽기가 '메이지 초기 지식인들의 공유된 경험'이 되었다는 것이다. 전통적인 신분제 질서가 빠른 속도로 무너지면서, 지식을 통한 출세가 사회적 지위를 규정하는 요인으로 자리매김하기 시작하였다. 이런 과정에서 1870년대 중반을 전후하여 일본사회는 서양사를 교양의 차원에서 언급하기 시작하였고, 이는 당시의 신문이나 잡지 등의 매체에서 서양사 관련 지식이 일반인들에게 보다 쉽게 접근할 수 있는 소재로 떠올랐다는 사실을 통해 확인될 수 있다. 달리 말하면 이는 서양사 지식이 확산되면서, 근대적 지식인층이 공유하는 교양으로 착근해가는 '근대화의 내적 숙성과정'으로 이해할 수 있겠다.[25]

1887년 동경제국대학 문과대학에 사학과가 창설되고, 26세의 독일인 루드비히 리스(Ludwig Riess)가 초빙되어 오면서, 제도화되기 시작하는 역사연구는 독일 역사학의 영향력 하에 들어가게 된다. 랑케의 제자인 리스의 강력한 개인적 카리스마 아래에서 일본의 강단 역사학은 사료에 근거한 역사적 사실을 엄밀하게 연구하는 활동에 집중하게 되었다. 이는 리스가 랑케가 지닌 객관성이나 과학적 역사학에 대한 열망만을

립」, 36-37쪽.

24) 흥미롭게도 일본의 '서구로의 선회(turn to the West)'는 두 가지 분리된 차원에서 진행되었다. 하나는 서구의 근대사상과 제도의 도입과 동화이고, 다른 하나는 자신들의 잠재력, 즉 민족적 역량과 정신을 견인해내기 위해 토착적, 전통적 문화와 제도를 원용하는 것이었다. Marius B. Jansen, ed., *The Cambridge History Of Japan*, vol. 5: The Nineteenth Century, pp.435-436.

25) 함동주, 「19세기 후반 일본의 서양사 수용과 근대적 교양의 성립」, 40-42쪽.

수용하고, 랑케의 민족에 대한 강조나 '신이 궁극적으로 역사를 지휘한다'는 보편사적인 관점에는 관심을 갖지 않았던 까닭이다.26) 이때부터 일본의 서양사연구는 정부의 지원 아래 대학과 같은 제도적 기구를 중심으로 번창하는 랑케학파와 맥커리와 기븐(Gibbon)의 전통 속에서 일반인과 좀 더 소통하는 학파로 나뉘게 된다.27) 이후로 후자와 같은 영국적인 역사서술 방식이 공존하였지만, 일본의 서양사 연구에서 특히 대학을 중심으로 독일사와 랑케 방법론은 점차 우월한 지위를 차지하게 된다. 그래서인지 여전히 오늘날의 일본에서도 전문 서양 역사서보다는 역사소설 등이 더 대중적인 영향력을 행사하는 것은 랑케사학 수용과 일본 역사학의 시민과의 괴리의 결과라 말할 수 있을 것이다.28)

독일 역사학의 수용과 우세는 1880년대 일본의 시대상황을 고려해야만 이해할 수 있다. 1871년 보불전쟁을 통해서 독일은 프랑스에 대해 군사적 승리를 달성하고 처음으로 국민국가를 창설하였다. 이 새 국가는 계몽전제군주 하의 권위주의적 국가였고, 빠른 속도로 경제대국으

---

26) John S. Brownlee, *Japanese Historians and the National Myths, 1600-1945 : The Age of the Gods and Emperor Jinmu* (Vancouver: UBC Press, 1997), pp.74-77. 리스의 역사학 방법론에 대해서는 *Ibid.*, pp.77-80 참조.

27) Imai Hiroshi, "British Influence on Modern Japanese Historiography", p.111; 고야마 사토시, 「'세계사'의 일본적 전유—랑케를 중심으로」, 도면회·윤해동 엮음, 『역사학의 세기. 20세기 한국과 일본의 역사학』 (휴머니스트, 2009), 53-129쪽.

28) Margaret Mehl, *History and the State in Nineteenth—Century Japan* (New York/London, 1998), p.160. 또한 서구에서는 역사학이 민간에 의해 서술된 반면, 중국이나 일본의 역사학은 공적인 정부사업이었고, 그래서 정부에 의해 혹은 이 기구에 의해 특별히 과제를 할당받은 사람들에 의해 수행되었다. 결과적으로 잘 교육 받고, 역사에 대한 많은 지식을 지니고, 문학적 소양을 지닌 전문역사가는 적었지만, 없었던 것은 아니었다. 이들 민간역사가들은 객관성에 집착하는 일본 역사학에 비판적이었다. John S. Brownlee, *Japanese Historians and the National Myths*, 1600-1945 : The Age of the Gods and Emperor Jinmu, pp.83-89.

로 부상하고 있었다. 이런 역동적인 발전의 동력은 문화적 민족주의로 비쳐졌고, 그래서 후발 근대국가인 독일제국은 일본에게 대단히 매력적인 모델국가의 모습이었다. 이후 교육제도의 개혁에서부터 역사연구에 이르기까지 일본은 적극적으로 독일모델을 도입하였다.[29]

그러나 흥미 있는 사실은 객관주의적, 실증주의적 방법론의 표방에 있어서 일본 역사가들은 독일의 경우와는 다른 경로를 밟게 된다는 점이다. 독일 역사가들이 권위주의적 국가의 건립을 지원한 반면, 일본의 역사가들은 국민국가 형성과정에서 그 해석자 역할을 자임하지 않았다. 다시 말하면 그들은 제국의 설립을 지원하지 않았다. 오히려 일본 역사학자들은 학문에 대한 깊은 지식을 대학 엘리트의 특권으로 간주하면서 학문의 고도의 전문화·세분화에 매진하였다. 그 결과 일본 역사가들은 대학이라는 제도적 기관에 안주하면서 역사학의 성과를 대중과 공유하지 못하였다. 더불어 리스의 핵심적인 역할을 통해 일본 역사가들은 엄밀한 객관성에 대한 강한 집착과 더불어 서사적 형태의 역사지식보다는 방법론이나 사료비판 등에 열중하였다. 이는 편협한 의미의 실증주의에의 몰두로 이어졌다. 결국 일본 역사가들이 표방하는 과학적 역사학의 고수와 더불어, 여전히 객관적일 것을 고집하면서 정치적 가치를 선전하는 정치적 역할에는 거리를 두었다.[30] 이런 일본 역사학의 속성은 일본대학 출신의 서양사학자를 통해서도 우리 서양사연구에 그대로 계승되어 그 영향력을 행사한 것 같다.

결론적으로 정리하자면, 메이지시대 일본의 서양 역사서 수용을 통

---

[29] Margaret Mehl, *History and the State in Nineteenth‒Century Japan*, p.158; Marius B. Jansen, ed., *The Cambridge History Of Japan*, vol. 5: The Nineteenth Century, p.466.

[30] Margaret Mehl, *Ibid.*, pp.159-161.

해서 문명계몽사상의 문제의식에 기초한 적극적인 서양문물의 도입과 그것의 시민적 교양으로서의 확산을 발견할 수 있다. 그 배경에는 근왕론에 기초한 온건한 자유주의 개혁의 정신이 깔려있음도 유추할 수 있다. 그러나 다음 절에서 다룰 개화기 조선의 서양서의 수요와 읽기에서 우리는 일본과는 다른 동기와 지향점을 발견할 수 있다.

2) 개화기 조선의 서양역사서 출판과 전유
: 자주독립 수호와 근대화의 희구

19세기 말의 조선은 일본과 중국의 침탈과 서구 열강들의 세력 확장 정책하에서 풍전등화의 위기에 놓여 있었다. 외세의 침략으로부터 나라의 주권을 지키고 동시에 봉건성을 탈피하고 근대화의 길을 실행해야 할 민족적 과제가 그 어느 때보다도 급박하게 제기되던 시기였다.[31] 이런 현실하에서 서양사에 대한 지식의 필요성이 제기되었는데, 이는 당면한 도전에 대응하는데 필요한 교훈과 방안을 얻기 위한 것이었다.

메이지시대 일본에서 서양사정을 알리는 데 크게 기여한 것이 후쿠자와 유키치의『서양사정』이었다면, 개화기 조선에서 그에 버금가는 저술은 최초의 일본유학생이자 조선개화운동의 선구자인 유길준의『서유견문』일 것이다. 한국 최초의 서양 소개서인 이 책은 1883년에서 1884년 사이에 써진 것으로 추정되며, 개화기 조선사회에 서양의 사정을 알리고 '근대화의 방향을 제시한 계몽서'였다.[32] 이 책에서는 개화에 대한 뚜렷한 개념규정과 더불어 근대사상의 맹아가 명료하게

---

31) 김용섭,「우리나라 근대 역사학의 성립」,『한국의 역사인식』하 (창작과 비평사, 1976), 421쪽 참조.

32) 박지향,「유길준이 본 서양」,『진단학보』, 89, 2000, 245쪽.

드러난다는 점에 주목해야 한다. 유길준은 서양의 부강을 불러온 서양 문명을 개화기 조선이 지향해야할 모델로 바라본 것이다.[33]

게이오의숙에 유학한 유길준이 후쿠자와 유키치의 제자이다 보니, 그의 서양 관련 지식은 후자의『서양사정』에 상당한 정도로 의존하였을 것으로 추정된다. 그러나 최근에 나온 보다 정밀한 분석은 유길준의 책을 구성하는 전체 71개 항목 가운데,『서양사정』을 따른 것은 26항목임을 입증하고 있다.[34] 1/3 정도는『서양사정』에서 편역하고, 나머지는 유길준이 직접 여행을 통한 견문을 정리한 것으로 알려져 있다. 최근의 연구들은『서유견문』이 후쿠자와 유키치 사상에 감화되거나 특별한 관심을 보이지 않았다고 평가하고 있고, 오히려 일본의 위협을 경계하면서 후쿠자와가 주장하는 일본자본의 조선차관을 조선정략의 일환으로 파악하고 비판하였다는 것이다.[35]

유길준에게서 주목할 만한 부분은 진화론을 수용한 그가『서유견문』에서 개화의 등급을 미개－반(半)개화－개화로 분류하고, 그에 따라 조선을 반개화단계로 본 점이다.[36] 또한 그는 배우지 못하였거나 깨우치지 못한 인민에게 국정 참여의 기회를 주지 말 것을 권고하였고, 먼저 교육과 지식을 갖추게 해야 한다고 보았다.[37] 유길준에게 프랑스혁명

---

33) 위의 논문, 246쪽.

34) 任展慧,『日本における朝鮮人の文學の歷史』(日本 法政大學出版局, 1994), 45쪽. [김태준,「유길준의 개화사상과 민족아 형성」, 서연호 외,『한국 근대지식인의 민족적 자아형성－일제 식민지 체험을 넘어서』(소화, 2004), 22쪽에서 재인용].

35) 위의 논문, 21-24, 26-27쪽. 유길준과 후쿠자와의 사상적 차이에 대해서는 김봉진,「서구 ‘권리’관념의 수용과 변용－유길준과 후쿠자와 유키치의 비교고찰」,『동방학지』145, 2009, 65-101쪽과 이시바시 토모미,「후쿠자와 유키치와 유길준의 근대 문명 수용론－필연과 필요의 딜레마」, 연세대학교 대학원 정치학과 석사논문, 2010 참조.

36) 양정현,「근대 개혁기 역사교육의 전개와 역사 교재의 구성」, 서울대학교 대학원 사회교육과 박사학위논문, 2001, 111쪽.

과정에서 나타난 인민들은 '잔혹한 폭도'로 비쳐졌다. 이러한 인민의 잠재력에 대한 인색한 평가는 사회진화론이 풍미하던 당시의 지적 분위기 속에서 '진화의 실체를 국가'로 파악한 국가주의 담론에서 기인하였을 것이다. 즉 국가가 무너지면 민족도 문화도 사라지고 말 것이기 때문이었다.[38] 그 외에도 제국주의에 대한 이해의 부족과 제국주의의 위협 앞에서 문화적 개혁을 앞세우는 순진함이 유길준의 한계로 지적되고, 사회주의에 대한 무지와 산업경제에 대한 낮은 관심 등도 그 한계로 비판을 받았다.[39]

마찬가지로 개화기 조선의 세계사 인식 형성에 크게 기여한 편역서로 1905년 출간된 현채의『만국사기』를 들 수 있다. 5대양 6대주의 구분에 기초하여 각 대륙별로 현존하는 국가나 민족의 역사를 저술하면서, 이미 사라진 국가일지라도 일정한 통치체제를 갖추고 특정지역을 지배하였던 로마나 이집트 등은 그 내용에 포함한 종합적인 세계사 총서이다. '근대 역사학으로의 전환'이라는 당대의 사학사적 요구를 반영한 이 책은 주로 일본, 청, 미국에서 출간된 여러 역사서를 중역하면서 자신의 견해를 담아 종합한 것으로 보인다.[40]『만국사기』는 총 14책 32권으로 구성되었는데 본문 29권 중 유럽사가 21권이고, 그중에서도 프랑스사(7권)와 영국사(4권)에 관심이 높았다. 이런 점에서 이

---

37) 유길준, 허경진 옮김,『서유견문』(서해문집, 2004), 177-178쪽.『서유견문』에서 유길준은 개인의 자유를 제한하려는 입장을 강하게 드러내었지만, 그 역시 근본적으로는 '君民共治'의 개념을 바람직한 정부형태로 생각하였다. 전체적으로는 유길준은 개화기 지식인들 중에서 박규수, 김옥균, 박영효 등과 함께 자유주의자로 분류되었다. 박성진,『사회진화론과 식민지사회사상』(선인, 2003), 33, 72, 74쪽.

38) 위의 책, 75-79쪽.

39) 박지향,「유길준이 본 서양」, 250, 252, 255, 258쪽.

40) 정구복·이영화,「玄采 編譯『萬國史記』의 史學史的 性格」,『청계사학』13, 1997, 486, 487, 490, 494쪽.

책은 유럽에 치중하면서, 일본의 서양사 수용과 유사한 경향을 보인다. 그럼에도 불구하고 이 책에서는 아프리카나 오세아니아의 역사도 빼지 않고 있다는 점에서는 명실상부하게 총서라 말할 수 있다.[41]

『만국사기』는 열강의 침략의 위험성이 날로 고조되면서, 조선이 식민지로 전락할 가능성이 고조되는 시점에서, 세계정세를 제대로 알려, 대중을 일깨우려는 시도에서 집필되었다. 『서유견문』과 마찬가지로『만국사기』에서도 문명계몽론의 관점에서 민중을 계몽의 대상으로 간주하면서도, 프랑스혁명에 대한 해석에서 드러나는 대로, 인민보다는 나폴레옹과 같은 영웅적인 인물의 역할에 무게를 두었다. 또한『만국사기』는 동양적인 전통이나 가치체계를 제대로 고려하지 않았다는 비판을 받기도 하였다.[42] 개화기 많은 지식인이 그러하듯이, 오래 지속된 중국의 예속에서 벗어나야 한다는 열망 혹은 문명개화의 절실한 필요성 때문에, 서구를 문명개화의 모델로 설정하였다. 현채에게 일본은 문명개화에 성공한 국가, 그래서 개화기 조선이 배워야 할 모델이었다. 이런 까닭에 현채는 일본에 대한 비판에서는 소극적이었고, 그래서 후일에『만국사기』는 '식민사학이 침투되는 또 다른 통로'가 되었다는 비판을 받기도 하였다.[43]

유길준이나 현채에 비해, 장지연은 그의『만국사물기원역사』를 통해서 서구적 혹은 일본적인 관점이나 서술방식을 변용하여 조선인의 독자적인 역사서를 집필하였다. 1908년 장지연이 자신이 주필 겸 사장으

---

[41] 현채,『만국사기』(한국학자료총서 9), 한국정신문화연구원, 1996 참조.

[42] 양정현,「근대 개혁기 역사교육의 전개와 역사 교재의 구성」, 123, 126-127쪽.

[43] 박성수,「해제」, 한국정신문화연구원,『만국사기』(한국학자료총서 9), 1996, 15쪽; 정구복·이영화,「玄采 編譯『萬國史記』의 史學史的 性格」, 500, 502, 504쪽; 도면회,「한국 근대 역사학의 창출과 통사 체계의 확립」,『역사와 현실』, 70호, 2008, 179쪽.

로 있는 황성신문사에서 발행한 이 책은 천문이나 지리에서 복식, 위생, 정치, 군사까지 총망라한, 그래서 498개의 소항목을 갖춘 소백과사전에 가깝다. 그의 책이 가진 특징은 '유교적인 동양에 대한 재평가'를 시도한다는 점이다. 그는 동서양이 공유하는 문물의 기원을 동양에서 찾았다. 그는 동양이 서양보다 선진적이었던 부분에 주목하거나 동양과 서양이 서로 다른 문명으로 존재하였음을 강조하였다. 과학조차도 그는 근대 서양학자가 발명하였을지라도, 그 실제는 동양의 학문이나 기술에서 비롯된 것이라 보았고 단지 서양이 이를 발명하여 교육과정으로 만들어 이를 과학이라 칭하였다고 주장하였다. 그래서 과거의 문화를 이끌어온 우수한 동양의 옛 학문을 서양의 새로운 학문인 근대과학으로 재무장할 것을 역설하였다. 장지연의『만국사물기원역사』는 제국주의에 대한 저항과 민족의 자주독립의식을 일깨우려는 계몽적인 지식인의 한 시도로 평가할 수 있을 것이다. 또한 장지연의 저서는 유교의 바탕위에서 서양의 신문물을 조화시키려는 기획이며, 유교문명권인 동양이 근대화의 과제를 자율적으로 해결할 수 있는 전망을 열려는 시도였다. 이를 위해서 그는 일본의 침략을 경계하면서, 동아시아 3국이 연대를 모색해야 한다고 보았다.[44]

개화기 조선에서는 또 다른 정향의 서양 관련 역사서도 출현하였다. 『아국략사(俄國略史, 1898)』,『미국독립사(美國獨立史, 1899)』,『폴란드후기전사(波蘭末年戰史)』,『애급근세사(埃及近世史, 1905)』,『월남망국사(越南亡國史, 1905)』,『이태리독립사(意太利獨立史, 1905』),『세계식민

---

[44] 백옥경,「한말 세계사 저·역술서에 나타난 세계인식」, 200, 204쪽. 그러나 이런 장지연의 입장을 동도서기론에 입각한 개화기 지식인들 사이에 공유되는 의식의 단면을 드러낸 것이라 해석하기도 한다. 홍영백,「한말 세계사 관계 사서의 내용과 한계」,『소헌 남도영박사 회갑기념사학논총』(태학사, 1984).

사(世界植民史, 1905)』, 『로마사 이탈리아사(羅馬史附意大利史, 1907)』, 『프로이센 프레데릭대왕 7년전쟁사(普魯土國厚禮斗益大王七年戰爭史, 1905)』, 『보불전쟁기(普法戰紀, 1905)』, 『나폴레옹전사(拿破崙戰史, 1905)』 등이 출간되었다.[45] 이러한 출판물에서 우리는 당시 역사서의 편찬자나 번역자 혹은 저술자가 지녔던 현실적 관심의 방향을 추정할 수 있다. 한 민족 혹은 국가의 독립문제, 망국과 식민지화의 사례를 소개하는 것을 통해서 자주독립의 기운을 드높이고 약소국의 국권 상실의 원인이나 과정을 아는 것을 통해서 민족적 자각을 일깨우고자 하는 것이었다. 이는 일본 제국주의의 침략 위협에 놓인 조선의 현실을 백성에게 경고하고, 타국의 역사적 교훈을 통해서 일본 혹은 국내의 친일풍조에 대한 경계심을 높이는 데 있어서 서양관련 역사서가 중요한 수단이 될 수 있으리라 생각한 것이다. 따라서 이 시기의 역사학은 '교훈으로서의 역사'가 지닌 실용적 기능을 넘어서기 어려웠다.

1905년 을사조약 이후에는 '민족의식과 제국주의 침략에 대한 저항'을 고취하기 위해 서양사교육의 필요성이 더욱 강조되었고, 이를 위하여 특히 이탈리아, 러시아 등의 전쟁영웅이나 구국 영웅 혹은 역사적 위인에 대한 전기가 잇달아 출간되었다.[46] 이미 1905년 이전에 두 번에

---

45) 정구복·이영화, 「玄采 編譯 『萬國史記』의 史學史的 性格」, 484쪽; 우림걸, 『한국 개화기문학과 양계초』(도서출판 박이정, 2002), 30-36쪽 참조. 그 외에도 엄밀하게 서양역사서로 분류할 수 없지만, 흥미 있는 책은 양계초가 저술한 전기류 소설 『나란부인전(羅蘭婦人傳)』이다. 이는 프랑스혁명 당시 자유를 위하여 자신을 바친, 그래서 혁명의 어머니로 불린 롤랑부인의 삶을 다룬 것인데, 이를 통해서 양계초는 자신이 적극 주장했던 남녀평등과 여성교육의 실시를 좀 더 대중적으로 호소하려 했던 듯이 보인다. 이 책은 순 한글로 되어 있고, 재판까지 발행한 것을 통해 그 인기를 짐작할 수 있다. 어쨌든 개화기 조선에서 발행된 유일한 여성을 다룬 서양역사서라는 점을 높이 사야할 것이다. 같은 책, 67쪽.

46) 김영한, 『한국의 서양사연구 60년 서양사학회 50년』(한국학술정보, 2011), 20-21쪽; 김영한, 「한국의 서양사 연구 - 경향과 평가」, 『서양사론』, 95, 2007, 12-13쪽; 김용

걸쳐 나폴레옹전기가 출간되었고, 비스마르크, 피터대제, 이태리 건국 삼걸전, 헝가리 애국지사 코슈트(Kossuth Lajos) 등의 전기도 나왔다.[47] 이러한 전기들에서는 한편으로는 위기 상황에 놓인 조국을 구할 수 있는 위대한 민족지도자에 대한 강렬한 여망이 드러나기도 하지만, 다른 한편으로는 그 역사의식의 배경에 여전히 영웅사관이 깔려 있음도 확인할 수 있다.[48]

19세기말 조선의 서양 역사서 출간에서 드러나는 시대의식에서는, 일본과 유사한 경향도 나타난다. 우선 만국사에 대한 소개는 양국에 의해 공유되었다. 또한 국민국가 건설이나 국가의 위기극복과 관련된 영웅의 역할에 근거한 영웅사관의 만연이나 그와 관련된 전기 출간도 이에 해당한다. 비스마르크나 프리데릭대왕의 전기 그리고 보불전쟁사 등의 발간은 독일적인 문화에 대한 애호가 뚜렷한 일본 독서계로부터 자극을 받은 것이 분명하고, 그 배경에는 영웅사관에 못지않게 근왕론도 깔려 있다. 그러나 달리는 일본의 경우와 마찬가지로 개화기 조선의 지식인 역시도 늦게 출발하였으나 성공한 후발공업국가인 독일에서 무언가 역사적 교훈을 얻으려는 의도도 있었을 것이다.

그러나 서양의 역사서를 도입하는 문제의식과 맥락, 소재의 측면에서 개화기 조선은 일본과는 분명한 차이를 드러내고 있다. 이미 앞에서 서술한 대로 일본의 경우 문명사, 혁명사, 자유주의 발전의 역사에 대한 학습이 출판물 간행에 내재된 내적 요구였다면, 개화기 조선의 경우 제국주의에 대한 저항과 민족의 자주독립이 그 핵심을 이루었다. 서구적 문명화를 향한 열망은 일본과 개화기 조선의 공통된 자의식이

섭, 「우리나라 근대 역사학의 성립」, 421-422쪽.
[47] 차하순, 『서양사학의 수용과 발전』(나남, 1988), 36쪽.
[48] 위의 책, 37쪽.

〈표 3〉 1895-1910년에 출판된 서양사 서적[49]

서적명	原著者		譯者	번역형식	發行(및 年度)
1. 英國史要		喜			漢城新報 (1896.1.26-5.17)
2. 태셔신사(上·下)	馬懇西－李提摩太譯	英	學部編輯局	重譯	學部編輯局(1897.5)
3. 俄國略史	闕斐迪譯	英	學部編輯局	玄采抄譯	學部編輯局(1898.4)
4. 中東戰記(上·下)			林樂知(美) 蔡爾康(淸)	玄采重譯	皇城新聞社(1899.3)
5. 美國獨立史	(澁江保)	日	玄采		皇城新聞社(1899.6)
6. 波蘭末年戰史	(澁江保)	日	魚瑢善		塔印社(1899.11.10)
7. 法國革新戰史	(澁江保)	日			皇城新聞社(1900.6)
8. 日露戰記			朴永武		博文社(1904.6)
9. 埃及近代史	柴四郎－麥鼎華譯			張志淵	皇城新聞社(1905.9)
10. 萬國歷史				重譯	大韓每日申報 (1905.9.1-3)
11. 歷史棨要(波蘭末年史)	(澁江保)	日			大韓每日申報 (1905.10.20-12.10)
12. 萬國歷史(13冊)	岡下監輔	日	玄采		
13. 法蘭西新史	馬懇西	英	李提摩太(美)	玄采重譯	興學社(1906.7.25)
14. 틱셔물졍			남대우		興學社
15. 中等萬國史	(高桑駒吉)	日	俞承兼	譯述	(1907?)
16. 東西歷史(卷三)			玄采		普文館(1907.5)
17. 世界植民史	(山內正瞭)	日	李埰雨		(1908.5)
18. 普魯土國厚禮斗益大王七年戰史	(澁江保)	日	俞吉濬		廣學書鋪(1908.5.10)
19. 英法露土諸國可利米亞戰史	(松井廣吉)	日	俞吉濬		廣學書鋪(1908.6.30)
20. 普法戰記	王韜(撰)		玄采	重譯	(1905.8)
21. 羅馬歷史			李大偉	譯述	共立新報中斷(1908. 11.25-1909.4.28)
22. 意太利獨立史(全)	(松井廣告)	日	金德均		(1907.5)
23. 소셜 미국독립ᄉ	(澁江保)	日	현채		大韓每日申報 (1909.9.11-1910.3.5)
24. 世界歷史					大韓每日申報 (1910.6.3-9.27)
25. 拿破崙(나보레언)傳					漢城新報(1895.11.7- 1896.1.26)
26. 비스마ーㄱ(比斯麥)傳			朴容喜		太極新報5-10(1906. 12.31-1907.5.24)

27. 匈加利愛國者噶蘇士傳	梁啓超	中	李輔相	朝陽報1권9호 (1906.11.10-?)
28. 彼得大帝傳	(佐藤信安)	日	趙鍾觀	共修學報2-4 (1907.4.30)
29. 拿破崙史			博文書館編 輯部	博文書館(1908.2)
30 미국대통령 까퓌일트전	(中里彌之助)	日	玄公廉	(1908.3)
31. 比斯麥傳	(笹川潔)	日	黃潤德	普成館(1907.8.25)
32. 伊太利建國三傑傳	(平田久)	日	申采浩	廣學書鋪 (1907.10.25)
33. 이태리건국삼걸전	(平田久)	日	주시경	박문셔관(1908.6.13)

* 金秉喆, 『韓國近代飜譯文學史硏究』, 1975. 171-172; 金秉喆編著, 『西洋文學飜譯論著年表』, 1978. 7-11

었던 것 같지만, 일본의 경우 메이지 초기에는 영국의 입헌군주제에서, 후기에는 권위주의적 국가인 독일제국과의 동일시를 시도한 점에서는 개화기 조선과는 그 내용이 달라 보인다. 이런 점에서 우리의 서양관련 역사서 발간의 내용과 구성을 일본의 영향력에 의존한 것으로 해석하는 것은 개화기 조선의 시대정신과 참여주체의 고뇌를 지나치게 단순한 역사 해석의 틀로 가두는 것이다. 또한 당대의 지식인들이 일본을 개화기 조선이 모방해야할 문명국가로 인지한 것은 사실이지만, 그렇다고 일본에 대해 '굴종적이거나 의존적인 서술'로 일관한 것은 아니었다.[50]

또한 외국사 수용의 통로에 있어서도 갑오개혁기에는 주로 일본을 통해서, 그리고 대한제국기에는 학부가 중국을 경로로 하여 서양사를 수용하고 있었다는 점에도 주목할 필요가 있다.[51] 1897년 대한제국 학부가 중국에서 출간된 한역본 『태서신사람요(泰西新史攬要)』를 동일한 제목으로 중역한 것이 그 좋은 예이다.[52] 혹은 1900년대 조선의 '근대

---

[49] 위의 책, 38-39쪽에서 재인용.

[50] 도면회, 「한국 근대 역사학의 창출과 통사 체계의 확립」, 184-185쪽.

[51] 양정현, 「근대 개혁기 역사교육의 전개와 역사 교재의 구성」, 119-120쪽.

주의적 지적 분위기'를 량치차오의 서적들이 주도했다는 연구결과들은 일본에 못지않게 중국을 통해 도입된 서양 문명의 실체를 확인하게 해 준다. 량치차오가 중국과 개화기 조선의 지식인층에게 18-19세기 유럽 자유주의, 민주주의 사상을 최초로 소개했다는 여러 학자들의 주장도 나오고 있다.53) 혹은 1900년대의 신문, 잡지, 논설 등에 대한 분석을 통해서 신채호, 장지연과 같은 대표적인 자강론자들이 량치차오의 글에서 영향을 받았고, 사회진화론도 량치차오에 의해 본격적으로 개화기 조선에 이식되었다는 연구결과도 나타났다.54) 또한 량치차오의 저서 『월남망국사』, 『나란부인전(羅蘭婦人傳)』, 『이태리 건국 삼걸전(伊太利建國3傑傳)』 등도 번역되어 호평을 받았다. 개화기 조선 지식인들의 량치차오 수용은 애국과 계몽의 두 가지 주제를 중심에 두고 있었고, 자유론자이자 국권론자인 그를 통해서 국민통합과 근대 국가 건설의 이데올로기를 공급받을 수 있었던 것이다.55)

개화기 지식인들이 서양문명을 조선의 미래의 발전모델로 상정한 사례들에서 우리가 서구중심주의를 읽어내는 것에 대해 연구자들은 좀 더 신중할 필요가 있다. 당대의 제한된 정보, 그리고 날로 가까워지는 국권 상실의 위기 속에서 현존하는 강대국의 성공담 사례가 위기에 빠진 조국을 구하는 해결책으로 쉽게 다가올 수 있었을 것이다. 또한

---

52) 이 책은 영국인 Robert Mackenzie가 쓴 『The 19th century―A History』를 중국에서 출간한 것이다. 이 책은 중국과 조선의 서양현대사 인식에 큰 영향을 주었다. 위의 논문, 120쪽.

53) 박노자, 「'힘'으로서의 '자유': 양계초의 강권론적 '자유론'과 구한말의 지성계―1896-1903 저작이 구한말 '자유'담론에 끼친 영향을 중심으로」, 『한국민족운동사연구 39』, 239쪽.

54) 이미 1970년대에 이광린과 신일철 등의 연구에서 이런 주장이 제기되었다. 위의 논문, 237-238쪽; 박성진, 『사회진화론과 식민지사회사상』, 32쪽.

55) 우림걸, 『한국개화기문학과 양계초』 (도서출판 박이정, 2002), 230-238쪽.

보다 세밀하게 검토해 보면, 유길준, 현채, 장지연 등의 지식인들은 서양사 관련 저술에서 여러 차이를 드러내고 있다. 우리는 구한말 서양역사서 발간을 통해서 개화기 지식인들이 일본을 통해 전해진 서양문명을 스스로의 현실적 자각과 필요에 따라 선택적으로 수용하였음을 알 수 있었다. 최근에 활발해진 포스트식민주의적 비판들은 제국주의적 조건아래에서 이루어진 지식 전이의 복합성을 이해할 것을 요구하고 있다. 특히 문화교류의 비대칭적 구조나 근대성의 모순들 혹은 권력의 작동 등을 복합적으로 고려할 것을 제안하고 있다. 또한 순수한 토착적 전통이나 그럴 듯하게 보이는 서구지식의 보편적 형식들이 사실은 상호작용의 복잡한 과정이 가져다준 결과라는 점에 주목하고 있는 것이다.[56]

위에서 언급한 서양사 관련 역사서들이 발간되어 널리 유포되자, 서구의 민주주의 쟁취과정이나 그 경험을 전달하는 것을 두려워해서 인지 통감부는 1908년 교과용 도서검정규정을 제정하여 검열, 판매금지, 압수 등의 강제조치를 취했던 점도 주목할 필요가 있다.[57] 당연히 이런 조치는 서양사 서적의 보급이나 서양사 교육을 난관에 봉착하게 만들었다.

---

[56] Sebastian Conrad, "Enlightenment in Global History: A Historiographical Critique", *American Historical Review*, October 2012, p.1006, pp.1025-1027. 특히 콘라드는 계몽을 다루는 데 있어서, 기원의 문제에 집착하는 것을 비판한다. 또한 계몽이 서구에서 기원한 점 보다는 그것을 전 지구적인 조건에서 이루어진 트랜스내셔널 합작품으로 볼 것을 제안한 것은 매우 흥미롭다.

[57] 검정규정에 저촉되는 내용은 애국심이나 배일사상을 고취하거나, 사회주의를 진작하는 것 등이었다고 한다. 홍영백, 「한말 세계사 관계 사서의 내용과 한계」, 943쪽. 그 외에도 도면회/윤해동 엮음, 『역사학의 세기. 20세기 한국과 일본의 역사학』 (휴머니스트, 2009), 35쪽 참조.

3. 세계사 교과서에 드러난 세계인식

1) 메이지시대 세계사교과서의 내용과 그 세계인식

이미 앞 장에서 1870년대 초 서양사 관련 서적의 출판이 확대되면서 서양사에 대한 지식은 일본 사회에서 일상적 교양의 한 부분으로 자리 잡게 되었고, 그럼에도 불구하고 여전히 일본인의 역사의식에는 전통적 지식이 지배적인 역할을 하였다는 점을 밝힌 바 있다. 단순히 출판물의 증가를 넘어선 공교육의 보급이야말로 역사교양의 변화를 추동하는 보다 현실적인 방안이었다.[58] 이와 관련하여 1877년 소학교 취학률은 39.9%, 1879년 41.2%임을 염두에 둘 필요가 있고, 이를 통해서 서양사 관련 교육에 노출된 저변인구의 규모를 유추할 수 있다.[59]

일본인이 서양사 지식에 보다 폭넓게 접근할 수 있게 된 것은 1870년대에 소학교 교과목에 서양사가 포함되면서부터이다. 1871년 교토 소학교의 교과과정 중 역사관련 과목으로는 제1등 구독과목인 『일본외사』, 제2등 구독과목인 『서양사정』, 제3등 구독과목인 『국사략』을 들 수 있다. 『서양사정』이 포함되었다고 하지만, 이는 서양문물 전반에 대한 해설이어서, 역사 부분이 큰 비중을 차지하지는 못하였다. 만국사교육은 1872년에 시작되었으나, 1881년에 이르면 폐지된다. 이런 까닭에 이 글에서 분석대상으로 삼을 수 있었던 만국사교과서는 1880년까지 발간된 것으로 한정되었다.[60] 만국사교육이 단기간 설치되었지만, 그 의미가

---

[58] 함동주, 「메이지 초기 서양사 수용과 프랑스혁명관의 사회문화사」, 213-214쪽.

[59] 실질적인 취학률은 더 낮을 것으로 보고 있고, 전체 통계에서 여학생은 남학생의 절반 이하였다. 함동주, 「19세기 후반 일본의 서양사 수용과 근대적 교양의 성립」, 38쪽.

[60] 실제로 메이지시대 교과서를 망라해서 전산화한 일본 국회도서관 자료에서 1880년

큰 것은 이를 통해서 미래의 시민으로 성장할 아동들이 서양의 사정에 접하게 된 것이다.[61] 1876년 도쿄의 외국어학교 입시과목을 들여다보면, 『국사략』, 『십팔사략』, 『일본외사』, 『박물신편(博物新編)』, 와혼작문(和漢作文)으로 이루어져 있다. 중국사서인 『십팔사략』은 포함되어 있지만, 서양사 관련 과목은 배제되어 있다. 입시가 지식습득에서 지니는 중요성을 감안할 때, 초기 교육에서 서양사가 지니는 비중은 낮았던 것 같다.[62]

1872년 이전에는 민간판 만국사 교과서가 사용되었다. 이는 대인용 계몽서를 소학생이 사용하는 것으로 출발하였기 때문에, 그 양이 방대하였고, 서술내용도 자세하였다. 예를 들면 『만국신사(萬國新史)』의 경우 상, 중, 하가 모두 18권이었다. 프랑스혁명을 현대의 기점으로 잡고, 프랑스혁명 이후의 유럽 발전사를 다루면서, 개화문명의 원인을 포착하려는 의식이 잘 드러나고 있다.

관판 만국사 교과서는 문부성이 1872년에 최초로 직접 편찬한 『사략』이 있고, 문부성잡지에 따르자면 이는 1874년 37만 2천부를 인쇄하였다고 한다.[63] 그 내용은 황국(19매), 지나(18매), 서양 상(48매), 서양 하(32매)로 구성되었는데, 즉 일본사 1권 그리고 만국사 3권으로 이루어진 것이다.[64] 여기에서 서양에 대한 서술 부분이 절대적으로 많은 점

까지의 교과서만 발견할 수 있었다. http://kindai.ndl.go.jp 참조.

[61] 木全清博, 「萬國史敎科書の內容分析－明治初期の民間版萬國史敎科書の內容」, 滋賀大學敎育硏究所紀要, 1988, 35쪽.

[62] 함동주, 「19세기 후반 일본의 서양사 수용과 근대적 교양의 성립」, 38-39쪽.

[63] 木全清博, 「萬國史敎科書の內容分析(2)-明治初期の官版萬國史敎科書」, 滋賀大學敎育硏究所紀要, 1989, 21쪽. 당시 소학교용 역사교과서는 대량으로 발행되어 근대 인쇄업의 성장에 크게 기여하였고, 이는 일본 국민의 역사관 형성의 토대가 되었다. 그러나 앞의 통계를 실부수로 확정하기 어렵다는 주장도 있다. 함동주, 위의 논문, 39쪽.

과 중국에 대해 지나라는 명칭을 사용한 점을 감안할 필요가 있다. 중국이라는 명칭을 기피하는 것을 알 수 있다. 『사략』을 보완한 『만국사략』은 지나와 서양을 합친 것이고, 내용은 아시아, 유럽, 아메리카의 3대륙에 대한 구분을 기초로 서술되어 있다. 뒤를 이어 『만국통사』나 『파래만국사』도 있었지만, 가장 많이, 가장 오래 사용한 것은 『만국사략』이었고, 이는 만국사교과서의 전형이 되었다. 여기에서는 상고－중고, 근세라는 3 시대구분법이 등장하고, 보다 흥미 있는 점은 세계사의 큰 흐름을 알려주는 것 외에도 일본을 세계사의 진보발전의 가운데에 놓으려는 문제의식이 드러난 것이다.[65]

『사략』의 서양부분과 관련하여서 주목할 점은 역사공부에서 지리의 중요성을 지적한 것이다. 또한 상고/중고/근대로 나뉘는 시대구분을 사용하면서, 상고는 미개에서 500년까지, 중고는 500년에서 1500년, 근대는 1500년에서 당대까지로 나누고 있다. 그러나 고대부분에서는 신화/전설과 현실이 혼용되고 있다. 즉 신에 의한 아담과 이브의 창조라든지 대홍수로 인해 노아의 방주가 등장하고, 피신하였던 노아의 후손들이 티그리스와 유프라테스의 2대강 근처로 돌아와 바빌론제국 등을 열었다고 주장하고 있다.[66]

또한 서양사 부분에서는 시대사, 연대사, 각국사의 서술형태가 섞여 있지만, 기본적으로는 지배자 중심의 정치사 서술 혹은 국가흥망의 역사에 대한 기술이 중핵을 이루고 있다. 서양사의 경우 시민혁명·공화정·인민의 정치참여를 한 번 정도 다루나, 중국사나 일본사와 관련하여서는 이에 대한 언급이 전무하다.[67]

---

[64] 木全淸博, 위의 논문, 41쪽.

[65] 위의 논문, 41쪽.

[66] 위의 논문, 23, 25쪽.

사범학교 편『만국사략』에서는 전체서술의 중심은 서유럽사이고, 아메리카사는 주로 미국만을 다루고 있다. 그러나 아시아에 대한 서술에서는 인도와 페르시아를 아주 간결하게나마 서술하고 있고, 터어키에 대해서는 상세히 서술하고 있다. 아마 오스만 터키제국이 여전히 강대국의 잠재력을 지닌 제국으로 존립하였기 때문일 것이다.

또한 이 교과서에서 드러나는 특징은 프랑스혁명에 대한 상세한 서술이다. 로베스피에르의 잔혹한 폭정으로 인한 종말을 다소 과장되게 언급하면서, 황제의 인자함에도 불구하고 귀족의 사치와 중세가 혁명의 원인이 되었다고 서술하고 있다. 이에 비해 마리 앙투아네트는 평민을 괴롭힌 사악한 인물로 묘사하고 있다. 혁명의 정치적, 문화적, 사회적 변화를 대혼란으로 간주하고, 공화정을 단죄시하면서 왕정을 옹호하였지만, 여성에 대한 서술은 그 가부장적 특성을 여지없이 드러내고 있다.[68] '프랑스가 겪은 정치적 혼란은 나폴레옹과 같은 영웅을 기다려 수습할 수 있었다든가, 나폴레옹은 황제라지만 과거로부터 이어져온 황제와는 달리 거의 행정장관에 준하는 역할을 하였고, 대혼란 이후 인민들은 그를 따라서 안정을 얻을 수 있었다'는 등의 서술을 통해서 나폴레옹에 대한 긍정적인 찬미의 태도를 드러내었다.[69] 이에 비해 민주주의의 역할에 대해서는 조금밖에 서술하지 않았다. 문명개화사상을 거론하다 보니 권리신장이나 계몽사상을 빠뜨리지는 않았지만, 본질적으로는 왕정을 옹호하고 있었다. 전체적으로 지배자 중심의 정치사를 건조하게 서술하고 있지만, 주목할 만 한 점은 노예제의 잔혹성

---

67) 위의 논문, 23쪽; 師範學校編,『萬國史略』(桂彦藏, 1878); 田中義廉編,『萬國史略』(山梨県, 1876) 참조.

68) 木全淸博,「萬國史敎科書の內容分析(2)—明治初期の官版萬國史敎科書」, 25-26쪽.

69) 田尻稻次郎,『萬國史略』(專修學校藏版, 1880), 532-542쪽.

을 지적하는 것을 통해서 근대적 권리의 개념에 대한 최소한의 이해심을 보이기는 하였다.[70]

그러나 메이지시대 일본의 교과서들은 식민지문제에 대해 많은 관심을 보이면서 비교적 상세히 서술하고 있었지만, 식민지 지배가 수반한 비인간적인 측면에 대한 비판은 거의 보이지 않고, 사실적인 기술에 치중하고 있다. 개명한 국가의 사람들이 새로운 국가를 식민화 혹은 노예화하는 것은 자연스런 이치라 하였다. 그러나 라틴아메리카와 관련하여서는 원주민이 유럽인에 의해 교화되고 삶이 안락해졌다고 하면서도, 에스파냐에 의한 원주민에 대한 잔혹성은 견디기 힘들 정도였다면서, 다소 부정적으로 기술하였다.[71]

메이지시대 세계사 교과서들은 각국사 별로 서술하면서도, 상업의 발달·지리상의 발견 및 해외로의 진출·무역의 발전·새로운 기술의 발전 등을 자세히 취급하고 있다. 또한 서구나 터키제국 혹은 라틴아메리카 지역 등과의 역동적인 각축전에 대해서도 많은 정보를 제공하고 있다.[72] 이를 통해서 일국의 역사적 사건이 여러 나라에 파급되어 각국의 사건과 연결되는 것을 보여주고자 한 것이었다.[73] 식민지문제에 대한 자세한 서술에서도 드러나듯이 메이지시대 일본의 저자들의 의식 속에는 세계사의 큰 흐름을 보여주면서, 동시에 세계사의 진보적 발전의 가운데에 일본을 배치하려는 욕망도 내재한 것 같다.[74]

---

70) 師範學校編,『萬國史略』, 245-246쪽.

71) 이에 구주제국들이 동맹하여 식민지에서의 폭학(暴虐)을 금하였는데, 여전히 이를 몰래 하는 자가 있다고 서술하였다. 田尻稻次郎,『萬國史略』, 428-438쪽; 田中義廉,『萬國史略』券之五 (山黎縣藏版, 1876), 21-25쪽.

72) 田中義廉,『萬國史略』券之四 (山黎縣藏版, 1876), 25-28쪽; 田尻稻次郎,『萬國史略』, 526-527쪽.

73) 木全淸博,「萬國史敎科書の內容分析-明治初期の民間版萬國史敎科書の內容」, 37쪽.

전체적인 저술에서 서양 부분은 서구 역사서술이나 자료에 전적으로 의존하였고, 중국사에 대한 서술에는 신화와 역사적 사실이 혼용되고 있었다. 만국사 교과서임에도 불구하고 아시아에 대한 서술이 빈약하고, 서구와 미국에 집중하면서 그 내용에서는 서구적 해석을 그대로 수용하는 점에서, 일본 교과서의 유럽중심적 경향은 뚜렷이 드러난다. 그럼에도 불구하고 세계사의 발전 속에 자국을 배치하려는 노력에서 혹은 식민지문제에 대한 높은 관심에서 드러나듯이, 서구의 역사를 일본의 당대적 이해관계 속에서 전유하려는 명확한 의도도 엿보인다.[75]

2) 개화기 조선의 세계사 교과서와 그 시대인식

개화기 조선의 세계사 교과서로는 먼저 학부 편집국이 출간한 『만국약사』(1895), 김상연의 『정선만국사』(1906), 유승겸의 『중등만국사』, 현채의 『동서양역사』(1907), 유옥겸의 『서양사교과서』(1910) 등을 들 수 있다. 특히 『만국약사』 상권은 우리나라에서 최초로 간행된 세계사 교과서이다.

만국약사의 상권은 총론, 아세아주, 아프리카주 3편을, 하권은 구라파주, 아메리카주, 오세아니아주의 3편으로 구성되어, 서구에 집중하는 역사서술을 어느 정도 탈피하고 있다. 더불어 아시아가 세계문명의 근원임을 설파하고 있는 점도 주목할 만하다. 일본 교과서의 영향을 받은 탓인지, 역사와 지리의 밀접한 관련성을 강조하기도 하였다. 그러나 일본 천황에 대한 숭모의 표현이나 메이지유신에 대한 높은 평가가 들

---

[74] 위의 책, 41쪽.

[75] 위의 책, 26쪽; 함동주, 「19세기 후반 일본의 서양사 수용과 근대적 교양의 성립」, 34쪽.

어 있어서, 일본 제국주의의 의도를 제대로 파악하지 못하고 있다는 평가도 받는다. 그러나 교과서가 쓰인 1895년 전후는 일본의 문물을 주로 도입했던 시기여서 앞서 근대적 발전을 이룩한 일본을 배우려는 인식과 '중화주의에 대한 거리두기'가 맞물린 듯이 보인다.[76)]

이 시기의 교과서들은 편년체의 통사로서 정치사에 중점을 두고 있다. 프랑스혁명에 대해서는 혁명의 잔혹성을 주로 부각하고 있어서, 근대 시민혁명으로서의 프랑스혁명의 의미를 제대로 이해하지 못한 듯하다. 그럼에도 불구하고 도처에서 불완전하지만, 근대적인 역사인식이 드러나고 있음도 우리가 주목해야 한다.

『만국약사』보다 10년 늦게, 관찬(官撰)이 아니라 민찬(民撰)으로 발행된『정선만국사』는 체제, 서술방식, 역사인식의 측면에서 훨씬 진전된 세계사 교과서라 할 수 있다. 고대, 중세, 근세라는 시대구분법을 적용하여 보다 발전된 형식을 갖추었으나, 동양에 대한 서술은 현저히 감소하여, 고대의 문명발생기에 한해서 조금 다루었을 뿐이다.『만국약사』에 비해 보다 더 서구의 역사에 비중을 두었다. 그 목차는 오늘날의 세계사의 경우와 크게 다르지 않을 정도로 진전되어 있다. 또한 사건의 인과관계를 구명하려 하였다는 점에서도 역사인식의 심화를 확인할 수 있다.[77)]

『정선만국사』에서 경이로운 점은 여성사에 대한 언급이다. 그리스의 여성멸시를 특별히 지적한다던지, 프랑스혁명 과정에서 여성이 가두시위에 참여한 점을 지적한 것 등은 오늘의 개설서에서도 찾기 어려

---

76) 조선에서 중화주의적 국제정세 인식이 지식인층의 의식 속에서 무너지기 시작한 것은 대략 19세기 후반 이후로 보인다. 그래서 중화주의적 세계질서에서 서구적 세계질서로의 편입이라는 시대적 요청에 부응한 것이 현채의『만국사기』일 것이다. 정구복·이영화, 「玄采 編譯『萬國史記』의 史學史的 性格」, 498쪽.

77) 홍영백, 「한말 세계사 관계 사서의 내용과 한계」, 953-954쪽.

운 선진성을 보여주는 것이다.[78] 『정선만국사』가 지니는 가장 핵심적인 강점은 시종일관 민권의 문제를 추적하고 있다는 것이다. 로마와 관련하여서도 지속적으로 평민의 역할을 강조하였고[79], 영국이 백년전쟁에서 패배하였음에도 영국인에게 비로소 '하나의 국민'이라는 관념이 생겼다는 지적은[80] 대단히 근대적이다. 혹은 루터의 종교개혁을 귀족적으로, 칼뱅은 민권적으로 묘사한다든가[81], 영국인과 민권문제와 관련하여 왕실의 융성함은 민권을 망치고 얻은 결과물이라는 지적[82], 1648년 이후 유럽에서 '중등의 인민이 가산을 늘이고 품위를 높인 것'이나 '인민이 교육, 문아(文雅)상에 크게 진보한 것'에 대한 지적[83]도 전 역사를 관통해서 그가 민과 민권의 문제를 얼마나 일관되게 추적하고 있는가를 보여주는 것이다.

또한 서구열강의 침입 아래에서 위기에 처한 아시아의 상황에 대한 깊은 우려도 드러내고 있다. 그러나 『정선만국사』도 아프리카나 아시아의 인민을 미개한 존재로 간주하는 시각에서는 자유롭지 못한 듯하다.[84] 여기에는 개화기 조선사회에 풍미한 사회진화론에 내재한 인종주의가 어느 정도 영향력을 행사하였을 것이다.[85] 동시에 여기에서 전통적인 중화주의를 통해 전달된 종족적 우월사상도 함께 작용하였을 것이라는 추정도 가능하다.

---

[78] 김상연, 임이랑 역, 『근대 역사교과서 정선만국사』 (소명출판, 2011), 86, 184쪽.

[79] 위의 책, 91쪽.

[80] 위의 책, 130쪽.

[81] 위의 책, 142쪽.

[82] 위의 책, 182, 184, 203, 208쪽.

[83] 위의 책, 152쪽.

[84] 위의 책, 954쪽.

[85] 박성진, 『사회진화론과 식민지사회사상』, 62-63쪽, 308-309쪽.

『정선만국사』는 프랑스혁명 과정에서 드러난 혁명세력의 잔혹함을 지적하는 대목에서는 당시의 시대정신을 반영하는 근왕론을 드러내기도 한다.[86] 또한 노예노동의 금지는 근세도덕의 실현으로 환영하지만, 김상연은 사회주의와 공산주의에 대해서는 부정적인 입장을 드러내고 있다.[87] 여전히 왕조국가에서 살고 있는 그에게 사회주의에 대한 이해를 요구하는 것은 너무 과도한 것이 아닐까?

지금까지 메이지시대 일본교과서와 개화기 조선의 교과서를 비교해보자면, 전자가 관찬의 성격을 띠면서 정부에 의해 통제되는 탓인지 건조한 정치사중심의 서술, 그것도 지배자 중심의 서술에 치우쳤다면, 후자는 훨씬 역동적인, 다양한 면모를 지닌 교과서 서술을 보여주었다고 생각된다. 교과서가 당시의 지적 풍토와 의식세계를 반영하는 것임을 환기한다면, 특히『정선만국사』에서 일관되게 나타나는 민권에 대한 강조는 개화기 조선 이래 우리의 근대사를 민주주의의 내적 동력을 중심으로 구명해보자는 김정인의 제안에 부응하는 것이다.[88] 1894년의 갑오개혁이나 1898년의 만민공동회를 통해 표출되었던 민주주의적 관계와 의식은 교과서를 통해서도 표출되고 있는 것이 아닐까? 그러나 아쉬운 점은 유길준의『서유견문』에서와 마찬가지로, 만국사 교과서에서도 산업화, 기술의 발전, 대외무역과 상업의 발전 등에 대한 서술이나 강조는 미약하다는 것이다. 메이지시대 일본의 교과서에 비해 식민

---

86) 김상연,『근대 역사교과서 정선만국사』, 188쪽. 이는 개화기 조선의 지식인들이 국가의 안위가 위태로웠던 당대의 현실 속에서 독일형 국가주의에 경도되면서, 공화제보다는 입헌군주제가 더 현실적인 대안이라 생각하였던 점에서 기인하는 것 같다. 박성진,『사회진화론과 식민지사회사상』, 307쪽.

87) 위의 책, 201-204쪽.

88) 김정인,「근대 한국 민주주의 문화의 전통수립과 특질」,『역사와 현실』, 87호, 2013, 204-212쪽 참조.

지문제나 대외관계에 대한 서술도 훨씬 부족하였다.

결론적으로 말하자면, 일반적으로 상정하듯이 개화기 조선의 교과서가 일본의 교과서를 그대로 모사하거나 서구중심주의적인 서술로만 흘렀다는 지적은 일부 교과서에는 적용되겠지만, 이를 전체를 망라하는 명제로 수용하기는 어렵다는 것이 필자의 생각이다. 교과서를 통해서 드러나는 당대인의 의식과 세계관은 보다 다양한 것이었다.

4. 맺음말

이 글은 서구 역사학의 영향 속에서 일본의 근대 역사학이 형성되고, 그것의 개화기 조선으로 전이, 전유되는 과정을 분석하려 하였다. 이를 위해 개별 텍스트 1-2개를 선별하여 정밀하게 분석하는 안전한 방법보다는 이 시기에 드러난 어떤 경향성을 비교하고 종합하는 다소 모험적인 접근을 해보았다.

먼저 서두에서 개화기 조선의 서양 관련 역사서나 교과서가 1) 서구 중심주의적이며, 2) 일본의 서양사 해석이나 교과서를 모방하였고, 3) 제국주의적 시각을 벗어나지 못하였다는 일반화된 전제에 의문을 제기하는 것으로 이 글은 출발하였다. 이런 문제의식을 논증하기 위하여 메이지 시대 일본과 개화기 조선의 서양 관련 역사서 및 교과서를 검토하여 앞의 질문에 대한 해답을 찾고자 하였다.

메이지시대 일본과 개화기 조선의 서양 관련 역사서나 교과서에서는 유사성이 있으나, 차이도 드러났다. 우선 만국사 등의 형식으로 출간된 서양사에 대한 개설서들은 서로 유사한 형식이나 단원구성을 가지고 있었다. 그러나 내용에 있어서, 양국 사이에는 강조점의 차이가 있을 뿐 아니라, 조선의 역사서 내에서도 차이들이 나타났다. 서양역사서와 관련하여서도 출간의 동기나 주제에서 큰 차이를 보이고 있었다. 출간동기와 관련하여서는 일본의 경우 기본적으로 문명계몽사상과 서구의 근대적 발전을 알리는 것이 그 핵심을 이루었다면, 조선의 경우에는 자주독립과 애국주의에 대한 강조가 두드러졌다. 따라서 출간된 역사서들은 일본의 경우 버클과 기조를 중심으로 하는 문명사, 영국의 무혈혁명과 입헌군주제를 다룬 영국사, 혹은 민중들의 폭력성을 비난하는 기조를 지닌 프랑스혁명사, 나폴레옹 전기 등이 그 주종을 이루었다. 이에 비해 조선의 역사서들은, 위와 같은 역사서가 없는 것은 아니었지만, 월남망국사나 이탈리아 건국을 이룬 세 영웅이야기 혹은 세계식민사 등이 주종을 이루었다. 물론 메이지 초기의 서양역사서 출간과 개화기 조선의 출판활동 사이에는 약간의 시차가 있다. 그러나 1887년 랑케의 제자 리스의 초빙과 동경대 사학과 설립을 통한 역사학의 제도화 이후, 일본의 서양역사서 출간은 강단역사학과 괴리된 채 기존의 기조를 이어간 것으로 보인다. 또한 일본의 역사학 연구가 제도권으로 들어가면서, 그것은 개화기 조선과는 완전히 다른 차원으로 진입한다고 말할 수 있다.

또한 서양 역사서의 유입이 반드시 일본을 통로로 하여 진행된 것만은 아니었다. 중국을 통한 도입의 사례도 적지 않았고, 특히 최근 연구는 량치차오 열풍을 통해 자유주의와 사회진화론 등에 대한 그의 저술들이 번역 출간되었고, 개화기 조선의 지식인층에게 량치차오의 영향력이 주도적이었다는 주장이 개진되고 있는 상황이다. 결론적으로 말하자면, 메이지시대 일본의 서구 역사서 수입과 그것의 개화기 조선으로의 전이는 일본을 통해 서양의 역사서를 수용하면서도 달리 변용하고, 종국에는 우리의 현실적 요구에 따라 또 다른 방식으로 전유하는 과정을 거쳤음을 알 수 있었다. 무엇보다도 서양 역사서와 교과서의 저술에서 일본과는 확연히 다른 역사적 현실에서 생겨나는 개화기 지식인의 고민과 성찰이 들어있음에 주목할 필요가 있다. 이런 점에서 이제 지구적 관점을 견지하는 역사가라면, 근대성 자체가 순전히 서구의 창조물이기 보다는, 서구와 비서구의 조우와 충돌, 문화들 간의 전이와 전유의 결과, 다시 말해 관계의 산물임을 이해하고, 그런 점에서 다중적인 근대성들(multiple modernities)을 거론해야 할 것이다.[89]

민족의 자주독립과 근대화를 동시에 추구해야할 무거운 짐을 진 조선의 지식인들이 비약적으로 부국강병의 길을 걸은 서구의 문명계몽을 그 전범으로 설정한 것은 사실이지만, 이는 서구의 문명화가 목전에 펼쳐진 백성의 빈곤과 국가존망의 위기를 타개하기 위한 가장 현실적인 방안으로 비쳤기 때문일 것이다. 이를 과연 서구중심주의로 보아야 할 것인가? 서구중심주의는 유럽인들이 유럽 속에서 발전한 가치나 규범에 근거하여 혹은 유럽적인 사고에 따라 유럽과 유럽외적 문화권을 규정하는 것을 의미한다. 또 달리는 사미르 아민은 서구중심주의를 '자본주의적 결합체(Gemeinschaft)의 이념적 정당성 구현을 위해 유럽사와 세계사를 신화적으로 재구성하는 것'이라 말하기도 한다.[90] 이제 우리는 서구인의 세계관을 또 다른 주체인 비서구인이 수용하는 관행을 '서구중심주의'라 정의내릴 수 있을지도 검토해야 한다. 서구중심적 경향이 발견되더라도, 이 과정에서 나름의 전유과정이 있었을 것이다. 또한 개화기 세계사 교과서에서 드러나는 대로 유럽과 아메리카를 중심에 두는 서술은 서구에 대한 관심에서도 기인하지만, 달리는 서구를 제외한 다른 지역의 역사에 대한 구한말 지식인들의 정보 접근권이 대단히

---

89) 이와 관련하여 주 53)을 참조.

90) Samir Amin, *Eurocentrism* (Monthly Review Press, 1989) 참조.

제한적이었기에, 그들이 서구의 것을 넘어선 대안적 역사서술을 모색할 수 있는 여지가 그다지 없었던 현실도 염두에 두어야 할 것이다.

2007년 한국 서양사학계는 서양사학회 창립 50주년을 맞이하면서, 그간의 서양사연구가 서구중심주의에 빠져 있었음을 비판하는 작업을 해왔고, 이렇게 지난 50년간의 서양사연구를 성찰하는 것은 2010년대의 서양사연구자에게는 꼭 필요한 성찰의 과정이다.[91] 그러나 개화기 조선의 서양역사학의 수용이 서구중심주의에 기초하고 있다는 지적은 당시의 역사적 맥락을 사상한 채 현재의 문제의식으로 과거를 재단하는 성급한 태도가 아닐까?

---

91) 이를 위하여 『서양사론』 95호, 한국서양사학회, 2007. 12 특집을 참조.

중국 근대 역사학의 형성에 관한 논의

스젠궈(石建國)

1. 머리말

인류 문화 혹은 문명사에서 동아시아는 매우 중요한 위치를 차지한다. 중국을 중심으로 하는 동아시아 사회는 장기간 세계의 선도적 위치를 차지하고 있었고, 고도로 발달된 전통 농경문명을 기초로 휘황찬란하고 눈부신 세계적 문화를 발전시켰다. 단순히 인문과학 영역 중 역사학에서 보면, 그 성과는 매우 커 인류의 지식 보고(寶庫) 중에서 매우 중요한 위치를 차지하고 있다. 심지어 어떤 학자는 "19세기 이전 중국 사학(史學)이 서양보다 앞섰다는 것은 의심의 여지가 추호도 없다."[1]고 단언하였다. 그러나 근대 이래로 중국사회는 식민지·반봉건 사회가 되어 뒤쳐졌고 역사학 역시 전대미문의 위기에 직면하게 되었

---

[1] 杜維運·黃進興 編, 『中國史學史論文選集(一)』序 (臺灣華世出版社, 1976), 5쪽.

다. 전통에서부터 근대에 이르기까지 새로운 것이 낡은 것을 대체하는 과정을 실현하고 역사학에 새로운 생명을 부여하여 사회변혁을 위한 동력을 제공하는 것은 역사학자에게 주어진 지극히 큰 도전이었다. 그렇다면 중국역사학이 근대에 어떠한 발전 과정을 거쳤는가는 오늘날에도 여전히 연구할만한 주제이다.

2. 중국 근대 역사학의 흥기(1840년 – 1860년)

1) 근대 중국 역사학이란 무엇인가?

연구의 출발점으로써 한 가지 분명하고도 뚜렷이 보이는 문제는 바로 근대 중국역사학이란 무엇인가이다. 이것은 사학사(史學史)에서 시대 구분에 관한 문제이다. 1840년에 발생한 아편전쟁은 중국이 반식민지·반봉건사회로 진입하게 된 출발점이었고, 이 사건은 중국역사의 진행 과정에 거대한 변화의 국면이 출현한 것을 상징한다. 중국 근대역사의 출발점에 관하여 아편전쟁이 발생한 1840년은 조금도 논쟁이 필요 없는 시간 좌표가 되었다. 이와 동시에 열강에 의해 자본주의(資本主義) 세계로 강제로 끌려들어간 중국의 사회는 전통에서 근대로 전환하게 되었는데, 이 과정이 바로 자본주의화(資本主義化) 혹은 '서화(西化)'이다. 1919년에 이르러 중국사회는 재차 역사적인 전환이 출현하였다. '5·4' 운동으로 상징되는 사회주의 사상과 운동이 이끈 중국사회는 사상문화 영역에서 변화가 발생하였다. 이를 분수령으로 중국역사는 발전적인 새로운 단계―현대사(現代史)의 시기에 들어서게 되었다. 당연히 현재 중국의 많은 학자들은 1949년을 중국 근대역사 종결의 상징으로 간주하는 경향이 있지만, 필자는 1919년을 시대 구분의 근거로 삼는 것이 더 적합하다고 생각된다. 1919년 이후의 역사학 영역은 마르크스주의 역사학이 탄생하고 형성된 새로운 단계이기 때문에[2], 학술사적(學術史的) 관점에서 역사학의 근대시기에 병합하는 것이 적절하지 않다.

2) 중국 근대 역사학 흥기의 원인과 배경

아편전쟁 이전의 중국 사학(史學)은 대체로 자신의 사회와 문화 환경에서 형성되고 변화 발전하였는데, 우리들은 그것을 '전통사학'이라고 부른다. 근대 사하은 아편전쟁 시기에 새롭게 시작되었는데, 역사관과 저술한 내용 등에서 이미 이전의 시대와 분명하게 구분되기 시작했다. 사학 영역의 커다란 변화는 사회조건이 발생시킨 격변으로 인해 자극받고 촉진된 것이고, 동시에 학술문화 내부의 신구(新舊) 추이의 결과이기도 하였다.

중국 봉건사회는 이미 명청시기(明淸時期)부터 쇠퇴하기 시작하였다. 중국사회가 낙후된 근본 원인은 폐관쇄국(閉關鎖國) 정책에 있었다. 사학은 사회생활의 반영이다. 특정한 사회 상황·사회 환경은 그 시대의 사학에 반영되어 왔다. 청대(淸代) 사학은 청초(淸初)와 건륭(乾隆)·가경(嘉慶) 시기의 두 단계를 거쳤다. 청초 사학의 여러 대가(大家)들은 학식이 풍부하였고 동시에 강한 경세(經世) 의식과 사회 비판 의식을 갖고 있었다. 건륭·가경 시기의 사학은 고증학(考證學)의 발달이라는 특징이 있었고 역사문헌의 정리에서 큰 성과를 이루었다.

그러나 1840년 서양 식민주의자들이 동양으로 와서 대포를 이용해

---

2) 李紅岩, 「中國馬克思主義史學的三個三十年」, 徐秀麗 主編, 『過去的經驗與未來的可能走向』(社會科學文獻出版社, 2010), 50-51쪽.

오랫동안 잠겨있던 중국의 대문을 열게 되자 중화민족은 야만적인 침략과 모욕을 끊임없이 받게 되었다. 역사가 유구하지만 진행이 완만하며 더디게 발전하고 있던 동양문화는 서양의 진보한 문화의 도전을 받았으며, 동·서양 문화 사이에서 접촉과 충돌이 나타났다. 사회와 민족 생존의 위기라는 이중의 충격은 지식을 가진 사인(士人)으로 하여금 학문을 봉건전제의 비판과 사회적 폐단의 개혁과 연관 짓게 하였고, 나아가 침략에 대한 저항과 서양의 장점에 대한 학습과 연결 짓게 만들었다. 그리고 사학 역시 '고증에 몰두(醉心考據)'하는 '상아탑'에서 탈출하여 이전 시기의 '역사고증'에서 '역사저술'로 변화하게 되었다. 아편전쟁의 발발은 역사학자로 하여금 전통사학의 구조에서 벗어나게 하여 처음으로 세계에 눈을 돌리도록 만들었다. 사람들은 현실을 외면하고 편협하고 거만하던 종전의 의식을 포기하고 서양의 지식을 탐구하기 시작하였다. 그리하여 사회현실 문제와 긴밀하게 연관된 역사 저작들이 아편전쟁 시기 및 그 후에 출현하게 되었다.

3) 중국 근대 역사학의 초기 상황

아편전쟁으로부터 1860년 전후는 경세치용(經世致用)·구망도강(救亡圖强)의 사학 사조(思潮)의 발흥과 중국과 서양 문화의 충돌아래에서 사학이 전통적 학술구조에서 벗어나는 시기였다.

역사학의 사상사적 시각에서 말하자면, 중국 근대 사학을 연 최초의 인물은 공자진(龔自珍, 1792-1841)으로『정암문집(定庵文集)』·『정암속집(定庵續集)』을 저술하였다. 비록 아편전쟁 발발한 1년 후 공자진은 별세하였지만, 그의 사상은 근대 체계에 속한다고 할 수 있다. 공자진과 그의 막역한 친구인 위원(魏源)은 시대의 격변이 곧 다가오리라는 것을 예리하게 파악하였다. 온 세상이 어리석고 꿈꾸듯이 혼란한 상황을 감추고 태평한 것처럼 꾸미고 있을 때 그들은 국가와 민족의 운명을 근심하고 걱정하였다. 공자진은 봉건적 지배가 이미 '쇠락한 시대'에 이르렀다고 선언하고, '난세가 멀지 않았다!'[3]고 하면서 대담하게 시대의 대변동(大變動)이 곧 도래할 것이라고 예언하였다. 이러한 시대적 위기에 대한 비통하고 간절한 인상은 그가 사회의 병인(病因)을 찾아다니도록 하였다. 그가 쓴 날카로운 정치평론은 강렬한 시대정신을 가진 동시에 심원한 영향을 준 사론(史論)을 갖추고 있었다. 사학의 역할에 대하여 공자진은 '천하를 염려하는 것', '세계 변화를 탐구하는 것'으로 보았다.[4] 또 그는 "역사에 재능이 있는 자는 그 수많은 전고(典故)를 기억하고, 그 기록을 주관하여 …… 그 王公大人들에게 교훈을 주는 것이다."[5]고 하였다. 그가 최초로 제기했던 신강(新疆) 지역에 행성(行省)을 설치하자는 제안은 그가 사회위기를 해결하고 국가통일을 공고화하며 변경을 안정시키는 것에 착안한 탁월한 식견과 나라를 근심하는 뜻이 드러나 있다.

근대사의 태동기 역사학계의 학풍을 바꾸고 근대 사학을 발전시킨 대표적 인물은 바로 위원(魏源, 1794-1857)이다. 아편전쟁 전후에 그는 당대(當代) 역사와 눈앞의 사실과 관련된 근대 사학의 저작인『성무기(聖武記)』·『도광양소정무기(道光洋艘征撫記)』·『해국도지(海國圖志)』를 저술하여 역사학계에서 자신의 지위를 다졌다. 위원의 역사관을 종합하면 다음과 같다. 첫째, 공자진과 마찬가지로 그는 당시 유행했던 번잡한 고증에 몰두하는 학풍에 대해 "천하의 총명하고 지혜로운 자를

---

3) 龔自珍, 「乙丙之際箸議第九」, 『龔自珍全集』(上海人民出版社, 1975), 7쪽.
4) 위의 책, 7쪽.
5) 龔自珍, 「古史鉤沉論」, 위의 책, 28쪽.

감금하여 모두 쓸모없는 길로 나아가게 한다."[6]라고 날카롭게 지적하였다. 둘째, 그는 유용한 사서(史書)라면 마땅히 폐단을 고치는 약물이어야 하고, "오늘에 서서 옛날을 바라보아야 검은 것과 흰 것을 분별할 수 있고 병과 약이 서로 맞을 수 있다."[7]고 생각하였다. 『해국도지』에서 그는 이 시기 외국의 침략에 저항하고 '세계를 보는 안목을 높이라는' 절박한 요구에 단단히 둘러싸여 당시 수집할 수 있는 모든 자료를 모아서 한 부의 당시 동양 세계에서 세계 역사지리 및 현상을 가장 상세하게 갖춘 참고서를 편찬하였다. 게다가 처음으로 동양사회에 외국의 역사지리와 철로·은행·보험 등 각 방면의 지식을 체계적이면서 대량으로 소개하였으며, 전통적인 학술에서 "이(夷)와 夏(하, 중국)를 엄격하게 막는다."라고 하는, 외국에 대해 폐쇄적이고 무지했던 옛 방식을 극복하였다. 위원은 지배집단이 외국의 사정에 대해 어둡고 무지한 것이 전쟁의 참패를 불러일으킨 중요한 원인이라고 드러내 놓고 폭로하면서 "200여 년을 무역을 한 나라를 뜻밖에 그 위치도 모르고 분열·합병되었는지도 모르는데, 어찌 변방 일에 주의를 기울였다고 말할 수 있겠는가?"[8]라고 하였고, 이에 "외이(外夷)를 제압하고자 한다면 반드시 먼저 그들의 상황을 파악하는 것부터 시작해야 한다."[9]고 역설하였다. 위원은 '이(夷, 서양)의 장기(長技)를 배워 이(夷, 서양)을 제압하자'는 구호를 명확하게 제기하여 근대의 선진적인 중국인이 서양을 배우는 시초가 되었다. 『해국도지』의 심원한 영향에 대하여 량치차오(梁啓超)가 1924년에 서술하기를, "그의 론(論)은 백년 이래 사람들의

6) 魏源, 「武進李申耆先生傳」, 『魏源集』(中華書局, 1983), 359쪽.
7) 魏源, 「明代食兵二政錄序」, 위의 책, 163쪽.
8) 魏源, 「籌海篇二」, 『海國圖志』(嶽麓書社, 1998), 26쪽.
9) 魏源, 위의 책, 26쪽.

마음을 실제로 지배하였고, 지금까지도 (그 영향에서) 완전히 벗어나지 못하였는데, 역사적 관계는 상세하게 말할 수 없다."[10]고 하였다.

위원과 동시기의 또 다른 대표적 역사가로는 서계여(徐繼畬, 1795-1873)가 있다. 아편전쟁 기간에 서계여는 일찍이 복건(福建)·광동(廣東) 연해(沿海) 지역의 관직을 역임하면서 해외 사무에 관심을 가졌다. 1843년부터 그는『영환지략(瀛寰志略)』편찬에 착수하여 1848년에 완성하였다. 이 책의 제1편「지구(地球)」에서는 남극·북극·적도 및 각 대륙과 대양(大洋)을 소개하고 있고, 개괄적으로 서술한 아시아 대륙의 광활함, 유럽 대륙의 여러 국가들이 숲을 이루듯이 많고 상황이 복잡함, 아메리카 신대륙의 최근 발견, 남극 대륙의 탐험, …… 모두 이전에 들어본 적이 없었던 신선한 새로운 과학지식이었다. 그는 특별히 선진적 지위에 있던 서양 문명의 발전과정에 대하여 "유럽 나라들이 동양에 오게 된 것은 먼저 대서양(大西洋)을 거쳐 소서양(小西洋)에 이르렀고, 부두를 세워 점차 남양(南洋)의 여러 섬에 이른 이후 안쪽으로 향하여 광동에 모여들었는데, 명(明) 중엽에 발생하여 명말(明末)부터 시작되었다. 오늘에 이르기까지 7만 리(里)를 왕래하였기에 점차 편리한 교통을 이루었다. 하늘과 땅의 기운이 서북쪽에서 동남쪽으로 통하였는데 역시 시세(時勢)에 의하여 그렇게 되었다."[11]라고 묘사하였다. 서계여는 워싱턴이 만든 북미의 민주제도를 '공공 기구를 통한 공론(公論)'이라고 찬양하였고, 또 스위스가 왕후제도(王侯制度)를 세우지 않은 것을 '서양의 무릉도원'이라고 찬양하였다. 이들은 모두 당시 사람들을 깜짝 놀라게 하는 말이었다. 이 책에 소개된 세계 역사지리에 대한 지식은 비교적 정확하게 고증되었고 집약되었으면서도 간결하게 서술되었기

---

10) 梁啟超, 「中國近二百年學術史」, 『飮冰室合集』 75 (中華書局, 1989), 323쪽.

11) 徐繼畬, 「歐羅巴總論」, 『瀛寰志略』, 咸豊11年(1861) 日本阿陽對嵋閣刻本.

때문에, 19세기 후기에도 『해국도지』와 함께 칭송되는 명저이다.

하섭(夏燮, 1800-1875)이 쓴 『중서기사(中西紀事)』는 중국에서도 비교적 이른 시기의 근대사 저작이자 근대 최초의 중외(中外) 관계사 전문 저서이다. 1843년부터 하섭은 정열적인 애국심과 강렬한 역사적 사명감으로 정말 그가 "심혈을 기울여 위태로운 사정을 걱정하여 조정에 들어가 보고하였지만 문자의 꺼림을 피할 수 없기 때문에, 지금 사실에 따라 모두 글로 적으며, 감히 날조하지도 기피하지도 않았다."[12]라고 말한 바와 같이 전후 23년에 걸쳐 편찬을 시작하여 완성하였다. 이 책의 앞 4권인 「통번지시(通番之始)」·「활하지점(猾夏之漸)」·「호시당안(互市檔案)」·「누치본말(漏卮本末)」은 아편전쟁의 발생 원인을 서술하고 있다. 권5 「영인규변청무(英人窺邊請撫)」부터 권11 「오구흔단(五口釁端)」까지는 아편전쟁의 경과를 기록하고 있다. 권12부터 권16까지는 광동 인민(人民) 의용군과 침략자들이 강요하여 체결된 조약을 서술하고 있다. 권17 「장강설관(長江設關)」부터 권21 「강초출교(江楚黜教)」까지는 장강(長江) 연안에서 침략자의 활동을 서술하고 있다. 마지막 두 권은 저자가 역사적 사실을 종합하여 자신의 의견을 서술하고 있다. 목차와 구성에서 이 책이 빛을 발하는 근대 역사학 사상의 작품임을 짐작하는 것은 어렵지 않다.

이밖에 이 시기의 중요 작품으로는 양정남(梁廷枏)의 『월분문기(粵氛聞記)』, 장독(張穆)의 『몽고유독기(蒙古遊牧記)』, 하추도(何秋濤)의 『삭방비승(朔方備乘)』이 있는데, 이들은 모두 이 시기를 대표하는 변경에 관한 역사지리학의 신흥 작품이다.

---

12) 夏燮, 「庚申換約之役」, 『中西紀事』(岳麓書社, 1988年), 199쪽.

3. 중국 근대 역사학의 초보적 발전(1860년대 – 1990년대 말)

1) 중국 근대 역사학의 초보적 발전을 촉진한 원인

만약 중국 최초의 근대 역사가들이 '자정경세(資政警世)'의 시각에서 역사학 저술에 종사하였다고 한다면, 그들의 외침은 결코 세상 사람들을 일깨우지 못했을 것이다. 그러나 '삼천 년이래 없었던 비상 국면'이 발생하여 중국의 운명은 이미 스스로 주재할 수 없는 것이었다. 1858-1860년 영국과 프랑스가 제2차 아편전쟁을 일으켜 청 왕조의 수도인 북경(北京)이 무너졌고, 영국과 프랑스의 연합군은 '만원지원(萬圓之園)"이라 불리는 원명원(圓明園)에서 약탈과 방화를 자행하였다. 재차 큰 재난을 당한 청 왕조와 중국의 민중은 확실히 서양의 도전을 직시할 수밖에 없었다. 이와 동시에 서양의 역량을 빌려 태평천국(太平天國) 운동을 진압하던 과정 역시 청 왕조의 지배자들에게 서양의 역량에 대해 깊은 인상을 갖게 하였다. 바로 이런 역사적 배경하에서 통치의 안정을 유지하려는 요구가 나타났고, 1860년부터 청 정부는 '양무운동(洋務運動)'을 추진하였는데, 어느 정도는 근대의 1세대 역사가들의 외침에 대한 응답이라고 할 수 있다.

1870년대 이후 서양 열강들은 자유 자본주의로부터 제국주의로 이행하는 과정에서 세계적인 범위에서 식민지 쟁탈전을 벌였다. 열강들의 중국에 대한 정치적 · 경제적 · 군사적 침략은 진보적 지식인들로 하여금 나라를 구하고 부강을 이루는 방법을 모색하도록 자극하였다. 1870 · 80년대부터 중국 연해지역에는 이미 민간에서 운영하는 신식기업이 출현하였는데, 이는 중국에 민족자산계급이 이미 발생한 것을 상징하였다. 그것은 비록 미약하지만 새로이 생겨난 사회역량으로 봉건

세력과 외국자본의 압박을 극복하도록 요구받았고, 경제·정치상에서 발전할 수 있었다. 사회의 추세에 순응하여 일부 서양의 지식을 소개한 서적과 신문은 중국 내에서 지속적으로 발행되었다. 예컨대 강남조선창(江南造船廠)에서는 전문적으로 사람을 조직하여 외국의 서적을 번역하였는데, 여기에는 과학기술·군사제도·선박 운영·경영학 서적 이외에도 사지(史志)·교육서적 및 『서국근사휘편(西國近事彙編)』등이 포함되어 있었다. 초기에 발행된 신문은 선교사들이 상해(上海)에서 발행한 『만국공보(萬國公報)』이외에 중국인들이 홍콩에서 잇달아 창간한 『중외신보(中外新報)』·『화우일보(華宇日報)』·『순환일보(循環日報)』등이 있었다. 일부 관원(官員)과 지식인들은 잇달아 외교관을 맡아 국외로 나가거나 혹은 유학으로 외국에 나가면서 시야를 크게 넓히게 되었고, 아울러 서양의 소식들을 중국에 전하였다. 이처럼 '양무운동'의 전개에 맞추어 1870년대부터 1880년대까지 중국 사회는 초기 유신개혁사상(維新改革思想)과 조류(潮流)가 형성되어 부패한 전제정체(專制正體)를 변혁하고, 제도상에서 서양을 학습하며, 중국 내 자본주의를 발전시킬 것을 요구하였다.

반면 청일전쟁(淸日戰爭)에서 패배한 이후, 중국은 종래 '손바닥 만한 나라'라고 무시하였던 일본에게 참패를 당하여 굴욕적인 『마관조약(馬關條約)』을 체결하였고, 열강들이 중국을 분할하는 것에 더욱 열을 올리게 되었다. 청조 통치의 부패상이 철저하게 드러나면서 망국의 위기가 눈앞에 임박하였다. 거국적인 분노와 변혁과 자강을 생각하는 정세 속에서 캉유웨이(康有爲)가 이끄는 유신파(維新派)가 정치무대에 나서 무술유신변법운동(戊戌維新變法運動)을 일으켰다. 비록 이 '백일유신(百日維新)'은 서태후(西太后)를 우두머리로 하는 완고파(頑固派)에 의하여 잔혹하게 짓밟혔지만, 민족의 위망(危亡)을 구해내고 자본주의의 발전을 요구한 애국개혁운동으로서 역사상 거대한 영향을 끼쳤고, 동시에 중국 근대 지식인의 사상해방운동으로 발전하였다.

바로 이러한 시간적·공간적 배경 아래에서 아편전쟁 시기에 발생한 근대적 애국구국사상은 1860년대에 이르러 점차 새로운 유신변법사상을 형성하고 부국강병을 실현하자는 사조(思潮)로 발전하였다. 이러한 사조의 영향하에서 유신파는 중국의 활로와 해결책을 찾기 위해 역사 저작을 편찬하였고, 이를 통해 자신들의 주장을 전파하였다. 그리하여 시대적 분위기와 밀접하게 관련된 이런 역사학은 새로운 대표적 인물과 저작을 출현시켰다.

2) 근대 역사학의 초보적 발전성과

(1) 왕타오(王韜)·황쭌셴(黃遵憲)과 근대 중국 역사학

왕타오(王韜, 1828-1897)는 중국 근대 역사학의 초보적 발전 시기를 대표하는 인물로, 그가 일생동안 집필한 역사학 저작으로는 『보법전기(普法戰紀)』·『법국지략(法國志略)』이외에도 『도원문록외편(弢園文錄外編)』·『부상유기(扶桑遊記)』등 수십 종이 있다. 특히 그가 1870년대부터 1880년대에 편찬한 『법국지략』은 프랑스의 역사와 지리, 당시 상황을 전지체(典志體)로 기록한 역사 저작이며 당시 자본주의 세계가 성취한 진보 그리고 저자의 진보적 역사관과 사회에 대한 이상이 반영되어 있다. 이 책은 근대 역사학 저서 중 '눈을 크게 뜨고 세계를 바라보고 세계로 나아가려 했던' 대표작의 하나로 중국 근대 사학사에서 상당히 중요한 지위를 차지하고 있다.[13]

---

13) 陳泰其, 『中國近代史學』, 白壽彝 主編, 『中國史學史 - 近代時期(1840-1919)』 권6 (上海人民出版社, 2006), 174쪽.

　　왕타오가 저술활동을 한 명확한 목적은 프랑스의 부강한 진보적인 역사와 제도의 훌륭함을 중국에 소개시킴으로써 본보기를 제공하여 중국인들의 지식수준을 제고하는 것이었다. 그래서 그는 "원대한 계략을 가진 자라면 (남보다) 먼저 보는 것을 즐겁게 여겨야 한다.", "이천 년 동안의 사적(事迹)을 살펴보면 중국에 적용할 만한 것이 있을 것이다."14)고 하였다. 24권으로 구성된 『법국지략』은 프랑스 역사에 대한 서술과 사회제도·현상에 대한 기록을 결부시켰기 때문에, 그 체재(體裁)는 기사본말체(紀事本末體)와 전지체(典志體)가 혼합되어 있다. 구체적인 편찬 방법을 보면, 그는 "옛일은 간략하게 지금의 일은 상세하게 서술하며, 오래 전의 것을 버리고 가까운 것을 기록한다."는 원칙의 관철에 노력하였고, 이것을 사료(史料) 취사(取捨) 선택의 기준으로 삼았다. 『법국지략』은 중국 최초로 프랑스 역사를 체계적으로 소개한 책으로 아울러 평론을 더하여 프랑스 역사에서 경험과 교훈에 대한 인식을 제시하였다. 이 책에서 중국인이 서양 문명을 인식하는 것에 대해 가장 계도적인 의의를 가진 부분은 프랑스의 정치 및 경제제도의 특징을 서술하고 자본주의 산업과 정치체제가 사회의 진보와 국가의 부강에 대한 중대한 의의를 가진다는 평론이며, 아울러 이에 근거하여 중국 사회에 서양 자본주의 세계의 추세에 대한 소식을 전달한 것이다.

　　왕타오와는 달리 광동성(廣東省) 가응(嘉應)에서 출생한 황쭌셴(黃遵憲, 1848-1905)은 거인(擧人) 출신(出身)이었다. 광서(光緒) 3년(1877) 주일공사관참찬(駐日公使館參贊)에 임명되었고, 이때부터 일본·미국·영국 등에서 외교관으로 생활하였다. 1870년대 이후 변경의 위기는 황쭌셴이 중국의 대처할 길을 모색하도록 심각하게 자극하였다. 일본에

---

14) 王韜, 「代上廣州府馮大守書」, 『弢園文錄外編』(上海書店出版社, 2002).

체류하는 기간에 그는 메이지유신(明治維新)의 역사를 전력으로 연구하는 것에 착수하여 『일본국지(日本國志)』를 저술하였다. 『일본국지』는 근대에 최초로 외국 당대사(當代史)를 체계적으로 서술한 작품으로 당시에 '기작(奇作)'이라는 평가를 받았다.[15] 황쭌셴은 1879년부터 이 책을 쓰기 시작하여 1887년에 완성하기까지 9년이라는 시간이 걸렸다.

여러 해 동안 외교관을 담당했던 황쭌셴은 중국이 시국(時局)은 암담하고 민중이 도탄에 빠진 험악한 환경에 처해있는 와중에 거듭하여 구미(歐美) 열강의 침략과 약탈을 당하는 것을 목도하였다. 또한 이제 이웃 나라 일본 또한 아시아의 패권을 차지하려는 세력으로 나타나고 있어 잠자는 조국이 언제 잠에서 깨어날 것인지를 우려하였다. 황쭌셴은 이처럼 가슴속에 가득 찬 '근심과 열정'을 모두 이 책에 쏟아 부었다. 그는 일본의 메이지유신에 대한 역사를 서술한 것을 통해서 중국이 그 안에서 일본의 경험을 거울로 삼기를 기대하였다. 황쭌셴은 메이지유신에 대해 복잡하고 현재 변화하는 '살아있는 역사'인 것으로 파악하고 그 핵심과 근본을 '서양의 법제를 본받아 낡은 것을 버리고 새로운 것을 받아들여 수정하는 것'으로 평가하였다. 이에 근거하여 그는 중국이 반드시 본받아야 하는 개혁·강성의 길을 제시하였다. 황쭌셴은 창조적으로 지리서의 형식을 활용하여 체계적으로 메이지유신의 유래와 정치, 경제, 군사, 문화 교육 등 각 영역에서 시행되는 새로운 제도와 조치를 기술하였다. 그는 일본의 '근세 이래' 각종 제도와 문화 교육이 "서양을 모방하지 않은 것이 없다."고 끊임없이 강조하였다.[16] 황쭌셴은 또 "구미 각국이 왜 중국보다 강성한가?"라는 의문에 대한 답으로 다음 두 가지를 들었다. 첫째는 그들이 건립한 민주제도이고, 둘째는 서양의 국가들이 경

---

15) 薛福成, 『日本國志』序, 光緒24年(1899), 上海圖書集成印書局刻印.

16) 黃遵憲, 『日本國志』 권4, 「鄰交志一」, 光緒24年(1899), 上海圖書集成印書局刻印.

쟁을 통해 대대적으로 산업을 발전시키고 국력을 증강시켰다는 것이다. 분명히 이상의 내용에서 우리는『일본국지』가 뛰어난 시대적 가치를 가지고 있었고, 사실(史實)과 결합하여 의논(議論)을 발표하여 직접적으로 구국과 강성을 도모하였음을 알 수 있다.

근대 사학사에서『일본국지』는 아편전쟁 이래 공자진·위원이 제창한 애국주의 사학 사조(思潮)를 계승·발전시켰다고 할 수 있다. 사상적인 면에서 보면『일본국지』는 자본주의 발전을 분명하게 요구하였고 일본과 구미의 제도·문화를 소개하였으며 봉건·전제체제를 비판하여, 생각의 깊이와 방향에서 한 단계 더 나아갔다고 할 수 있다.

(2) 캉유웨이(康有爲)·옌푸(嚴復)와 근대 중국 역사학

청일전쟁에서 패배한 이후 거국적인 분노와 변혁과 자강을 생각하는 정세 속에서 캉유웨이(康有爲)가 이끄는 유신파가 정치무대에 등장하여 무술유신변법운동(戊戌維新變法運動)을 일으켰다. 캉유웨이 등 유신파 인물들은 대대적으로 "역사필변(歷史必變)"의 사상을 선전하여 "조종(祖宗)의 법(法)은 바꿀 수 없다."는 봉건적 보수파의 진부한 역사관과 대립하였는데, 민중 특히, 지식인들의 거대한 역량을 동원하여 역사학자와 문화인들이 수천 년간 신성하게 여긴 제왕(帝王)을 중심으로 한 예전의 역사체제에 대해 대담하게 의심을 품고 부정하여 서양의 진보적 학설을 받아들이기 위한 계기를 마련하였다. 이어서 옌푸가 번역한『천연론(天演論)』(Evolution and ethics)이 1898년에 출판되어 시기적절하게 서양의 근대 진화론을 소개함으로써 선진적인 중국인을 위해 새롭게 역사와 민족의 운명을 관찰하는 사상적 무기를 제공하였다. 유신파가 지속적으로 선전한 "역사필변(歷史必變)" 사상과 근대 서양 진화론의 전파는 사상계에 중대한 혁신과 세정작용을 불러일으켰다.

19세기 후기 중국 역사학이 근대로 향하는 마지막 과정을 완성하게 하였으며, 20세기 초 '신사학사조(新史學思潮)'가 등장할 수 있는 충분한 조건을 마련하였다.[17]

  캉유웨이(1858-1927)의 역사관은 직접적으로 아편전쟁 시기 공자진 · 위원 등의 사상에서 연원하였고, 동시에 서양의 새로운 학문적 이론을 받아들여 형성된 것이었다. 1888년부터 1890년까지 캉유웨이는 이미 금문경학(今文經學)의 관점을 형성하였고, 1891년과 1897년 그가 차례로 편찬한 『신학위경고(新學僞經考)』와 『공자제도고(孔子改制考)』는 청말 금문경학의 중요 저작으로 낡은 사상체계에 대해 유력한 비판을 가하였다. 그는 공양삼세설(公羊三世說)인 "거란세(據亂世) ─ 승평세(升平世) ─ 태평세(太平世)"를 창조적으로 발전시켜 봉건 · 전제체제가 입헌군주제로 발전하고, 다시 민주공화제로 나아간다는 새로운 학설을 제기하고, 봉건 · 전제 정치체제를 폐지하고 입헌군주제를 건립한 자본주의 제도를 결합하자고 요구함으로써 부르주아계급적(資産階級的) 성격을 갖는 역사 진화론을 형성하였다. 이는 유신변법운동을 위한 이론적 강령(綱領)을 제공한 것이었다. 캉유웨이는 또 각국의 변법(變法) 여부가 다른 역사적 결과를 가져온다는 경험적 교훈을 극히 중시하여 소개하고 평론하였는데, 1898년 봄과 여름 사이에 차례로 편찬한 『일본변정고(日本變政考)』 · 『아대피득변정고(俄大彼得變政考)』 등의 저서를 광서제(光緒帝)에게 진정(進呈)하여 그가 최종적으로 신정(新政)의 시행을 결심하도록 하였다. 그의 저서로는 또 『대동서(大同書)』 · 『춘추동씨학(春秋董氏學)』 · 『예운주(禮運注)』 · 『중용주(中庸注)』 · 『논어주(論語注)』 · 『맹자미(孟子微)』 등이 있다.

---

17) 陳泰其, 『中國近代史學』, 白壽彝 主編, 『中國史學史─近代時期(1840-1919)』 권6 (上海人民出版社, 2006), 11-12쪽.

『일본변정고』를 예로 들면, 이 책의 원고(原稿)는 12권, 10여만 자(字)였고 편년체(編年體) 형식으로 시간 순서에 따라 메이지유신 당시 실시된 신정(新政)의 내용을 항목에 따라 분류하여 기록하였다. 이 책의 기록과 평론의 중점은 첫째는 신정(新政)을 실행할 것을 선포할 때 메이지천황(明治天皇)의 결심과 신정(新政)의 규모이고, 둘째는 신정(新政)의 조치로 관제(官制)·경제(經濟) 시책과 교육개혁을 포함하고 있다. 예를 들면 캉유웨이는 천황을 평론하기를 "그 맹세의 말을 보면 존망의 위기에 나라를 근심하고 수구(守舊)의 방해를 싫어하였고, 유신(維新)의 대호(大號)를 드러내어 중시하던 오래된 관습을 버리고 귀천(貴賤)의 가름을 싫어하여 국민 모두를 일체로 보고 만국의 좋은 법을 채택하였다. 말은 정중하고 뜻은 깊으며 간곡하게 되풀이하는 것이 진실로 감동시키니 모든 관리가 감동하여 서로 따르기를 목숨을 걸고 맹세하는 것이 모두 일본의 군주가 발분하여 마음을 같이하여 오늘날 부강함의 대업을 이루었다."고 하였다.[18]

캉유웨이가 선전한 공양변역설(公羊變易說)은 민족의 위기가 매우 심각하고 나라의 멸망과 민족의 멸절이 눈앞에 임박한 험악한 정세와 긴밀히 부합하고, 또 청말 사회가 서양 국가의 학설·민주사상 및 진화론을 받아들이는 것에 대한 절박한 필요와 서로 결합된 것이었다. 따라서 그의 공양학설(公羊學說)은 19세기 말부터 20세기 초까지 세상에 유행하게 되었는데, 근대 문화사에서 사상계몽적 의의를 가지며, 유력하게 청말 사회의 발전 과정을 촉진시켰다.

옌푸(嚴復, 1854-1921)는 캉유웨이와 마찬가지로 역사를 진화와 발전의 관점에서 해석하였지만, 서양에 유학했던 옌푸는 서양의 학술사상

---

18) 黃彰健 編, 『康有爲戊戌眞奏稿』(臺北坤記印刷有限公司, 1947), 102쪽.

에 대하여 보다 직접적이며 깊고 철저한 이해와 높은 조예를 갖고 있었다. 그가 전파한 서양의 진화론은 근대 과학의 학설로서 중국 사상계에서 시대를 여는 변혁이 일어나게 하였고, 엄격한 의미에서 근대 역사학의 탄생을 촉진시켰다.

옌푸의 사상적 변화는 청일전쟁과 때를 같이 한다. 1895년부터 그는 잇달아 신문에 「논세변지극(論世變之亟)」·「원강(原强)」·「벽한(辟韓)」·「구망결론(救亡決論)」 등의 논문을 발표하였고, 토머스 헉슬리가 저술한 『천연론(天演論)』(1898년 출판, 토마스 헨리 헉슬리의 대중서 『진화학여논리학(進化論與論理學)』은 1894년에 출판되었음)을 번역하였다. 이러한 논문과 번역서에서 옌푸는 '세인(世人)들에게 경고'하려는 강렬한 뜻을 품고, 서양의 진보적 사회학 학설과 진화론의 철학사상을 체계적으로 소개함으로써 중국사회가 기본적으로 서양을 이해하기 위해서 서양 자본주의가 신속한 발전을 한 것과 중국이 오랫동안 가난하고 쇠퇴하게 된 근본 원인을 밝혔다. 이론적 원리에서 명료하게 해석하여 이때로부터 중국 근대사상계 새로운 기원을 맞이한 것을 보여준다.

옌푸는 가장 간결한 말로 다윈의 '천연론'의 기본관점을 다음과 같이 개괄적으로 서술하였다. "'생존경쟁(物競)'이라는 것은 생물(生物)이 경쟁을 통해 스스로 생존한다는 것이고, '자연선택(天擇)'이라는 것은 그 마땅한 종(種)만이 생존한다는 말이다."[19] 그는 바로 이처럼 인류가 끊임없이 외부환경에 적응하여 스스로 강해지고 진보한다는 학설을 얻어 구미(歐美) 각국의 사회 관념이 한 차례 질적 비약을 초래하였고, 국가 정치 역시 거대한 진보를 이루었다고 강조하였다.

---

19) 嚴復, 「原强」, 『戊戌變法』二(中國近代史資料叢刊) (上海人民出版社, 1957), 41쪽.

그는 서양 각 국가가 강성할 수 있었던 근본원인을 "학술에서 거짓을 버리고 진실을 보존하였고, 형사행정(刑事行政)에서 사적인 것을 없애고 공평한 것을 행하는 것"[20]으로 보고 중국의 전통 학문의 치명적 약점을 '무용(無用)'·'무실(無實)'에 있다고 하였다.[21] 그는 봉건 군주를 '약탈에 제일 능한 자', '민중에게서 권력을 훔쳐 간 큰 도적'이라고 맹렬하게 비난하였다.[22] 특히『천연론』전체의 결론인 말편[(末篇), 권하(卷下), 론(論)17「進化」, 옌푸는 거의 전부를 개작(改作)하였음]에서 그는 '자연의 운행을 추종하는 것(法天行)'과 '자연의 운행을 피하는 것(避天行)', 즉 '자연선택(天擇)'에 완전히 굴복한 자연적 추세와 기본적으로 객관적 추세를 고려하지 않는 두 종류의 경향을 명확하게 비판하고, '자연과 싸워 이김(與天爭勝)', '인간의 노력을 발휘함(發揮人的努力)', '손해를 이익으로 변화시킴(變害爲利)', '자연을 극복하여 사회를 통치함(勝天爲治)'이라는 눈부신 사상을 제기하였다. 바야흐로 국가 존망의 위기라는 중요한 때 전국의 인심이 격분하고 변혁과 자강을 생각하던 시기에 옌푸는 자신이 종합적이고 창조적인 것을 통해서 신선한 세계관 및 역사관을 형성하였고, 사람들이 용감하게 어려움을 이겨내도록 고무시켰고, 암흑 속에서 번민하며 길을 모색하던 중국 민중을 인도하는 큰 역할을 하였다. 동시에 당시 새로운 사물을 적극적으로 받아들이던 학자들을 위해 신천지를 열었고, 그들이 수천 년의 역사를 전면적으로 관찰할 수 있는 이론적 무기를 장악하도록 만들었다.

---

20) 嚴復, 「論世變之亟」, 『戊戌變法』三(中國近代史資料叢刊), 72-73쪽.
21) 嚴復, 「救亡決論」, 위의 책, 64쪽.
22) 嚴復, 「辟韓」, 위의 책, 79쪽.

4. 중국 근대 역사학의 형성(20세기 초 – 1919년)

1) 중국 근대 역사학 형성의 배경

1898년 무술유신변법운동이 청 왕조의 완고파에 의하여 진압된 것은 유신파가 역사학 사조와 저서를 통하여 중국사회의 사회변혁을 추진하려는 노력이 중요한 역사적 좌절을 겪게 된 것을 상징한다. 중국 사회는 한층 더 전면적인 위기에 빠져들었는데, 외부의 제국주의가 중국을 분할하게 되자 중국 내부에서 저항하는 의화단운동(義和團運動)을 야기하게 되었고, 서양 열강들은 이를 빌미로 8개국 연합군의 중국침략전쟁(八國聯軍侵華戰爭)을 일으켜 중국을 반(半)식민지·반(半)봉건사회의 상태로 빠뜨렸다. 내우외환(內憂外患)의 상태에서 중국은 어디로 가야하는가? 참혹한 사회현실은 중국 사상계가 급격한 변화의 국면을 만들어내도록 하였는데, 서양의 새로운 사상, 학술 이론을 도입하여 중국역사와 현실을 분석함으로써 나라를 구하는 방법을 찾는 경향을 만들어내었다. 량치차오(梁啓超)는 당시 정황에 대해 "무술정변(戊戌政變)은 경자년(庚子年)의 '권화(拳禍)'(1900년의 의화단운동)로 이어져 청(淸) 황실의 쇠퇴가 한층 더 폭로되자 청년 학자들이 연이어 해외로 유학을 떠났다. …… 임인(壬寅)·계묘년(癸卯年) 사이에 번역 사업이 특히 성행하였다. 정기적으로 출판된 잡지는 수십 종보다 적지 않았고, 일본에서 새로운 책이 출판되면 번역자가 여러 명이 되었다. 새로운 사상의 수용이 왕성하였다."23)라고 생생하게 개괄하였다.

　20세기 초 중국에서 서양 역사학 이론을 수용하는 것은 주로 일본을

---

23) 梁啓超, 「淸代學術槪論」, 『飮冰室合集』 34, 71쪽.

통해 진행되었다. 1902년 일본에서 유학하던 왕롱바오(汪榮寶)는『역서휘편(譯書彙編)』의 '역사(歷史)' 전문란에 편역(編譯)한『사학개론(史學槪論)』을 발표하였다. 이 책은 일본 근대 역사학의 원로인 스보이 쿠메죠(坪井九馬三)의『사학연구법(史學硏究法)』을 주로 근거로 하였고, 아울러 일본의 다른 근대 역사가의 논저(論著)를 참고해서 편집해 번역한 것이었다. 왕씨(汪氏)는 "(『역서휘편』에) 수집된 것은 모두 최근 근대 역사학계의 주장이고, …… 훗날 신(新)사학계의 효시가 되리라 생각한다."라고 하였다. 다른 저명한 일본의 근대 역사학자 우키다 카즈타미(浮田和民)의『사학원론(史學原論)』은 보다 더 체계적으로 서양의 근대 역사학 방법론을 소개한 저서인데, 이 책은 1902년에서 1903년 사이에 중국의 유학생들에 의해 경쟁적으로 번역되어 모두 6종의 번역본이 있다.24) 이것 역시 당시 신사학(新史學) 사조(思潮)가 활발해졌음을 반영하는 한 측면이다. 이외에 이 시기에 번역되어 소개된 서양의 근대 명저 중 대표적인 것은 프랑스의 기조(Francois Pierre Guillaume Guizot)가 쓴『유럽문명사(歐洲文明史)』가 있는데, 이 책은 당시 '역사 이론의 효시'로 여겨졌다. 평론가들은 기조 이전 유럽은 자신의 문명 발전에 대하여 "단지 그러하다는 것은 알지만 왜 그러한가는 알지 못한다."고 생각했고, 문명은 본래 "하늘로부터 받은 것이다."라고 여겼다. 기조의 책이 출판된 이후, "유럽의 인민들은 이후 비로소 문명의 원인을 알 수 있었다."25) '신사학'을 제창한 이들은 마치 굶주리고 목말라

---

24) 이 6종의 번역본은 (1)侯士綰 譯,『新史學』(上海文明書局, 1903). (2) 李浩生 譯,『史學通論』上(海作新社, 1903). (3) 羅大維 譯,『史學通論』(上海作新社, 1903). (4) 劉崇傑 譯,『史學原論』(閩學會叢書), 閩學會出版. (5) 楊毓麟 譯,『史學原論』, 湖南編譯社. (6) 東新社同人 編譯,『史學原論』. (3)-(6) 3종은 모두 당시 정기 간행물에 新書 출판 광고로 등재되어 있었다. 陳泰其,『中國近代史學』, 15쪽, 白壽彛 主編,『中國史學史 - 近代時期(1840 - 1919)』권6 참조.

있는 것처럼 서양 근대 역사학의 이론과 방법을 수용하고 전파하면서 봉건시대에 전제지배를 위해 봉사한 이전의 낡은 사학에 대해 맹렬하게 비판하였고, '역사학계의 혁명'을 실행하자고 호소하였다. 또한 시대를 쇄신하는 내용을 갖추고 민중을 각성시키며, 구국의 요구에 부응하는 신사학을 건립하려 하였다. 이러한 사조의 대표적인 인물이 곧 량치차오(梁啓超)였다.

20세기 초, 특히 1903년 이후 손중산(孫中山, 쑨원)을 대표로 하는 무장투쟁을 통해 청조(淸朝) 지배를 전복시키려는 혁명사상은 급속하게 고조되었고, 중국사회의 진보를 대표하는 시대의 주류 경향이 되었다. 왜 혁명을 해야 하는지, 청조의 지배를 전복해야만 비로소 중국을 구할 수 있다는 혁명파(革命派)는 대량의 중국과 외국의 역사 지식을 유력한 근거로 삼아 제국주의가 중국의 멸망을 기도한다는 음모를 폭로하였고, 청조 정부가 내부에서는 인민을 잔혹하게 살해하고 외부에서는 굴욕적인 투항을 한 본질을 드러내었다. 인민을 동원하여 혁명의 수단으로 이용해 청(淸) 조정을 전복하여 민주공화국을 세우는 것을 실현한다는 이상은 '신사학'의 등장을 촉진하는 유력한 요인이었다.

1911년 10월 10일 무창봉기(武昌起義)가 발발하자 청 왕조의 지배는 급격히 붕괴되었다. 1912년 3월 10일 위안스카이(袁世凱)가 중화민국(中華民國) 총통으로 취임하자 중국은 북양(北洋) 군벌에 의한 지배시기에 들어섰다. 혁명을 이끈 손중산은 직접 체험하고 목격한 것을 회고하기를 "만주의 전제 정치를 없애니 무수한 강도들에 의한 다른 전제 정치가 나타났다. 그 독성은 전보다 더 심하여 민(民)들이 편안히 생활할 수가 없었다."[26]라고 하였다. 정치상에서 군벌의 발호와 잔학함은

---

25) 「基率特傳」, 『泰西政治學者列傳』(廣智書局, 1902, "中國廣東青年"의 서명이 있는데, 일본학자 音杉山藤次郎의 저서에 근거하여 編譯한 것이다).

민중의 생활이 어렵고 고통스러운 것이 감당할 수 없는 사회의 암담한 현실과 서로 동반하여 사상문화의 영역에서 '존공복고(尊孔復古)'의 반동적인 경향이 출현하였다. 동시에 위안스카이 정부는 진보적인 신문·잡지 등 간행물을 강제적으로 폐쇄하였는데, 당시 중국 내 신문·잡지 등 간행물은 300여 개로 격감하였다. 민국(民國) 초기 정치적 퇴보와 사상문화상의 복고의 반동적 경향은 20세기 초에 일어나기 시작한 '신사학' 사조와 역사교육을 통해 민주 혁명을 선전하던 열정을 좌절시켰다. 문화영역에서 존공복고를 외치는 풍조가 일어나 역사학계는 일시에 침잠하게 되었다.

사회현실은 사람들을 반성하게 하였는데, 이로부터 '5·4'시기 새로운 사상계몽의 서막이 일어나게 되었다. 리다자오(李大釗)·친두슈(陳獨秀) 등은 유물사관(唯物史觀)으로 지도하고 현실정치의 암담함을 폭로하였으며 미래의 중국을 위해 새로운 출구를 찾았는데, 이를 계기로 중국 근대 역사학은 새로운 경지를 향해 발전하게 되었다.

2) 중국 근대 역사학 형성시기의 성과

(1) 량치차오를 대표로 하는 '신사학' 사조와 성과

량치차오(梁啟超, 1873-1929)는 청말(淸末) 유명한 유신변법운동의 지도자였고, 서양의 새로운 사상의 전파자이며 '신사학'의 창도자로 근대의 저명한 역사학자였다. 역사 영역에 대한 그의 주요 공헌은 다음과 같다. 첫째는 이론적으로 봉건적 전통 역사학의 심각한 폐단을 제거하였고, 아울러 근세 역사학의 건립 방향에 대해 초보적인 구상을 제

---

26) 孫中山, 「建國方略·自序」, 『孫中山選集』上 (人民出版社, 1956), 116쪽.

시한 것이다. 1901년 량치차오는『중국사서론(中國史敍論)』을 편찬하여 지리 조건이 중국 역사에 끼친 영향, 고대 민족은 모두 순수한 혈통을 가진 것이 아니라 장기간 혼합되어 이루어진 것, 중국 역사를 상세사(上世史)·중세사(中世史) 그리고 근세사(近世史) 3개의 큰 단계로 구분한 것[27]을 서술하였는데, 이러한 것은 당시에 모두 독창적인 신선한 견해였다. 이듬해 그는『신사학(新史學)』이라는 책을 발표하여, 봉건적 전통 사학을 격렬하게 비판하였는데, 전제 제도를 옹호하는 '군사(君史)'의 본질과 오랫동안 사회 진보와 민중의 '집단의식'·'국민의식'을 가로막았던 심각한 병폐를 신랄하게 진술하였다. 또한 '역사학의 혁명'을 실행하고 서양의 '민사(民史)'를 들여와 중국의 구사학을 철저하게 개조하며 '신사학'의 시대를 영접해야 한다고 호소하였다. 그는 '신사학'이 마땅히 '민족주의(民族主義)'를 제창(提唱)하여 중국의 4억 동포들이 강한 자는 번성하고 약한 자는 도태되는 세계에 굳세게 서야하는' 시대적 요구에 부합해야 하고, 역사관에서도 진화론을 가르쳐 민족의 진화·발전을 서술해야 하며, 내용에서도 응당 집단의 활동을 써내야 한다고 생각하였다. 그리고 그는 역사가의 근본적 임무는 광범위한 자료를 수집하고 연구하여 최종적으로 '역사가 진화한다는 공리를 총괄하는 것'이라고 보았다. 그는 신선한 이론과 가치관으로 중국 역사학의 새로운 시대를 열었다. 그는 연구를 실천하면서 오랫동안 답습된 낡은 방식을 벗어던지고 근대적 학술 연구를 개척한 성공적인 사례를 보여주었다. 량치차오가 20세기 초에 발표하여 국내외에 명성을 떨친 주요 논저로는『중국사서론』·『신사학』·『논중국학술사상변천지대세(論中國學術思想變遷之大勢)』가 있다. 그밖에 학술 논저로는『중국역사연구

---

27) 梁啟超,「中國史敍論」,『飲冰室合集』6, 1-12쪽.

법(中國歷史硏究法)』(및 『보편(補編)』)·『선진정치사상사(先秦政治思想史)』·『유가철학(儒家哲學)』·『묵자학안(墨子學案)』·『청대학술개론(淸代學術槪論)』·『중국근삼백년학술사(中國近三百年學術史)』·『고서진위급기년대(古書眞僞及其年代)』등이 있다. 1936년 상해 중화서국(中華書局)에서 출판한『음빙실합집(飮冰室合集)』은 총 글자 수가 1,400여만 자(字)로 량치차오(梁氏)의 각종 논저를 수록하였는데, 그 중에서 절반 정도를 역사학 저작으로 분류할 수 있다. 특히『논중국학술사상변천지대세』는 중국 역사학계에서 진화론적 철학 관점으로 사상사를 연구한 최초의 성과였다.

량치차오가 '신사학'을 선도한 것과 동시에, 진화론 학설을 믿은 유신파 학자 샤정요(夏曾佑, 1863-1924)는『중국고대사(中國古代史)』[상고(上古)에서 수조(隋朝)까지]를 저술하였다.[28] 이 책은 진화론과 인과율에 의거하여 중국역사의 진화와 발전에 대해 새로운 논술을 하였다. 작자는 최초로 진화·발전 관점에 입각하여, 독자적인 중국역사 발전 단계를 구분한 학설을 제기하였다. 그는 중국역사가 3개의 큰 단계, 즉 전설의 시대에서 주(周)에 이르는 상고(上古) 시대, 진(秦)에서 당(唐)에 이르는 중고(中古) 시대, 송(宋)에서 지금에 이르는 근고(近古) 시대를 거쳤다고 생각하였다. 샤정요는 3개의 큰 시대와 7개의 작은 시기로 구분하였는데[29], 역사 단계의 구분에서 중시한 것은 국가 세력의 강약, 문화의 발전 및 민족 관계였고, 아울러 '세운(世運)'과 '변국(變局)'을 특히 중요시하여 역사발전의 전환을 고찰하여 종종 독창적인 분석을 하

---

[28] 原名은『最新中學中國歷史敎科書』로 1904-1906년에 上海에서 출판되었고, 1933년에 이르러 당시 敎育部에서『大學叢書』의 하나로 정하여 再版하면서 지금의 이름으로 고쳤다.

[29] 夏曾佑,『中國古代史』(三聯書店, 1955), 5-6쪽.

였다. 샤정요는 편집에서도 참신한 형식을 채용하였는데, 당시 막 전해진 외국 역사서의 장(章)을 나누는 서술 방식을 참고하였고, 동시에 중국의 기사본말체(紀事本末體)의 장점을 받아들여 양자를 결합한 새로운 형식을 창조해 내었다. 『중국고대사』는 편(篇)·장(章)·절(節)에 따라 서술한 것과 동시에 대사(大事)를 강(綱)으로 한 특징을 포함하고 있다.

요컨대 량치차오의 『신사학』과 샤정요의 『중국고대사』 출판은 중국 근대 역사학의 중대한 사건이었다. 역사학자들의 60여 년에 걸친 노력을 통하여 마침내 시대의 흐름 속에서 아편전쟁 이래로 배양되고 성장한 근대 역사학 사조는 질적인 비약을 이루었다. 이것들은 사학 평론이라는 형식과 통사 저술이라는 형식인데, 새로운 역사 철학의 이론적 지도를 받으면서 내용과 서술 형식에서 새로운 시대적 요구에 부응하는 근대 역사학 저작이 정식으로 탄생한 것을 보여준다.

그리고 혁명파는 신사학관(觀)의 도움을 받아 민중이 사상적 각성을 제고하기 위해서 역시 중요한 저작을 출판하였다. 저우롱(鄒容)의 『혁명군(革命軍)』, 천톈화(陳天華)의 『맹회두(猛回頭)』와 『경세종(警世鍾)』, 장빙린(章炳麟)의 『박강유위론혁명서(駁康有爲論革命書)』(이들 논저는 모두 1903년에 쓰여 졌다.)는 모두 대표적인 혁명사상을 선전하는 훌륭한 통속적인 역사 저작이다. 1905년 유명한 반만(反滿) 혁명가들은 상해에서 『국수학보(國粹學報)』를 창립하여 역사학을 한족(漢族) 고유문화를 보존하자고 선전하는 것과 민족주의를 고취하는 데 이용하였다.

(2) 역사학의 새로운 전환과 그 성과

민국시기(民國時期)는 왕궈웨이(王國維)·천위안(陳垣)·후스(胡適)·리다자오(李大釗)·친두슈(陳獨秀) 등의 노력을 거쳐 역사학 연구 혹은 역사 관점에서 역사학의 근대화를 추진하기 위해 중요한 공헌을 한 것과 관계없이 역사학의 새로운 구조를 연 의의를 가진다.

왕궈웨이(1877-1927)는 예리한 안목으로 마침 은허(殷墟)에서 발견된 갑골복사(甲骨卜辭)와 다른 역사 문헌을 함께 해석과 논증에 이용하는 "이중증거법(二重證據法)"을 적용하여 1917년 초에 잇달아 『은복사중소견선공선왕고(殷卜辭中所見先公先王考)』·『은복사중소견선공선왕고속고(殷卜辭中所見先公先王考續考)』를 발표하였다. 그는 이글을 통하여 천여 년에 동안 학자들이 『은본기(殷本紀)』 등 2편의 문헌에 기록된 상왕조(商代) 선왕(先王)의 세수(世數) 가운데 도대체 어느 것이 정확한 것인가라는 문제를 해결하였다. 이는 "왕궈웨이 일생의 학문에서 최대의 업적일 뿐만 아니라 근대 학술사에서도 일대의 성과였다."[30] 그리고 그가 창조한 '이중증거법(二重證據法)'은 20세기 중국 역사학이 과학화하는 과정에서 중요한 경계가 된 것으로 칭송되고 있다.[31]

1917년 천위안(1880-1971)은 『원야리가온고(元也里可溫考)』를 써 냈는데, 근대 종교사(宗敎史)를 일으킨 한 편의 명저이다. 천위안은 여러 종의 국내외 사료를 판별·분석하고 대조·증명하여 원대(元代) 역사 문헌 중 '야리가온(也里可溫)'이 원대 기독교를 가리키는 말임을 확실하고 의심할 바가 없는 결론이라고 하였다. 수백 년 동안 풀리지 않던 수수께끼인 원대의 '야리가온'의 역사적 실상이 결국 점차 벗겨졌다. 이 책은 종교사가 이처럼 근대의 시급히 탐구를 요하는 연구 영역을 개척하여 "수백 년 동안 묻혔던 이 역사를 충분히 해명해 내었고", 그런 까닭에 저술이 끝난 후 "중국에서 원대와 종교 역사학자들의 관심을 끌

---

30) 袁英光, 「王國維」, 『中國史學家評傳』 下 (中州古籍出版社, 1985), 1220쪽.
31) 陳泰其, 『中國近代史學』, 白壽彝 主編, 『中國史學史－近代時期(1840-1919)』 권6 (上海人民出版社, 2006), 415쪽.

었을 뿐만 아니라, 국제적으로 학자들과 종교 역사학자들의 중시를 야기하였다."[32]

1917년 귀국한 재미유학생인 후스(1891-1962)는 북경대학 교수로 초빙되어 강의 내용을 기초로『중국철학사대강(中國哲學史大綱)』상권을 저술하였고, 이듬해에 출판하였다. 이 책은 '5·4운동' 전후 학술사의 발전과정에서 상징적인 성과의 하나로 그 주요한 특징과 공헌은 근대 역사학 연구와 저술을 위한 새로운 형식을 제공하였다. 후스는 서론에서 보다 명확하고 체계적으로 중국철학사 연구의 목적과 방법 등의 이론적 문제를 논술하였는데, 이는 근대 학술사에서 처음으로 만들어내었다는 의의를 가진다. 책의 전체적인 내용은 중요한 역사적 사실·사료의 고증과 판별 그리고 사상가의 학설 체계·학술 유파·사회 조건 등에 대한 분석, 양자를 유기적으로 결합하여 역사 진화의 관점에서 중국철학사가 변화하는 추이의 원인을 깊이 있게 연구하였다.[33]

민국(民國) 초 역사 연구에서 왕궈웨이·천위안·후스 등의 창조와 공헌 이외에 역사학의 발전을 조장한 것은 역사관 영역의 새로운 변혁도 있었다. 이 시기 정치적인 암흑과 사상적 분위기의 혼탁함이라는 매우 험난하고 곤란한 처지에서 새로운 사조(思潮)는 오히려 오랜 축적을 통해 속출하였고, 마치 봄철의 우레가 갑자기 울려 퍼지는 것처럼 중국의 대지를 진동시켰다. 이것은 바로 1915년 9월『신청년(新靑年)』창간을 상징으로 한 신(新)문화운동의 발흥이었다. 친두슈와 리다자오는 신문화운동을 주도한 주요한 인물로, 그들은 '민주'와 '과학'의 큰 깃발을 치켜들고 사상계몽을 하였으며, 과거의 사상·문화·도덕에 맹렬

---

32) 陳樂素, 「陳垣」, 『中國史學家評傳』下, 1248쪽.
33) 陳泰其, 『中國近代史學』, 433쪽.

한 비판을 전개하였다. 그들이 발표한 수많은 정론(政論)은 동시에 중요한 역사학적 가치를 가진다. 역사관의 각도에서 말하자면, 친두슈와 리다자오가 이 시기에 발표한 글들은 '세기(世紀)가 바뀌는' 근대 진화론의 전파와 사상 계몽의 발전 추세를 계승하였고, 부르주아계급 혁명파가 선전한 민주공화의 정신을 계승하였을 뿐만 아니라, 크게 앞으로 나아가 진화론적 역사관과 민주공화 사상을 철저한 반제국주의 및 반봉건주의 정신과 결합하고, 현실 사회 상황과 과거의 도덕·문화 전통을 심각하게 해부하여 결합하였다. 따라서 이 글들은 '5·4운동' 전후의 역사 연구와 전체 학술영역의 근대화에 대해 거대한 촉진작용을 하였다.

친두슈(1879-1942)는 1915년 일본에서 귀국한 즉시『신청년』잡지를 창간하고,『신청년』에 연속으로 글을 써 게재하여 유가(儒家)의 윤리도덕과 전통문학과 전통교육을 맹렬하게 비난하였고, 민주주의 사상과 진화·발전의 역사관을 상세히 밝혔다. 그는 '민주'와 '과학'의 큰 깃발을 추켜세우고, "서양인은 민주와 과학으로 인하여 얼마 많은 일을 벌이고 있고, 얼마나 많은 피를 흘렸던가? 민주와 과학은 점차 암흑에서 그들을 구하여 광명의 세계로 인도하였다. 우리는 현재 민주와 과학을 인정해야만 중국의 정치·도덕·학술·사상에서 일체의 암흑을 치료하여 위험에서 벗어날 수 있다."[34]고 명확하게 지적하였다. 그는 당시의 상태에서 반제(反帝)·반봉건(半封建)의 최전방에서 큰 칼이나 도끼를 휘두르며 용맹하게 필사적으로 싸우는 한 명의 우뚝 솟은 전사였다.[35]

리다자오(1889-1927)가 관심을 가진 문제와 상세히 논술한 관점은 친두슈와 많은 공통점을 가지고 있고, 동시에 선명한 학술적 개성도 있

---

34) 陳獨秀,「『新靑年』罪案之答辨書」,『陳獨秀選集』(天津人民出版社, 1990), 73쪽.
35) 胡明,「陳獨秀與中國現代社會科學」, 위의 책, 10쪽.

다. 1919년 5월『신청년』은 리다자오가 주편(主編)한 '마르크스주의' 연구 특집호를 출판하였다. 리다자오 본인은 2만여 자(字)의 장문인「나의 마르크스주의관(我的馬克思主義觀)」을 발표하였는데, 마르크스주의의 세 개 구성 부분, 유물사관, 정치경제학, 사회과학주의에 대해 명백하게 설명하고 있고, 아울러 이 세 부분은 "모두 불가분의 관계이고, 계급투쟁설은 한 가닥의 금색 실과 같이 이 세 대원칙을 기본적으로 연결시킨다."[36]고 지적하였다. 그러므로 이 글의 발표는 그가 체계적으로 마르크스주의를 선전을 시작한 상징이 되었다.

5. 맺음말

근대 역사학은 아편전쟁 시기에 시작되었고, 역사관과 저술 내용 등의 방면에서 모두 이전 시대와 다른 것이 확연히 드러나기 시작했다. 아편전쟁부터 시작하여 1919년까지 근대 역사학은 80년의 노정을 지났는데, 대체로 아래의 세 단계를 거쳤다. 아편전쟁부터 1860년 전후는 '경세치용'·'구망도강(救亡圖强)'의 역사학 사조(思潮)의 발흥과 중국과 서양 문화의 충돌 아래에서 역사학이 전통 학술 구조를 극복하기 시작한 시기였다. 1860년대에서 1890년대 말까지는 유신변법 사조가 조성하고 일으킨 자극 및 서양 근대사상이 보다 더 전파된 영향으로 인해서 감각이 예리한 지식인들이 외국으로 나가 견문을 넓혔고, 중국인이 서양의 제도를 중시하여 학습하는 것에서 나아가 그 사상과 학설을 중시하여 학습한 시기이다. 역사학 영역에서 출현한 가장 큰 변화

---

36) 李大釗,「我的馬克思主義觀」,『李大釗選集』(人民出版社, 1978), 177쪽.

는 세계의 필변(必變), 역사의 필변(必變)의 관점을 명백히 밝히고 나날이 영향이 확대된 것이고, 아울러 서양의 근대진화론의 신속한 전파였다. 20세기 최초의 20년에 들어서 민족의 위기가 더욱 심각해지고, 봉건적 군주제가 최후로 붕괴될 즘에 신해혁명(辛亥革命)이 불러일으킨 중국사회의 희망은 민국(民國) 초 중국사회의 암담한 현실과의 사이에서 거대한 격차를 형성하였고, 결과적으로 '신문화운동'을 재촉하여 태어나게 하였다. 량치차오는 1922년에 저술한『오십년중국진화개론(五十年中國進化槪論)』에서 "혁명이 성공한 지 10년이 되었지만 희망한 것들은 모두 허사가 되었고, 점점 어떤 자는 낙담하고 실망하여 되돌아가버렸다. 사회문화가 시스템이라고 생각되는 것은 낡은 정신상태를 가지고 새로운 제도를 사용하려는 것이 결코 불가능하며 점차 완전한 인격의 각성을 요구한다."37)고 정확하게 지적하였다. 이 때문에 '5·4운동' 이전 신문화운동에서 이미 시작된 역사학 연구의 새로운 국면이 '5·4운동' 이후에 이르러 곧 신역사고증학(新歷史考證學)·'과학주의사학(科學主義史學)' 사조로 발전하였다. 특히 유물사관이 급속히 전파되어 웅장한 역사학의 새로운 경향이 되었는데, 이것은 바로 역사학 발전의 필연적 추세였다.

---

37) 梁啓超,「五十年中國進化槪論」,『飮冰室合集』, 45쪽.

한국에서 근대적 역사 개념의 탄생

도면회

1. 머리말

1990년대 중반 이후 한국 역사학계에서는 근대 역사학의 서구 중심 주의, 단선적 발전론 등에 대한 문제가 지적되면서 새로운 역사 연구 방법을 모색하자는 논의가 제기되어 왔다.[1] 그러나 한국사 연구자들은 여전히 근대 역사학에서 구사하는 주요 개념인 국가, 민족, 진보 등의 개념으로부터 자유롭지 못하다.[2]

---

[1] 이러한 논의는 서양사학계를 중심으로 제기되어 왔다. 이에 대한 종합적 논의는 김봉철·강성호·김택현·김봉중, 「특집: 우리에게 서양은 무엇인가: 유럽중심주의 서양사를 넘어」, 『서양사론』 90, 2006에 실린 각 논문 참조.

[2] 한국사 학계에서 이에 관한 종합적 논의에 대해서는 『역사비평』 80호, 역사비평사, 2007에 실린 〈특집 1 민주화 이후 근현대사 연구 20년: 어떻게 새롭게 할 것인가〉에 실린 이승렬, 「'식민지근대'론과 민족주의」; 김성보, 「탈중심의 세계사 인식과 한국근현대사 성찰」; 홍석률, 「민족주의 논쟁과 세계체제, 한반도 분단 문제에 대한 대응」 등을 참조.

근대 역사학은 고대부터 당대에 이르기까지 현재 주권국가의 통치 영역 내에 거주하는 주민집단이 단일한 흐름으로 내려와 현재의 국민 또는 민족을 구성하였음을 과학적으로 서술하고자 하는 역사학이다. 이는 주민 집단을 '국민'으로 호명하고 동원하기 위한 학문이며 유럽에서 먼저 성립되고 일본을 거쳐 중국과 한국으로 수용되었다.[3]

오늘날 우리에게 익숙한 "현 정권의 공과는 역사가 심판할 것이다." "새로운 역사를 창조하기 위하여" 등의 표현은 근대 역사학의 특징적인 투식이다. 이때의 '역사'는 전통적 의미의 역사 개념이 아니라 근대적 의미로 사용되는 것으로 한국에서는 개화기 이전에 사용된 용례가 전혀 없었다.[4]

본고는 근대 역사학의 국민국가적 구속력을 벗어나 새로운 역사 연구를 모색하기 위해 근대적 역사 개념이 어떤 과정을 거쳐 탄생하였는가를 분석하고자 한다. 좀 더 정확하게 말하자면 오늘날 사용되는 '역사' 개념이 어떤 과정을 거쳐 수용되고 어떠한 의미를 갖는 개념으로 정착했는가를 검토하고자 하는 것이다.

1960년대 이래 한국의 근대 역사학에 관해서는 많은 연구 성과가 축적되어 있지만[5], 여기서 사용되는 근대적 역사 개념이 어떤 것인지, 어떻게 탄생하였는지 추적한 연구는 거의 없었다. 최근에 이진경에 의해

---

3) 도면회·윤해동 엮음, 『역사학의 세기』 (휴머니스트, 2009), 23쪽.

4) 이하, 본고에서는 근대적 개념 또는 영어의 번역어임을 강조할 때 '역사'로 인용 부호를 사용하며, 일반적 용어로서의 역사는 인용 표식 없이 사용한다.

5) 김용섭, 「우리나라 근대 역사학의 성립」, 이우성·강만길 편, 『한국의 역사인식』 하 (창작과비평사, 1975); 이만열, 『한국 근대 역사학의 이해』 (문학과지성사, 1981); 박찬승, 「한말 신채호의 역사관과 역사학」, 『한국문화』 9, 1988; 한영우, 『한국민족주의 역사학』 (일조각, 1993); 조동걸, 『현대한국사학사』 (나남, 1998); 박걸순, 『한국근대사학사연구』 (국학자료원, 1998); 이만열, 『한국 근현대 역사학의 흐름』 (푸른역사, 2007).

한 편의 성과가 제출되어 본고를 작성하는 데 큰 도움을 받았다.[6] 이 연구는 오늘날 우리가 사용하는 '역사'라는 개념이 번역어라는 점, 독자적 주어·목적어로 사용되며 누적적이면서도 선형적으로 진보하는 실체 개념으로 사용된다는 점을 밝혔다. 그리고 그 역사는 중국적 전통인 '기자조선'이 아니라 '단군조선' 시대로부터 기원한다는 점, 이러한 역사를 체현해 가는 주체로 민족을 상정했다는 점, 그리고 '민족'은 확장된 가족 개념으로서 위대한 과거를 의미하고 '국민'은 현재 퇴보한 역사를 극복하기 위한 주체 개념으로 사용되었다는 점 등을 밝혔다.

이진경의 연구는 최초의 연구로서의 선구성과 개념사로서의 충실성을 인정할 수 있으나, 근대적 역사 개념의 탄생을 설명할 때 코젤렉과 푸코의 이론을 수학 공식처럼 융통성 없이 적용했다는 느낌을 준다. 또한 1908년 단계에 사용된 '민족'과 '국민' 개념을 자의적으로 해석했다는 의심을 갖게 한다. 그리고 논의 전개에 필요한 사료를 거의 『대한매일신보』에만 의존함으로써 『독립신문』『황성신문』이나 각종 계몽운동 단체의 간행물 등 동시대의 다른 매체에서 논의되는 상황은 감안하지 않았다는 점, 그리고 최종적으로 근대적 역사 개념이란 무엇인지에 대해 명시하지 않았다는 문제를 안고 있다.

본고는 이러한 점을 감안하여, 근대적 역사 개념이란 무엇인지 서유럽에서 근대적 역사 개념이 형성되는 과정을 통해 정리하고, 이것이 동아시아의 전통과 어떻게 접촉하면서 번역 수용되었는가, 그리고 그 결과 한국에서 탄생한 근대적 역사 개념은 어떠한 역할을 했는지 검토하였다.

---

[6] 이진경, 「근대 계몽기 『대한매일신보』에서 근대적 역사 개념의 탄생」, 『사회와 역사』 74, 2007. 이 글은 이화여대 한국문화연구원 편, 『근대계몽기 지식의 굴절과 현실적 심화』(소명출판, 2007)에 「『대한매일신보』에서 역사적 시간의 개념: 근대적 역사 개념의 탄생」으로 수록되었다.

2. 근대적 역사 개념이란 무엇인가?

"역사란 무엇인가?"라는 질문에 대하여 카(E. H. Carr)는 "역사가와 그가 다루는 사실들의 지속적인 상호작용 과정, 즉 현재와 과거의 끊임없는 대화"라고 정의하였다.[7] 그러나 이는 역사가의 연구 행위 및 그 결과, 다시 말해 역사학에 초점을 맞춰 역사를 정의한 것이다. 따라서 이는 역사학이란 무엇인가에 대한 답은 될 수 있지만 역사 개념 자체의 의미에 대해서는 답이 되지 않는다.[8]

모든 시대와 사회는 각각 그 당시의 지적 수요에 부응하는 적절한 개념을 만들어 왔기 때문에 역사 개념 역시 고유의 역사를 가지고 있다. 근대적 역사 개념 역시 그 이전까지 사용되어 왔던 역사 개념에 근대 사회의 지적 수요가 요구되어 만들어진 개념이라고 설명할 수 있다. 그렇다면 역사 개념은 최초에 어떤 의미를 갖고 출발하였는가?

유럽에서는 헬레니즘 시대에 키케로가 "역사는 삶의 스승"이라고 표현한 이래 18세기까지 이러한 의미로 사용되었다. 이러한 의미를 잘 부연 설명한 것이 다음과 같은 17세기 중반 독일 백과사전의 표현이다.

> 역사교육은 역사를 읽으면서 얻어지는 좋은 실제적 범례들로 이루어진다. 역사는 전 우주의 공연장이요, 시대의 거울이요, 실천하는 지혜의 제일 원칙이요, 진리의 예언자이자, 지혜의 고향이고, 후손들의 보고(寶庫)이자, 영원한 자산이다.[9]

---

[7] Edward Hallett Carr(김택현 편역), 『역사란 무엇인가』 (까치, 1997), 50쪽.

[8] 나인호, 『개념사란 무엇인가』 (역사비평사, 2010), 299쪽.

[9] 라인하르트 코젤렉, 한철 옮김, 「역사는 삶의 스승인가」, 『지나간 미래』 (문학동네, 1998), 49쪽에서 재인용.

이때까지만 해도 독일에서는 '일어난 사건에 대한 이야기' 또는 '과거 사건에 대한 서술'을 의미하는 외래어 Historie가 사용되었으나 18세기 중엽 이후에는 '사건 내지 행위의 결과' '과거에 일어난 일 자체'를 지칭하는 독일어 Geschichte를 사용하는 경우가 현저히 많아졌다. 최종적으로는 Geschichte가 Historie를 일상어에서 몰아내면서 두 가지 의미를 다 가지는 것으로 사용되었다.[10] 이것이 바로 근대적 역사 개념이다.

계몽주의 이후 특히 프랑스혁명을 거치면서 역사 개념이 내포한 의미는 급격하게 변했다. 그 이전까지 역사적 경험은 반복 가능성이 있었기에 역사를 학습함으로써 미래를 추론할 수 있는 것으로 여겨졌다. 그러나 혁명의 거센 물결 속에서는 '아주 짧은 기간 동안 수천 년의 행동과 사건들이 반복되는' 상황이 일반적이었기에 혁명을 예견했던 사람들조차 시대의 새로운 전개 속도에 압도당했다. 그 결과 미래를 추론한다는 것은 적절하지 않을 뿐만 아니라 불가능하게 되었다.[11]

이제 역사는 신의 전유물인 전지전능함과 절대적 정당성과 신성함을 지닌 주체가 되었다. 역사 스스로 주체가 되어 자기 자신을 성찰의 대상으로 삼고 관장하는 최종 심급 재판관이 되었다. '세계의 심판으로서의 세계사'나 '세계사가 행하는 일' 같은 표현이 유행했다. 역사라는 주체가 신이나 자연, 운명 대신 사용되기 시작하였다. 그리하여 연대기적 순서에 따라 실재했던 여러 우연한 사건들을 병렬적으로 나열하는 방식 대신 사건들을 시작, 중간, 끝이라는 극적인 이야기로 조직해 내는 플롯에 기반을 둔 서사적 통일성이 요구되기 시작하였다. 더 나아가 역사는 인간의 사건과 고통에 내재하는 힘, 비밀스러운 혹은 분명한 계획에 따라 모든 것을 연결하거나 추진하는 힘, 사람들에게 의무감을

---

10) 위의 책, 46-54쪽.

11) 라인하르트 코젤렉, 「로렌츠 폰 슈타인의 역사 예측」, 위의 책, 100-102쪽

주고 또 그 이름 아래 행동할 수 있다고 믿도록 하는 힘을 가진 존재로 여겨졌다.[12]

그리고 계몽주의 역사 철학은 역사 자체를 '진보'라는 하나의 역동적이며 통일적인 전체로 파악함으로써 역사를 중세의 도덕적 개념으로부터 과정적·운동적 개념으로 변모시켰다. 그 결과 역사는 끊임없이 되풀이되는 별들의 운행과 왕조의 자연적 혈연 승계와 같은 자연적 시간 범주에 의거해 배열되는 것이 아니라, 미래를 향해 진보하는 자신만의 시간인 '역사적 시간'을 갖게 되었다. 그리하여 역사는 '이념'이나 '경향성', 더 나아가 '법칙'과 '필연'을 지닌 운동 주체가 되었다.

그리고 역사가 미래를 향해 무한히 진보하는 것이라면, 미래를 위해 역사를 진보하게끔 만들어야 한다는 것 또한 자연스러운 생각이 되었다. 이처럼 역사를 생산할 수 있다는 논의는 프랑스 대혁명 이후 활발해져 '역사 만들기'라는 표현이 정치·사회적 일상용어가 되었다. 즉 역사는 이제 인간이 목적의식을 갖고 생산해낼 수 있는 존재로까지 되었다.

코젤렉에 의하면, 서유럽의 시민혁명과 산업혁명기에 역사 개념을 비롯하여 전통적으로 사용해오던 개념들의 의미와 기능이 근본적으로 바뀌는 혁명적 변화가 일어났는데 이러한 변화야말로 근대 서구 사회를 탄생시킨 또 하나의 원동력이었다. 즉, 위와 같은 개념들의 혁명적 변화는 단순히 시민혁명·산업혁명 등 당시의 정치·사회적 근대화 과정을 반영하는 데 그치지 않고 역으로 근대화를 촉진시키고 특정한 방향으로 몰아갔다. 개념의 변화는 정치·사회 전반의 변화를 가속화하였고, 실제 사회 변화가 더욱 빨라짐에 따라 개념의 변화 역시 더욱 가속화되었으며, 이는 다시금 실제 사회의 변화를 촉진시키면서 근대

---

[12] 이하는 나인호, 『개념사란 무엇인가』, 315-327쪽에 의함.

세계가 형성되었다는 것이다.[13)

3. 전통적 역사 개념으로서의 '史(記)'

서유럽으로부터 근대적 역사 개념을 받아들이기 이전의 동아시아에서 역사 개념은 어떤 방식으로 사용되고 있었는가? 근대적 역사 개념이 도입되기 이전 한국인에게 익숙한 개념은 중국으로부터 기원한 '사(史)' 또는 '사기(史記)'라는 용어였다. 중국에서 사(史)란 말은 어원적으로 과거에 일어난 사실을 명확히 기록하거나 관리하는 사람, 즉 사관(士官)을 뜻했으며 그와 동시에 기록이라는 말과 동의어이기도 했다.[14) 또 '사기(史記)'란 중국 한나라의 사마천(司馬遷)이 저술한 역사서였지만, 역사서의 대명사처럼 사용되었다.[15)

중국에서 사(史)라는 개념은, 개인과 국가가 걸어온 발자취의 기록을 의미하였다. 중국인들이 과거의 사건과 사실을 기록해서 남겨둔 것은 후세 사람들에게 이전 사람의 소행을 판단할 자료를 남겨두어야 한다는 생각에서였다. 이러한 개념으로부터 중국의 전통적 역사 개념이 갖는 몇 가지 속성이 나오게 되었다.

첫째, 역사는 포폄 즉 찬양과 비난의 자료, 따라서 윤리적 교훈의 자

---

13) 위의 책, 142-150쪽.

14) 李宗侗,「중국 고대의 사관제도」, 민두기 편,『중국의 역사인식』상 (창작과비평사, 1985), 126-127쪽.

15) "역사 기록은 반드시 바른 대로 써야만 하는 것이니, 어찌 쓰지 않고 숨겨서 그 일을 민멸시킬 수 있겠는가 史記莫若直書, 何諱書而泯滅其事"(『세종실록』세종 7년 12월 7일); "내가 역대 사기를 보니, 남을 참소하는 사람이 人主에게 거짓으로 말하는 것이 將相에게서 나오지 않았으니 子觀歷代史記, 譏人之譖於人主者, 不出於將相"(『영조실록』즉위년 11월 13일).

료로 기록되고 사용되었다. 중국인들에게 과거 역사를 심판하는 것은 신이 아니고 인간이며, 그것도 현존하는 인간보다는 후세의 인간이었다. 생시에 어떤 영광과 부귀를 누린다고 하더라도, 죽은 후 역사에서 찬양되는 것에는 비길 수 없는 것으로 생각되었다. 그 반면 역사서에 악인, 졸부, 반역자로 낙인이 찍히면 그 후손들은 영영 고개를 들 수 없는 존재가 된다. 따라서 포폄에 극히 신중해야 했고, 그렇기 때문에 역사서술을 할 때 사실 자체로 하여금 스스로 판단하게 하는 서술 방식, 즉 가능한 한 독자 자신이 판단하게 하며 저자의 의견을 노출시키지 않는 방식을 취하였다.

둘째, 역사는 관리 또는 그 후보자들의 참고서로 생각되었다. 관료 계급은 역사에서 도덕적·윤리적 교훈을 얻을 뿐 아니라 관료 생활에 필요한 현실적·행정적 지식까지 얻을 수 있었다. 중국 정사 책의 지(志) 부분에서 관제를 기록해 놓은 백관지(百官志), 법률조문까지 소개한 형법지(刑法志), 행정구역·인구·산물·지방관서가 정연하게 기록된 지리지(地理志), 군사 조직을 설명해 놓은 병지(兵志), 관리 채용의 절차와 실제를 서술한 선거지(選擧志), 경제 관계의 식화지(食貨志) 등은 관리 또는 관리 후보자에게 다시없는 참고 자료였다.

셋째, 역사는 시간이 지날수록 점점 향상되고 좋아지기보다는 상고 시대가 가장 이상적인 시기였다고 상정되었다. 성인도 옛날에 태어났고, 모범적인 덕치도 예전에야 찾아볼 수 있고, 태평성세도 아득한 옛날 일이라고 생각되었다. 하·은·주 3대를 비롯해서 그 이후 한의 무제 때, 당의 정관·개원 시기 등이 후세에 추앙을 받았다. 그리하여 역사는 논리적·필연적 설득 수단이 아니라 옛날의 '선례'로서 중요한 설득의 무기로 사용되었다.[16)]

한국에서도 사(史)는 중국과 같은 의미, 같은 속성을 지닌 것으로 사용되었다. 유교를 통치이념으로 받아들인 고려시대 이래 사(史)는 유학사상과 결부되어 단순히 사건을 나열하거나 기록을 집적하여 무의지적으로 과거를 재구성하는 것이 아니라, 지나간 사건의 선악과 시비를 포폄하여 현재의 교훈을 삼기 위하여 과거 사실을 기록한 것이었다. 이때 선악과 시비를 포폄하는 가치 기준은 경학에 두었기 때문에 사(史)는 도덕적 입장을 내세우면서도, 귀신·내세 혹은 신비 세계를 인정하지 않았으며, 문헌 자료에 의거한 실증을 존중하였다.[17]

한국 전통시대의 역사 개념이 지닌 의미와 속성을 고려시대의『삼국사기』, 조선전기의 통사인『동국통감』, 조선 후기의 통사『동사강목』을 통해서 정리해 보자.

① 또한 그 古記라는 것은 글이 거칠고 졸렬하며 <u>事跡이 누락되어 있어, 군주·제후의 선함과 악함, 신하된 이의 충성과 간사함, 나라의 평안과 위험, 인민들의 다스려짐과 혼란스러움 등을 모두 드러내어 경계로 삼도록</u> 하지 못하였습니다. 그러므로 三長(재주와 학문과 식견)을 갖춘 인재를 얻어 一家의 역사를 이루어서 萬世에 이르도록 해와 별처럼 빛나게 해야 마땅할 것입니다.(강조는 인용자. 이하도 같음)[18]

② 가만히 보건대, 다스려짐과 함께 흥하고 어지러워짐과 함께 망하니, <u>흥하고 망하는 것은 지나간 일로 거울삼을</u> 수 있으며, 아름다운 것을 헛되게 하지 않고 악한 것을 숨기지 않아서, <u>아름답고 악한 것을 마땅히 장래에 보여 주어야 할 것입니다.…(중략)…</u>좌우에 두시어 때로 정무를 마치고 독서하는 시간에 보시어 <u>하나라·은나라의 치란을 본보기로 하여</u>

---

16) 고병익, 「중국인의 역사관」, 42-49쪽.

17) 한영우, 『조선전기사학사연구』(서울대출판부, 1981), 7-8쪽.

18) 又其古記 文字蕪苗 事跡闕亡 是以君后之善惡 臣子之忠邪 邦業之安危 人民之理亂 皆不得發露以垂勸戒 宜得三長之才 克成一家之史 貽之萬世 炳若日星(『三國史記』「進三國史表」).

영원히 천추의 거울이 되게 하소서.[19]

③ 대저 역사가의 大法은 정통의 흐름을 밝히고, 반역을 엄히 다스리고, 옳고 그름을 바로잡고, 충성스러운 자와 절개 있는 자를 기리고 문물과 제도를 자세히 해야 하는 것이다.[20]

①의 『삼국사기』에 의하면 역사는 과거의 사실(事跡)을 모두 끌어모아 통치자의 선악, 신하의 충성과 간사, 국가의 안위, 인민이 다스려지는 여부를 잘 보여주어 후세인의 경계가 되는 기록이라는 의미를 갖는다.

②의 『동국통감』에서 역사는 나라의 흥망과 과거사건 중 선악을 보여주는 거울과 같은 역할을 하는 것으로, 대체로 중국 상고시대의 두 왕조인 하나라·은나라의 치세를 모범으로 삼는 것이라고 하였다.

③의 『동사강목』에서는 ①, ②에서 언급된 국가의 치란과 사건·인물의 선악 외에도 역사의 요건으로 정통의 흐름을 밝히고 반역을 엄히 다스려야 한다는 조건을 추가하였다.

여기서 주목해야 할 점은 조선전기의 『동국통감』 이래 조선후기에 이르기까지 역사의 개념에 정통이라는 요소가 포함되었다는 점이다. 즉, 역사가 과거 사실을 기록한 것이지만 그 과거 사실은 정통의 흐름에 따라 기록한다는 것이다. 이것을 정통론적 역사 서술 방식이라고 한다.

정통론은 중국 송대에 개발된 역사 서술론이다. '통(統)'이란 하늘 아래 하루라도 군주가 없을 수 없으며 그 군주는 하늘이 세워 민(民)이

---

19) 竊以 與治興 與亂亡 興亡可鑑於旣往 不虛美 不隱惡 美惡當示於將來…(중략)…置諸左置諸右 時賜乙夜之觀 監有夏監有殷 永作千秋之鏡(『東國通鑑』「進東國通鑑箋」).

20) 大抵史家大法 明統系也 嚴篡逆也 正是非也 褒忠節也 詳典章也(『東史綱目』序).

받들어 모시는 대상이라는 의미이다. '정(正)'이란 하늘에 해가 둘일 수 없듯이 민에게도 왕이 둘일 수 없으니 하나가 진정한 왕이면 나머지는 모두 가짜라는 의미를 내포한다. 특히 중국 삼국시대의 정통을 둘러싸고 논의가 분분하였다. 북송의 사마광은 『자치통감』을 통해 위(魏)를 정통으로, 남송의 주희는 『자치통감강목』을 통해 촉(蜀)을 정통으로 받들었다. 이는 그들이 소속했던 왕조의 현실을 합리화하려는 역사의식이 작용한 것임과 동시에 중화의식의 소산이기도 하였다.

정통론은 『동국통감』 편찬부터 도입되었다. 삼국은 무정통(無正統)으로 보고 삼국 통일 이후의 신라(이하, '통일신라'로 칭함) → 후삼국 통일 이후의 고려(이하, '통일고려'로 칭함)로 정통이 이어졌다고 하면서도 서술 내용은 단군조선→기자조선→위만조선 및 삼한→삼국→통일신라→통일고려 순서로 하였다.

명이 멸망하고 청이 등장하는 17-18세기경부터 정통론이 본격적으로 도입되었으니, 이 시기에는 대명의리론이 등장하기도 하지만 중국 중심 세계관으로부터의 탈피도 나타나기 시작하였다. 이러한 분위기 속에서 편찬된 『동사강목』은 『동국통감』에서 위만조선을 단군조선·기자조선과 동등하게 서술한 점을 비판하고, 기자조선의 준왕이 위만에게 나라를 빼앗기고 남쪽으로 가서 마한을 세웠다고 하여 정통의 흐름이 단군→기자→마한→(삼국시대 무통)→통일신라→통일고려로 이어졌다고 하였다.[21]

이상에서 보듯이 한국에서도 전통시대의 역사 개념은, 서유럽의 전통적인 역사 개념이 '과거 사건에 대한 서술'로서 '삶의 스승'이었던 것과 마찬가지로, 지나간 사건의 선악과 시비를 포폄하여 현재의 교훈을

---

[21] 도면회, 「한국 근대 역사학의 창출과 통사 체계의 확립」, 『역사와 현실』 70, 2008, 186-187쪽에 의함.

삼기 위하여 '과거 사실을 기록한 것'이라는 의미로 사용되었다. 그리고 조선 전기 이후 역사 개념에는 정통의 흐름이라는 성격이 추가되었다.

4. 근대적 역사 개념의 탄생 – '사(기)'로부터 '역사'로

전통적인 역사 개념은 개화기에 들어서면서 바뀌기 시작했다. 우선 역사 개념이 본국사 중심으로 바뀌고 '역사'라는 용어가 도입되었다. 본국사를 중심으로 역사를 가르치고 연구해야 한다는 생각은 이미 이익, 안종복, 정약용 등 실학자들에게서도 볼 수 있지만[22], 이러한 구상은 개화기에 들어서 본격적으로 나타났다. 개화파 박영효가 갑신정변 이후 망명한 일본에서 올린 상소문을 보자.

> 먼저 인민에게 국사 국어 국문을 가르쳐야 할 것입니다(본국의 **역사**를 가르치지 않고 청국의 **역사**와 문장을 가르쳤기에 인민들이 청을 근본으로 생각하고 중시한 반면 자국의 옛 문헌이 있음은 모르게 되었으니, 이는 근본을 버리고 말류를 선택한 것이라고 할 수 있습니다).[23]

박영효는 인민에게 국사 국어 국문을 가르쳐 자국의 옛 문헌이 있음을 알고 배우게 해야 한다고 주장하면서 특히 본국 역사의 중요성을 강조하였다. 여기서 주목되는 것은 이전까지 역사를 의미하는 단어로 '사(기)'를 사용하던 상황에서 '역사'라는 단어가 등장한 점이다. 이보다

---

22) 박걸순, 『한국근대사학사연구』, 28-29쪽.

23) 先敎人民以國史及國語國文事(不敎本國之**歷史**文章 而但敎淸國之**歷史**文章 故人民以淸本而重之 至有不知自國之典故者 此可謂捨本取末也) (정중환, 「박영효상소문(자료)」, 『아세아학보』 제1집, 1965, 724쪽).

조금 앞서 1886년에 설치된 근대적 교육기관인 육영공원에서 학생들이 배울 과목으로 '각국역사(各國歷史)'가 설정되었다.[24]

'역사'라는 용어는 중국·조선·일본에서 18세기까지 거의 사용되지 않았다. 다만 최초의 용례로 중국 삼국시대에 오나라 군주 손권이 "여가 시간이 있으면 서전(書傳)과 역사(歷史)를 널리 읽었다."라는 구절에서 '역사'라는 말을 찾아볼 수 있다. 그러나 여기서 말하는 '역사'의 의미는 '역대의 사서'라는 정도로 이해해야 할 것이다. 이러한 사정은 일본과 한국에서도 마찬가지였다. 우리가 일상적으로 사용하는 '역사'라는 단어는 일본에서 메이지유신 이후 영어 History의 번역어로 등장하였다. 일본의 계몽운동가이자 교육자인 니시 아마네(西周, 1829-1897)의 강의록『백학연환(百學連環)』(1870-1871)에서 "History 즉 '역사'라는 것은, 주로 고금 세상의 연혁 및 이력을 기록한 것을 말한다"라고 서술하고 있는 데서 이 점을 확인할 수 있다.[25]

이처럼 한국에도 일본을 거쳐 '역사' 용어가 도입되었지만 초기에는

---

24) 『고종실록』 고종 23년 8월 1일 신유.

25) 吉沢誠一郎,「中國における近代史學の形成」,『歷史學研究』863, 2010, 2쪽. 이 논문과 각주 61)에 인용한 논문의 존재를 알려준 일본사 연구자 박환무 선생께 감사드린다.『百學連環』에 대해서는 김성근,「문헌 해제: 西周,『『百學連環』」,『개념과 소통』10, 2012, 397-398쪽 참조. '역사'가 History의 日譯漢語임은 山室信一,『思想課題としてのアジア』(岩波書店, 2001), 470쪽에서도 확인된다. 야마무로는 "倫理·歷史·心理·積極 등도 중국 고전에 사용되고 있어서, 과연 그것이 역어와 같은 뜻으로 사용되고 있던가를 포함하여, 막말·명치기 일역한어가 일본인이 독자적으로 안출한 것인지 여부는 정밀한 조사를 요한다"(山室信一, 같은 책, 482-483쪽.)라고 유보하였지만, 위에서 보았듯이 '역사'가 영어 History의 일본 번역어임은 확실한 듯하다. 일본 역사학계에서도 중국·조선과 마찬가지로 史, 史記 등이 사용되다가 메이지유신 이후 '역사'라는 단어가 등장하였다. 메이지유신 이후 1872년 간행된 일본 소학교 역사교과서『史略』에 '中古以下各國歷史'라 하여 '역사'라는 단어를 사용하고 있다.(田中彰·宮地正人 校注,『歷史認識』, 日本近代思想大系 13 (岩波書店, 1991), 109쪽).

거의 학과목 명칭으로 사용되었다. 다음 자료는 1894년 일본을 통해 신식교육이 도입되면서 소학교, 중학교, 사범학교 등의 교과목으로 '역사'가 도입될 때 소학교 교육과정에 대한 지침 중의 일부이다.

> 本國 歷史는 國體에 大要를 알게 ᄒ야 <u>國民된 志操를 養함</u>을 要旨로 홈. 敎科에 本國 歷史를 加ᄒ는 時에는 鄕土에 關ᄒ는 史談으로부터 始ᄒ야 漸漸 建國의 體制와 賢君의 盛業과 忠良賢哲의 事蹟과 開國 由來의 梗槪를 授ᄒ야 國初로붓터 現時에 至ᄒ기신지 事歷의 大要를 知케 홈이 可홈[26]

여기서 '역사'는 교과목을 의미하며, '역사' 과목의 목표로 '국민된 지조를 양성한다'고 하였다. 이를 위해서 향토와 관련된 사실을 비롯하여 건국 체제와 현군의 업적, 충신 현인의 사적과 개국 이래의 추세를 가르친다고 하였으니, 교과목 내용은 전통적인 역사서 내용과 유사함을 알 수 있다.

이처럼 교과목으로서의 '역사'는 근대화 과정에서 일본으로부터 유입되었으며, 그 목표도 이전의 '사(기)'와는 달라졌다. 그 이전의 '사(기)'가 주로 중국의 역사적 사실 중심이고 군주나 관료의 교양 또는 교훈을 주기 위한 것이었다고 한다면, 이제는 이름도 '본국 역사'이고 그 목표도 '국민으로서의 지조', 즉 국민으로서의 도덕적 태도를 양성한다는 것으로 바뀌었다.

이는 매우 중대한 변화였다. 초기 역사 교과서 내용이 이전 역사서 내용을 답습하거나 요약했다는 점에서 대동소이해 보이지만 다음 자료에서 볼 수 있다시피 당대인들은 '역사'를 구학문이 아니라 신학문,

---

[26] 『舊韓國官報』 개국 504년 8월 15일 학부령 제3호 「小學校敎則大綱」 제7조.

즉 근대적 학문으로 인식하고 있었다.

혹자가 묻되 어떤 학문을 가르칠 것이며 어떤 이익이 있겠오 하니 답하기를 동서양의 신학문 **역사**를 모조리 읽어보면 어찌 한나라 송나라대 통감 몇 편에 그칠 것이며, 피아 국가의 시국과 중요한 기관을 밝게 판명한다면 필히 제반 사물이 개화하는 다방면 이치를 알게 될 것이오. 나라를 다스릴 만한 영재가 많아질 것이요, 유창한 웅변가를 길러낼 것이니 우리가 (외국인의 압제를—인용자) 능히 막을 수 있을 것이라. 누가 우리를 능멸하겠는가.27)

그런즉 학문을 어떻게 하리오. 구학문과 신학문이 이름은 각각 다르지만 이치는 똑같다. 디만 그 **국사**의 연혁과 지리이 차종됨과 산술의 추측과 물리의 사물 궁구는 신학문의 중요한 것으로 재주있는 선비가 열심히 노력해야 깨칠 수 있는 것이 세상에서 소위 신학문에 힘써라고 하는 것이 바로 이것이라.28)

한편, 일상생활에서는 갑오개혁 이후에도 여전히 구래의 '사기(史記)' 또는 '사(史)'가 사용되었는데, 서구 문물이 유입되면서 구래의 의미에 몇 가지 의미가 추가되기 시작하였다.

① 대저 한 나라의 **史**를 살피기도 이처럼 어렵거늘 하물며 각국의 **史**를 살피려면 그 어려움이 어떠하겠는가. 유럽에 역사에 박식하다는 자로

---

27) 或이 問言호되 爲何學敎之며 爲何益有之오 曰覽盡東西洋之新學歷史면 奚止漢宋紀之通鑑數編이며 明辨彼我國之時局機關이면 必知諸物理之開化萬端ᄒ야 對傾國之英俊에 比之相當이오 策懸河之雄辯에 與之兩便ᄒ리니 我旣能禦라 孰敢侮我오 (『大韓每日申報』 1907.1.19 잡보 「鳳鳴學校趣旨」).

28) 然則學之也를 當奈何오 舊學新學이 名雖殊而理則同이로되 但其國史之沿革과 地理之錯綜과 筭藝之推測과 物理之著像은 即新學之綱領而才慧之士가 研究淬礪則可以曉得也니 世所謂務於新學問者此也라 (『皇城新聞』 1908.4.11 「鳳鳴朝陽」).

호칭하는 이는 각국의 **史**事를 강의함으로 중국에서 기록을 맡아보던 太
史의 분위기를 행하니[29]

② 빈지 학당 기학 광고 본 학당이 금월 십륙일에 기학 ᄒ고 한문 영어
디리 산학 **스긔** 정치학과 모든 긴요ᄒ 공부들을 ᄀᆞᆮ칠터이니[30]

③ 英國은 格致의 學을 講求ᄒᄂ 者ㅣ 大約 十萬人이라 其所學ᄒᄂ 事
ᄂ 每十分鍾에 二分半鍾은 各國 語言文字와 各國 **史記**에 專力ᄒ고 一分
半鍾은 化學과 光學 等學에 專力ᄒ고 半分鐘은 地輿學에 專力ᄒ며 此外
에도 ᄯᅩ 動植諸學을 研求ᄒ야[31]

④ 사ᄅᆷ마다 ㉠**스긔**를 공부 ᄒᄂ것은 그 목적이 지낸 일을 알면 미리
ᄉ를 죠곰 짐작 ᄒᄂ 지혜가 싱기ᄂ 고로 교휵ᄒ 사ᄅᆷ은 다만 즈긔 나라
㉡**스긔**ᄆ 공부 ᄒᄂ것이 아니라 세계 각국 ㉢**스긔**를 다 공부 ᄒ야 엇던
ᄶᅢ에 엇던 나라에셔 엇던일 이 엇더케 싱겨 ᄶᅩᆺ이 엇더케 된것을 알거드
면 그 지식을 가지고 당장 잇ᄂ 일과 미리ᄉ를 미리 요량 ᄒᄂ 싱각이
나ᄂ것이라 ㉣**스긔**를 알아셔 그ᄃᆡ로 ᄭᅩᆨ ᄒᄌᄂ것이 아니라 죠ᄒᆫ 일은 본
밧고 못된 일은 증계가 되야 아모죠록 그일을 다시 아니 ᄒ며 아모 죠록
그 일이 다시 싱기지 아니토록 ᄒᄌᄂ것이 ㉤**스긔** 공부ᄒ 공효라 ㉥**스긔**
라 ᄒᄂ것은 다ᄆ 녯젹것ᄆ ㉦**스긔**라 ᄒᄂ것이 아니라 어젓씌것도 ㉧**스
긔**요 앗가것도 ㉨**스긔**라 대한이 지나간 삼십년 동안에 니샹ᄒ 일이 만히
잇셔 미오 ㉩**스긔** 공부 ᄒᄂ 사ᄅᆷ들의게는 쟈미 잇ᄂ ㉪**스긔**가 될지라[32]

위의 ①과 ④의 ㉡㉢㉨은 전통적으로 사용해오던 '과거 사실을 기록

---

[29] 大抵 一國의 史를 考ᄒ기도 其難이 如此ᄒ거던 況 各國의 史를 考ᄒ랴면 其難이
何如ᄒ리오 泰西에 博史者라 號稱ᄒᄂ 이ᄂ 各國의 史事를 講求함으로 太史輶軒
의 風을 頗行ᄒᄂ니(『皇城新聞』 1899.7.22 논설).

[30] 『독립신문』 1896.9.12 광고.

[31] 『皇城新聞』 1899.8.2 논설.

[32] 『독립신문』 1898.4.2 논설.

한 이야기 또는 역사책'으로서의 '사(史)'이고, ②③은 새로운 학과목 또는 학문으로서의 '〈긔' '사기(史記)'이다.

그런데 ④의 '〈긔'는 다양한 의미를 띠고 있다. ㉠㉣㉤㉥은 학문 또는 학과목으로서의 '〈긔', 과거의 사실을 기록한 이야기 또는 역사책으로서의 '〈긔', ㉢㉦은 '과거에 일어난 일 자체'란 의미의 '〈긔', ㉤㉧은 이들 모든 것을 아우르는 의미의 추상적 실체로서의 '〈긔'라고 할 수 있다. 이 논설이 나온 1898년 4월은 독립협회가 서울 상인과 학생들을 동원하여 만민공동회를 개최하면서 국정 개혁 운동에 나설 무렵이다. 기존에 사용하던 용어 '〈긔'에 '과거에 일어난 일 자체'라는 의미가 추가되면서 '추상적 실체' 관념으로 변화하고 있다.

여기에 ④보다 이른 시기지만 다음과 같이 미국인 목사 아펜젤러에 의해 또 하나의 의미가 추가되었다.

> 요젼 긔원졀 늘 빗지 학당 교쟝 아편셜라씨가 독립관에서 영어로 연셜 ᄒ엿ᄂᆞᆫ딕…(중략)…신문지와 학문 칙들과 월보과 학교와 연셜과 회들이 이런 사ᄅᆞᆷ들을 ᄌᆞ연히 뎨죠 ᄒᆞ여 내며 이런 사ᄅᆞᆷ들이 국즁에 만히 잇시면 죠션이 새 ㉠**〈긔**를 ᄆᆞᆫ드ᄂᆞᆫ딕 그 ㉡**〈긔**ᄂᆞᆫ 이왕 ㉢**〈긔** 보다 몃 빅빅가 더 굉쟝 ᄒ고 흠션 훌믄 훌 줄노 아노라[33]

신문 · 잡지 · 서적 및 학교 · 연설회 · 사회단체들이 개명한 사람을 많이 배출하면 그들이 조선의 새로운 역사를 만들 것이며, 그 역사는 이전의 역사보다 몇 백 배나 더 대단한 역사가 될 것이라는 취지의 연설이다. 여기서 ㉠은 생산 대상으로서의 역사, ㉡은 미래에 다가올 사실로서의 역사, ㉢은 과거에 일어난 사실로서의 역사라고 할 수 있다. 물

---

33) 『독립신문』 1897.8.19 논설.

론, 이는 한국인이 아니라 미국인의 연설에서 나왔다는 점에서 그 역사적 의미가 감소될 수 있다. 그러나 이러한 용례와 의미가 소개됨으로써 그때까지 사용되던 '스긔'가 근대적인 역사 개념에 접근해가고 있음을 알 수 있다. 이처럼 기존 용어인 '스긔'에 새로운 의미가 추가되어 감은 앞서 코젤렉이 분석한 유럽 사례와 거의 비슷하다고 할 수 있을 것이다.

이와 더불어 '과거에 일어난 일'이나 '유물·유적'이라는 의미로 사용되던 '사적(事蹟, 事跡)' '고적(古蹟, 古跡)'의 용어가 1900년 이후부터는 오늘날의 '역사'와 유사한 의미로 사용되는 예도 나타나기 시작했다.[34] 독립협회 계열 인물인 최경환이 저술하고 정교가 교열하여 1905년에 출간된 『동국역사(大東歷史)』라는 책의 서문 등을 보자.

> 이 사서는 독립을 주지로 삼았다.…(중략)…만일 이 역사책이 세상에 유포된다면 사람들마다 우리 동국(我東)이 독립한 지 이미 4천 2백여 년이 지났음을 알게 될 것이다.…(중략)…나로 하여금 그 古蹟을 片言隻字라도 수집 찬술하게 함은 후세에 전해짐을 귀하게 여기기 때문이다.[35]

> 또 말하기를 근세에 기자조선의 史를 서술한 것들이 있는데 모두 분잡스럽고 事蹟이 여러 군데 얽혀 있은즉 이것이 또한 의심스러운 것 중의 의심스러운 것이다.[36]

---

34) 국사편찬위원회의 『조선왕조실록』 데이터베이스에서 한자 원문을 검색해 보면 대체로 事蹟(跡)은 과거에 일어난 일, 古蹟(跡)은 오늘날의 유물, 유적과 같은 의미로 사용되었음을 알 수 있다.

35) 此史以獨立爲主旨…(중략)…若使此史得行 則人人知我東之獨立 已經四千二百有年所矣…(중략)…使余爲其古蹟 雖片言隻字裒集纂述 貴其傳于後則已矣 (崔景煥, 『大東歷史』, 1905의 「大東歷史敘」 아세아문화사 영인본 『한국개화기교과서총서』(이하 '『총서』'로 줄임) 제17권, 5쪽.)

36) 又曰 近世有述箕氏史者 紛然多繫事蹟 則此又疑之疑者也 (위의 책, 265쪽.)

위 두 문장 모두에서 '고적'과 '사적'은 오늘날의 '역사'로 바꾸어도 하등 어색하지 않은 용어들임을 알 수 있다.

이러한 변화를 바탕으로 하여 1900년 이후에는 중국의 사마천이 저술한 고유명사 또는 역사책을 의미하는 보통명사로서의 '사기(史記)', 'ᄉᆞ긔'를 제외하고, 교과목·학문 명칭 또는 '과거에 일어난 사실'의 의미로 사용되던 'ᄉᆞ긔' '사(史)' '사적(事蹟)' 들이 '역사'라는 용어로 통일되어갔다.

이는 통계적인 수치로도 그 흐름을 일단 알 수 있다. 이진경의 연구에 의하면, '역사'라는 용어가 근대 학문 내지 근대적 학과목의 의미로 사용된 용례가 1900년대 초반부터 증가하기 시작했다. 『황성신문』에서 1898년 2회 등장한 이래 1903년 22회 사용된 반면, 『대한매일신보』에서는 1905년부터 3회 나타나기 시작하여 1907년 24회, 1908년 118회로 비약적으로 늘어났으며, 1908년 이후는 '역사'가 근대적 개념으로 본격적으로 사용되어 일상적 용어가 되었다고 하였다.[37]

그런데, '역사' 용어가 기존의 '사(기)' '사적' 등을 대신하여 오늘날과 같은 일상적 용어가 되기 위해서는 중간 단계가 필요하였다. 다음 용례들을 검토해 보자.

① 我國의 作史者ᄂᆞᆫ 搜羅가 不廣ᄒᆞ고 考證이 不詳ᄒᆞ야 中間幾百年에 **歷史**가 無徵ᄒᆞᆯ ᄲᅮᆫ더러[38]

② 左氏傳에 曰有怨懟之氣 則應之以旱이라ᄒᆞ며 且史記에 云湯時에 大

---

[37] 이진경, 「근대 계몽기 『대한매일신보』에서 근대적 역사 개념의 탄생」, 110쪽. 이 통계는 각 용례의 의미를 일일이 추적하면서 만든 것이 아니라 전체적 사용 수치만 검색하여 만든 것으로 보이며, 주로 『대한매일신보』를 중심으로 검색한 수치이기에 추후 정밀한 검토를 요한다.

[38] 『皇城新聞』 1899.7.22 논설.

旱七年이어늘 湯이 以六事自責曰…(중략)…夫証諸經傳ᄒ며 攷諸**歷史**컨
딕 天旱之災ᄂᆞᆫ 悉由其致應之有自[39]

①은 한국에서 그간 역사책을 저술한 사가들의 작업은 사실 수집과 나열이 광범위하지 않고 고증이 상세하지 않아 중간 수백 년간 있었던 사실을 징험할 수 없다고 하여 '역사'를 '과거에 일어난 자체'라는 의미로 사용했다. ②는 사마천이 쓴 『사기』 기록을 인용한 후 경전에서 증거를 찾고 역사서를 상고해보건대 가뭄은 모두 하늘과 인간이 응함으로 말미암아 자연스럽게 나타난 현상이라고 하여 '역사'가 '과거 사실을 기록한 책'의 의미로 사용되었다. 이렇게 '역사'는 구래의 '사(기)' 및 '사적'을 대신하는 용어로 사용되기 시작했다.

특히 1906년 이후에는 '과거에 일어난 일 자체'라는 의미로 사용되는 빈도가 높아졌다. 코젤렉이 지적한 바, 18세기 중엽 유럽 사회에서 Historie 대신 Geschichte가 더 많이 사용되면서 후자가 전자의 의미까지 포괄하는 현상이 한국 사회에도 나타난 것이다. 다음 두 가지 용례를 보면 '과거에 일어난 일 자체'라는 의미의 '역사'가 일상용어로 자리 잡았음을 확인할 수 있다.

지난 일요일 『만세보』 기사에서 군부대신 이근택씨에 대해 강경한 비판론이 일어났는데 동 신문 기자가 확언하되 이씨가 정계에 출세한 30년간의 **역사**를 저술하여 세상에 널리 알리려고 먹을 갈며 준비하고 있다고 하니[40]

융희 원년에 지나온 12개월 **역사**는 본년 첫 번째 호에 기재하였거니와

---

39) 『皇城新聞』 1902.6.21 논설 「辨客問致旱之說」.
40) 『大韓每日申報』 1906.10.17 논설 「李氏歷史」.

대개 그 상반기는 광무11년의 **역사**요 하반기는 융희 원년의 **역사**라. 1년 동안 두 시기 **역사**를 돌이켜보건대 실로 우리 한국에 최초로 있었던 개혁의 시대라. 과거 **역사**상에 최신 변혁사라 이를지로다.[41]

이제 '역사'는 '과거 사실을 기록한 이야기' 또는 '과거에 일어난 일 자체'라는 의미와 더불어 '과거 및 현실 전체'의 의미까지 띠면서 구체적 경험 세계를 떠난 추상적 개념 또는 실체적 개념으로 사용되기 시작하였다. 아래 세 가지 용례를 비교해 보자.

① 역시 영웅과 뛰어난 인물이 간간이 계속 나와 스스로 임기응변할 수 있는 재질을 갖추어 그 이름을 **역사**상에 능히 떨칠 수 있었으니 참으로 자랑할 만하도다. …(중략)… 하물며 호시탐탐 노리는 자들의 형세가 과거의 단순히 세력만 다투는 때와는 전혀 달리 토지를 분할하고 종족을 번식시켜 우리 인종을 없애버리나니 이러한 근심 걱정이 어찌 일찍이 **역사**상에 있었던가.[42]

② 사람마다 각자 양 어깨에 의무를 지고 힘써 용맹 매진하여 우리나라가 넘어져가는 것을 반드시 붙잡으며 우리 종족이 장차 전멸하는 것을 구제하여 대한의 독립 기초가 억만년 되도록 공고하게 하며 대한의 새로워진 **역사**로 하여금 세계만방에 빛나게 하여야 바야흐로 국민의 의무를 다하고 대한의 영예를 빛낼 수 있거니와[43]

---

[41] 『皇城新聞』 1908.1.7 논설 「讀隆熙元年十二月歷史」.

[42] 亦有英豪魁奇之士ㅣ 間世代出ᄒᆞ야 自足了應機制變之材ᄒᆞ야 能震燁其聲名於**歷史**之上ᄒᆞ니 信可誇耀로다. …(중략)… 況其環視而耽耽者ㅣ 與古之只爭勢力者로ᄂᆞᆫ 大相不同ᄒᆞ야 轄其土地ᄒᆞ며 殖其族類ᄒᆞ야 並與其人種而耗殘之ᄒᆞ나니 此其爲患이 又豈**歷史**之所嘗有者乎아(『皇城新聞』 1901.12.26 論說 「讀史轟飮」).

[43] 人人이 宜各自以兩肩上所擔之義務로 策勵勇邁하야 必能扶吾國於垂亡하며 濟吾種於將殄하야 使大韓之獨立基礎로 鞏固於億萬斯年하며 使大韓之維新**歷史**로 輝煌於世界列邦이라야 方爲國民之義務而能彰大韓之榮譽어니와(『皇城新聞』 1904.11.24 論說 「誓告同胞」).

③ 오늘 諸公께서 비록 외국인에 의존하여 호신하고 있지만 국가와 백성이 없는 날에는 역시 폴란드 귀족의 신세를 면치 못할 것이다.…(중략)…원컨대 제공께서는 근심하고 크게 깨우쳐…(중략)…황제의 죄인됨을 면하고 종사의 죄인됨을 면하며 국민의 죄인됨을 면하며 세계의 죄인됨을 면하며 **역사**의 죄인됨을 면하는 것이 여러분에게 가장 좋은 방책이라 하노라.[44]

④ 우리 청년은 **역사**의 주인이오 국가의 원동력이라. 깊이 생각하고 깊이 살피라.…(중략)…**역사**는 이로부터 빛나고 번영할 것이요 국가는 이로부터 강대해질 것이니[45]

①의 '역사'는 전통적으로 사용되어온 '과거 사건에 대한 서술'이라는 의미이다. 그런데 ②④의 '역사'는 '현실 사회 전체'를, ③의 '역사'는 '절대적 정당성과 신성함을 지닌 주체'를 의미한다. 즉, ②, ③, ④의 '역사'는 경험적으로 느낄 수 있는 역사책이나 과거에 일어난 일의 의미가 아니라 그러한 의미들을 초월한 추상적이고 보편적인 실체적 존재라는 의미로 사용되었다.

최종적으로 역사는 '국사'의 의미로 통용되기 시작했다. '국사'라는 용어는 이미 신라 시대부터 사용된 적이 있으나 오늘날과 같은 '국민국가의 역사'가 아니라 천자의 나라인 중국의 '제후국으로서의 역사'라는 의미로 사용되었다.[46] 신라 진흥왕대 편찬을 추진했다는 '국사'나, 『조

---

44) 今日諸公이 雖以依附外人으로 爲護身之妙訣ᄒ나 至於無國無民之日에ᄂ 亦不免波蘭貴族之身世矣니 …(중략)…免爲皇上之罪人ᄒ며 免爲宗社之罪人ᄒ며 免爲國民之罪人ᄒ며 免爲世界之罪人ᄒ며 免爲歷史之罪人이 是諸公之得策이라ᄒ노라(『大韓每日申報』 1906. 4. 24 논설 「歎無對揚聖旨者」).

45) 吾等 靑年은 歷史의 主人이오 國家의 原動力이라. 深思ᄒ고 深察ᄒ라.…(중략)…歷史ᄂ 從此而光榮이오 國家ᄂ 從此而强大ᄒ리니 (金志侃, 「靑年의 歷史硏究」 『태극학보』 제16호, 1907, 3쪽).

선왕조실록』에 빈번히 나타나는 편찬 관련 기사에서의 '국사'라는 용어도 모두 『실록(實錄)』이나 『문헌비고(文獻備考)』와 같이 해당 왕조의 과거에 일어난 일을 기록한 책을 의미하였다.[47) 이러한 국사 편찬의 전통이 1900년 이후가 되면 근대적 역사 개념과 결합하면서 단군조선 이래 역대 왕조 모두를 포괄하는 4천 년간의 국사로 시간과 공간의 범위가 확장되었다.

역사를 학교의 교과목으로 한 것은 반드시 번거로운 사실은 제거하고 간략한 것을 취하며 쓸데없는 것은 버리고 핵심적인 것만 고르며 요약에 힘쓰는 것이 좋다. 우리 동방은 단군·기자 이래 4천여 년간 사서가 많이 빠져 증거할 만한 문헌이 없지만 그나마 몇 가지를 건져서 의심스러운 바를 전해왔다.[48)

역사란 것은 그 나라 국민의 변천 소장한 실제 자취이니 역사가 있으면 그 나라가 반드시 흥하느니라. 나라가 있음에 역사가 반드시 있으리니…(중략)…여기서 말한 역사는 본국 정치사만 가리킴이니 지금 대저 나라란 것은 일가족의 결집체며 역사란 것은 한 국민의 족보첩이라.[49)

이상에서 보았듯이, 1900년 이후에는 고유명사 또는 보통명사로서의

---

46) 樺山紘一 外, 『歷史學の方法』 歷史學事典 第6卷 (弘文館, 1998), 186-187쪽.

47) 禮曹上言 西漢武帝時 司馬遷撰高惠文景本紀 唐太宗詔房玄齡等 撰高祖實錄 宋太宗命沈倫等 撰太祖實錄 元成宗詔翰林國史院, 修世宗實錄 本朝國史 依倣此例修撰 太宗乃令本館修撰太祖康獻大王實錄(『세종실록』 세종5년 12월 24일 辛未); 弘文館纂輯所에서 增補ᄒ 文獻備考 九十五冊을 纂輯校正ᄒ야 業經乙覽이신 바 歷代事蹟과 列聖朝以來로 典章法度가 具載此書ᄒ 則 不容不印刊頒行이기로 (『皇城新聞』 1907.3.7 잡보 「國史印刷」)

48) 張志淵, 「新訂 東國歷史 序」, 元泳義·柳瑾, 『新訂東國歷史』, 1906, 총서 제19권, 3-4쪽.

49) 申采浩, 「歷史와 愛國心의 關係」, 『大韓協會會報』 제2호, 1908, 3-4쪽.

'사기(史記)' '스긔'를 제외하고, 교과목·학문 명칭 또는 '과거에 일어난 일 자체'의 의미로 사용되던 '스긔' '사(史)' '사적(事蹟)' 들이 '역사'라는 용어로 통일되어갔다. 이어서 1906년 전후 '과거에 일어난 일 자체'라는 의미의 '역사'가 일상용어로 자리 잡았다. 이와 더불어 '역사'는 '과거 및 현실 전체' 등의 의미까지 띠면서 구체적 경험 세계를 초월한 추상적이고 보편적인 실체적 존재의 의미로 사용되었다. 급기야 1908년경에는 구래의 국사 편찬 전통과 결합하여 '역사'는 곧 '국사', 즉 '국민국가의 역사'라는 의미로 확정되었다. 이러한 점에서 볼 때 1906년은 한국에서 근대적 역사 개념의 여러 요소들이 탄생한 시점이라고 볼 수 있겠다.

5. 근대적 역사 개념의 역할

서유럽에서는 역사 개념을 비롯하여 전통적으로 사용해오던 개념들의 의미와 기능이 근본적으로 바뀌면서 시민혁명·산업혁명 등 근대화 과정이 촉진된 측면을 발견할 수 있었다. 일본의 식민지로 전락한 한국 역사에서 이러한 측면을 검증하기는 다소 어려울 수 있지만, 을사조약 이후 국권회복운동이 전개되는 과정에서 이러한 역사 개념이 수행한 역할을 검증해 볼 수는 있을 것이다.

1) 역대 왕조와의 동일성 확보와 국민의 형성

조선 후기까지의 역사 서술에서는 고조선 이래 역대 왕조에 대해서 '자국'이라는 용어를 사용한 적이 없었다. 조선시대에 삼국이나 고려대의 역사를 언급할 때도 항상 그 왕조 명칭을 사용하여 타국의 역사처럼 서술하는 것이 일반적이었다. 그러나 갑오개혁 이후에 들어서는 역대 왕조와 현재의 국가를 동일시하는 서술 방식이 나타났다. 1899년에 출간된 두 개의 역사 교과서를 보면 다음과 같이 고려와 조선 왕조를 동일시하는 대목이 나온다.

> 고려 원종 15년 10월 김방경 등이 일본 군사를 공격하여 대패시키다. 이보다 앞서 元主는 我國과 일본이 통호함으로써 일본을 정벌하고 싶어 사신을 보내다. 우리 사신은 일본에게 來朝하도록 일렀으나 일본이 따르지 않았다.[50]

> 충렬왕 7년 6월 군대와 원나라 군대가 일본과 太宰府에서 싸워 패하다.…(중략)…왜는 곧 오늘날의 일본이라. 그 나라가 我國 東南에 있어 세 개의 섬을 합하여 이루어졌다. 오늘날까지 2,550여 년에 한 개의 姓이 내려오며 그 시조는 신무천황이오 숭신천황에 이르러 비로소 我邦에 통하며 그후 수인천황 때 신라 탈해왕과 교빙하고 백제 근초고왕 때 왕인을 보내 논어와 천자문을 전수하니[51]

아울러, 역사를 편찬할 때 항상 그 이전 왕조 또는 직전 국왕대까지만 서술해온 전통으로부터 벗어나 당대사를 서술하는 움직임도 시작되었다. 1903년 미국인 선교사 헐버트(Hulbert)가 조선 태조대부터 고종대 1895년까지를 다룬 편년체 사서『대동기년』을 편찬했을 때 박은식은 한국 사회가 당대사 편찬을 하기 어려웠던 이유를 세 가지로 들었다. 첫째는 당파싸움으로 인해 시비를 판정하기 어렵기 때문이고, 둘째는 역대 습속이 허문을 숭상하고 꾸밈에 익숙하여 가짜 기록들이 많아 와언(訛言)과 의심을 징험할 수 없기 때문이며, 셋째는 당론이 서로

---

50) 金澤榮,『東國歷代史略』, 1899, 총서 제13권, 470-471쪽.
51) 玄采,『普通敎科 東國歷史』, 1899, 총서 제14권, 42-43쪽.

분열되어 한 마디 한 마디에 위험이 따라 말과 글이 위축되어 흑백을 분별하기 어렵기 때문이라고 하였다.52)

같은 시기의 역사가 현채(玄采)도 일본인 하야시 다이스케의『조선사』,『조선근세사』를 번역 출간한『중등교과 동국사략(中等敎科 東國史略)』에서 당대사를 저술하지 않는 세태를 통렬하게 비판하였다. 이처럼 당대사를 쓰지 않는 사태가 지속되면 외국 형편이 어떤지는 물론 조국이 현재 어떤 지위에 있는지 단 한 번도 생각하지 못하여 인민이 도탄에 빠져도 구해낼 생각을 하지 못하고 국권이 추락했어도 회복할 생각을 하지 못하게 된다고 하였다.53) 이러한 반성과 비판 속에서 1906년 이후 발간된 역사 교과서는 거의 대부분 서술 대상 시기를 단군조선부터 조선후기 또는 대한제국 당대까지 잡는 변화가 나타났다.54)

이와 함께 역사의 시초는 항상 단군조선과 기자조선에 두어졌는데, 이는 근대적 역사 개념의 도입으로 인해 나타났다기보다는 조선왕조 개창 이래 항상 '단군기자 이래'라는 어구를 사용한 데서 기원한다고 보아야 할 것이다.55) 즉, 조선왕조는 국초 이래 역대 왕조의 출발점을 고조선에 두고 있었기에 개화기 역사 교과서나 각종 신문 · 잡지에 단군과

---

52)『皇城新聞』1903.11.30 論說「敍訖法氏所撰大東紀年」

53) "且無論外國之如何 乃祖國之現今成何地位 亦不一番推思 人民塗炭 不而念矯救 國權已墜而不念恢復"(玄采,『中等敎科 東國史略』, 1906, 총서 제16권, 5쪽.)

54) 도면회, 앞의 글, 198쪽의 〈표2〉 1906-1910년간 발간된 역사교과서 참조.

55) "우리 동방은 단군이 시조인데, 대개 하늘에서 내려왔고 천자가 分封한 나라가 아닙니다. 단군이 내려온 것이 唐堯의 戊辰年에 있었으니, 오늘에 이르기까지 3천여 년이 됩니다."(『태종실록』태종 16년 6월 1일 辛酉); "檀箕以來四千載 開物 成務聖神作 梯山駕水靡不通 大則爲橋小則約"(『정조실록』정조 13년 10월 5일 丁 巳. 副司直 李獻慶이 올린 시「浮橋行」) 이에 대해서는 전형택,「조선후기 사서의 단군조선 서술」,『한국학보』21, 1980 및 백동현,「러일전쟁 전후 '民族'용어의 등장과 민족인식」,『韓國史學報』10, 2001 참조.

기자를 강조하는 것이 특별한 변화 사항은 아니었다.

이와 함께 통치 영역 내에 있는 주민들을 백성이 아니라 국민으로 형성하는 데 역사 개념을 동원하였다. 우선, 국민을 형성하려면 국가 자체가 독립해야 하는데, 이는 청일전쟁 이후 일본과 청의 시모노세키 강화조약에서 조선의 독립을 양국이 확인하는 것으로 일단 확보되었다. 이후 역사 교과서에 이를 반영하는 작업이 수반되었다. 그리하여 1905년까지 출간된 역사 교과서에는 중국 중심 역사로부터의 탈피와 중국에 대한 비판을 강렬하게 담고 있었다. 아울러 일본에 대해서는 한국이 본받고 따라야 하는 문명국가로서 바라보지만 일본에 대한 과거의 문화적 우월성을 주장하면서 일본 역사서에 기재된 사실을 무조건 긍정 일변도로 서술하지는 않는 등 독립성을 표현하였다.[56]

국민을 형성하는 문제는 앞서 1894년 소학교 교육과정 지침 중에 나오듯이, 역사는 '국체(國體)의 대요(大要)를 알게 하여 국민으로서의 도덕적 자세를 기르게 하는' 수단이며, 이를 위해서 건국 체제와 현군의 업적, 충신 현인의 사적, 개국 이래의 추세를 가르침으로 해결하고자 하였다. 역사가 국민으로서의 자세를 갖추게 하는 수단이라는 관점은 1910년 일본이 한국을 병탄할 때까지 기본적으로 유지되었다.

다만, 독립협회운동이 좌절된 이후 1899-1905년간은 전제군주정이 지배했기 때문에 '국민'이라는 개념이 사용되지 못하고 '신민'이라는 개념이 사용되었다. 따라서 역사를 국민 형성 수단으로 언급하는 역사 교과서는 없었으며, 신문 사설의 논조도 그렇지 못했다. 기껏해야 역사는 "우리나라 인재들이 이 책을 쉽게 읽고 그 지식을 발하게 한 후 천하로 나아가 그 재주를 다함으로써 용이나 봉처럼 날아 **군주를 높이고**

---

56) 이에 대해서는 도면회, 앞의 글, 178-185쪽 참조.

<u>나라를 사랑하는</u> 대사업을 성취하고 만국에 이름을 드날릴 날이 오지 않겠는가"라는 정도의 학문으로 치부되었다.[57]

이후 1905년 11월 을사조약 강제 체결과 일제의 통감부 설치로 황제권이 위축된 이후부터 역사를 국민 형성 수단으로 강조하는 논조가 다시 활발하게 나타났다.

① 대저 <u>역사</u>는 정치의 귀감이요 문헌의 큰 보배다. 그러므로 어떤 학문을 막론하고 역사와 통하지 않으면 마치 캄캄한 데서 담벼락을 향해 걷는 것과 같아 계속 막힐 뿐이라 도대체 왜 그런지 원인을 알 수 없다. 이것이 바로 <u>역사</u>가 보통학문 중에서 제일 중요한 까닭이다. 그리하여 교육에서 학과를 개설할 때 반드시 본국 역사를 가장 먼저 두는 것은 왜인가. 대개 교육의 근본 취지는 <u>국민</u>의 계도에 있으므로 책상자를 열 때 <u>반드시 본국역사를 주어 조국 정신을 불러일으키고 동족이라는 느낌과 관념을 고동치게 하며 이로써 애국하는 뜨거운 성품을 배양하고 그럼으로써 그 발전의 정신력을 공고하게 만든다.</u> <u>국민</u>으로서 본국사를 외지 않으면 벌레와 같이 꿈틀거리는 일개 날짐승이나 곤충 동물과 마찬가지일 뿐이니 어찌 이 경쟁시대에 들어서 다른 문명 민족들과 승패를 겨루겠는가.[58]

② 대저 <u>역사</u>는 <u>국민</u>의 귀감이라. 세계의 정형과 시대의 변천과 국가의 治亂과 세도의 추잡함과 극진함, 개인의 선악과 사업의 흥성과 몰락이 모두 여기에 갖추어 있는지라. 사람들로 하여금 모범으로 삼을 만하

---

57) 玄采, 『普通敎科 東國歷史』 총서 제14권, 3-4쪽.

58) 夫<u>歷史</u>者, 政治之龜鑑, 文獻之鴻寶也, 是故無論何學, 苟不通乎歷史, 則如墻面冥行, 觸處窒礙, 倀倀然罔解源委, <u>此歷史</u>所以爲普通學之第一萘要者也, 然而敎育之設科也, 必先之以本國歷史何也, 蓋敎育之宗旨, 根本乎<u>國民</u>之啓導, 故當發篋之始, 必授以本國之史, 喚起祖國之精神, 鼓發同族之感念, 以培養其愛國之血性, 以鞏固其發展之腦力. 若夫<u>國民</u>者, 不諳本國之史, 則是蠕然蠢然之一禽蟲動物而已, 惡得以立競爭時代, 與文明民族, 角其勝敗也哉(張志淵, 「新訂 東國歷史 序」, 元泳義・柳瑾, 『新訂 東國歷史』, 1906, 총서 제19권, 3-4쪽).

며 징치하고 경계할 만한 것이 이보다 더 중요한 것이 없으므로 지혜를 증진시키고 국민적 자세를 길러준다.…(중략)…**국사를 집필하는 권력이 발달하지 못하면 國性을 배양할 길이 없고** 人智를 증진시킬 수 없으니 그 관계가 과연 어떠한가. 서구인이 말하되, 종교와 역사가 망하지 않으면 그 나라가 망하지 않는다고 하니[59]

①은 1906년 원영의와 유근이 공동 저술한 역사교과서『신정 동국역사』에 부친 장지연의 서문이다. 이 글에서 강조하듯이 역사는 조국 정신과 동족 관념, 애국심, 발전의 정신력 등을 자극하는 수단이라고 보고 있다. 자국사를 모르면 곤충이나 동물과 마찬가지이며 경쟁시대에 다른 민족과 승패를 겨룰 수 없다고 하였다. ②는 역사 서적 저술이 긴급하다는 취지의 1908년 중반의『황성신문』논설인데, 역시 역사가 사람들에게 모범으로 작용하여 지혜를 증진시키고 국민으로서의 자세 및 국민으로서의 성품을 길러주는 역할을 한다고 하였다. 두 글 모두 국민으로서의 자세, 국민을 형성하는 매체로서 역사 개념의 역할을 논하고 있는 것이다.

2) 국민의 결집 · 동원과 국권 회복

앞서 역사가 국민 형성의 매체였다면 그렇게 만들어진 국민을 외세의 침탈에 맞서게 결집시키고 동원하는 수단 역시 역사라고 할 수 있

---

[59] 夫歷史者는 國民의 龜鑑이라 世界의 情形과 時代의 變遷과 國家의 治亂과 世道의 汚隆과 個人의 善惡과 事業의 興替가 皆於此乎該備ᄒ지라 人으로 ᄒ야곰 可模可範ᄒ며 可懲可戒ᄒ 者가 莫要於此ᄒ 故로 人智를 增長ᄒ며 國性을 培養홈…(중략)…國史의 筆權을 發達치못ᄒ면 國性을 無以培養이오 人智를 無以增長홀지니 此其關係가 果何如哉아 西人이 云ᄒ되 宗敎와 歷史가 不亡ᄒ면 其國이 不亡이라ᄒ니(『皇城新聞』1908.6.3 論說「歷史著述이 爲今日必要」).

다. 을사조약 이후 일본의 주권 침탈로 인하여 국가의 독립이 붕괴될 위기에 빠졌을 때 역사 개념을 이용하여 국민과 애국심을 강조하기도 하지만 그와 동시에 국혼, 그리고 한국 역사상 외세 침략을 물리친 영웅들에 대한 논의가 차지하는 비중이 극도로 커졌다.

기존의 여러 연구에서는 이 시기에 '국민'과 '민족'을 구분하여 논하고 있고, 이 시기 신문·잡지에서도 구분해서 사용한다고 하여 양자를 별개로 취급하고 있다.[60] 두 개념이 의미상으로 구분되어 사용되고 1910년에 가까워질수록 '국민'보다 '민족'이 사용되는 빈도가 높아져갔지만 두 개념 모두 한반도에 살고 있는 주민 집단 전체를 지칭한다는 점에서는 마찬가지였다.[61] 1908년 5월과 8월에 각각 나온 다음 두 자료

---

[60] 한국 근대사상 민족 개념의 용례를 최초로 집중적으로 연구한 백동현은 민족을 처음부터 국민과 별개의 존재로 설정하고 들어가는 반면(백동현, 「대한제국기 민족인식과 국가구상」, 고려대학교 박사학위논문, 2004), 이진경은 양자가 모두 영어 nation이라는 한 단어의 번역어이지만, 식민지화 직전의 나라에서 번역된 두 가지 방식으로 이해하자고 제안한다. 즉, 민족은 위대한 과거, 거대한 잠재력을 말하는 단어들과 계열화되는 경향이 있는 반면, 국민은 그와 반대로 현재의 퇴보나 퇴락을 말하면서 정신차려 그러한 상태를 넘어서자고 촉구하는 그래서 책임이나 권리, 의무 등 단어들과 계열화되는 경향으로 사용되었다고 한다. 이러한 용법은 이 시기 역사 관념 내부에 존재하는 균열과 모순이 서구에는 없는, 원본에는 없는 민족/국민이라는 이중체를 한국에서 만들어낸 것이라고 해석하였다(이진경, 앞의 글, 133-134쪽).

[61] nation의 번역어로 사용된 '국민'과 '민족' 개념은 어떤 의미에서는 동일한 개념일 수도 있고 전혀 별개의 것일 수도 있어 이에 대해서는 별도의 원고로 검토 분석해야 할 만큼 많은 문제가 착종되어 있다. 일본에서 '민족'은 1890년 전후부터 사용되기 시작되었는데, 국수주의·국민주의 사상에 의해 유럽화주의를 비판하고 국민적 발전의 기준을 전통·역사·문화에서 구하기 위해 전통을 역사적으로 담지해온 주체로 안출된 관념이었다. 특히 同祖同族的 관념으로 개발되어 근대 천황제국가의 지배를 정당화하는 이데올로기적 개념으로 사용되었다. 이에 반해 '국민'은 1880년대부터 널리 사용되기 시작하여 1890년 이후 상용되었는데, 국가가 유용하다고 여기는 규범을 적극적으로 담당해야 할 존재로 규정되었다. 이에 대해서는 安田浩, 「近代日本における'民族'觀念の形成」, 『思想と現代』31, 1992 참조. 한편, 이 시기 일본으로부터 민족 개념을 받아들인 양계초는 이와 달리 1903년

에서 '국민'과 '민족'의 용례를 검토해 보면 두 용어가 차별 없이 사용되고 있음을 알 수 있다.

> 역사는 <u>그 나라 국민의 변천 消長한 실제 자취니</u> 역사가 있으면 그 나라가 반드시 흥하느니라. 나라가 있으매 역사가 반드시 있으리니 강국뿐 아니라 약국도 역사가 있을지며…(중략)…문명국뿐 아니라 야만국도 역사가 있을지어늘[62]

> 국가의 역사는 <u>민족 消長盛衰의 상태를 서술해야 할 것이다.</u> 민족을 버리면 역사가 없을 것이며, 역사를 버리면 민족의 그 국가에 대한 관념이 크지 않을 것이니, 오호라, 역사가의 책임이 그 역시 무겁도다.[63]

위 자료에서 역사는 곧 국민 또는 민족이 변천하고 소장성쇠한 실제 자취 또는 그 상태를 서술한 것이라고 하였다. 즉, 역사는 곧 국민(민족)의 역사가 되었다. 전통시대 이래 역사의 주체는 국왕이나 귀족·관료 등이었는데 이제는 국민(민족)이 된 것이다.

이는 매우 중요한 변화였다. 1894년 이래 역사는 대체로 조국 정신, 동족 관념, 애국심을 길러 국가 발전의 힘을 공고하게 만드는 주요한 수단으로 여겨졌다.[64] 그러나 1907년 정미7조약과 고종의 강제 퇴위 등은 사태를 급전직하격으로 몰고 가면서 역사 개념에도 또 한 차례의 변화를 일으켰다. 1904년 러일전쟁 이후 민권론에 기반을 두어 민권운

경 '민족'은 '거주지·혈통·신체특징·언어·문자·종교·풍속·경제 등을 같이 하는 집단이고, '국민'은 국가를 구성하는 집단이라고 개념적으로 명백히 구별하였다. 이에 대해서는 小野寺史郎, 「梁啓超と'民族主義'」, 『東方學報』85, 京都大, 2010 참조.

[62] 申采浩, 「歷史와 愛國心의 關係」, 『大韓協會會報』 제2호, 3쪽.

[63] 申采浩, 「讀史新論」, 『大韓每日申報』 1908. 8. 27-12. 13.

[64] 앞의 장지연이 쓴 『신정동국역사』 서문 참조.

동을 전개해오던 계몽운동 주류 세력은 이러한 상황을 국권의 위기로 받아들이고 민권운동을 유보하고 국권 회복으로 방향을 전환하였다.[65] 이들은 조선후기 이래 성장한 단군 계승 의식을 바탕으로 일본에서 만들어진 국수론을 량치차오를 통해 받아들여 국혼론을 전개하기 시작하였다. 다음은 일본의 국수론 영향을 받은 량치차오가 1899년에 발표한 「중국혼은 어디 있는가」라는 글의 한 부분이다.

일본인이 항상 말하는 것으로서 소위 일본혼이라는 것이 있고 무사도라는 것이 있다. 또는 일본혼이란 무엇인가? 무사도가 그것이다. 일본이 나라를 세우고 유신을 할 수 있었던 것은 이것이 있었기 때문이라고 한다. 이로부터 나는 소위 우리 중국혼이라는 것을 널리 4백여 개 주에서 찾아보았으나 도무지 얻을 수 없었다. 아아! 딱하지 않은가. 천하에 혼이 없는 나라가 있을 리 없지 않은가.…(중략)…오늘 가장 필요한 것은 중국혼을 만드는 일이다. 그러면 중국혼이란 무엇일까. 兵魂이야말로 그것이고 혼을 가진 兵이 있으면 이를 혼이 있는 나라라고 하는 것이다. 소위 애국심과 자애심이라는 것은 곧 兵의 魂인 것이다.[66]

국혼론은 먼저 미주 교민들에 의해 수용되어 1907년 6월 이후 『공립신보』 지면에 여러 논설로 파급되었다.[67] 국내에서도 장지연이 이 글과 함께 량치차오의 여러 논설을 묶어 번역하여 『중국혼』이란 제목으로 출간하였다. 또한 신채호, 박은식 등은 이러한 논리를 받아들여 '조선혼' '국민혼' '국수론' 등 다수의 역사 관련 논설을 발표하고 국권 회복

---

65) 이에 대해서는 정숭교, 「한말 민권론의 전개와 국수론의 대두」, 서울대학교 박사학위논문, 2004, 126-167쪽 참조.

66) 梁啓超, 「中國魂安在乎」, 1899, 『飮氷室專集之二』 38쪽. 山室信一, 『思想課題としてのアジア』, 411쪽에서 재인용.

67) 정숭교, 앞의 글, 164-166쪽.

운동을 추진하였다.[68] 다음 두 가지 사례를 보자.

① 지금 감히 한 마디 혀로 전국에 크게 소리 지른다. 우리 **조선혼**이여.…(중략)…혼이여. 네가 우리 조상 단군 이래로 지금까지 4천년 동안 동해를 집 삼고 2천만 민을 졸개 무리로 삼아 하늘을 이고 땅을 밟으며 강을 옷깃으로 하고 큰 강은 허리띠로 두르니 엄연히 독립하여 아무도 감히 업신여기지 못할새, 양만춘의 화살이 되어 당태종의 눈을 맞히며 혹은 윤관의 말이 되어 만주 벌판을 공략하며 혹은 서희의 굳셈이 되어 몽고군을 물리치며 혹은 강감찬의 담대한 지략이 되어 여진을 쫓아내며 혹은 이충무공의 수군이 되어 역사를 빛내나니…[69]

② 세계 역사에 어느 나라를 막론하고 그 국민 뇌수 중에 **국혼**이 완전하고 견실하면 그 나라가 강하고 그 민족이 번성하는 것이요, **국혼**이 녹아 마멸되면 그 나라가 망하고 그 민족이 멸하나니, 개인의 생명으로 말할지라도 혼의 존부로써 그 생사를 판단할지라.[70]

①에서 조선혼은 4천 년 동안 한반도와 동해에 깃들어 있으면서 우리 2천만 민족을 거느려 왔고, 고구려 양만춘의 당태종 군대 격퇴, 고려 윤관·서희·강감찬 등의 여진족·몽고족 침략 방어, 이순신의 왜군

---

[68] 신채호의 역사관이나 역사서술이 양계초의 영향을 받은 측면에 대해서는 박찬승, 앞의 글이 양자를 비교하면서 상세하게 밝혀 놓았다.

[69] 玆敢以一寸舌로 大聲疾呼於全國之中 曰 我朝鮮魂이여…(중략)…魂乎아 汝自我祖檀君以來로 至于今 四千載를 以東海로 爲家ㅎ며 以二千萬民으로 爲卒徒ㅎ고 頂天履地ㅎ며 襟江帶河ㅎ야 儼然獨立에 無敢藐視홀식 或爲 梁萬春之矢ㅎ야 以中唐帝之目ㅎ며 或爲 尹瓘之匹馬ㅎ야 以攻滿洲之野ㅎ며 或爲 徐熙之剛斷ㅎ야 以退蒙古ㅎ며 或爲 姜邯贊之壯畧ㅎ야 以逐女眞ㅎ며 或爲 李忠武之水師ㅎ야 以光歷史ㅎ니(『皇城新聞』 1907.2.6 論說「精神과 感覺」).

[70] 世界歷史에 何國을 勿論ㅎ고 其國民腦髓中에 國魂이 完全堅實ㅎ면 其國이 强ㅎ고 其族이 盛ㅎ는것이오 國魂이 消鑠磨滅ㅎ면 其國이 亡ㅎ고 其族이 滅ㅎ느니 個人의 性命으로 言홀지라도 魂의 存否로써 其生死를 判홀지라(『皇城新聞』 1908.3.20 論說「朝鮮魂이 稍稍還來乎」).

격퇴 등에 주동적 역할을 했다고 함으로써 조선혼의 작용이 곧 4천 년 역사임을 밝혔다. ②는 이러한 국혼은 어느 나라에나 있는 것인데, 그 강약에 따라 나라의 흥망, 민족의 생명이 결정된다고 하였다.

따라서 국혼을 강조할수록 외세의 침략을 물리친 단군조선, 부여, 고구려, 고려 등 북방 계통의 역사를 강조하게 된다. 다음과 같이 고구려 역사를 숭배하고 상무 정신을 강조하는 글도 이러한 맥락에서 읽을 수 있는 역사론이라고 할 수 있겠다.

> 우리 한국인은 고구려 역사를 숭배하고 애모하여야 지금까지 스스로 약소하다 하고 스스로 업신여겨온 사상이 소멸하고 자강·자립 정신이 발생할 줄로 생각하며 또 고구려 민족의 역사를 보건대 가히 상무교육이라.[71]

이로써 역사는 조선혼이 단군으로 상징되는 북방계통 종족의 뇌수에 들어가 작동하면서 외세와 싸우며 만들어온 영웅적인 이야기로 해석할 수 있게 되었다. 신채호가 1908년 8월부터 12월까지 『대한매일신보(大韓每日申報)』에 연재한 「독사신론」에서 "4천 년 동국 역사는 부여족 성쇠 소장의 역사"라고 한 것도 이러한 맥락에서 만들어낸 사론이었다.

이러한 역사론은 일제가 한국을 병탄할 가능성이 높아진 1909년경부터 한편으로는 다음 자료 ①과 같이 조선족과 만주족이 같은 종족임을 밝히면서 만주로의 진출을 꾀하는 방편을 만들어냈다. 그리고 다른 한편으로는 일제에 의해 언론·출판 등의 자유가 억압되었더라도 다음 자료 ②와 같이 길거리의 노래, 국어, 산천초목과 각종 사찰·서원 등 '천연적 역사'가 있는 한 민족의 통일과 국가의 기초를 공고하게 해 줄

---

[71] 栩然子, 「對童子論史」, 『서북학회월보』 제3호, 1908, 2쪽.

것이라는 논리를 만드는 데 기여하였다.

① 우리 대한 민족이여…(중략)…4천년 역사동안 윤리적으로 생활한 민족의 양심과 떳떳한 성품이 어찌 전혀 소멸할 리가 있겠는가…(중략)…우리 시조 단군이 이 大東에 자리잡으사 산천을 개척하여 후세 자손에게 생활터를 물려주심으로부터 그 자손이 백두산 남북에 나눠 거처하여 하나는 조선족이 되고 하나는 만주족이 된지라. 금나라 사람이 우리 종족에서 나온 사실이 뚜렷이 증명되고 지금 大淸의 선조가 곧 금나라 후예인즉 우리 종족과 연계됨이 역시 분명한지라. 그러니 우리 민족의 신성하고 위대한 역사가 이처럼 밝으니[72]

② 천연적 역사란 무엇을 가르키는가. 우리 한국은 4천년 오래 문명국가라. 단군 이래 역사가 전수되어 길거리의 이야기와 노래가 모두 그 역사요, 국풍·국어가 모두 그 역사요, 산천초목과 누각·사찰이 모두 그 역사라. 비록 사학이 닳고 이지러지고 서적이 흩어졌다 하더라도 우리 동포 정신상의 천연적 역사는 실로 막강한 세력이 있으니 누가 이를 빼앗거나 멸할 수 있으리오.[73]

그런데 역사 개념을 이렇게 활용하여 국민을 형성하고 외세 침략 극복이나 국권 회복을 위해 국민을 동일한 운명 공동체로 묶어세운 것은 역사를 오로지 민족주의적 관점으로만 해석하게 하는 편향을 낳았다. 국혼론과 같이 국권론에 바탕을 둔 이론은 한국 사회에 세 가지 유산을 남겨 주었다. 첫째는 개인이나 인민의 자유는 유보되고 국가와 민족의 자유만 강조하게 되었다. 둘째는, 국가주의적 사고를 바탕에 둔 사회진화론적 세계관을 확산시켰다. 셋째는, 개개인의 독립을 전제한

---

72) 『皇城新聞』 1909. 4. 21 논설 「我民族의 神聖歷史」.
73) 『皇城新聞』 1910. 3. 3. 논설 「我韓의 宗敎와 歷史」.

평등이 아니라 민족 독립을 위한 무조건적 평등 개념만 존재하게 만들었다.[74]

6. 맺음말

오늘날 우리가 일상적으로 사용하는 '역사'란 용어는 19세기 후반 일본에서 영어 History를 번역한 외래어이며, '과거 사실을 기록한 이야기'와 '과거에 일어난 일 자체'라는 두 가지 의미를 통합하고 있었다. 이것이 바로 근대적 역사 개념이었다. '과거에 일어난 일 자체'라는 뜻이 지배적 의미를 차지하면서부터 서유럽에서 '역사'라는 용어는, 전지전능함과 절대적 정당성과 신성함을 지닌 주체, 비밀스러운 혹은 분명한 계획에 따라 모든 것을 연결하거나 추진하는 힘, '법칙'과 '필연'을 지닌 운동 주체, 인간이 목적의식적으로 생산해낼 수 있는 존재를 의미하게 되었다.

한국에서 전통시대의 역사 개념은 지나간 사건의 선악과 시비를 포폄하여 현재의 교훈을 삼기 위하여 과거 사실을 기록한 것이라는 의미로 사용되었다. 그리고 조선 전기 이후 역사 개념에는 정통의 흐름이라는 의미가 추가되었다. 이러한 역사 개념은 개화기에 들어서면서 바뀌기 시작했다. 우선 역사 개념이 본국사 중심으로 바뀌고 '역사'라는 번역어가 도입되었다. 1900년경까지는 구래의 '사기'가 역사를 의미하는 개념으로 사용되다가 '역사'라는 용어로 통일되어 갔다. 그리고 1906년 이후에는 서유럽과 마찬가지로 '과거에 일어난 일 자체'라는 의

---

[74] 정승교, 「한말 민권론의 전개와 국수론의 대두」, 168-186쪽.

미의 '역사'라는 말이 일상용어로 자리 잡았다. 이와 더불어 '역사'는 '과거 및 현실 전체' 등의 의미까지 띠면서 추상적이고 보편적인 실체적 존재라는 의미로 사용되었다. 급기야 1908년경에는 구래의 '국사' 편찬 전통과 결합하여 '역사'는 곧 '국사', 즉 '국민국가의 역사'라는 의미로 확정되었다. 서유럽의 사례에 비추어 보았을 때 1906년은 한국에서 근대적 역사 개념의 여러 요소들이 탄생한 시점이라고 볼 수 있겠다.

이렇게 탄생한 근대적 역사 개념은 고조선 이래 역대 왕조와 현재를 동일한 흐름으로 묶어 역사 서술 대상 시기를 당대까지 연장하게 하였으며, 조국 정신과 동족 관념, 애국심, 발전의 정신력 등을 자극함으로써 국민을 형성하는 수단으로 활용되었다. 그리고 1908년 이후에는 량치차오를 거쳐 받아들인 국혼론이 역사 서술의 대세를 장악하기 시작했다.

국혼론은 외세를 물리친 단군조선, 부여, 고구려, 고려 등 북방 계통의 역사를 강조하면서 한국민을 국권 회복 운동에 동원하는 역할을 하였다. 그러나 다른 측면에서는 개인의 자유가 유보된 국가와 민족의 자유, 국가주의적 사고, 개개인의 독립이 없는 무조건적 평등 개념을 확산시키는 역할을 함으로써 지금까지 그 유산을 남기고 있다.

한국 근대 역사주체의 형성과 근대 역사학의 태동

근대 역사학의 새로운 이해를 위한 시론(試論)

이신철

1. 머리말

　서구의 근대 역사학이 그러했듯이 한국 근대 역사학의 탄생은 근대로의 새로운 시대 변화와 깊이 연관되어 있었다. 서구에서 근대민족국가의 성립과 근대 역사학이 그 뿌리를 같이하고 있다면, 한국에서도 근대민족국가 수립 과정과 근대 역사학의 탄생은 같은 뿌리를 가지고 있다. 다만 서구와는 달리 한국은 전통 사회와 역사인식의 변화라는 내적 요인과, 외세의 침략과 서구 문명의 전파라는 외적 요인이 서로 투쟁하면서 서구와는 다른 모습을 보여주었다. 그러한 점들이 한국 근대 역사학의 특징을 만들어냈다고 해야 할 것이다.

　그 동안의 연구에서 서구 근대 역사학의 성격을 한국 근대 역사학에 견주어 한국 근대 역사학의 '근대성'을 논하거나, 제국주의의 침략이라는 외부적 상황이 근대 역사학의 형성에 어떤 영향을 미쳤는지에 대한 조명은 상세히 이루어졌다. 전자의 경우 대부분 실증과 객관, 인과관계와 과학성 등과 같은 서구 근대 역사학의 특징을 준거로 근대 역사학의 성립을 규명하고 있다.[1] 후자의 경우에는 주로 제국주의 침략을 '민족주의' 사학의 배경으로, 즉 제국주의 침략에 맞서는 주체로서 '민족'을 호명하고, 근대민족국가를 수립하기 위한 근대 역사학의 '창조' 과정으로 '민족주의 사학'을 자리매김하고 있다. 이 같은 기준에서 대부분의 연구자들은 한국 근대 역사학의 정립을 신채호와 박은식에게서 찾는다.

그런데 최근 도면회는 근대 역사학의 가장 중요한 특징을 '근대 국가의 작동 원리와 국민 동원 방식'이라는 관점에서 주목하여, 제도로서의 역사교육과 정통론적 통사체계의 확립을 근대 역사학의 주요한 지표로 설정하였다. 그러한 관점에서 그는 현채가 편찬한 대한제국의 교과서『중등교과 동국사략』(1906)을 한국인이 쓴 최초의 근대적 통사라고 평가하였다.[2] 기존의 연구들이 이 교과서를 하야시 다이스케(林泰輔)의『조선사』와『조선근세사』의 번역본에 불과하다는 이유로 근대 역사학의 계보에서 제외했던 것에 비하면, 파격적인 평가이다. 이 같은 평가는 근대 역사학 연구에서 은연중에 드러나는 민족주의적 '편견'을 과감하게 떨쳐내고, 좀 더 보편적인 평가를 해야 한다는 주장으로 이해할 수 있다.

---

[1] 대부분의 연구자들의 기준은 근대 역사학의 특징을 '실증적, 객관적, 과학적, 인과관계' 등으로 설명한 김용섭의 견해[김용섭, 「우리나라 근대 역사학의 발달」, 『한국의 역사인식』 하 (창작과 비평사, 1976)]와 대동소이하다. 연구자들은 이 같은 개념 규정을 기본으로 하면서 서구 근대 역사학과의 비교, 전통 역사학과의 관계 등을 통해 한국 근대 역사학의 특징을 설명하고 있다.

[2] 도면회, 「한국 근대 역사학의 창출과 통사 체계의 확립」, 한국역사연구회, 『역사와 현실』 70호, 2008.

한편, 기존의 연구에서 전통 역사학과 근대 역사학의 관계에 관해서는 실학이 어떻게 전통 성리학적 역사인식을 극복하고 있었는지, 그리고 그것이 한말 근대지향의 지식인들에게 어떻게 영향을 미치고 있었는지에 대한 연구가 주를 이루고 있다. 거기에서 한 걸음 더 나아가 조선후기 '위항문학'의 탈중세적, 탈성리학적 성격에 주목하는 경우도 있다. 그렇지만, 그러한 경향들이 근대적 역사인식의 탄생이라는 측면에서는 크게 주목받지 못하고 있다. 내부로부터의 탈중세적 변화 욕구보다 외부로부터 주어진 근대문명의 충격이 더 크고 직접적인 영향을 미쳤다는 평가 때문으로 보인다.

최근에는 이 같은 주류적 흐름에 대해서도 비판적인 시각이 등장하고 있다. 김기승은 민족주의 비판론자들의 민족주의 비판 논리가 지나치게 원론적인 측면이 있다고 비판하면서, 한국 근대의 민족주의와 민족주의 사학에 대한 재검토를 시도한다. 그는 민족주의 비판론자들이 한국 근대의 지식인들이 서구 근대 사상의 개념과 용어들을 그대로 번역 혹은 차용했다고 전제하고 있지만, 실상은 당대의 지식인들이 당시의 시대 상황과 자신의 삶의 경험 속에서 그러한 한계를 극복해 나가고 있었다고 주장한다. 민족주의 비판론자들이 민족주의와 제국주의가 동일하게 사회진화론적 경쟁원리에 기초하고 있으면서 인종과 민족 간의 경쟁 혹은 침략을 정당화하고 있다고 주장하지만, 박은식, 장지연, 이상룡, 조소앙, 신채호 등과 같은 지식인들은 시간이 흐르면서 사회진화론과 민족주의의 한계를 극복하고 인권과 평화 등 보편의 개념으로 자신들의 사상을 발전시켜 나가고 있었다는 것이다.[3]

---

[3] 김기승, 「박은식의 민족과 세계 인식 ─ 경쟁과 공생의 이중주」, 『한국사학보』 제 39호, 2010; Gi-Seung Kim, "Embracing and Overcoming of Social Darwinism by Confucian Intellectuals in the Early 20th Century", International Journal of Korean

그리고 이 같은 극복 과정은 박은식, 신채호 등의 역사인식의 변화를 통해서 설명된다. 또 그러한 변화는 서양 근대사상과 자신들의 유교적 인식과의 충돌을 극복해 나가는 과정에서, 또한 조선의 식민지 전락 위기와 그것에 대한 저항의 경험을 통해 이루어지고 있음을 보여주고 있다. 김기승의 연구는 전통적 세계관과 역사인식이 근대 역사학과 어떤 연관 관계 속에서 접합되어 가는 지에 대한 단초를 제공하고 있어, 전통 역사학과 근대 역사학의 관계에 대한 새로운 해석을 기대하게 한다.

이와는 약간 다른 경향으로 이윤갑은 근대 역사학을 수립한 것으로 평가받는 신채호와 백남운이 전통 역사학을 비판한 근거 자체를 문제 삼으면서, 전통 역사학에 대한 재조명을 주장하고 있다. 그는 두 사람이 전통 역사학 비판의 잣대로 삼은 근대 민족주의와 사적유물론 자체가 가지는 한계가 명확하기 때문에 전통 역사학의 재검토는 불가피한 것으로 생각한다. 또한 근대 역사학이 사회문제를 중심에 놓고 그 모순을 민족 또는 계급적 해결을 추구했기 때문에 당파적 가치가 개입될 수밖에 없는 것으로 이해한다. 그는 이러한 한계를 극복하기 위한 대안으로 전통 역사학을 주목한다. 전통 역사학이 근대 역사학보다 보편적 가치와 도덕·윤리성을 구현할 역사주체 형성에 대해 훨씬 깊이 탐구했다고 여기기 때문이다.[4]

결국 근대 역사학에 대한 기존의 주류적 견해는, 민족주의적 편향을 제거한 보편적 근대 역사학의 특징 속에서 새롭게 근대 역사학을 이해하려는 경향과, 전통적 역사인식 또는 유교적 전통사상과의 관계에 대

History vol. 2, 2001; 『조소앙의 꿈꾼 세계―육성교에서 삼균주의까지―』(지영사, 2003); 「일제강점기 '조선독립=아시아평화'론」, 『나라사랑 독립정신』(국가보훈처, 2005).

4) 이윤갑, 「근대 민족사학의 전통 역사학 평가 재검토」, 『한국학논집』 제43집, 2011.

한 적극적인 재해석을 통해 근대 역사학을 재조명하려는 경향, 그리고 단절된 전통 역사학 자체의 가치를 재발굴하려는 시도 등에 의해 도전을 받고 있는 상황이라고 할 수 있다.

그런데 기존의 연구들이 크게 주목하지 못하고 있던 부분이 또 하나 있다. 그것은 근대로의 개혁주체 또는 역사주체와 역사인식의 연관성에 대한 것이다. 조선후기 이래 새로운 세계, 즉 신분제의 해방 또는 변동, 입헌군주제, 공화정 등 새로운 국가체계를 지향했던 여러 세력들, 다시 말하면 상인과 중인 등 조선후기에 새롭게 등장한 역사주체, 그리고 지배세력에 대해 좀 더 적극적인 저항을 표출했던 동학농민운동 세력, 고종을 중심으로 한 대한제국의 지배관료들, 대한제국과 협력 또는 경쟁관계에 있던 독립협회 세력 등이 역사인식을 어떻게 표출하고 있었는지에 대한 고찰은 상당히 미흡하다고 할 수 있다. 당대의 역사서나 대한제국기의 교과서에 관한 연구들은 제법 진행되었지만, 근대주체와의 연관 속에서의 검토는 부족한 편이다. 다만 최근에 등장하기 시작한 근대주체에 대한 좀 더 심화된 연구들이 이 같은 연구를 가속화시켜 줄 것으로 기대된다.5)

---

5) 예를 들면, 김윤희, 「근대 국가구성원으로서의 인민 개념 형성(1896-1894)」, 역사문제연구소,『역사문제연구』21호, 2009; 송호근,『인민의 탄생 – 공론장의 구조변동』(민음사, 2011) 등이 있다. 김윤희의 연구는 아직 '국민' 또는 '민족' 개념을 통해 국가 구성원을 포섭하지 못했던 1876년 개항으로부터 1894년의 시기에 통치권의 위기의식으로부터 발생한 모순과 그로 인한 피통치자에 대한 재구상을 중심으로 근대 주체 문제를 살펴보고 있다. 송호근의 연구는 지식과 권력이 일체화되어 유지되었던 조선의 통치구조가 후기에 이르러 당쟁의 과정에서 붕괴되었고, 그 틈새를 비집고 평민들의 공론장이 형성될 수 있었음을 밝히고 있다. 그리고 이러한 변화가 1894년 동학농민운동에 이르러 인민의 위상이 천부적 권리에 바탕을 둔 것으로까지 나아가게 되었다고 주장한다. 두 연구 모두 조선후기 또는 개항으로부터 1894년에 이르는 시기 동안 지배구조의 변동과 새로운 근대주체로서 인민이 형성되고 있었음을 규명하고 있다.

이 글은 근대 역사학에 관한 기존의 연구들이 제기한 담론들을 살펴보면서, 위에서 언급한 서구 근대 역사학의 특성을 잣대로 한국 근대 역사학의 근원을 찾으려는 입장보다는 그것의 영향을 받으면서 새롭게 등장하고 있던 한국 사회 내부의 역사주체를 중심에 두고 근대 역사인식의 탄생과정을 새롭게 이해해 보고자 한다. 이를 통해 장기적으로는 한국 근대 역사학에 대한 새로운 계통화나 계보화의 단초를 마련해 보고자 한다. 다만, 이글은 근대 역사학의 성립에 관한 시론(試論)적 고찰이므로 관련 연구의 담론 분석에 그친다. 당대의 역사서를 본격 분석하면서 근대 역사학의 성격을 살펴보는 일은 후속 연구의 과제로 남긴다.[6]

2. 근대적 역사인식 태동기의 확장

서구에서 근대 역사학의 태동은 크게 보아 자연과학의 발전과 근대 민족국가 수립이라는 요인과 밀접한 관련을 맺고 출발했다. 19세기에 전문분과로서 정립된 서양 근대 역사학의 가장 큰 특징은 "그것이 실제 일어났던 그대로"의 이야기를 과학적으로 재구성하려는 것이었다. 조지 이거스에 따르면, 서양 근대 역사학에서 '과학적' 역사학과 '문학적' 전통을 추구했던 두 조류는 다음의 세 가지 기본전제를 공유했다.

1) 진리대응설을 수용하여 역사서술은 실제로 존재했던 사람과 실제로 일어났던 행위를 그려낸다(실재성). 2) 인간의 행위는 행위자의 의도를 반영하고, 역사가의 작업은 인간의 의도를 이해하여 일관된 역사

---

[6] 이 책의 3부 「『동국사략』(현채)의 당대사 역술과 서술을 통해 본 한국 근대 역사학의 '국민 만들기'」 참조.

이야기를 구성하는 것이다(의도성). 3) 일차원적이고 통시대적인 시간관을 전제로 작업하여 나중에 일어난 사건과 그 이전에 발생한 사건 간에 일관된 인과 관계를 이끌어 낸다(시간적 계기성).[7]

그런데 조지 이거스가 근대 역사학의 특징으로 지목한 위의 3가지 전제는 다양한 형태와 방법론을 통해 구현되었지만, 그것의 핵심에는 국민국가 또는 민족이라는 새로운 역사주체를 중심으로 역사가 진보해 나가는 것이 전제되어 있었다. 따라서 서구 근대 역사학에서는 사회구조와 사회변혁의 과정이 강조되었다. 랑케의 경우에도 보편사의 체계를 가정하는 역사철학 개념을 거부했지만, 역사는 내적 일관성과 발전성을 지닌다고 가정하여 서구의 역사에 특권적 지위를 부여했다.[8] 역사가 진보한다는 개념은 결국 근대 서구의 역사가 우월한 지위를 점하고, 세계사는 서구화와 일치하게 된 것이라는 생각을 낳기에 이르렀던 것이다. 이 같은 서구 근대 역사학은 전문적 역사연구를 필요로 했고, 역사연구는 주로 대학이나 연구소에 집중되는 특징을 지니게 되었다. 또한 국민교육의 도구로 역사학의 위상이 주어졌다.

한국사에서 근대 역사학을 논할 때 보통 서구에서 나타난 이러한 특징을 주요 지표로 수용하면서, 한국적 특색을 약간 가미하는 기준을 제시하는 것이 일반적이다. 가장 최근에 한국 사학사 전반을 정리한 한영우도 근대 역사학의 중요한 지표로 과학성·객관성·전문성을 제시하였고, 근대 사학사 정립의 가장 중요한 특징을 민족주의 역사학으로 파악했다. 그는 19세기 후반 조선 후기 역사학은 민족지향과 민주지향 그리고 과학지향으로 나가고 있었다고 파악한다. 그렇지만, 그는 이 시

---

7) 조지 이거스 / 임상우·김기봉 옮김,『20세기 사학사』(푸른역사, 1999, 독일어판 1993), 17-18쪽.
8) 위의 책, 20쪽.

기의 역사학을 조선시대의 역사서술로 분류하고, 근대 민족주의 역사학은 별도의 장으로 다루고 있다. 그의 서술체계를 따르면 한국 근대 역사학의 시작은 일본 황국사관의 영향을 강하게 받았지만, 1905년을 기점으로 '민족주의' 역사학자들이 등장하고, 신채호(申采浩)의 『독사신론(讀史新論)』(1908)을 기점으로 민족주의 사관이 정립되어 간 것으로 파악된다.[9]

한국 근현대 사학사만을 따로 정리한 조동걸은 한국 근대사학의 시원을 좀 더 명확히 하고 있다. 그는 근대사학을 역사학이 경학 또는 신학에 예속된 경사일체(經史一體)의 중세사학으로부터 벗어나 독립적인 학문으로서의 지위를 획득하게 되는 데서 출발한다고 정의했다. 그리고 거기에 한국사학의 경우, 한국사 서술이 중화부용적(中華附庸的) 위치에서 독자성을 확보하는 것을 과제로 했다고 보았다. 그리고 이러한 지향성에 근대적 서술방식, 즉 단순한 기억을 위한 편년체 서술 방식의 탈피, 역사담당자 전체를 주제로 한 서술, 인과관계에 의한 사회 발전을 구명한 서술 등이 더해질 때 비로소 근대 학문으로서 근대 역사학이 정립되는 것으로 보았다. 조동걸은 이 같은 기준으로 볼 때, 신채호의 『독사신론』과 그의 영향을 받아 통사를 서술한 황의돈의 『대동청사(大東靑史)』에 의해 한국 근대 역사학이 수립되었다고 보았다.[10]

위 두 사람을 포함한 대부분의 연구자들은 한국 근대 사학사에서 근대 역사학의 정립은 신채호에 의한 것으로 인식하고 있다. 또 1878년 안종화(安鍾和)의 『동사취요(東史聚要)』를 기점으로 근대적 역사인식

---

9) 한영우, 『역사학의 역사』 (지식산업사, 2002).

10) 조동걸, 『현대 한국사학사』 (나남출판, 1998), 19-28쪽. 그의 이 같은 인식은 1994년에 발표된 것이다. 조동걸, 「제1장 근대초기의 역사인식」, 조동걸·한영우·박찬승 엮음, 『한국의 역사가와 역사학』 하 (창작과비평사, 1994), 13쪽.

이 역사서술에 나타나기 시작했다고 보고, 그 변화의 시작은 실학자들의 역사인식이었다는 데에도 큰 이견이 없는 듯하다. 그리고 한국 역사학이 19세기에 여러 가지 형태로 변화하고 있었다는 데에도 이견이 없다.

최기영은 안종화가『동사취요』를 통해 보수적인 유학자들처럼 개항에 따른 위기의식과 그 대처방안을 표현하지 않고 오히려 화이론을 극복하고자 하는 노력을 보이고 있는 점을 높이 평가한다. 또한 그가 비록 전통유학의 관념을 벗어나지 못하고 있지만, 1900년대에 이르러 서구문명의 수용을 주장한 계몽운동에 적극적으로 참여하는 등 근대적 역사관을 공유하고 있었다는 점에 주목하고 있다. 그는 안종화를 19세기 후반과 1900년대를 연결하고 있던 과도기적인 역사가라고 평가하고 있다.[11] 19세기 후반의 이 같은 변화는 비단 안종화에게만 국한된 것은 아니라는 점에서 이 시기 역사주체의 변화와 그에 따른 역사인식의 변화를 어떻게 역사적으로 위치 지을 것인가에 대한 논의가 뒤따를 필요가 있다.

양란 이후 조선 사회 변동의 결과 등장한 새로운 역사인식은 대체로 두 가지 경향으로 나타났다. 하나는 실학자들을 중심으로 한 실증적, 문헌고증적 흐름이었고, 다른 하나는 중인과 서얼 등 기존의 양반 사대부 중심의 세계관을 극복하려는 흐름이었다. 이 두 흐름의 공통점은 도덕과 명분을 중시하는 성리학적 역사인식에 대한 일탈을 시도하고 있었다는 점이다.

실학자들의 역사인식은 정약용의『아방강역고』(我邦疆域考)에서 명확히 드러나고 있다. 이 저작의 첫 번째 특징은 전거나 출처가 분명치 않고 후대에 기록된 엉터리 역사, 예를 들어『요사(遼史)』지리지나 그

---

11) 안종화와 그의 역사학에 관해서는 최기영,「제2장 안종화」, 위의 책 참조.

것에 의지하여 쓰여진『청일통지(淸一統志)』등의 기록과 신비로운 내용이 많은 우리나라의『고기(古記)』등을 믿지 않고, 고대에 편찬된 중국 측 기록을 면밀히 검토하여 우리나라 고대의 강역을 검토하고 있다는 점이다. 두 번째는 도덕적 기준이 아니라 토지의 비옥도나 기후, 교통조건 등 자연 환경과 기술 발전의 정도를 따져서 국가의 발전 수준을 가늠했다는 점이다. 이 같은 연구 결과 정약용은 단군조선은 실체가 불분명하여 인정할 수 없고, 기자 이후에 '조선'이라는 국호가 생겨났다고 생각했다. 또 낙랑군은 중국의 식민지가 아니었다고 주장했다. 그는 기록은 무엇이나 믿는 비과학적 태도를 버리고 기록 자체를 비판하는 엄밀한 과학적 태도를 견지하여 문헌고증학의 수준을 한 단계 높인 것으로 평가받는다. 또한 이는 도덕적 역사 해석을 사회경제적 역사해석으로 전환시켰고, 호란 이후 고조되었던 애국적이고 과장된 고대사 해석을 냉정한 학문으로 바꾸어 놓았을 뿐 아니라, 일제시기 문헌고증 역사학자들에게도 큰 영향을 준 것으로 평가된다.[12] 이 같은 평가도 대부분의 역사학자들이 인정하고 있다.

　반면에 흔히 위항문학(委巷文學)으로 불리는 19세기의 다양한 세계관이 반영된, 다양한 형태의 저작들을 사학사적으로 어떻게 평가할 것인가의 문제에서는 다소의 온도차이가 있다. 이들 저작을 가장 긍정적으로 평가한 이는 이기백이다. 그는『규사(葵史)』(1895, 저자미상, 서얼층의 이야기),『연조귀감(椽曹龜鑑)』(1776-1777년 편찬 1848년 출판, 향리 이진흥의 편찬, 향리의 역사),『호산외기(壺山外記)』(1844, 역관 조희룡 저, 중인 이하 명사들의 전기) 등 3권의 사례를 들어, 이들 저서가 양반 아닌 중간신분층을 주제로 하는 사회사적 저술, 자기가 소속된 신

---

12) 한영우,『역사학의 역사』, 207-210쪽.

분층의 사회적 진출을 주장하는 현실개혁의 의도를 담은 저술, 전기를 중요시하는 인간중심의 저술, 새로운 사료를 발굴·이용한 저술이라고 높이 평가했다. 또 이들 저술은 이능화(李能和), 장지연(張志淵) 등에 의해 일시적으로 계승되었지만, 우리 역사학계에서 망각되어 버렸음을 안타까워했다. 그는 이들 저서가 올바로 계승·발전되었다면 우리의 근대사학은 조금 더 일찍이 왕조 중심, 귀족 중심으로부터 탈피하고, 농민이나 상공업자를 중요시하는 방향으로 순탄하게 발전할 수가 있었을 것이라며, 이들 저서를 19세기의 새로운 역사학으로 자리매김할 것을 주장했다.[13)

한영우는 이들 저작 이외에도 서리 유재건(劉在建)이 쓴『이향견문록(里鄕見聞錄)』(1862), 이경민(李慶民)의 『희조일사(熙朝軼事)』(1866) 등이 모두 양반 역사학의 수준에는 미치지 못하는 미성숙이 보이지만, 그동안 역사서술에서 소외되었던 위항인들의 존재를 부각시킴으로써 19세기 말기 역사학의 지평을 넓히는 데 기여했으며, 19세기 후반부터는 국사 전반을 서술하는 데서도 업적을 보이게 된 것으로 평가했다.[14) 반면에 조동걸은 근대초기 역사학의 배경을 설명하면서 이들 저작들의 영향을 언급하지 않았다. 그의 근대 역사학의 기준으로 볼 때 학문적 체계가 부족했다고 평가하는 것으로 이해할 수 있다.

역사학적인 위상에 대한 평가의 차이는 있지만, 이 같은 흐름이 조선 후기의 사회 변동과 그에 따른 역사인식의 변화라는 데 이견은 없는 듯하다. 서구에서 시대와 과학의 발전에 따라 새로운 역사주체들이 등장하고, 그들의 사회적 변화요구에 역사학이 부응해 '역사의 민주화'(역

---

13) 이기백, 「19세기 한국사학의 새 양상」, 『한국사상의 재구성』(일조각, 1991), 271쪽. (이 글은 『한우근박사정년기념, 사학논총』(1981)에 실렸던 것이다.)

14) 한영우, 『역사학의 역사』, 218-221쪽.

사주체의 확대)가 진행되었고, 다시 역사학의 기획에 시대가 부응하는 역사가 진행되었다면, 한국의 역사에서도 자연발생적으로 그러한 변화의 싹이 움트고 있었던 것이다.

다시 말하면, 서구의 근대 역사학이 한국의 역사학자들에게 직접적인 영향을 미치기 이전에 한국의 전통 역사학은 이미 '실사구시'의 사상을 근간으로 객관성과 실증성을 지향하는 경향으로 나아가기 시작했고, 중국으로부터 독자적인 역사관을 모색하고 있었으며, 사회의 다양한 계급·계층을 대변하는 세계관이 역사인식으로 전환되고 있었던 것이다.

이 같은 변화를 근대 역사학과는 다른 또는 단절된 조선 후기 역사인식의 변화로만 위치 짓기보다 근대 역사학의 태동기나 이행기의 시작으로 좀 더 적극적으로 평가할 필요가 있다. 현재까지 그러한 적극적인 평가가 없었던 것은 한국의 근대 또는 근대전환기가 개항기부터라는 인식과 맞닿아 있기 때문에 나타나는 현상일 것이다. 이러한 시대구분이 지나치게 외부적 요인을 중시하거나, 서구적 근대개념을 절대적인 시대구분의 기준으로 삼았기 때문에 나타나는 문제는 아닐까? 서구에서 르네상스기의 변화를 근대의 기점으로 보고 있는 점을 굳이 비교하지 않더라도 조선 후기 사회의 변화는 사회체제의 질적인 변화가 시작되었음을 충분히 보여주고 있음에도 말이다.

사학사의 시대구분에서 역사주체와 사회변동과의 연관성을 좀 더 명확히 하고, 그것을 근대 역사학의 또 하나의 지표로 삼을 필요가 있다. 한국적 특징과 서구적 특징, 나아가 나라별로 지역별로 그 특성은 다르게 나타날 수밖에 없다는 사실을 좀 더 적극적으로 인정한다면 한국 근대 역사학의 태동은 조선 후기로 확장되어야 마땅할 것이다.

3. 서구적 근대지향세력의 등장과 근대주의 역사인식

조선 후기에 나타난 근대적 역사인식은 세도정치라는 내부적 억압도 있었지만, 서구 문명의 급격한 유입이라는 외부적 요인에 의해 그 발전이 저해되었다. 실학정신을 이어가던 진보적 지식인들은 서구 근대 문명에 직면하게 되자 동도서기론자로 변모했다. 이들 중에 좀 더 급진적으로 서구 근대를 수용하려는 개화론자들이 등장하기도 했다. 그런데 동도서기론자들은 기득권 유지와 집권에 급급한 나머지 역사서술에 관심을 둘 여력이 없었고 후자는 개화의 외향성으로 말미암아 외국역사에는 주목하면서도 자국사에 대한 관심은 적었다.[15]

이러한 상황에서 근대화 조치들이 시작되고 그에 따른 근대적 역사교육에 대한 논의가 시작되었지만, 그것은 사회적 기반을 가졌다기보다는 외부적 영향이 더 큰 것이었다. 1894년 동학농민운동이 일어났지만, 집권층의 근대개혁은 그들과 무관한 것이었다. 당시의 집권 개화지식인들은 근대민족국가 수립이라는 서구적 가치를 적극적으로 수용하고 국민교육으로서 역사교육을 실현하려고 했다. 다만, 그 내부에는 그것의 실현가능성과는 별개로 고종을 중심으로 황제권에 손상이 가지 않는 범위에서의 근대민족국가 수립을 추구하고 있었고, 다른 한편으로는 급진 개화파세력이 있었다. 대한제국기의 교육개혁에는 이들의 욕구가 중첩되어 나타나고 있었다.

이러한 적극적이고 혁명적인 변화는 봉건시대의 국왕이 자신을 부모의 위치로 여기며 '민(民)'을 적자(赤子), 즉 어린아이로 부르는, 중세적 호명 방식으로는 더 이상 그들을 포섭할 수 없다는 사실을 인식하고 있

---

15) 조동걸, 「제1장 근대초기의 역사인식」, 조동걸·한영우·박찬승 엮음, 『한국의 역사가와 역사학』 하, 13-14쪽.

음을 의미했다.[16] 그럼에도 불구하고 새롭게 역사주체로 등장하기 시작하고 있던 '인민'을 역사주체로 인식하려는 역사인식은 등장하지 않고 있었다.

1894년 갑오개혁의 중추적 기능을 담당하던 군국기무처의 건의로 의정부에 편사국(編史局)이 설치되었다. 한 해 뒤에는 학부(學部)가 설치되고, 그 산하에 학무국과 편집국이 설치되었다. 학무국은 각종 학교의 관리와 유학생 사무를 관장했고, 편집국은 교과서 발행 업무를 담당했다. 이 해에 한성사범학교와 성균관 경학과, 그리고 4개의 소학교가 설치되고 학과정도표가 발표되었다. 이 학과정도표에 본국사(本國史) 과목의 개설이 규정되었다. 같은 해에 내무아문(內務衙門)에서는 인민에게 본국사와 본국문(本國文)을 가르치고(제10조), 조선왕조의 개국기원을 연호로 사용하라는(제86조) 역사교육관련 훈시를 각 도에 내려 보냈다. 이 같은 훈시가 곧바로 다 적용된 것은 아니지만, 교과서 편찬의 중요한 기준이 되었다는 점에서 매우 중요한 변화였다. 이렇게 근대국가 수립의 역사주체를 양성하기 위한 한국의 근대 역사교육이 시작되었다.

근대 역사교육의 시작과 함께 수십 종의 역사 교과서들이 편찬되었다. 1895년 학부에서 『조선역사』, 『조선역사대략』, 『조선약사』 등 3권의 교과서가 발행되었다.[17] 『조선역사』와 『조선약사』는 내무아문의 훈시가 적용된 첫 교과서였다. 두 책 모두 국한문 혼용을 채택했고, 조선건국을 원년으로 한 연호를 사용했다. 이는 중국으로부터의 독립을 선포하는 의미가 있었고, 조선을 중심으로 근대국가를 지향하려는 의지

---

16) 민=적자 개념과 인민 개념의 형성에 관해서는 김윤희, 「근대 국가구성원으로서의 인민 개념 형성(1896-1894)」 참조.

17) 이들 교과서에 저자는 기록되어 있지 않다. 한영우는 『조선역사』와 『조선역대사략』을 김택영의 저술로 보았다. 1894년에 김택영이 편사국 주사직을 맡고 있었던 것으로 보아 가능성이 높아 보인다. 『조선약사』의 경우는 저자를 알 수 없다.

를 드러낸 것으로 평가할 수 있지만, 아직 고대사로부터 일관된 국가 정통론을 만들려는 의지는 체계화되지 않았음을 의미한다.

조동걸은 이들 교과서가 왕실을 중심으로 한 명분론 시각 등 중세적 잔영이 완연하므로 근대사학의 저술이라고 보기는 어렵다고 평했다. 다만, 『조선역사』의 경우에는 편년체를 따르지 않고 각종 제도와 사회생활에 비중을 두고 서술하고 있고, 인물도 성리학의 사림학자가 아니라 국가공신을 중심으로 소개하고 있는 점은 역사의식이 크게 변화한 것을 의미한다고 보았다. 또 서술형식의 변화는 혁명적이었다고 평가했다.[18]

그런데 이 책은 한국 근대 역사학에 결정적 기여를 한 하야시 다이스케의 『조선사』(1901)가 소개되기 이전에 발간된 책이었음에도 불구하고 이미 편찬의 방식이나 역사서술의 대상 측면에서 근대적 요소를 혁명적으로 가지고 있었다는 점에 특별히 주목할 필요가 있다. 한편으로 이 교과서들의 등장이 근대 교육기관의 태동과 제도화에 따른 산물이라는 점에서 근대 역사학 형성기의 역사서로서의 자기 위상을 가지고 있음을 적극적으로 평가할 필요가 있다.

학부의 교과서들이 출간된 이듬해인 1896년 독립협회가 창설되고, 그 다음해에 대한제국이 선포되었다. 독립협회는 근대 최초의 공론장으로 평가되는 만민공동회를 통해 여론을 형성해 나갔고, 『독립신문』을 통해 자신들의 의견을 널리 유포하고자 했다. 이들은 계몽을 통한 근대국가 수립을 목표로 활동했다. 그들은 의회구성을 요구하고, 직접 도시민들의 의견을 모으는 토론의 장을 만듦으로서 근대기획자로서의 역할을 수행하였다.

---

18) 조동걸·한영우·박찬승 엮음, 『한국의 역사가와 역사학』 하, 21-22쪽.

그런데 독립협회는 대한제국에 때론 협력하기도 하고, 때론 압력을 행사하기도 했다. 대한제국은 이들의 주장을 제한적으로만 수용하려고 했다. 고종은 공화정은 물론이고 입헌군주제도 수용할 준비가 되어 있지 않았던 것이다. 결국 독립협회는 고종에 의해 해산의 길을 걷고 말았다. 이 위기의 순간에 독립협회의 지도자들은 민중과 함께 그것을 돌파할 의지를 보여주지 못했다. 그들이 동학농민운동을 적대시한 것은 널리 알려진 사실이지만, 그들은 도시 민중들의 혁명적 열기도 받아안을 준비가 되어 있지 않았던 것이다.[19]

민중적 기반이 튼튼하지 못했던 독립협회의 주도세력에 대해 박노자는 새로운 정치제도의 기본이 되는 국민참정권의 도입을 시도하면서, 그것의 현실적인 모태로 일본을 주목하였고, 거의 절대적이다 싶은 토비(土匪)라는 내부적 타자에 비해서는, 정치적으로 분명히 타자이면서도 문명화 세력이라는 의미에서 동류로 인식했던 일본군이 훨씬 더 가깝게 보일 수 있었다고 평가했다.[20]

또 독립협회의 문명 담론은 문명과 전통의 충돌에 의해, 서구적 가치와 동양적 가치의 갈등에 의해 조율되거나 여과된 것이 아니었고, 수입된 서구화론, 문명화론이 그대로 투하되어 대중들에게 문명의 관념으로 전달되었다. 즉 독립협회가 민중들에게 서구 문명은 선이고 동양적 가치는 야만이고 악이라는 이원적 인식을 대중들에게 각인시켰던 것이다.[21]

---

[19] 독립협회와 대한제국 그리고 동학농민운동의 근대지향성 문제에 대해서는 이신철, 「독립협회와 만민공동회의 '근대성' 검토」, 수선사학회, 『사림』 제39호 참조.

[20] 박노자, 「개화기의 국민 담론과 그 속의 타자들」, 이화여대 한국문화연구원, 『근대계몽기 지식 개념의 수용과 그 변용』(소명출판, 2004), 238-239쪽.

[21] 길진숙, 「『독립신문』·『매일신문』에 수용된 '문명/야만' 담론의 의미 층위」, 위의 책, 94-95쪽.

이 같은 독립협회의 인식은 '근대주의'라고 할 수 있을 것이다. 여기서 '근대주의'라는 것은 동양적 가치보다 서양적 가치를 우위의 것으로 여기고, 제국주의적 위험성을 경계하는 것보다 서구문명의 가치 이식을 더욱 중요한 지향점으로 삼는 태도라고 할 수 있다. 한국 근대의 모습이 동도서기론, 문명개화론, 민중혁명론 등 다양한 모습이 뒤섞여 있는 모습 그대로를 의미한다면, 근대주의는 근대화, 특히 서구문명화를 절대적 우위에 두는 사상을 견지하는 것이라고 할 수 있다. 마찬가지로 한국 '근대 역사학'과 '근대주의 역사학'을 분리해 사고할 필요가 있다. 근대주의 역사학은 근대 역사학의 한 모습으로 자리매김 되면서, 근대주의 세계관이 투영된 근대 역사학의 한 유형을 일컫는 것이다. 이 시기의 역사서들에서 중국에 대한 멸시, 일본에 대한 동경의 역사관이 노골적으로 드러나는 경우가 이러한 경우에 해당할 것이다.

독립협회에 참여했던 역사가들의 역사서에서 이 같은 근대주의적 경향을 찾아 볼 수 있다. 1896년 독립협회 회원용으로 최경환이 필사본으로 편찬한『대동역사(大東歷史)』는 삼한 이전의 고대사만을 서술하고 있지만, 이미 친일적 경향을 드러내고 있었다.[22] 이 책은 1905년 최경환의 편집본에 정교가 다시 서문과 범례, 평론을 가해 정식 출판하였다. 그리고 1906년에는 다시 삼국시대와 통일신라를 보완하여 정교의 이름으로 발행하였다. 이 책은 독립협회의 역사의식을 대표하는 것으로 평가된다.[23]

대동역사는 이 시기 다른 교과서와 마찬가지로 중국으로부터의 자

---

[22] 조동걸, 조동걸 · 한영우 · 박찬승 엮음,『한국의 역사가와 역사학』하, 23쪽. 이 책을 비롯한 이시기 역사서들의 반청 · 친일의 서술에 대해서는 도면회,「한국 근대 역사학의 창출과 통사 체계의 확립」, 181-183쪽.

[23] 한영우,『역사학의 역사』, 233쪽.

주독립을 강조하고 일본에 대해서는 우호적인 입장을 견지하고 있었다. 그렇지만 중국에 대한 자주정신을 강조하면서도 '단군-기자-마한-통일신라'라는 유교적 정통론을 주장하고 있기도 하다. 또 일본의 대표적 식민사관인 임나일본부를 언급하지 않고 신공황후의 신라정복설을 신라와 일본의 강화 관계로 축소하는 등 전반적인 흐름과는 배치되는 서술을 하기도 했다.[24] 일본에 대한 우호적인 견해를 드러내면서도 객관적이며 자주적인 역사서술을 견지하려는 태도 또한 잃지 않으려 애쓰고 있음을 알 수 있다.

정교는 독립협회에서 서기, 제의(提議) 등의 간부직을 역임했다. 또 그가 지은『대한계년사(大韓季年史)』에는 1864년부터 1910년까지의 근대사가 편년체로 기록되었지만, 대한제국에 대해서는 비판적이고 독립협회에 대해서는 자세하고 우호적인 기사들이 많이 담겼다. 정교 이외에도 현채, 유근, 장지연 등 독립협회에 참가한 인물들이 남긴 역사서들은 대부분 친일본적인 내용을 담고 있었다. 특히 일본의 역사학자 하야시 다이스케가 1901년『조선사』를 내놓은 이후 그의 역사인식을 그대로 옮겨 놓는 경우가 많았다. 현채의 대표적 저술인『동국사략(東國史略)』(1906)은 사실상 하야시의『조선사』를 역설(譯說)하는 수준에서 몇 가지 민족적 입장을 덧붙인 것에 불과했다.[25] 유근은 아직 나라가 망하지 않은 시점에 편찬한『신찬초등역사』(1910)를 통해 임나일본부를 기술하고, 일본의 침략과정도 우호적으로 기술하였다. 장지연의『대한강역고(大韓疆域考)』(1903)도 하야시가 쓴『조선사』의 식민사

---

[24] 한영우, 위의 책, 233쪽.

[25] 이 글을 처음 발표할 때까지 필자도 기존의『동국사략』에 대한 이 같은 평가를 수용하고 있었다. 그러나 이후『동국사략』에 대한 생각은 확연히 바뀌었다. 이 책 3부에 실린 이신철의 논문 참조.

관을 대부분 수용하였다.

그런데 이들이 『조선사』가 보여준 역사인식을 대거 수용한 데에는 사료에 바탕 한 새로운 방식의 서술이 주는 충격이 자리하고 있었다. 김택영을 비롯한 당대의 역사가들에게 한국과 중국의 사료에서 보이지 않던 고대 한일관계에 대한 새로운 자료는 "오랜 밤의 어둠 끝에 갑자기 이웃집의 불을 빌어 밝히게" 된 것과 같은 신세계의 등장이었다.26) 그렇다고 그들이 일본 사료를 무비판적으로 수용한 것만은 아니었다. 김택영이 취한 고대 한일관계 기사에 대한 비판적 태도와 합리적 수용 노력은 최대한의 객관적 고증을 통해 역사를 서술하려는 역사학 본연의 태도로 평가 받기도 한다.27)

이처럼 한말의 교과서를 편찬했던 이들이나 독립협회에 관여해 통사를 서술했던 인물들 거의 대부분은 일본의 식민사관의 영향을 받았고, 새로운 사료에 기반 한 『조선사』의 주장을 수용하면서도 객관적 고증에서 멀어지지 않으려는 사료비판의 태도를 통해 역사학 본연의 자세를 유지하려고 애를 썼다. 그들의 태도는 새로운 사료와 새로운 서술 방식의 적극적인 수용을 통해 근대 역사학의 모습을 완성시켜 나가는 데에 유리한 것이었다. 반면에 식민주의를 바탕으로 한 일본의 제국주의 역사관의 한계를 극복하기에는 부족한 측면이 강했다. 이들의 태도는 당시 조선이 처한 국제적 국내적 정치정세 속에서 어떤 태도를 취할 것인가의 문제와 직결되어 있다고 해도 과언이 아니었다.

그런데 안타깝게도 이들은 삶의 과정에서 대부분 적극적인 부일협력의 길을 걸었다. 현채는 조선사편찬위원회에 참여했으며, 장지연은 총독부 기관지 『매일신보』에 기고한 글을 통해 일제 정책을 미화하고

---

26) 김택영, 『역사집략』, 1905; 『한국개화기교과서총서』 15 (아세아문화사, 1977), 119쪽.
27) 도면회, 「한국 근대 역사학의 창출과 통사 체계의 확립」, 185쪽.

조선인들의 민족성을 비판하는 등 점차 적극적인 친일행위를 하기에 이르렀다. 정교 또한 일진회의 합방서명에 찬성하면서 친일적 인식을 드러내었다. 학부의 교과서를 편찬했던 김택영의 경우만이 망국 후 중국으로 망명해 일본의 침략에 반대했다.

이 시기 독립협회 참여자들이 대부분 반청·친일의 입장에서 역사를 인식하고 나아가 자신의 삶마저 친일적으로 살게 된 데는 그들이 추구한 근대국가 수립의 길에서는 새로운 역사주체로 떠오르고 있던 민중에 대한 인식이 끼어들 틈새조차 없었기 때문이라고 할 수 있다. 또한 근대 문명에 대한 압도감이 너무 컸기 때문에 그것에 대항하기보다는 신문명의 대변자처럼 보이는 일본에 투항하는 길을 택하게 된 것이 아닌가 한다.

한영우는 현채의 역사의식에 대해 "주관적으로는 진보적 애국심에서 출발했으나, 일본의 침략의도를 간파하지 못함으로써 결과적으로는 일본 역사학의 외형적 합리성을 지나치게 과대평가하는 오류를 범했다."고 평가했다.[28] 그의 이런 평가는 위에 언급한 다른 이들에게도 알맞은 평가라 할 수 있다. 그렇다고 그의 역사서『중등교과 동국사략』이 한국인이 쓴 최초의 근대적 통사라는 평가가 빛이 바래지지는 않는다. 다시 말하면, 최초의 근대적 통사였던 현채의 저작은 그 성격이 일본의 침략적 의도를 간파하지 못한 한계를 지니고 있었던 것이다.

김택영이나 현채의 경우에서 명확히 드러나고 있지만, 대한제국의 학부에 있던 역사학자들의 삶과 역사서는 일본의 조선 식민지화라는 거대한 장애를 만나 각기 다른 길로 접어들었다. 그러한 미래의 전도와 마찬가지로 대한제국의 학부에는 단일한 역사인식이 존재하는 것

---

28) 한영우,『역사학의 역사』, 231쪽.

이 아니었다. 학부에서 펴낸 교과서들의 역사인식을 곧 대한제국의 역사인식으로 보아야 하겠지만, 그것을 작성한 인물들은 김택영을 제외하면 오히려 독립협회의 영향권 아래에 있는 사람들이 대부분이었다. 이들의 교과서가 대한제국이나 황제권을 부정하면서 입헌군주제나 공화정을 지향한 서술을 보인 경우는 없었다. 그렇다고 황제권이 강화된 전제군주제적인 근대화의 길을 지향하지도 않았다. 대한제국은 황제 중심의 개혁을 정당화하는 독자적인 역사인식체계를 마련하기도 전에 망국의 길을 걸었던 것이다. 그것은 황제권을 강하게 부정하지 못하면서 근대 개혁의 길을 모색했던 독립협회의 인식과, 전제황권을 공고히 해 근대화를 추진하기에는 역부족이었던 고종의 한계가 그대로 반영된 것이기도 했다.

이처럼 독립협회도 대한제국도 새로운 세계를 향한 주체적인 흐름을 인식하고 그 결합을 고민하기도 전에 서구 근대문명에 압도당해 버렸기 때문에 자신들의 근대 지향성을 새로운 역사주체와 연결시켜 볼 기회조차 얻지 못하게 되었다. 이들 중 독립협회 지도자들은 자신들의 지향을 담은 역사인식 체계를 초보적 단계에서 수립하고 있었지만, 이들의 사상은 주체적 근대이행의 흐름보다는 서구적 근대화에 경도된 근대주의였기 때문에 쉽게 그 한계를 드러낼 수밖에 없었다. 이들의 역사인식은 서구 제국주의적 근대의식에 포섭되어 있었고 끝내 벗어나지 못했던 것이다. 이들을 서구적 근대지향의 근대주의세력으로, 그들의 역사인식을 근대주의 역사인식으로 재규정하는 것이 적확한 표현이 될 것이다.

초기 근대주의 역사인식은 자주적 역사인식의 중요성을 어느 정도 인식하였지만, 사회진화론적 세계관을 바탕으로 일본 식민사관의 영향을 극복하지 못한 저작들의 역사인식을 의미한다. 결정적으로 이들의 역사관은 주체적 역사주체에 대한 인식이나 자주성보다는 서구적 근대화를 가장 중요하고 시급한 과제로 인식하는 데서 출발한다. 이 같은 근대주의 역사관은 식민지시기에는 역사의 자주성보다는 실증적 방법론에 치중한 역사인식 즉, 흔히 실증주의 역사학 또는 문화주의 역사학으로 이어지고 더 길게는 최근의 식민지근대화론으로 불리는 역사인식의 바탕이 되었다.

4. 반식민주의 역사인식의 태동과 근대 역사학의 새로운 길

독립협회를 중심으로 한 서구적 근대지향세력의 역사인식이 근대주의라는 틀을 벗어나지 못하여 일본의 식민주의적 본질을 깨닫지 못하는 한계를 여실히 드러내고 있었지만, 이시기 역사학은 분명 새로운 단계로 접어들고 있었다.

예를 들어 역사서술의 형식면에서도 큰 변화가 있었다. 편년체적 서술이 중세적 한계를 담고 있는 것이긴 했지만, 이 시기에 출현한 편년체 역사서들도 그 내용면에서는 중세적이지 않았다. 예를 들면 정교의 『대한계년사』나 황현의 『매천야록(梅泉野錄)』 모두 1864년(고종 1년)부터 1910년 강제병합까지 고종시대를 편년체로 기록하고 있지만, 이는 기존의 실록이나 역사서의 내용과는 질적인 차이가 있었다. 『대한계년사』의 경우에는 역사주체가 독립협회로 설정되어 있고, 자신이 경험한 사실은 물론이고 관보와 신문 등을 활용하였다. 역사주체가 다양화되고 사료의 활용 폭이 넓어진 것이다.

매천야록의 경우에도 양반이나 왕실 중심의 기록이 아니라 생활사와 문화사를 비롯해 동학농민운동의 움직임까지 담고 있다. 또 황현의 경우 비록 현재 전하고 있진 않지만『동비기략(東匪紀略)』을 저술했는데, 제목에서 동학농민군에 관한 기록임을 알 수 있다. 비록 황현이 동학농민군을 동비로 비하하는 등 동학에 대한 깊은 반목을 깔고 있지만, "난민의 형세가 날로 확대되어 성읍이 연이어 함락되어도 백성들은 도리어 흔연히 기뻐하는 기색이었다. 동학교도가 패했다는 말이 있어도 믿지 않으며 마음속으로 그러할 리가 없다 하였으며 오히려 관군이 패한 것만 말하였다."라며 당시 농민들이 동학군을 지지하고 있음을 객관적으로 기술하고 있다.[29]

조선 후기 다양한 역사주체들을 다양한 방식으로 역사에 기록하려는 움직임과 합리적 객관성을 추구하는 근대 역사학의 영향이 중세의 편년체를 유지하는 역사서에도 미치고 있었던 것이다. 이제 역사학에서 다양한 역사주체를 주인공으로 하고, 합리적 객관성을 추구하는 것은 당연한 역사방법론으로 받아들여지기 시작하였다.

이러한 시대적 배경 속에 등장한 1908년 신채호의『독사신론』은 한국 근대 역사학을 새로운 단계로 발전시켜 놓았다. 그는『대한매일신보』에 발표한 이 글의 서론에서 자신의 역사관을 제시하고, 본문에서는 단군에서 발해에 이르는 상고사를 기술하였다. 그는 서론에서 국가란 '민족정신으로 구성된 유기체'라고 정의했다. 그는 단일 민족국가이든 다민족국가이든 그 국가를 관통하는 중심민족과 그 민족정신이 있어야만 국가로 존립가능하다고 생각했다.[30] 신채호가 고대사로부터 민족의 정통성을 확립하려 했던 이유가 거기에 있었다. 그는 근대민족국가를 지향하면서 그 주체로 민족을 호명하고 있었던 것이다.

---

29) 이장희,『역주 매천야록』제1권(이장희 전집 6) (경인문화사, 2011년), 573쪽.

30) 신채호, 「독사신론」(1906),『단재 신채호 전집』상 (단재신채호선생기념사업회, 1972, 1995년 개정 5쇄), 471쪽에서 재인용.

그는 이런 입장에서 근대주의자들이 쓴 교과서를 읽으면 한 장을 읽어 나갈 때마다, 우리 민족이 중국의 일부인지, 선비족의 일부인지, 아니면 말갈족, 몽골족, 여진족의 일부인 듯하다가, 심지어 일본족의 일부인 듯하기도 하다고 비판했다. 이 시기의 교과서들이 반청·친일적인 기조로 역사를 서술하고 있었지만, 신채호가 보기에는 고대사로부터 민족정신의 일관성이 없는 매국노적인 내용에 불과했던 것이다.

신채호는 이러한 인식하에 민족정신을 구현한 민족의 영웅들을 찾아내고, 그들의 전기를 널리 알림으로써 민족의 구심으로 삼고자 했다. 그는 1907년 량치차오의 『이태리 건국 삼걸전』을 번역 소개하고, 그 다음 해에는 『성웅 이순신』과 『을지문덕전』을 펴냈다. 1909년에는 『동국거걸 최도통전(東國巨傑 崔都統傳)』(최영 전기)을 발표했다.

이시기 신채호의 역사인식이 영웅사관과 국가주의에 머무르고 있었다는 평가가 일반적이고, 그의 사관을 민족사관이라 일컫는데 이론이 없다. 또한 그가 사회진화론을 수용하여 제국주의적 속성을 완전히 벗어나는 데 한계가 있었고, 그것은 1920년대에 가서 민중사학을 주장하면서 극복되었다는 것도 일반적인 평가이다.

그런데 1910년을 전후한 시기의 그의 역사학을 민족주의 역사학이라고 칭할 때 그것이 가지는 성격이 무엇인지에 대해서는 조금씩 견해가 다르다. 도면회는 신채호가 한국사를 부여족 중심의 역사로 서술함으로써 '왕조 정통론'에서 '민족 정통론'으로의 전환을 시도하고, 기자조선과 임나일본부설에 대한 부정을 통해 중국과 일본으로부터 독립적인 한국사를 수립함으로써 민족주의 역사학을 성립시켰음에도 불구하고 그 스스로 왕조 정통론적 서술에서 벗어나지 못하고 있음을 지적한다. 또한 그의 역사학이 만주지역을 부여·고구려·발해의 영토였음을 강조하고 회복해야 할 고토로 설정하고 있는 것은 한국인의 만주 침략도 정당화할 수 있는 논리를 구성하고 있음을 비판하고 있다.[31] 이 같은 비판이 가능한 것은 이 시기의 지식인이 대부분 그러했듯이 신채호도 사회진화론 인식에 기반 한 부국강병론의 인식에서 크게 벗어나 있지 않았기 때문이었다.

반면에 강만길의 경우에는 이 시기 그의 역사관이 영웅사관에 머문 것이 아니라 이미 새로운 역사주체로 '신국민'을 호명함으로써 국민주의 역사인식 단계로 나아갔다고 보았다. 그는 신채호가 1910년 강제병합 이전에 『대한매일신보』에 실은 「20세기 신국민」 등의 논설을 통해 그러한 인식을 충분히 드러내고 있음을 증명했다. 신채호가 호명한 신국민은 중세사회의 백성이나 전제군주제 아래에서의 신민이 아닌 국민주권체제 아래서의 국민이었다. 또한 그들은 평등해야 했으며 정의로워야 했다. 또 신국민은 군국세계에서 살아남기 위해 병역과 교육의 의무를 지는 그런 국민이었다.[32]

또 한 가지 신채호의 역사인식은 단지 논설이나 역사서에 그치는 것이 아니라, 현실 속에서 만들어지고 실천되었다는 데 그 의미가 있었다. 그는 유학자임에도 불구하고 1904년에 이미 한문무용론을 주장한 바 있었고, 1907년 신민회에 가입한 이래, 그 단체의 결의대로 무장독립기지운동을 실천하였다. 그 후 연해주와 상해, 북경을 오가며 그는 민중들과 함께 투쟁하면서 자신의 역사인식을 단련시켜 나갔다.[33] 실증적, 객관적, 과학적, 인과관계에 근거한 발전이라는 근대 역사학의

---

[31] 도면회, 앞의 논문, 201쪽; 은정태, 「대한제국기 '간도문제'의 추이와 '식민화'」, 『역사문제연구』 17, 2007.

[32] 강만길, 「신채호의 영웅·국민·민족주의」, 강만길 편, 『신채호』 (고려대학교 출판부, 1990), 57-66쪽.

[33] 신채호 연구에 대한 연구사 정리와 간단한 생애에 관해서는 최홍규, 『신채호의 역사학과 민족운동』 (일지사, 2005) 참조.

특징 뿐 아니라 현실타개의 역사의식이 한국 근대 역사학 성립의 전제 조건이라고 주장한 김용섭은 박은식과 더불어 신채호에 의해 한국 근대 역사학이 성립된 것으로 보았다.[34]

신채호에게 '민족'이란 무엇이었을까? 그것은 근대민족국가를 수립하는 새로운 역사주체에 대한 호명이었으며, 제국주의 침략에 맞서는 역사주체에 대한 호명이었다. 구체적으로 역사학에서는 일본의 황국사관, 식민사관에 맞서는 반제국주의적 반식민주의 역사학을 정립하는 첫출발이었던 것이다. 그럼에도 그의 역사인식은 이중적인 측면이 있었다는 점을 유의하지 않을 수 없다. 신채호와 박은식 등에 의해 수립된 한국 민족주의 역사학은 그 이후 사회주의적 역사인식과 결합하거나 민중적 역사인식과 결합하기도 했지만, 극우적 역사인식과 결합하여 반공주의적 역사인식이나 제국주의적 역사인식과 결합하기도 했다.

1900년대 말의 신채호로부터 시작된 민족주의 역사학은 근대주의 역사학과 함께 한국 근대 역사학의 한 유형을 형성하면서 반식민주의 역사인식을 태동시키는 시작이 되었다. 그것은 신채호가 러시아의 연해주 등지에서 사회주의 혁명의 과정을 목격하거나, 1919년 3·1운동을 경험하게 되면서 재발견하게 되는 민중에 대한 인식을 통해 발전해 가는 과정이기도 했다. 신채호의 민중 발견은 한국 근대 역사학이 처음으로 새로운 역사주체와 만나는 지점이기도 했다. 동학농민운동을 통해 확고하게 새로운 역사주체로 등장한 민중들의 세계관이 비로소 역사인식과 역사서로 표출되고 결합되기에 이르렀던 것이다.

한편으로 반식민주의 역사학의 태동과 발전과정은 박은식의 역사인식 변화과정을 통해서도 엿볼 수 있다. 박은식은 전통적으로 자신의

---

34) 김용섭, 「우리나라 근대 역사학의 발달」, 『한국의 역사인식』 하 (창작과 비평사, 1976), 422-423쪽.

몸에 배어 있는 유교적 대동론에 근거한 공동체성이 약육강식의 사회
진화론과 충돌했을 때, 평등주의를 통해 제국주의와 강권주의를 거부
하고 나아가 동양평화, 세계평화의 논리로 발전시켜 나갔다.[35] 1910년
대 신채호의 역사이론과 저술은 황의돈, 박은식 등의 통사와 당대사 서
술로 이어지면서 점차 한국적 반식민주의 근대사학의 완성을 향해 나
아가고 있었다.

5. 맺음말 : 근대 역사학의 새로운 이해를 위하여

그동안 한국 사학사에서 근대 역사학에 대한 규정은 민족주의 역사
학으로 집약된다고 해도 과언이 아니었다. 그리고 민족주의 근대 역사
학이 성립되는 과정의 역사학은 계몽사학으로 일컬어져왔다. 그리고
이러한 성격규정은 대부분 서구 근대 문명의 개념이나 근대 역사학의
개념들과의 비교를 통해서 규정된 것들이었다. 그 결과 조선후기 실학
자들의 새로운 역사인식이나 중인을 비롯한 다양한 계급 계층의 새로
운 역사인식은 일본 식민사관의 유입으로 인해 단절된 것으로 파악해
왔다.

이 글은 그러한 인식의 단절이 사실과 부합하는 것인지에 대한 의문
에서 시작되었다. 조선후기의 사회적 변화가 역사인식에 반영된 것이
분명할 것인데, 새롭게 등장한 다양한 역사주체가 서구 근대 문명의 유
입이나 제국주의적 침략으로 인해 사라지는 것은 아니기 때문이다. 이
들의 존재를 반영하기 시작했던 역사인식은 서구적 근대를 지향하는

---

[35] 김기승, 「박은식의 민족과 세계 인식-경쟁과 공생의 이중주」, 『한국사학보』 제39호,
2010.

지배세력의 자기중심적 역사인식과 식민사관에 의해 잠시 유예되었다고 할 수 있을 것이다.

독립협회를 대표로 한 서구적 근대지향 세력은 한국적 근대주의 역사인식을 탄생시켰다. 이들에게 중국문화로 대표되는 동양문화는 배척의 대상이었으며, 마찬가지로 한국의 민간 전통도 대부분 야만으로 인식되었고 배척의 대상이 되었다. 그들은 국민국가 수립을 위해 국가와 민족을 호명하고 있었지만, 그 개념 속에는 농민과 같은 기층 민중들은 배제되어 있었다. 이 같은 세계관은 반청·친일의 역사인식으로 표출되었고, 근대적 합리주의를 역사서술에 받아들이면서 황국사관의 침투를 용인하는 결과를 초래하고 말았다.

이들의 역사학은 계몽주의와 민족주의를 표방하고 있었지만 사실상 서구 지향, 더 엄밀히 말하면 일본 지향의 근대주의 역사학이라고 불러야 더 적확한 표현이 될 것이다. 이들의 역사인식은 새로운 역사주체와의 결합 가능성을 차단함으로서 근대주의 극복의 가능성마저 차단하는 결과를 초래했다. 다만 이 같은 왜곡된 근대주의 역사학 역시 우리 근대 역사학의 한 유형이며, 이들에 의해 통사체계의 한국 근대 역사학이 정립되어 갔음을 인정할 필요가 있다.

한편으로 동시대에 역사학에 관심을 가지고 근대민족국가 수립의 과제를 인식하고자 했던 신채호의 경우는 또 다른 길을 걸어갔다. 그 또한 근대민족국가 수립을 위해 국민과 민족을 호명하고 있었지만, 그의 역사인식 속에는 동양이나 민족 내부에 대한 배제의 논리보다 저항의 논리가 더 크게 작동하고 있었다. 물론 신채호의 역사인식에는 사회진화론적 민족담론이 강하게 존재하고 있었지만, 그것은 반침략, 반식민주의 역사인식을 깔고 있는 것이었고, 탈식민주의 역사인식으로의 발전 가능성도 내포하고 있는 것이었다. 박은식의 경우에는 자신의 세계관과 역사인식을 평등주의, 보편적 인권의식, 나아가 평화론으로 확장시켜 나감으로써 그 모순을 극복해 나갔다.

신채호의 이 같은 역사인식은 1920년대 민중사관의 토대가 되었으며, 그것은 곧 조선후기 이래 새로운 역사주체로 등장하고 있던 '인민' 또는 '민중'과의 만남이었고, 그들의 세계관이 반영되는 역사인식이 근대 역사학을 만나 부활하는 순간이기도 했다. 개항 이래 물밀듯이 들어온 서구 문명과 풍전등화의 위기상황 속에서 새로운 역사 주체로 지식인들에게 인식되지 못함으로서 새로운 역사인식을 구체적 역사서로 일찍 정립하지 못했던 새로운 근대 주체인 인민 또는 민중이 반식민주의 역사학과 만나면서 새로운 역사인식의 길을 열어나가기 시작한 것이다. 이 같은 역사주체와 역사인식 사이의 지체 현상은 민중과 지식인의 관계에서 드물지 않게 나타나는 보편적 현상이라고 할 수 있지만, 한국의 근대 이행기에서는 외부적 요인과 내부 지식인들의 배척으로 인해 좀 더 길어 졌던 것이다.

이런 시각에서 본다면, 한국 근대 역사학의 시원은 조선후기로 확장되어야 하고, 계몽주의, 민족주의 역사학으로 구분 짓고 있는 개항기 역사인식은 근대주의 역사학과 반식민주의 역사학의 시발점으로 자리매김하여야 할 것이다. 이 글은 당시 역사서에 대한 구체적인 분석을 결여하고 있기 때문에 시론적 문제제기에 그쳤다. 개항기의 역사서 분석과 1920년대에 대한 후속연구를 과제로 남겨둔다.

II.

근대 교육제도의
도입과 역사교육

근대 일본의 학제 형성과
역사 지식의 제도화

이규수

1. 머리말

근대 일본의 문명개화는 '유럽의 사상과 문명'을 적극 수용함으로써 이루어졌다는 점에서 전형적인 서구자본주의의 산물이었다. 문명개화 시기의 근대사상은 주지하듯이 봉건제와 왕정제 사이의 모순, 그리고 개국과 쇄국을 둘러싼 논쟁 속에서 형성되었다. 막말 유신기의 지식인 계층은 어떻게 '서양의 문명'에 도달할 것인가를 절박한 과제로 인식하였다. 그들에게 '서양 문명'은 인류의 역사적 진보를 앞서 체현한 것이기에 보편적 의의를 지닌 것으로 보였다.[1]

---

[1] 19세기 이전에도 일부 지식인 사이에서는 서구 문명의 장점을 거울삼아 막부체제를 개혁할 수 있는 가능성을 논의하는 분위기가 형성되었다. 그 대표적인 인물은 와타나베 가잔(渡邊華山), 다카노 초에이(高野長英), 시마즈 나리아키라(島津齊彬) 등이었다. 이들은 당시 도쿠가와 막부를 개혁하고 근대화를 추진할 수 있는 원동력이 부국강병책에 있다고 판단하고, 실학을 융성시키고 인민을 보살

메이지유신 이후 1872년에 '학제'를 제정하여 반포하게 되었을 무렵까지, 근대 일본의 의식체계의 쟁점은 실학주의와 지식주의에 기초한 양학사상과 인륜의 중핵으로서의 존왕주의적 유학사상의 충돌이었다. 문명개화라는 분위기 속에서 군신관계의 일원적인 질서체계와 공적인 충성심을 강조하는 황도주의에 반발하여 천부인권과 사민평등 이념의 계몽주의와 자유민권운동이 대두했기 때문이었다. 물론 여전히 당시는 국학 이념을 중시하는 전통적인 사상이 계몽사상가들을 압도하고 있었다. 또 1870년대 후반에는 황도주의 사상이 전통유학과 존왕사상을 합치시켜 강력한 신민을 형성하는 이데올로기로 등장했다. 이것은 서구사상이 지니고 있는 자유주의적인 인간관을 부정하고 관료주의적인 군대조직의 사상과 상호 보완하는 성격을 지닌 것으로, 막번 체제를 무너뜨린 신흥무사계층의 전통적인 황도사상이 체계화된 것이었다.[2]

피기 위해서는 서구문명을 적극적으로 수용하는 개국정책의 추진이 필요하다고 강조했다. 그러나 이들의 주장은 막부의 탄압으로 개혁의 논리를 제대로 펼치지 못하고 실패로 끝났다. 또 한편에서는 막부체제 안에서 부국강병의 원칙을 통해 강력한 국가주의 체제를 구축하려는 새로운 세력도 등장했다. 대표적인 인물은 사쿠마 쇼잔(佐久間象山), 요코이 쇼난(橫井小楠), 마키 이즈미노카미(眞木和泉守) 등으로 이들은 군사 부문의 개혁에 관심이 많은 무사 계층이었다. 이들은 외세 배척을 주창한 양이론에서 서구문명을 적극적으로 수용하자는 개국론으로 전향했고, 일본의 전통적인 유교사상에 대한 재해석을 통해 서양의 사상과 문화와의 접합을 모색하면서 일본의 근대화를 추진하려는 절충적이고 과도적인 성격의 개혁을 지향했다. 이후 이들의 개국을 둘러싼 논의는 요시다 쇼인(吉田松陰), 하시모토 사나이(橋本左內) 등 국수주의적 정한론자에게 계승되었다. 이에 대해서는 吉田光, 『日本近代哲學史』(講談社, 1968), 18-35쪽 참조.

[2] 이에 대해서는 小路田泰直, 「日本史の誕生-『大日本編年史』の編纂について」, 西川長夫・渡邊公三編, 『世紀轉換期の國際秩序と國民文化の形成』(柏書房, 1999), 127-145쪽; 桂島宣弘, 「一國思想史學の成立-帝國日本の形成と日本思想史の『發見』」, 西川・渡邊編, 『世紀轉換期の國際秩序と國民文化の形成』(柏書房, 1999), 103-126쪽; 永原慶二, 『20世紀日本の歷史學』(吉川弘文館, 2003), 번역본은 나가하라 게이지 지음・하종문 옮김, 『20세기 일본의 역사학』(삼천리, 2011, 이하의 인용은 번역서에 따름) 참조.

로널드 필립 도어(Ronald Philip Dore)가 지적했듯이, 일본의 근대교육은 에도시대에 행해진 번교(藩校)에서의 교육과 테라코야(寺子屋)·향학(鄕學)·교유소(敎諭所)에서의 교화훈련, 그리고 세계에 유례가 없을 정도의 높은 취학률을 기반으로 이루어졌다.[3] 그러나 근대교육의 출발은 메이지 정부의 사민평등 정책의 실시와 더불어 계급간의 차별 없이 교육을 실시하겠다는 '학제' 공포를 계기로 본격화되었다. '학제'의 제정은 일본이 천황을 통치수반으로 하는 절대주의 국가체제로의 전환과 근대국가로서 세계열강 대열에 합류하기 위해 추진한 부국강병책의 일환이었다.

근대 교육 가운데 일본의 역사학 역시 정치와 뒤얽힌 파란 속에서 처음부터 '구미식 근대의 가능성'을 찾기 위해 탄생했다.[4] 청년세대 역사가들은 일본이 구미 선진국에 버금가는 강대국을 지향하려면 역사 속에서 일본의 '진보'와 '구미'형 사회로의 가능성을 탐구할 필요가 있다고 판단했다. '탈아입구'론의 연장선에서 중국을 아시아적 정체 또는 그 원인으로서 동양적 전제주의라는 규정 속에서 파악하고, 일본과 중

---

[3] R. P. ドーア·松居弘道 譯, 『江戸時代の敎育』(岩波書店, 1970). 특히 寺子屋 입학은 국민 모두에게 개방되었고 수업 연한도 정해지지 않았다. 당시 총인구 가운데 약 40%가 寺子屋에서 배운 것으로 추정되며 국민의 식자률도 이미 반수에 가까웠다고 한다.

[4] 여기에는 '유럽과 아시아'라는 이분법에 따라 이른바 '앞선'=선진 유럽과 '뒤떨어진'=후진 아시아로 이념화된 가치개념이 포함되었다. 원래 '아시아'라는 개념은 '오리엔탈리즘'이라는 말에서 나타나듯이, 근대 유럽이 자신의 사회와 문화를 인식할 때 비유럽적인 것 모두를 아시아로서 통괄하여 인식하려 했던 역사적 관념이다. 말하자면 서구적 개념에서 세계란 근대 유럽이고, 거기서 배제되거나 혹은 그것에 대립된 것이 아시아였다. 뒤늦게 제국주의에 진입한 일본은 '약육강식'이라는 국제상황에서 세계를 '문명'과 '야만'의 대립으로 바라보았다. 이러한 대립은 서구의 가치관을 추종함과 동시에 아시아 멸시관으로 표출되었다. 이에 대해서는 이규수, 「근대 일본의 동아시아 인식체계―'문명'과 '야만'의 역전―」, 『사림』 39, 2011 참조.

국을 대비시켜 상호 이질성을 드러냄으로써 일본이 구미에 접근하고 추격할 수 있는 가능성을 발견하고자 했다. 이는 결국 조선과 중국에 대한 멸시나 자국 우월적인 역사인식으로 이어지면서 자국중심 역사관의 독선과 깊숙이 결부되었다.[5]

근대 역사학의 제도화 또한 우여곡절을 겪었다. 역사학의 전문 분화 이전에는 유교계 사가, 한학계 사가, 국학―신도계 사가, 문명사·개화사계 사가 등 네 파의 역사 사조가 존재했다. 이들 네 파는 정부에 설치된 수사국(修史局)―수사관(修史館)에서 '정사(正史)' 편찬의 방침을 둘러싸고 경쟁했다. 1889년 문과대학의 국사과 설치는 아카데미즘에서 자국의 역사연구 체계를 위치지운 최초의 계기가 되었다. 한학계 사가들이 교수진으로 취임했고, 사학회의 결성도 추진했다. 한편 도쿄제국대학 문과대학의 '사학과'와 '국사과'는 1904년에 '사학과'로 통합되었다가, 1910년 사학과에 '국사'·'동양사'·'서양사'의 세 전수과(專修科)가 설치되었다. 이로써 3과제가 형식을 갖추게 되었는데, 뒤이어 저마다 독립 학과로 바뀐 것은 1919년 문과대학이 개편되어 도쿄제국대학 문학부로 바뀌던 무렵의 일이다.[6]

'동양사'와 '서양사'의 설치는 메이지 이후의 문명사와 개화사 흐름의 확립이라고 말할 수 있다. 문명사가에게 서양사는 구미의 문명이 어떻게 창출되었고 일본은 이를 어떻게 받아들여 선진국으로 접근할 것인가 하는 보편주의·진보주의적 역사관을 공유하는 문제의식에 기초한

---

[5] 일본의 아시아사와 중국사에 대한 관심은 과거처럼 자국 문명의 '모국'으로서의 중국에 대한 경외심과는 전혀 달랐다. 말하자면 구미와 나란히 제국주의적 진출(침략)을 감행하는 데 필수적인 역사적 지식으로서의 관심이 지배적이었다. 이에 대해서는 나가하라 게이지 지음·하종문 옮김, 『20세기 일본의 역사학』, 60-62쪽 참조.

[6] 위의 책, 21-71쪽 참조.

것이었다. 또 동양사는 청일·러일전쟁 이후부터 독립과 문명화로부터 세계의 대국화에로 국민적 과제가 변화하는 상황에 대응하는 형태로, 중국과의 대비를 통해 일본의 구미로의 접근과 추월의 가능성을 '발견'하려 했다. 요컨대 일본의 역사학은 서양과 동양(중국)에 대한 타자인식과 타자표상으로 외부세계와의 구별을 도모하는 과정으로 구축되는 한편, 국내 역사교육은 역사와 신화의 합체를 통한 일본사의 '이야기화', 도덕화가 강화되는 과정으로 재편된 것이었다.

이 글에서는 일본의 근대 학제의 성립과 역사 지식의 제도화 과정을 개괄하고, 그 의의와 특성을 일본의 국민국가 형성과정과 관련하여 고찰하려 한다. 지금까지 일본의 학제와 역사교과서에 관한 연구는 주로 교육사적 관점에서 한일 양국의 제도를 비교하거나 패전 이후의 학제 개혁에 관한 연구를 바탕으로 이루어졌고, 구체적인 사례연구로는 '교육령' 공포 이후의 수신 과목과 창가 등에 주목한 연구가 있다.[7] 본문에서는 이들 선행연구를 참조하면서 일본 교육이념의 변천과정을 '학제'와 이를 개정한 '교육령'을 중심으로 개관하고, 소위 '교육개정령' 공포 이후의 역사교육의 의의와 실체를 당시의 역사교과서를 살펴봄으

---

[7] 대표적인 것으로는 唐澤富太郎, 『敎科書の歷史－敎科書と日本人の形成－』(創文社, 1956); 東京書籍編, 『敎科書の變遷－東京書籍五十年の步み－』(東京書籍, 1959); 海後宗臣, 『歷史敎育の歷史』(東京大學出版會, 1969); 山住正巳, 『日本敎育小事』(岩波新書, 1987); 中村紀久二, 『敎科書の社會史－明治維新から敗戰まで』(岩波新書, 1992); 花井信, 『近代日本の敎育實踐』(川島書店, 2001); 松島榮一, 『歷史敎育の歷史と社會科』(靑木書店, 2003); 김순전 외, 『수신하는 제국』(제이엔씨, 2004); 花井信·三上和夫, 『學校と學區の地域敎育史』(梓出版, 2005); 윤종혁, 『한국과 일본의 학제 변천 과정 비교 연구』(한국학술정보, 2008); 한용진, 『근대 이후 일본의 교육』(문, 2010); 쓰지모토 마사시 외 지음, 이기원·오성철 역, 『일본 교육의 사회사』(경인문화사, 2011; 이권희, 「근대기 일본의 국민국가 형성과 창가(唱歌)－'문부성 창가(文部省唱歌)'를 중심으로」, 『日語日文學硏究』 77, 2011; 이권희, 「메이지(明治) 전기 국민국가 형성과 교육－학제(學制)의 변천과 창가(唱歌) 교육을 중심으로－」, 『日本思想』 21, 2011 등을 참조.

로써 근대 일본의 역사인식이 어떤 방식으로 제도화되었는지 검토하겠다. 이것은 메이지 신정부의 교육이념과 그 변화의 흐름을 명확히 제시하는 일이며, 나아가 천황제 이데올로기 형성과 제국주의적 팽창의 사상적 연원으로서 역사교육의 역할을 규명하는 작업이 될 것이다.

2. 문명개화와 교육체계의 정비

메이지유신은 사상과 문화를 포함한 일본의 사회체제와 질서구조의 대전환을 불러온 변혁이었다. 막번 체제가 공인한 가치체계인 유교적 명분론과 그것을 지탱하는 역사관은 기본적으로 부정되었다. 그러나 메이지 신정부는 그것을 대체할 새로운 가치체계를 일원적으로 제시하지 못했다. 자본주의적 토대가 취약했던 신정부의 절대주의 체제는 정치적 지배집단이 주도하는 권위주의적 대응체제로써 서양문명의 장점을 수용하는 교육의 조직화, 기술혁신을 통한 근대적 학제를 추진했다. 그것은 근세 봉건사회의 다양하고 중층적인 신분, 지역, 문화를 '국민'이라는 일원적이며 중앙적인 가치로 통합하는 방법이었다.[8]

일본의 '후진성'을 인정할 수밖에 없는 상황이었지만, 메이지 신정부는 교육 영역에서 '유럽적 근대화'의 가능성을 모색하기 시작했다. 1868년 2월 신정부는 먼저 히라타 아쓰타네(平田篤胤)의 양자이며 당시 신기사무국(神祇事務局)의 판사(判事) 히라타 가네타네(平田鉄胤), 내국사무국(內國事務局)의 권판사(權判事) 다마마쓰 미사오(玉松操), 야노 하루미치(矢野玄道) 등 3인에게 학교제도를 조사하라는 명령을 내렸다.

---

8) 쓰지모토 마사시 외 지음, 이기원·오성철 역, 『일본 교육의 사회사』, 351쪽.

이들 세 사람은 모두 히라다파(平田派) 국학자였다. 메이지 초기 신정부가 이들 국학자들에게 학교제도를 조사시킨 것은 전통적 한학(유학) 중심의 교육으로부터 국학 중심의 교육으로의 전환을 시도했다는 것을 의미한다. 메이지 신정부는 이를 통해 같은 해 3월 28일 '학사제(學舍制)'라 불리는 새로운 학제안을 만들었다. 그러나 한학 중심적 교육 풍토를 타파하려던 '학사제'파의 의도는 신정부의 일방적인 근대화 정책에 반대했던 교토의 '학습원(學習院)'을 중심으로 하는 '학습원'파의 반발에 의해 무산되었다.[9]

이러한 가운데 새로운 대안으로써 어느 파에도 속하지 않았던 하세가와 아키미치(長谷川昭道)는 황도주의에 입각한 교육론이 담긴 건의서를 이와쿠라 도모미(岩倉具視)에게 제출했다. 이를 계기로 신정부는 1868년 9월 13일 교토에 '황학소(皇學所, 학사제파 계열)'와 '한학소(漢學所, 학습원파 계열)'를 설치했다. 한학 중심의 교육으로부터의 탈피를 도모하던 신정부는 한학 중심 교육에 '황학(국학)'을 포함시키는 정도로 만족할 수밖에 없었다. 신정부는 1869년 9월 황학소와 한학소를 폐지하고, 12월에 황학과 한학을 병합한 형태의 '대학교(大學校)'를 도쿄에 설치했다. '학사제'파의 '황학소'는 사실상 소멸했고, 국학파의 세력 또한 후퇴할 수밖에 없었다.[10]

메이지 신정부는 초기에 정권의 기본 이념과 정통성을 어떻게 뒷받

---

[9] 학습원은 1869년 大學寮代로 이름을 변경했다. 이는 옛 대학료를 계승한다는 승격을 의미한다. 학습원은 한학 중심의 교육기관이었기 때문에 히라타 등이 제안한 '학사제' 제안에 반발했다. 이에 대해서는 이권희, 「메이지(明治) 전기 국민국가 형성과 교육—학제(學制)의 변천과 창가(唱歌) 교육을 중심으로—」, 161쪽 참조.

[10] 두 계파의 세력 다툼은 이후에도 계속되었고, 결국 신정부는 1870년 '대학교'를 폐지했다. 大久保利謙, 『大久保俊謙歷史著作集 4 明治維新と敎育』(吉川弘文舘, 1987), 158쪽.

침할 것인가와 더불어 새로운 국가관·역사관도 명확한 형태로 제시하지 못했다. 신정부는 보통교육에 대해 고민하면서 근대 교육의 기본이념을 막부 말기에 근대화를 지향하던 사쿠마 쇼잔(佐久間象山)의 '동양도덕(東洋道德)·서양예술(西洋藝術)'이라는 개념과 요시다 쇼인(吉田松陰)이 주장하는 '화혼양재(和魂洋才)' 등에서 찾았다. 요컨대 유교주의를 근간으로 삼던 일본주의 전통에다 서구의 문명을 받아들이겠다는 방침이었다.[11]

그러나 일본주의 전통에서 근대성을 발견한다는 것은 결코 쉬운 일이 아니었다. 새로운 교육의 틀과 이념설정에 있어 '황학소'를 중심으로 하는 국학자들의 주장이 다소 반영되기는 했지만, 적어도 메이지 초기 정치적 실권을 장악한 '황도학(皇道學)'파의 영향력은 크지 않았다. 더욱이 메이지 초기의 교육정책은 부국강병에 직접 이용할 수 있는 법제, 산업, 군사 등의 분야에 중점을 두는 이른바 공리주의적 교육관에 함몰되어 있었고, 서양 문화의 근간이라 할 수 있는 근대 합리주의 정신은 의식적으로 회피했다.[12]

다시 말해 신정부의 초기 교육정책은 표면적으로는 개인의 자립이나 이익추구라는 보편 가치를 지향했지만, 실제로는 '공리주의'적 가치와 공공성이라는 국민의 규범형성을 교육의 궁극적 목표로 설정했다. 자본주의 체제를 기본으로 하는 국민국가는 필연적으로 개인의 자각과 상호경쟁을 사회발전의 동력으로 삼고, 이러한 환경 속에서 국민의 공공성을 어떻게 확보할 것인지가 교육 과제로 등장하기 마련이었으나, 신정부의 교육정책은 천부인권이나 사민평등, 자유민권주의 사상이라는 말로 대표되는 자아의 각성과 실현이라는 개인의 독립적인 사

---

[11] 쓰지모토 마사시 외 지음, 이기원·오성철 역, 『일본 교육의 사회사』, 352쪽.

[12] 윤종혁, 『한국과 일본의 학제 변천 과정 비교 연구』, 23-24쪽.

상을 키우는 교육관을 겸비하지 못했다.

메이지 신정부의 근대국가로서의 출발은 이미 알려진 것처럼 1869년의 판적봉환(版籍奉還)과 1871년의 폐번치현(廢藩置縣)으로 대표되는 행정구역의 재편, 태정관(太政官)을 중심으로 하는 행정조직의 재편을 거치며 중앙정부의 체제를 갖추게 되었고, 1889년에는 대일본제국헌법의 제정을 통해 천황 중심의 입헌정치체제를 완성했다. 이 일련의 과정에서 메이지 정부는 1869년 2월 '부현시정순서(府縣施政順序)'의 포고를 통해 각 부와 현에 일반인 자녀를 대상으로 소학교 설치를 장려했다. 이로써 일본에서는 전국적인 범주에서 보통학교가 설립되었는데, 교육내용은 대부분 이전 시기의 寺子屋의 그것과 비슷했다. 소학교에서는 독서와 산술을 통해 서간과 계산에 관한 지식을 가르쳤고, 동시에 강담을 통해 '충효사상'을 고취시켰다. 또 1870년 2월에는 양학을 주요 내용으로 하는 '대학규칙'과 '중소학교규칙'을 공포했고, 도쿄에 외국어 학습을 중심으로 한 소학교 6개교가 설립되었다. 이어서 1871년에는 문부성이 설치되어 이들 각종 학교를 포함한 각 부현의 학교도 문부성의 통괄 아래에 놓이게 되었다.[13]

1872년 8월 초대 문부경(文部卿)으로 취임한 오키 다카토(大木喬任)는 '학제'를 공포했다. '학제'는 국가교육의 핵심을 이루는 학교 교육에 관한 제도이다. '학제'를 통한 신식학교의 창설 과 정비, 교육내용과 시행에 관련된 각종 포고, 거기에다가 칙어 형식으로 반포된 국가의 교육이념과 목표의 제시는 사회 전반에 절대적인 영향을 미쳤다. '학제' 반포를 계기로 일본은 전국 규모의 학교제도 창설에 착수함과 동시에, 서

---

13) 山村俊夫, 「明治前期に於ける歷史敎育の動向」, 『敎育學雜誌』 10, 1976; 武田晃二, 「明治初期における 『普通敎育』槪念」, 『岩手大學敎育學部敎育硏究年報』 50-1, 1990 등을 참조.

구 학제를 모방하여 근대 교육으로의 전환을 모색했다. 전국을 8개 대학구, 256개 중학구, 53,760개 소학구라는 학구제로 나누어 대학구에는 대학교, 중학구에는 중학교, 소학교에는 소학교를 각각 설립한다는 계획이 수립되었다.[14]

'학제'의 교육 이념은 흔히 '학제 서문'이라 불리는 태정관 포고 214호 '학사 장려에 관한 피앙출서'(學事獎勵に關する被仰出書, 이하 '학제 서문')를 통해 확인할 수 있다.

사람들이 입신하고 치산하며 창업함으로써 그 삶을 완수하는 연유는 다름 아닌 스스로 수신하고 지식을 넓히며 재능과 재예를 신장시키는 것에 있다. 그런데 이는 배우지 않으면 안 된다. 이것이 바로 학교를 개설하는 이유이다. 日用常行·言語·書算을 비롯하여 士官·農商·百工·技藝·법률·정치·천문·의료 등에 이르기까지 무릇 사람이 영위하는 것에 배움이 관계되지 않는 것이 없다. 사람은 그 재능에 따라 勉勵하여 이에 종사함으로써 비로소 삶을 다스리고 산업을 일으키며 일을 번창시킬 수 있다. 학문은 입신을 위한 財本이라 말할 수 있다. 따라서 인간인 자, 그 누가 학문을 하지 않아도 된다고 할 수 있겠는가. 길을 잃거나 기아에 빠지고 집안을 망치거나 몸을 망치는 무리들은 필경 不學에 의해 그러한 잘못을 저지르는 것이다. 종래 학교를 설립한 이후 많은 해가 지났다고는 해도 혹은 그 방도를 얻지 못하여 사람들이 그 방향을 잘못 잡아 학문은 士人 이상이 하는 일이라 여겨 농공상과 부녀자에 이르러서는 이것을 도외시하고 학문이 무엇인가를 분별하지 못한다. 또한 사인 이상의 드물게 배운 자들도 자칫하면 학문은 국가를 위해 하는 것이라 주장하며 입신의 기초임을 모르고, 혹은 詞章記誦에 경주하며 空理虛談의 길로 빠져들어 그 논리가 고상한 것 같아 보이기는 해도 이를 身行事施할 수 없는

---

14) '학제'의 구상은 초대 문부경 오키 다카토를 중심으로 미쓰쿠리 린쇼(箕作麟祥) 등 양학자들이 작성한 초안에 기초하고 있다. '학제'의 제정과정에 대해서는 柿沼肇, 『近代日本の敎育史』(敎育史料出版會, 1990), 40-44쪽 참조.

것이 적지 않다. 이것은 즉, 沿襲의 習弊이어서 문명이 보급되지 않고 재능과 재예가 신장되지 않아 貧乏·破産·喪家한 무리가 많은 이유이다. 이 때문에 사람은 배우지 않을 수가 없다. 이것을 배우기 위해서는 응당 그 취지를 잘못 이해하면 안 된다. 이에 이번에 문부성에서 학제를 정해 순서에 따라 교칙 또한 개정하여 포고에 이르러야 하기에 앞으로 일반 인민 화족·사족·卒族·농민·기능인·상인 그리고 부녀자는 반드시 마을에 불학하는 집이 없고 집에 불학하는 자가 없을 것을 기대한다. 사람의 부형인 자 잘 이 뜻을 體認하고 그 愛育의 정을 두텁게 하며, 그 자제로 하여금 반드시 학문에 종사하지 않는 자가 없도록 해야 할 것이다. 高上의 학문에 이르러서는 그 사람의 재예에 맡긴다 하더라도 幼童의 자제는 남녀의 구별 없이 소학에 종사케 하지 않는 것은 그 부형의 越度인 것. 단, 종래의 연습의 폐학문은 사인계급 이상의 일이고 국가를 위해하는 것이라 주창함으로써 학비와 그 의식의 비용에 이르기끼지 대부분을 관에 의뢰하고 이것을 얻지 못하면 배우지 않겠다고 생각하여 일생을 自棄하는 자가 적지 않다. 이 모두 몹시 곤혹스러운 일이다. 앞으로 이러한 폐를 고쳐 일반 인민이 다른 일을 내던지고 스스로 분기하여 반드시 학문에 종사하도록 터득해야할 것이다.

이상과 같이 仰出되었음으로 지방관에서 邊隅 小民에 이르기까지 누락되는 일이 없도록 적절히 해석을 더해 정세히 申論하기를 문부성의 규칙에 따라 학문이 보급될 수 있도록 방법을 만들어 시행해야 할 것이다.[15]

'왕의 뜻을 물어보기 위해 바치는 문서'의 형식인 '학제 서문'에서는 학문을 하는 목적이 개인의 입신출세에 의한 풍요로운 삶을 살아가는 것에 있으며, 그것을 위해 '지식재예'가 필요하고 그것을 배울 수 있는 곳이 학교라고 정의했다. 대단히 실용적이며 자유주의적인 근대 실학 교육사상과 공리주의에 입각한 교육 이념의 설정이라고 말할 수 있다.

---

15) 山住正己, 『敎育の體系 日本近代思想大系 6』 (岩波書店, 1990), 31-32쪽(원본은 『法令全書』 5-1).

즉, 종래의 봉건적 교육은 '나라를 위함'이라고 하면서도 "詞章記誦에 경주하며 공리허담의 길로 빠져"있다며 이를 비판한다. 따라서 개인의 입신·치산·창업의 근본이 되는 학력을 키우는 것이 진정한 교육이며, 학문은 '입신의 재본(財本)'을 위한 '실학'이어야 함을 강조하고 있다.

'학제 서문'은 국가주의 관점을 고수한 계몽주의 교육사상가 후쿠자와 유키치(福澤諭吉)의 『학문의 권장(學問のすすめ)』등의 교육사상의 영향을 받아 사민평등, 계몽주의, 지식주의, 권학주의라는 실용성과 공리성에 기초한 '국민개학(國民皆學)'과 교육의 기회균등을 이상으로 삼았다. 특히 '국민개학'이라는 부분에서 종래의 학문은 주로 "사인(士人) 이상이 하는 일"이라 생각했는데, 여기에서는 "사람은 배우지 않을 수 없다."며, "이후에 일반 인민 화족·사족·졸족(卒族)·농민·기능인·상인 그리고 부녀자는 반드시 마을에 불학(不學)하는 집이 없고 집에 불학하는 자가 없을 것을 기대한다."고 명시했다. 또 "고등 학문은 그 사람의 재능에 맡긴다 하더라도", 아동들은 "남녀 구별 없이 소학교에 다니게 해야 한다."며 초등교육을 중시하고 학문의 기회균등과 차별을 없앤 '국민개학'의 사상이 엿보인다.

또 '학제 서문'은 마지막 부분에서 학비를 관에 의존하고 관급(官給)이 지급되지 않으면 배우지 않겠다는 것은 "종래 연습(沿襲)의 폐"라며, "지금 이후 이들 폐를 고쳐 일반 인민이 다른 일을 내던지고 스스로 분기하여 반드시 학문에 종사하도록 터득해야 할 것"이라 정의한다. 교육비는 인민 스스로가 부담하라는 뜻인데, 재정적 준비 없이 학제를 반포할 수밖에 없었던 신정부의 재정적 어려움을 느끼게 하는 대목이다. 당시 인민들이 새로운 학제에 반대하는 행동에 나선 데에는 이와 같은 교육비 부담도 한몫했음에 틀림없다.[16]

이상과 같이 1872년 일본 최초의 '학제'의 내용을 살펴보았다. '학제'는 당시 개명적인 하급 무사 계층이 직접 목격했거나 배운 서구의 평등주의 사상과 인권사상을 기반으로 하는 '국민개학'을 전면에 내세우며, 종래의 '공리허담'을 배격하고 서양의 과학기술과 문명을 받아들이자는 실학주의 사상을 강조하고 있다는 면에서 분명히 이전과 구별되는 획기적 교육이념을 제시한 것이었다. 국민의 부강과 융성을 위해서는 국민에 대한 교육이 절대적이라는 인식이 '학제'의 기본 이념이었다. 황학파가 시도했고 좌절했던 복고주의적 '학사제'의 실패를 교훈삼아 새로운 시대의 도래에 대응할 수 있는 참신한 교육제도의 구상이었다.

그러나 '학제'가 반포되었다고 해서 일반 국민이 곧바로 새로운 학교교육을 자각한 것은 아니었다. 근대적인 공교육 제도를 발전시키기 위한 일본의 사회경제적인 조건도 아직은 충분히 성숙되지 않은 상태였다. 메이지 신정부가 근대 교육의 기본 이념으로 삼았던 '동양도덕·서양예술', '화혼양재'라는 동서양의 가치를 절충한 교육이념이 자취를 감추고, 오로지 '서양예술'과 '양재'를 통한 개인의 입신출세주의만을 중시하고 있다는 점, '학제'의 반포를 통해 교육의 자율성에 대한 억압과 이전의 전통적 학문 세계와의 단절과 괴리에 따른 반발 등은 자유교육령의 등장을 초래하게 만드는 내적 모순이자 한계로 작용했다.

---

16) 실제로 문부성이 학제에 따른 소학교 설치를 강력히 추진하자 전국 각지에서 소학교에 불을 지르거나 교사를 습격하는 등의 사건이 일어났다. 소학교는 근대건축으로 지어졌고, 서양 복장의 교사들은 지역 주민들에게는 그야말로 전통 고수에서 얻을 수 있는 안정감을 해치는 이질적 '서양예술'의 전도사로 비쳤으며, 여기에서 오는 불안감이 새로운 학제에 대한 반발로 이어졌다. 한마디로 비일상적 공간으로서의 학교의 등장과 이를 강제하면서도 재정을 부담시키고, 교육내용을 강제·통제한다는 것에 대한 불만이었다고 할 수 있다.

3. 국가주의 교육으로의 전환과 '학제' 개혁

1872년 이후 시행된 '학제'는 정책적으로 많은 어려움이 뒤따랐다. 프랑스의 학구제(學區制), 독일의 독학제(督學制) 등 유럽에서도 검증되지 않은 초창기 제도를 모방하여 만들어진 학제는 여러 면에서 일본 현실에 적합하지 않았다. 또 모두 109장 213조에 이르는 '학제'의 시행 규칙은 각 지역의 특수한 사정을 고려하지 않은 인위적 제도이자, 인간의 자유를 일률적이며 획일적 구속하는 규정이었다. 교육 내용 또한 너무 서양적이었다. 더욱이 수급자 부담 원칙이라는 학비의 과도한 부담과 강제취학의 규정 등은 취학에 대한 거부로 이어졌고, 취학을 하더라도 학비 지출을 거부하는 등의 거센 반발이 일어났다. 한학이라는 전통적 학문방식을 지양하고 개인의 입신출세를 지향하는 '실학'을 중시했던 점은 세계사적 흐름에 부합하는 시대정신의 구현이라는 점에서 충분히 납득할 수 있으나, 이후의 '교육령'과 '개정교육령'의 교육이념을 통해서도 알 수 있듯이 일본의 전통적 교육 이념이자 일본 국체 형성의 일익을 담당했던 유가사상을 철저히 무시했다는 점에서 많은 이들의 반발을 샀다.

다나카 후지마로(田中不二麻呂), 기도 다카요시(木戸孝允) 등 당시의 문부성 수뇌 또한 새로운 학제에 대해 처음부터 불만과 반대 입장이었다. 문부담당 이사관으로 서구의 교육제도를 조사하고 시찰할 목적으로 이와쿠라 사절단에 동행했던 다나카는 그들이 조사한 결과를 바탕으로 새로운 학교제도가 만들어져야 한다고 주장했지만, 정부가 그들이 부재한 상태에서 새로운 학제를 반포했다는 사실에 반발하면서, 학제의 교육이념이 너무 개화주의에 치중되어 있다는 점, 서구 교육제도에 대한 인식이 일면적이라는 점 등에 대해 강한 불만을 표시했다.[17)]

이에 문부대보(文部大輔)로 문무성의 실권자 자리에 오른 다나카는 1878년 5월 학제의 '소학교칙'을 폐지하고 학교별 교칙 제정권을 인정했다. 즉, 국가에 의한 획일적이며 강제적 교육행정 체계를 지역주민의 자발적 참여에 의해 구성하게 하는 자율적 행정으로 전환한 것이었다. 같은 해 종래의 학제를 대신하는 교육법령으로서 '교육령'을 입안하고, 이듬해인 1879년에 이를 반포함으로써 종래의 학제를 대신했다.

다나카의 새로운 교육령은 그가 실제로 조사하고 경험했던 미국의 교육제도를 참고로 만들어졌다. 이전의 학제가 유럽의 교육제도를 모델로 만들어졌다면, 다나카의 교육령은 모델이 미국으로만 바뀌었을 뿐 서양 교육제도를 기초로 만들어진 정책이라는 점에서는 별반 다르지 않았다. 그러나 연방제나 각 주의 자치를 인정하는 미국의 교육법을 모델로 한 새로운 교육령은 많은 부분 개인과 교육의 자율성을 보장했으며, 그런 의미에서 '자유교육령'이라 불리기도 했다.[18]

다나카는 미국인 학감 머레이(David Murray, 1830-1905)[19]의 도움을 받아 자유주의·권학주의적인 교육제도를 구상했다. '교육령'에서는 강제 취학과 정부의 간섭을 최대한 배제했고, 앞에서 말했듯이 획일적인 '소학교칙'을 폐지하고 각 학교에 교칙편성권을 위임하는 등 47조로 구성된 자유교육법령을 마련했다. 교육 목표 또한 개인의 입신이 아닌 '국가의 복지'에 두었다. '덕육'을 수반하지 않는 문명개화가 지닌 위험

---

17) 쓰지모토 마사시 외 지음, 이기원·오성철 역, 『일본 교육의 사회사』, 356쪽.

18) 이권희, 「메이지(明治) 전기 국민국가 형성과 교육—학제(學制)의 변천과 창가(唱歌) 교육을 중심으로—」, 169-172쪽 참조.

19) 머레이는 미국주재 대리공사 모리 아리노리(森有礼)에게 일본 교육에 관한 의견을 제출한 것이 계기가 되어 이와쿠라 사절단 일행의 관심을 받게 되었고, 이에 1873년 문부성의 고문으로서 초빙되어 督学官(이후 학감)으로서 메이지 초기의 문부 행정의 중심적 지위에 있던 다나카 후지마로를 도와 학제 개정에 일조했다.

성을 경계하면서 '덕육'과 '지육'을 국민교육의 내용으로 삼았다. 요컨대 '교육령'은 국민의 공공의식 형성에 중점을 둔 것이었다.[20]

그러나 이런 교육령을 접한 일반 국민은 정부가 교육에 대한 의지를 포기했다고 판단했다. 그도 그럴 것이 당시 아직 지방자치가 실시되지 않고 있던 상황에서 교육자치라는 개념을 일반 국민이 이해할 수도 없었고, 교육재원 절감을 위해 소학교를 없애거나 통폐합하는 곳이 속출했기 때문이다. 다나카의 교육령은 당시 실정과는 맞지 않는 이상주의적인 교육제도였으며, 이는 결과적으로 취학률 저하로 나타났다. 이에 대한 책임을 지고 문부경 기도 다카요시와 다나카는 자리에서 물러나고, 상황을 타개하기 위해 이른바 '개정교육령'이라 불리는 두 번째 교육령이 만들어졌다.[21]

1885년 이토 히로부미(伊藤博文) 내각의 초대 문부대신 자리에 오른 모리 아리노리(森有礼)는 독실한 기독교도였던 만큼 교육목표를 박애주의 정신의 함양과 애국심 고양을 통한 국가주의 형성에 두었다. 모리는 1886년에 기존의 교육령을 대신하여 학교 종별로 '소학교령'·'중학교령'·'사범학교령'·'제국대학령'의 네 개의 개별 정령을 반포하고, 학교 종별로 차별되는 교육목표를 명확히 제시했다. 국민은 지위나 신분 또는 능력에 따라 교육목표를 달리해야 한다는 모리의 교육신념에 기초한 것이었다. 제국대학은 일본의 근대화에 필요한 서양의 실학적 학문을 수학한 고급관료를 키우기 위한 기관으로서 여러 특권과 학문의 자유를 부여받았다. 중학교는 제국대학에 입학하기 위한 학문적 소

---

20) 쓰지모토 마사시 외 지음, 이기원·오성철 역, 『일본 교육의 사회사』, 361쪽.

21) '교육령'은 1880년과 1885년에 두 차례 개정된다. 1880년의 이른바 개정교육령은 다나카 후지마로를 중심으로 추진된 자유화정책을 부분 수정한 것이고, 1885년의 개정은 지방재정의 악화에 따른 세부규칙의 부분 개정이었다.

양과 자격을 갖추기 위한 준비 기관이었으며, 소학교는 심상(尋常)과 고등(高等) 두 단계로 나누고 심상소학교 4년 과정에 취학하는 것을 국민의 의무로 명시했다. 사범학교는 장래의 교원들에게 철저한 국가주의적 이데올로기를 심어주기 위한 기관으로서 특히 중시되었다.

다나카가 국가주의 형성을 위해 국어와 역사교육을 강조했다면, 모리는 '천황제'에 주목했다. 즉, 1880년의 '개정교육령' 반포 이후의 교육 이념은 당시 일본 사회 전반에 걸친 '구화사상(歐化思想)'에 대한 자성의 목소리와 전통유학과 '존황사상'을 합체시켜 강력한 신민을 형성할 수 있는 새로운 '황도주의 이데올로기의 형성'이었다.[22] 즉, 모리의 교육이념은 종래의 입신출세주의 · 실용주의적 교육에 '수신주의'적 교육을 조화시킨 '국가주의' 확립이었는데, 이 같은 신념은 1879년 메이지 천황의 명의로 발표된 '교학성지(教學聖旨)'와 무관하지 않을 것이다. 교학성지는 메이지유신 이후 서양의 실학적 교육 사조를 비판하고, '인의충효'의 전통적 유교주의를 바탕으로 하는 '덕육교육'을 강조하는 내용으로 구성되어 있다. 앞으로의 교육이 천황 중심의 절대주의 국가에 적합한 '신민 만들기'라는 이념의 구현 방식으로 전개되리라는 사실을 예고하는 것이었다.

교학의 핵심은 인의충효를 분명히 하고 지식 재예를 연마해 인간의 도리를 다하는 것으로, 이것은 우리 조상으로부터의 훈이고 국전의 대지로, 상하 일반을 교화하는 것이다. 그러나 근래에 들어 오로지 지식 재예만

---

[22] 1880년 문부성에서 교과서로 사용이 부적합한 서적의 명단이 발표되었는데, 이들 대부분은 이전 시대의 계몽적 양학자의 서책이었다는 것은 '학제'의 교육이념에 대한 부정이라는 의미를 갖는다. 福澤諭吉의 『通俗國權論』, 『通俗民權論』, 箕作麟祥의 『泰西 勸善訓蒙』, 加藤弘之의 『立憲政体論』 등이 대표적이라고 할 수 있다. 中村紀久二, 『教科書の社會史 — 明治維新から敗戰まで』(岩波新書, 1992), 49쪽.

을 중히 여겨 아직도 문명개화만을 쫓아 풍속을 어기고 해치는 자가 적지 않다. 그러한 자들은 유신의 시작 주로 예로부터의 나쁜 습관을 타파하고 넓은 세상의 탁견으로 일시 서양의 장점을 취해 일신의 효과를 보려했지만, 그런 유폐들은 인의충효를 뒤로 하고 헛되이 양풍, 이것을 경쟁하니 장래가 두렵고, 군신부자의 대의를 깨닫게 하려 해도 그 방법을 알 수 없다. 이것은 우리나라의 교학의 본의가 아니기에 앞으로는 조종의 훈전에 기초해 오로지 인의충효의 길을 분명히 하고, 도덕의 가르침은 공자를 주로 하여 사람들이 성실품행을 존중하고 그러한 후에 각 분야의 배움은 그 재기에 따라 더욱 외장하고, 도덕재예의 본말을 갖추어 大中至正의 교학을 천하에 포만 시키려 함은 우리나라 고유의 정신이어서 세계에 부끄러움이 없을 것이다.[23]

모토다 나가자네(元田永孚)가 기초한 '교학성지'는 '교학대지(敎學大旨)'와 '소학조목이건(小學條目二件)'으로 구성되어 있다. 천황의 시강(侍講)이었던 모토다는 1879년 천황의 북륙(北陸), 동해(東海) 지역 순행(巡幸)이 있은 후 천황의 교육에 관한 시찰 의견이라며 당시 내무경(內務卿)이었던 이토 히로부미와 문부경이었던 데라지마 무네노리(寺島宗則)에게 '교학성지'를 제출했다. '교학대지'에서는 교육을 크게 '인의충효(仁義忠孝)'와 '지식재예(知識才藝)'를 위한 교육으로 구분했고, '지식재예'보다는 '인의충효'를 우선시했다. 또한 교육은 모름지기 '인의충효'를 분명히 하고 지식재예를 연마하여 인간의 도리를 다하게 만드는 것이라 정의했다. 문명개화 이후 만연하고 있던 '양풍 존중사상'을 경계하고, 유교, 특히 공자의 가르침을 도덕교육의 기본으로 삼아야 할 것을 강조하고 있다. 봉건적 유교주의, 황도주의의 관점에서 실학주의 사상을 비판한 대표적 사례로 절대 권력에 의한 교육의 정의였으며, 교

---

23) 山住正己, 『敎育の體系 日本近代思想大系 6』, 78-79쪽(원본은 國立國會圖書館憲政資料室藏, 「元田永孚關係文書」).

육에 있어서의 '유교주의 정신'의 부활이었다고 평가할 수 있다. 또 '소학조목 2건'은 다음과 같다.

ㅡ 인의충효의 마음은 모든 사람이 갖고 있다. 그러나 어릴 적부터 그것을 뇌리에 감각하게 하고 배양하게 하지 않으면 다른 여러 것들이 이미 귀에 들어오고 선입견이 주가 될 시에는 후에 어찌할 수가 없다. 그런 연유로 현재 소학교에 급도를 갖고 있으니 그에 준해 고금의 충신의사 효자절부의 화상, 사진을 걸어 아이들이 학교에 처음 입학했을 때 우선 이 화상을 보여주고 그 행사의 개략을 설명해 가르치고 충효의 대의를 첫째로 뇌수에 감각할 수 있게 하는 것이 중요하다. 그러한 다음에 여러 물건의 이름을 알게 하면 후래 사효의 성으로 양성하고 박물을 둚에 있어 본말을 그르치는 일이 없어야 힐 것이다.

ㅡ 지난 가을 각 현의 계교를 순람하고 친히 학생들의 예업을 시험해 보니 농상의 자제가 대답하는 것의 대부분이고 고상한 공론만 많고 서양 말을 잘 한다지만 이것을 우리말로 번역하지도 못했다. 이러한 아이들이 훗날 학교를 졸업하고 집에 돌아가 다시 본업에 종사하면 어렵고 또한 고상한 공론을 가지고 관리가 된들 아무 짝에도 쓸모가 없을 것이다. 그 박문함을 자랑하고 윗사람을 깔보고 현관의 방해가 되는 자 또한 적지 않다. 이것은 모두 교학의 참된 길을 얻지 못한 폐해이다. 이에 농상에는 농상의학과를 만들고 고상함에만 빠지지 말고 실지에 기초해 훗날 학업을 이룰 시에는 본업으로 돌아가 더욱 더 그 업을 성대케 하는 교칙이 있었으면 한다.[24]

서양학문에 경도되어 있는 현실을 비판하면서 소학교 교육을 통해 전통적 도덕관을 가르치는 것이 무엇보다도 중요하다는 점을 강조하고 있다. "고금의 충신·의사·효자·절부의 화상, 사진을 걸어 아이들

---

[24] 위의 책, 78-79쪽.

이 학교에 처음 입학했을 때 우선 이 화상을 보여주고 그 행사의 개략을 설명해 가르치고 충효의 대의를 첫째로 뇌수에 감각할 수 있게 하는 것이 중요하다.”는 구체적 교육방법을 제시하고, ‘인의충효’의 정신을 어린 시절부터 아이들의 뇌리에 각인시키라고 교시하고 있다. 교학성지를 통한 교육내용의 전환배경에는 메이지헌법(대일본제국헌법)의 제정·반포(1889)로 인해 통치대권(1조)과 신성불가침권(3조), 군대의 통수권(11조1)을 부여받게 되었고, 수상임명권과 예산안 재가권을 갖는 등 사실상 모든 권력이 천황에게 집중되는 정치적 흐름과 무관치 않으며, ‘충군사상’을 유교적 정신으로 뒷받침하려는 의도가 있었다. 즉, 국체사상 형성을 위한 유교주의적 교육을 확립하려는 시도였다.

또 다른 배경으로 당시 대두되기 시작한 자유민권운동에 대한 억압을 들 수 있을 것이다.[25] 메이지 정부는 자유민권운동에 대한 민중교화책으로 유교주의적 도덕교육을 적극 활용했다. 이는 ‘자유교육령’에 의한 자유주의 교육사조로부터 정부에 의해 강제되고 통제되는 ‘간섭주의’ 교육으로의 완벽한 회귀를 의미했다. 1880년의 ‘개정교육령’을 통해 소학교의 교과목에 처음으로 ‘수신’, 즉 ‘도덕’이 포함된 것은 이러한 ‘교학성지’의 정신을 실천적으로 구현한 것이었다.

이와 같은 모리의 이념, 나아가 메이지 정부의 교육이념은 1890년 10월 30일 ‘교육칙어’ 공포에 의해 더욱 강화되었다. 교육칙어는 유교의 교의나 일본의 고전에서 추출해낸 이념에 입각하여 국민의 행동규범을 제시하고, 천황절대주의에 기초한 국체관을 분명히 밝히고 있다. 또한 교육은 ‘인의충효’를 절대시하는 국민사상의 통일을 위한 수단에 불과하고, 교육의 목적 또한 진리탐구나 개성의 신장이라는 근대교육의 보편

---

25) 山住正巳, 『日本敎育小事』(岩波新書, 1987), 36쪽.

적 가치의 실천이 아니라 헌법으로 보장하고 있는 국체, 즉 천황에게
충실한 신민의 육성, 천황에 대한 충성과 애국심을 강화에 있었다.

> 짐이 생각건대 우리 皇祖皇宗이 나라를 연 것이 宏遠하고 덕을 세움이
> 深厚하다. 우리 신민이 지극한 충과 효로써 億兆蒼生의 마음을 하나로
> 하여 대대손손 그 아름다움을 다하게 하는 것, 이것이 우리 國體의 精華
> 이고 교육의 연원이 실로 여기에 있다. 그대들 신민은 부모에게 효도하
> 고 형제간 우애하며, 부부 서로 화목하고 붕우 서로 신뢰하며 恭儉하고,
> 박애를 여러 사람에게 끼치며, 학문을 닦고 기능을 익힘으로써 지능을
> 계발하고 덕기를 성취해 나아가 공익을 널리 펼치고 세상의 의무를 넓히
> 며, 언제나 국헌을 존중하고 국법을 따라야 하며, 일단 위급한 일이 생길
> 경우에는 義勇을 다하며 공을 위해 봉시함으로써 천양무궁이 황운을 扶
> 翼해야 한다. 이렇게 한다면 그대들은 짐의 충량한 신민이 될 수 있을 뿐
> 만 아니라 그대들 선조의 遺風을 현창하기에 족할 것이다.
> 이러한 도는 실로 우리 황조황종의 유훈으로 자손과 신민이 함께 준수
> 해야 할 것들이다. 이것을 고금을 통하여 어긋나게 해서는 안 될 것이다.
> 이를 중외에 베풂에 있어 도리에 어긋남이 있어서는 안 될 것이다. 짐은
> 그대들 신민과 더불어 拳拳服膺하며 널리 미치게 하고, 그 덕을 함께 공
> 유할 것을 바라마지 않는다.[26]

이렇듯 메이지 초기에 지향했던 근대 서양의 합리주의 정신에 기초
한 실학적 지식주의 교육은 1880년 '개정교육령' 이후 철저히 유교적 정
신에 입각한 인간형성의 원리와 '덕교사상' 교육으로 전환되어 갔다.

모리에게 계몽된 국민이란 교육에 의해 무지몽매한 인간이 계발되
어 바른 지식을 통한 사리분별의 능력을 갖고, 스스로 정사선악(正邪善
惡)을 구별할 수 있는 주체적이며 자립적인 인간이 아니라, 국가주의라

---

26) 『官報』 1890년 10월 31일자(國立國會圖書館デジタル化資料, 2013년 4월 25일 열람).

는 테두리 안에서의 '선량한 신민'을 의미했다. "제국신민으로서의 의무를 충분히 다하고", "기질이 확실하고 잘 국역에 힘쓰며, 또한 잘 신분에 따라 기능하는" 인간이었다. 모리가 이상으로 생각했던 국민은 국가의 방침에 무비판적으로 복종하는 인간이었다. 교육이야말로 '국가 부강의 근본'이라 생각했던 모리는 자신이 직접 체험한 선진화된 서구 제국의 정치·경제·문화·교육 현황을 참고했고 일본의 근대국가 건설에 필요한 방법을 서구에서 찾았지만, 일본의 풍토·역사·민족성을 고려해야 한다는 미명 아래 1886년에 종래의 '교육령'을 대신하는 '소학교령'·'중학교령'·'제국대학령'·'사범학교령' 등의 개별 학교령 발령을 통해 학교체계를 구축했다. 국가주의 체제를 공고히 뒷받침한다는 그의 교육사상과 그 구체적 실천은 이후 1945년 패전까지 군국주의의 색채를 더해가며 고정화되어 나갔다.

4. '애국심' 배양 장치로서의 역사교육

일본의 근대교육은 다른 제도의 개혁과 마찬가지로 메이지 신정부의 교육에 관한 개혁의 일환으로 추진되었다. 근대 국민국가로서의 일본의 완성은 교육제도의 개혁과 그 제도를 바탕으로 하는 국민교육의 구체적 가치 설정, 그리고 이를 실천해 나아가는 과정 속에서 배출된 인재들의 활약에 의해 가능했기 때문이다. 여기에서 한 가지 주목해야 할 것은 앞에서도 서술한 '인의충효사상'을 육성하는 과정이 주로 학교를 중심으로 비합리적·정서적·심리적 측면으로 이루어졌다는 점이다. 역사교육은 '학제' 반포 이후 교육과정에서 단연 중요한 역할을 담당했다. 이하에서는 일본의 소학교용 역사교과서가 각 시기별로 어떻

게 변용되었는지를 살펴봄으로써 '애국심' 배양 장치로서의 역사교육의 실태를 살펴보자.[27]

1) 메이지 초기의 개화 · 계몽주의 역사교과서

1872년 '학제' 반포 이후에 문부성은 소학교용 역사교과서로 『사략(史略)』(1872년), 『만국사략(萬國史略)』(1874년), 『일본약사(日本略史)』(1875년)의 3부작을 저작 · 간행했다. 3부작 가운데 당초 『사략』은 현재 5학년 2학기에 해당하는 上等小學 제7급용, 『일본약사』와 『만국사략』은 제6급 이상용이었다. 메이지 초기 소학교 역사교육 커리큘럼은 『사략』을 통해 초보적인 역사지식을 배우고, 그 위에서 일본역사와 외국역사를 교습시키는 구조였다.[28]

『사략』은 어린 학생에게 일본사과 외국사를 암송시키기 위한 교과서였다. 교과서의 내용은 권1「황국」, 권2「지나」, 권3 · 4「서양」상 · 하로 구성되었다. 일본, 지나, 서양이라는 순서로 역사지식을 넓히는 형태였다. 「황국」은 신대(神代)로부터 인대(人代)로의 전환을 강조하는 것으로, 인대의 시작은 진무천황(神武天皇)이고, 122대에 걸친 천황가의 역사였다. 근대 소학교 일본 역사교과서의 최초의 출발점이 신의

---

27) 이하의 역사교과서의 시기구분은 기마타 기요히로(木全清博)의 구분에 따른다 (木全清博, 『近代日本の教科書のあゆみ』(サンライズ出版, 2006). 또 국정 역사 교과서의 시기구분은 가라사와 도미타로(唐澤富太郎)에 따르면, '자본주의 흥륭기의 근대적 교과서(제1기 국정교과서)', '가족국가 윤리에 의거한 수신교과서)제2기 국정교과서)', '다이쇼 데모크라시 시기의 교과서(제3기 국정교과서)', '파시즘 대두기의 신민교육의 강화(제4기 국정교과서)', '초국가주의와 밀리터리즘의 교과서(제5기 국정교과서)'로 구분하고 있다. 唐澤富太郎, 『日本の近代化と教育』(第一法規出版社, 1978).

28) 山村俊夫, 「明治前期に於ける歴史教育の動向」, 41쪽.

세계에서 시작한 천황의 역사였다는 것을 강조했다.[29]

일본의 역사만이 아니라 동양과 서양의 역사에도 시야를 넓혀 세계의 역사적 발전의 방향을 배운다는 의도에서 소학교용 상급『만국사략』이 간행되었다.『만국사략』은 아시아, 유럽, 미국 등에 대한 각국의 역사를 간략하게 서술하는 형식이었다. 이 교과서는 당시 번역되어 보급되었던『パーレー萬國史(Parley's Common School History of the World)』와 기타 서양 역사서의 원전을 아동용으로 재편집한 것으로 알려져 있다. 만국사의 내용은 정쟁과 전쟁, 정복 등의 사실이 많았다.

『일본약사』사범학교 편집 기무라 마사코토(木村正辞) 편은 범례에서 소학교 수업시간이 적기 때문에 간략하게 서술했다고 밝히고 있다. 그러나 실제로는 매우 상세한 '천황의 역대사'의 기술을 통한 일본통사였다.『일본약사』는 고사기와 일본서기에 기초하여 신대 부분을 제외한 제1대 진무천황의 사적을 서술하는 것으로부터 시작한다.[30]

메이지 초기 문부성 저작교과서의 기본적 성격은 계몽주의=개명주의적 교육에 있었다. 소학교 역사교육으로 외국사, 지리교육으로 외국지리 교과서가 사용되어 지식을 폭넓은 세계에서 찾았다. 메이지 초기에는 역사 과목은 독립과목으로 설정되지 못하고 '문답'이나 '읽을거리' 과목 안에서 실시되는 형태였다. '문답'과 '읽을거리' 역사교과서로서 암송을 교육방법의 유력한 수단으로 수업이 전개되었다.

---

29) 文部省,『史略 1 皇國』1872(國立國會圖書館 近代デジタルライブラリー 소장).

30) 文部省 編纂,『日本略史』(積玉圃, 1878, 國立國會圖書館 近代デジタルライブラリー 소장).

2) 메이지 중기의 존왕 · 애국주의 역사교과서

메이지 시기 역사교육은 메이지 천황이 문부성에 지시를 내린 사항이 역사교육에 직접 영향을 미쳤다. 앞에서도 언급한 1879년의 '교학성지'는 그 대표적인 사례이다. '교학성지'는 교육 전체 방향에 대해 구미의 교육사상 편중을 지적하고 인의충효의 가르침을 중시하면서 "도덕의 가르침은 공자를 주로 하여 사람들이 성실품행을 존중하고 그러한 후에 각 분야의 배움은 그 재기에 따라 더욱 외장하고, 도덕 재예의 본말을 갖추어 大中至正의 교학을 천하에 포만시킬 수 있는"[31] 일본의 교학을 확립해야 하다고 강조했다. 이를 계기로 모든 소학교 교과에서는 '인의충효를 중시하는 성지'에 따른 내용으로 개조가 시작되었다.

1881년의 '소학교 교칙강령(小學校 敎則綱領)'은 이를 구체화한 것이었다. 역사교육의 목적은 "힘써 생도가 연혁의 원인과 결과를 깨닫고 특히 존왕과 애국의 의지를 양성하는 것이다."[32]고 규정했다. 내용 항목도 정해져 '건국의 체제, 진무천황의 즉위, 진토쿠덕천황(仁德天皇)의 근검, 엔기(延喜)와 텐랴쿠(天曆)의 정치, 겐페이(源平)의 성쇠, 남북조의 양립, 도쿠가와씨(德川氏)의 치적, 왕정복고 등 긴요한 사실'과 '고금 인물의 현부(賢否)와 풍속의 변경 등의 대요'를 가르쳐야 한다고 규정되었다.

이 가운데 패전 이전 역사교육의 목적이 된 '존왕 · 애국의 의지' 양성이라는 항목은 바로 이 시기에 규정된 것이었다. '교학성지'는 강렬한

---

31) 山住正己, 『敎育の體系 日本近代思想大系 6』, 78쪽(원본은 國立國會圖書館憲政資料室藏, 「元田永孚關係文書」).

32) 黑羽弥吉 編, 『小學校敎則綱領』(黑羽弥吉, 1881), 2쪽(國立國會圖書館 近代デジタルライブラリー 소장).

천황제 이데올로기의 발로였는데 역사교육은 이러한 이데올로기를 지탱하는 교과목으로 중요시되었다. 1881년의 '소학교 교칙강령' 이후 '역사과'는 독립교과가 되었다. 기존의 소학교 외국사 교육은 폐지되어 소학교에서는 일본역사만으로 결정되었다.

메이지 시기 역사교과서에서 중요한 사실은 1881년부터 채택교과서를 감독관청에 보고하는 '개신제(開申制)'라는 신고제도가 시작되었다는 점이다. 이전에는 자유발행과 자유채택제가 채용되었다. 교과서제도의 변천은 '개신제'라는 제1단계부터 1883년의 '인가제', 1886년의 '검정제', 1904년의 '국정제'로 점차 국가통제가 강화되었다.[33]

역사교육의 목적은 1891년 단계에서는 ① '국체의 대요를 알리는 것', ② '국민의 지조를 기르는 것'으로 규정되었다. '존왕·애국'의 정신을 형성하기 위해 국체관념의 내용을 교육시켜 국민적 도의심을 육성하려는 의도였다.

'소학교 교칙대강'이 발포된 1891년은 '검정제' 교과서 제도가 확립된 해였다. 역사교과서의 내용은 "향토에 관한 史談을 비롯해 점차 건국의 체제, 황통의 무궁, 역대 천황의 성업, 忠良賢哲의 사적, 국민의 무용, 문화의 유래 등의 개략을 가르쳐 시초부터 현시에 이르기까지의 事歷의 대요를 알려야 한다."는 규정에 따라 편집되었다.[34] 역사교육의 내용은 천황을 중심으로 충량현철의 인물을 전기적으로 다루어 천황과 국가에 대한 충성심을 육성하는 것에 중심이 놓여졌다. 말하자면 '인물주의에 의한 역사교수'의 형태로 역사상 '위대'하고 '영웅'적인 인물과 중요 사건을 거론하는 방식이었다.

---

33) 谷雅泰, 「日本近代教育法制史概說」, 『福島大學教育學部論集』 7, 2001.

34) 黑羽弥吉 編, 『小學校教則綱領』(黑羽弥吉, 1881), 8쪽(國立國會圖書館 近代デジタルライブラリー 소장).

검정기 역사교과서의 대표격은 야마가타 데이사부로(山縣悌三郎)의 『제국소사(帝國小史)』였다. 이 교과서는 1893년 2권으로 발행된 것으로 서두에 "아동이 기억하기 쉽도록 만들기 위해……그 시절에 이름 높은 인물을 표제로 삼아 그 가운데 당시의 두드러진 사실을 기록했다."[35]고 밝히고 있다. 권1에서는 '우리나라', '진무천황', '야마토 다케루노미코토(日本武尊)', '진구황후(神功皇后)', '닌토쿠천황', '쇼토쿠태자(聖德太子)', '덴지천황(天智天皇)', '와케노 기요마로(和氣淸麻呂)', '간무천황(桓武天皇)', '스가와라노 미치자네(菅原道眞)', '무라사키 시키부(紫式部)', '하치만타로 요시이에(八幡太郎義家)' 등이 등장했다.

『제국소사』는 역사적인 인물을 묘사할 때 "올바른 인물과 잘못된 행위를 한 인물을 대조시켜 아동에게 잘잘못을 느낄 수 있도록 편집"[36]했다. 인물의 성격과 인격에 대해 '충성심'과 '도의심'을 중심으로 서술한 것이고, 시대와 사회 속에 위치한 해당 인물의 행동에 대한 서술은 이루어지지 않았다. '수신' 과목으로서의 역사교육이라고 말할 수 있고, 수신에 대한 환원화 경향이 강한 것으로 천황에 대한 충성심의 고저가 인물평가의 척도로 사용되었다.

3) 메이지 후기의 '국정' 역사교과서: 국정 제1기 · 제2기

1903년 1월 문부성은 일본 역사 교과서의 국정화 방침을 결정하고 최초의 국정 역사 교과서 『소학 일본역사』 1 · 2를 고등소학교 제1 · 2학년용으로 같은 해 10월에 발행했다. 국정 역사 교과서의 편집 작업에는 일본사의 실증주의학자 미카미 산지(三上參次)와 사토 죠지츠(佐藤誠

---

35) 山県悌三郎 編, 『帝國小史補 甲號』(文學社, 1895).

36) 위의 책.

實) 등이 협력했다. 국정 역사 교과서의 채용은 다음 해 1904년으로, 이 시점부터 '국정제'가 시작되었다.[37]

최초의 국정 교과서는 1904년에 수신·국어·지리·역사의 네 교과로 시작되었다. 이후 '국정제'는 다른 교과로 확대되어 1905년 산술·도화(圖畵)·쓰기, 1911년에는 이과가 각각 국정제로 전환되었다. 먼저 지정된 네 교과는 국민의 사상과 문화에 영향력을 갖고 천황제 이데올로기를 강제하는 교과로 중시되었다.

최초의 국정 역사 교과서 『소학 일본역사』의 편집 작업은 매우 단기간에 이루어졌고, 기존의 검정기에 민간이 편찬한 일본 역사교과서를 참고하면서 편집되었다고 전해진다. 이미 검정기에 정착된 '인물과 역사적 사건'을 중심으로 서술하는 방법이 주종이었다.

제1기 국정 역사교과서는 1886년부터 많은 검정기 교과서가 '신대(神代)'를 생략한 것을 수정하여 일부러 '신대'로부터 시작하는 역사교육을 부활시켰다. 민간 편찬 검정 역사교과서에는 고고학적 사실로부터 시작하는 일본 역사의 서술이 주류가 되었는데, 국정에서는 '아마테라스 오오미카미(天照大神)'를 역사의 출발점으로 삼았다. 신화와 사실의 혼동이라는 비합리적인 역사교육이 이후 반세기동안 역사교과서에서 이어진 것이다. '아마테라스 오오미카미'는 '건국의 체제, 황통의 무궁'이라는 국체관념을 창출시키고, 교과서에는 "아마테라스 오오미카미는 우리 천황 폐하의 선조입니다."[38]는 서술을 통해 천황제 이데올로기를 불가결한 지식으로 강요한 것이다.

제1기에 이어 제2기의 국정 역사교과서 『심상소학 일본역사』 권1·2가 발행된 것은 1909년이었다. 이 교과서는 1907년의 '소학교령' 개정에 따

---

37) 窪田祥宏, 「明治後期における公教育体制の動搖と再編」, 『教育學雜誌』 17, 1983.
38) 예를 들면 神谷由道 編, 『高等小學歷史 三册』 (文部省, 1891).

른 것으로 의무교육 연한 4년이 6년으로 연장되어 심상과 제5·6학년에서 역사과를 배우는 것에 대응하여 편집되었다. 그러나 이 교과서는 발행 후 곧바로 수정되어 1911년에 수정본이 발행되었다. '남북조(南北朝) 정윤문제(正閏問題)'[39]가 일어났기 때문이다.

러일전쟁 이후 국수주의 사상은 역사학과 역사교육에 '밖으로부터' 임펙트를 주었다. 남조정통론자가 중의원 본회의에서 문제로 삼아 정치문제로서 '국체의 정통성'을 논하고 문부성은 이를 받아들여 교과서를 수정하는 과정을 겪었다. 그런데 메이지 말년의『심상소학 일본역사』1909년판과 1911년판은 제2기 국정교과서로서 제1기 이후의 새로운 사실을 첨가했다. '메이지 37·8년 전역', '평화조약과 한국병합'이 그것이다. 이들 두 과는 물론 다른 과에서도 러일전쟁의 승리의 의의를 '국체사상'에서 찾아 더욱 국체관념과 충군애국의 강화를 도모하려는 의도에서 나온 것이었다.

제2기의 특징 가운데 하나는 삽화가 많이 등장한다는 것이다. 예를 들면 '진무천황 동정' 등 본문 교재와 조응한 상상도가 다수 등장한다. 삽화교재는 사실의 진위와 관계없이 '아동에게 이러한 삽화가 깊은 인상을 주어 이해를 돕고 쉽게 기억할 수 있다면 그것으로 좋다는 생각'에서 나온 발상이었다. 삽화의 남용은 어디까지나 건국의 체제와 '국체', 천황과 충신열사 등의 이해를 강요하기 위한 것이고, 아동에게 직관적으로 인물과 사실을 인상지우기 위한 장치로 활용되었다.

---

[39] '남북조 정윤문제'는 일본의 남북조 시대에서 남북 어느 쪽을 정통으로 바라볼지의 논쟁이다. 요컨대 교토의 천황과 요시노의 천황 중 누가 정통인가를 놓고 벌어진 논쟁이다. 정윤론 사건은 국가권력의 개입이라는 잘못된 형태의 정치적 사건으로 비화했다. 이에 대해서는 村田正志,『村田正志著作集 第1卷 增補 南北朝史論』(思文閣出版, 1983) 참조.

4) 다이쇼 시기의 인물 중심주의 역사교과서: 국정 제3기

제3기 국정 역사교과서는 『심상소학 국사』 상권(1920년), 하권(1921년)에 간행되었다. 이 교과서는 다음 개정판이 나오는 1934년까지 사용되어 패전 이전의 국정교과서 가운데 가장 오래 사용되었다. 기존에 소학교 역사과를 '일본역사'로 부르던 것을 '국사'로 개정하여 국가주의사상을 강조하기에 이르렀다.

제3기 다이쇼 시기부터 쇼와 초기에 걸친 교과서의 특색은 무엇보다 '인물 중심의 서술'에 있었고, 철저한 인물 중심의 역사교육을 실시한다는 점에 있었다. '국사교과서편찬취의서'에는 "인물 중심의 사실을 더욱 거론한다. 주로 인물로부터 과제를 세울 뿐만 아니라, 왕왕 교훈으로 삼아야 할 어린 시절의 일화부터 이야기를 시작하여 그 성장과정에 이르기까지 언급한다. 아동이 경앙(景仰)의 마음을 지님과 동시에 사실의 개요를 알리고자 한다."[40]고 밝히고 있다.

인물 중심의 역사교육은 『심상소학 국사』의 목차만 보더라도 52장 가운데 48장을 점하고 있다. 각 장 가운데 거론된 인물은 172명이고, 단지 인물명만 거론된 숫자를 합하면 총 인물 수는 300명 이상이다.[41] 인물은 사전에 선정되었고, 적당하지 않은 인물은 역적으로 취급받는 등 천황제 이데올로기에 따른 인물 평가를 엄격히 실시했다. 헤이안시대 중기의 정치가로 후지와라 씨 전성기의 최정점에 선 인물인 후지와라 미치나가(藤原道長)는 '평가할 수 없는 인물'로 취급받아 장의 제목으로도 거론하지 않고 '후지와라의 전횡'이라고 표현했다.

---

40) 文部省 編, 『尋常小學國史編纂趣意書』(國定教科書共同販売所, 1924), 3쪽(國立國會圖書館 近代デジタルライブラリー 소장).

41) 海後宗臣, 『歷史教育の歷史』(東京大學出版會, 2000).

인물에 관한 서술은 아동에게 친근감을 주고자 유년 시대의 이야기나 그 인물의 에피소드 등을 주로 다루었다. 예를 들어 메이지 천황 항목에서 '메이지유신'의 내용은 '메이지 천황의 어린 시절'을 다음과 같이 서술했다.

> 메이지 천황은 고메이(孝明) 천황의 두 번째 皇子로 1852년 태어나시고 영명하고 의지가 굳세었습니다. 어린 시절 부친 천황을 따라 京都御所의 황궁 문 앞에서 藩兵의 연습을 관람하셨을 때, 대포와 소총 소리가 요란하여 마치 천둥과 벼락이 한꺼번에 떨어지는 것 같아 사람들은 몸을 떨며 두려워했습니다. 그러나 천황은 언제나처럼 얼굴색 하나 변하지 않고 자연스럽고 열심히 병사들의 운동을 보셨다고 합니다.[42]

인물에 대한 유아기의 일화와 성장과정을 거론하면서 소학생에게 친근한 실감을 불러일으켜 인상을 남기려는 수법이다. 어린 시절의 에피소드만이 아니라, 그 인물의 업적과 관련된 일화나 이야기도 종종 등장한다. 메이지 천황 항목의 '세이난 전쟁(西南の役)에서는 사이고 다카모리(西鄕隆盛)의 전사'를 서술한 다음에 "헌법 발포일, 천황은 다카모리의 유신 당시의 공훈을 고려하시어 오명을 씻고 정3위를 내리셨다."고 서술했다. 더욱이 교과서에서는 이어서 다음과 같이 '황실의 은혜'를 강조했다.

> 이 전쟁에 즈음하여 천황은 오사카 육군병원에 행차하시어 황공스럽게도 부상병을 위문하셨습니다. 황태후와 황후는 몸소 붕대를 만드셔서 부상병에게 하사하시어 황실의 깊은 은혜에 모두 감격의 눈물을 흘렸습니다. 또 사노 츠네타미(佐野常民) 등이 博愛社를 세워 관군과 적군을 구

---

[42] 滋賀大學附屬圖書館 編, 『近代日本の敎科書のあゆみ－明治期から現代まで』(サンライズ出版, 2006), 46-47쪽에서 재인용.

별하지 않고 부상자를 치료한 것은 실로 우리나라 적십자의 기원이다.[43]

다이쇼 시기 제3기 국정 역사교과서는 '메이지 천황'의 서술에 많은 쪽수를 할애했다. 근대를 '진보와 발전의 연속시대'로 삼아 위대한 '메이지 천황과 그 충신'을 예찬했다. 반면 교과서에 자유민권운동과 같이 민중이 자유와 권리를 주장한 사실은 전혀 언급되지 않았다.

5) 쇼와 전시기의 초국가주의와 군국주의 역사교과서
: 국정 제4기-제6기

1945년까지의 전시기 역사교과서는 제4기, 제5기, 제6기 국정교과서가 있다. 제4기의『심상소학 국사』상권(1934년)과 하권(1935년), 제5기의『소학국사 심상과용』상권(1940년)과 하권(1941년)은 1931년 만주사변 이후의 사회정세의 변화에 대응하여 본격화하는 중일전쟁을 맞이하여 개정된 것이다. 두 시기의 개정은 제4기 만주사변, 제5기 중일전쟁과 각각 관련되었다. 전쟁과 파시즘에 어린 학생들을 동원하고 전쟁체제를 수행하기 위한 역사교육의 개정이었다. '국체명징'의 사상을 역사교과서에 도입하여 '일본정신'에 기초한 '황국 교학의 정신'을 학생들에게 주입하고는 의도였다.

제4기 국정교과서부터는 그 이전의 교과서가 문어체였던 것을 구어체로 변경했다. 또 하권의 마지막에는 만주국의 승인을 반영하여 '국민의 각오'를 다음과 같이 서술했다.

支那가 우리 남만주철도를 폭파하여 만주사변이 일어났고 극동의 형

---

[43] 위의 책, 47쪽에서 재인용.

세가 급변하여 1932년에 새롭게 만주국이 세워졌다. 우리나라는 맨 먼저 만주국의 독립을 인정하고 예전부터 우리나라의 主義인 동양의 평화를 더욱 확고히 하기를 바랐다. 그런데 국제연맹은 우리의 정당한 행위를 받아들이지 않았기 때문에 어쩔 수 없이 1932년 단호하게 이탈을 통고하여 연맹과 손을 놓게 되었다.[44]

제5기 국정 역사교과서는 상·하권 모두 책머리에 천손강림의 '신칙(神勅)'을 게재했다. 종래의 교과서에 전혀 보이지 않던 '신칙'은 황실중심, 국체관념의 명징, 거국일치, 황운부익, 경신숭조 등의 사고방식을 전면에 내세우면서 등장했다. 경신숭조의 교육을 강화하기 위해 황실과 신궁, 신사의 관계를 밝히려는 교재가 부가되었다. 또 일본 문화의 독자성=일본정신의 우수성을 주창하는 사고방식이 강제되었다. 일본 문화는 고대부터 일관되게 존재한 조선과 중국으로부터의 이입과 모방 등을 부정하면서 자립적이었다는 점을 강조했다. 더욱이 외교사 관련 항목에서는 배외주의적인 내셔널리즘을 노골적으로 내세웠다.

요컨대 동양과 세계에서의 일본의 지도적 위치와 역할을 적극적으로 강조하고자 역사적 사실을 왜곡 서술한 것이다. 예를 들면 원나라의 일본 정벌 기술에서는 호조 도키마사(北條時宗)가 "적군에 대비함과 더불어 나아가 적지를 공격할 계획도 세웠다."고 서술하고 있지나, 기존의 제4기까지는 "적군이 공격해오면 언제라도 맞이할 준비를 시켰다."는 방어전의 기술뿐이었다. 또 일본인의 '해외진출'에 대해서는 에도시대부터 아시아 각국에 폭넓게 진출한 야마다 나가마사(山田長政)의 에피소드나 혼다 도시아키(本多利明)와 사토 노부히로(佐藤信淵)의 사상을 새롭게 소개하거나 서술함으로써 쇼와 시기의 아시아 침략을

---

44) 위의 책, 48쪽에서 재인용.

정당화시켰다.

아시아의 맹주 일본, 동양평화에 노력하는 일본, 황실을 품은 일대 가족국가 일본, 만고불역의 국체의 일본 등 모든 것에 대한 의문과 비판을 허용하지 않고 현재 체제만이 유일하고 절대적으로 정당화하는 역사교육이었다. 이러한 역사교과서의 절정은 1943년에 편찬된 제6기의 『초등과 국사』 상·하의 편찬이었다.

1941년부터 소학교는 국민학교로 명칭을 변경하고 역사교육은 '국민과 국사'로 개편되었다. 국민과 국사는 기존 교과서 이상으로 전쟁 체제에 봉사하는 역사교육을 강제했다. 국민과 국사는 서두에서 "우리나라의 역사에 대해 그 대요를 이해시켜 황국의 역사적 사명을 자각시키고자 한다."고 서술했다.

『초등과 국사』의 내용 편성은 기존의 인물 본위의 장절 구성을 전면적으로 개정하여 황국 발전사의 흐름을 파악하는 것이었다. 일본 역사를 일관되게 '건국 정신'의 발전사로 서술하려는 의도였다. 『초등과 국사』는 학생들에게 '읽을거리'로 친숙해질 수 있도록 도중에 '사적 감동으로부터 사적 이해로'라는 항목을 설정했다. 문체는 경어체로 변경되는 등 역사 서술과 표현 형태의 다양화가 시도되었다.

제1장 '신국'의 시작은 "궁궐의 소나무는 왕이 다스리는 세상의 번성을 축하하고, 이스즈강(五十鈴川)의 맑은 물은 일본의 옛 모습을 그대로 전하고 있습니다."는 구절이었다. 그 근저에는 '신국 의식'을 자각시켜 아무 의심 없이 '신국 일본'과 심정적인 일체감을 갖도록 하려는 의도가 작용했다.

아시아 태평양전쟁이 한창이던 시기에 편찬된 『초등과 국사』의 중점 교재는 전쟁사=군사교재였다. 고대부터 현대에 이르는 전쟁관련 서술이 기존의 교과서에 비해 크게 변경되었다. 이는 현대와 직결시켜 과거의 전쟁을 마음대로 해석하여 학생들의 뇌리에 주입하려는 의도였다.

규슈와 쓰시마 비방을 지키던 사키모리(防人)의 서술에서는 "다시 돌아올 수 없다는 각오로 大君을 위해 기쁨에 넘쳐 떠났다."는 한 동국(東國) 병사를 서술하여 다자이후(太宰府) 방위의 중요성을 강조했다. 막말 부분에는 일부러 '해방(海防)' 장을 설정하여 해상방어가 국토방위를 위해 중요하다는 점을 기술했다. 청일전쟁과 러일전쟁을 언급한 '동아를 지킨다'는 장은 '대동아공영권' 사상의 논리를 정당화하기 위한 서술이었다. 『초등과 국사』는 중일전쟁부터 아시아 태평양전쟁으로 이어지는 전쟁과 파시즘에 전면적으로 봉사하기 위해 작성된 교과서였다고 말할 수 있다. 이는 동시에 제1기 국정 역사교과서 이후의 '황국사관'을 집대성한 교과서였다. '황국사관' 교과서를 파산시킨 것은 1945년 8월 15일의 패전이었다.

5. 맺음말

본고에서는 1872년의 '학제' 제정과 더불어 시작된 메이지 신정부의 교육체제 확립과정과 개인주의적·공리주의적 실학사상을 바탕으로 하는 메이지 초기의 교육이념이 어떻게 국가주의·군국국의 사상으로서의 교육이념으로 변했는지를 살펴보았다.

일본의 근대 학제와 역사교육은 메이지 신정부의 교육에 관한 개혁의 일환으로 추진되었다. 메이지 신정부는 막번 체제를 무너뜨리고 천황을 통치수반으로 하는 중앙집권적 통치구조의 변혁을 이루어냈다. 신정부가 설정한 교육이념은 흔히 '학제 서문'을 통해 알 수 있듯이 실용적이며 자유주의적인 근대 실학교육사상과 공리주의에 입각한 '국민 개학'과 교육의 기회균등 등이었다. 그러나 당시 일본 사회는 학제를 수행할 만큼 근대화되어 있지도 않았고 세부규칙에서 정하고 있는 교육제도조차 완성되지 않았다. 교과서 또한 대부분 서양서적을 번역한 것을 그대로 사용하고 있었기에 교육내용이 너무 서양적이라는 비판에 직면했다. 무엇보다도 일본의 전통적 교육이념, 즉 국체형성의 사상적 기반이었던 '유가사상'을 철저히 무시했던 점이 커다란 부담으로 작용했다.

이후 '학제'의 강제적 취학과 정부의 간섭을 최대한 배제하고, 많은 부분 개인과 교육의 자율성을 보장하는 취지의 이른바 '자유교육령'이 만들어졌다. 그러나 이 또한 당시의 실정과는 맞지 않는 이상적 교육제도였기에 이른바 '개정교육령'이라 불리는 두 번째 교육령이 만들어지게 되었다. 여기에는 일본 사회 전반에 걸친 '구화사상'에 대한 반성과 전통유학과 '존황사상'을 합체시켜 강력한 신민을 형성한다는 '황도주의 이데올로기의 형성'이라는 정치적 의도가 작용했다.

1890년 모리에 의해 만들어진 교육칙어는 천황을 절대복종의 귀일적 신앙의 대상으로 만드는데 일조한 교육의 절대 규범으로 자리 잡았다. '대일본제국'의 신민에게 천황의 신성성과 불가침성의 관념을 유년시절서부터 정신적으로도 육체적으로도 공유시키기 위해 정치적으로 창출된 의식을 통해 교육칙어는 국민도덕의 절대적 기준으로, 혹은 최고의 교육이념으로 신성시되었으며, 역사교과서는 이러한 천황의 신성함을 주입하는 내용으로 개정되었다.

일본교육사의 흐름에서 볼 때 일본의 역사교육은 각종 정령 공포를 통해 '애국심 배양'에 그 목표를 두었고, 천황주의 이데올로기 강화로 맞추어졌다. 이는 근대 일본의 제국주의화의 특성과도 일치한다. 청일·러일전쟁이라는 국운을 건 대외팽창전쟁을 수행하기 위해 '황도주의 사상'이나 '국체 사상' 등과 같은 군국주의 사상의 확립이 절실했기 때문이다. 천황을 중심으로 한 '국민의식'의 결집이라는 필요성은 국가주의적인 교육을 통해 충족되었고, 특히 역사교과서의 통제와 관여를 바탕으로 '국민'의 역사 지식을 장악함으로써 일본은 국가주의, 더 나아가 군국주의로 나아가는 행로를 준비해 나간 것이다.

중화민국 초기
중국의 학제개편과 역사교육

김지훈

1. 머리말

의화단사건 이후 1901년 청왕조는 '신정(新政)'을 통해서 과거제를 폐지하고 신식학당을 건립하였으며, 서원들을 학당으로 개편하였다.[1] 청왕조는 1902년 임인학제(壬寅學制)를 제정하여 반포하였고, 1904년 에는 임인학제를 개정한 계묘학제(癸卯學制)를 반포하여 전국적으로 시행하였다.[2] 이를 계기로 중국에서 근대적 교육이 확산되었지만 전

---

[1] 김유리, 『서원에서 학당으로 : 청말 서원의 학당개편과 근대학제의 수립과정』 (서울, 한국학술정보, 2007); 김유리, 「청일전쟁 이후 중국 근대학제의 형성과정」, 『역사교육』 78, 2000); 김유리, 「청말 서원의 학당개편과 근대학제의 성립과정」, 『동양사학연구』 75, 2001.

[2] 청말의 근대 학제에 대해서는 1902년의 임인학제와 1904년의 계묘학제의 내용을 분석한 연구들이 많았다. 毛禮說·沈灌群, 『中國敎育通史』 4 (山東敎育出版社, 2003); 黃仁賢, 『中國敎育史』(福建人民出版社, 2003); 胡美琦, 『中國敎育史』(三民書局, 1986) 등 참조.

제 군주국가의 교육이념인 "충군존공(忠君尊孔)"의 사상을 벗어날 수 없었다. 이러한 한계를 넘어서 한층 더 중국의 근대교육이 확산되는 계기가 된 것은 1911년 10월에 발발한 신해혁명(辛亥革命)이었다.

신해혁명으로 1912년 중화민국이 수립되면서 중국은 2,000여 년 동안 지속되어 왔던 군주제 국가에서 공화제 국가로 탈바꿈하였다. 중화민국에서는 청왕조와는 다른 근대적인 교육이념이 제시되었고 교과과정에서도 이러한 내용이 반영되었다.[3]

1912년 1월 남경(南京)에 중화민국 정부가 수립되고, 초대 교육총장에 유럽에서 돌아온 채원배(蔡元培)가 취임하였다. 새로 설립된 중화민국 교육부는 1912년 1월 19일 중화민국의 신학제를 반포하였다. 이 학제는 1912년 간지에 따라 임자학제(壬子學制)라고 한다. 이 학제는 1912년 9월과 12월에 계속 보완되어 1913년 3월에 정식으로 공포되었으며 1922년까지 시행되었다.[4] 이 학제는 1912년 임자년(壬子年)과 1913년 계축년(癸丑年)의 간지에 따라 임자계축학제(壬子癸丑學制)라고 한다.[5]

---

[3] 신해혁명과 중국교육의 변화에 대해서는 다음의 글이 있다. 林家有,「辛亥革命與中國敎育的近代化」,『中山大學學報(社會科學版)』2001-6期.

[4] 청말의 계묘학제는 "멀리는 독일의 것을 본뜨고 가깝게는 일본의 것을 받아들인다"는 방침에 따라 일본의 학제를 모방했고, 임자계묘학제도 제도에서는 일본의 학제를 따랐지만 교육이념에서는 차이가 있었다고 한다. 何曉夏,「日、美近代学制对中国近代学制的影响及中日、中美近代学制的比较」,『아시아문화연구』2집, 1997.12.

[5] 임자계축학제(壬子癸丑學制)의 교육이념에 대해서는 다음의 연구를 참고할 수 있다. 김정화,「민국초기 채원배의 교육개혁—「대어교육방침지의견(對於敎育方針之意見)」을 중심으로—」,『충북사학』11, 12합집, 2000, 801-829쪽. 임자계축학제에 대해서는 중국근대사회 정치 경제 문화교육의 진보와 함께 한 것으로 근대화와 개방, 진보의 방향을 보여주는 것이라고 평가되고 있다. 王建軍,『中國敎育史新編』(廣州, 廣東高等敎育出版社, 2003), 342쪽. 그러나 임자계축학제는 청말 계묘학제를 전면적으로 부정한 것은 아니었고 신해혁명의 민주주의정신에 따라 불합리한 부분을 비판하고 개조했으며 합리적인 부분을 계승·발전시켰다고 청말 학제와 민국 초기 학제의 연속성을 강조하는 입장도 있다. 李華興,『民國敎育

이러한 청말과 민국 초기의 학제 개편은 중국의 역사교육과정에 큰 영향을 미쳤다. 그러나 이러한 근대학제의 수립과정에서 역사교육이 어떻게 변화하였가에 대해서는 연구가 미미한 편이다.[6] 청왕조라는 전제 군주제 국가에서 중화민국이라는 공화제 국가로 전환되면서 역사교과과정이 어떠한 변화를 겪었는가를 검토해 볼 필요가 있다. 중화민국 초기의 학제 개편과 역사교과과정의 변화를 통해서 군주제와 공화제 교과과정과 역사교육에서 연속성과 차별성을 추출해 낼 수 있을 것이다.

여기서는 신해혁명 이후 수립된 중화민국 초기의 교육과정의 변화를 1904년 청왕조가 반포한 계묘학제(癸卯學制)와 1912년 1월의 임자학제, 그리고 이를 보완한 1912-13년의 임자계축학제의 교과과정을 비교해 보고, 미지막으로 이러한 학제의 변화에 따라 역사교육이 어떻게 변화하였는지 검토해 보겠다.

2. 1912년 중화민국 학제의 개혁

신해혁명 이후 중화민국이 수립되면서 설립된 교육부는 청정부의 학제와 교육내용을 개편하였다. 1912년 1월 중화민국이 수립되고 손문(孫文)이 임시대총통에 취임하였다. 1월 3일에 남경에 중화민국 임시정

史』(上海教育出版社, 1997), 111-112쪽. 임자계축학제에서 남녀공학을 인정했지만 여성교육에서 '정숙의 덕'에 주의해야 한다고 강조하고 '가사'나 '재봉' 등의 과목을 설치하는 등 교육 내용면에서는 한계가 있었다는 지적도 있다. 雷良派·陳陽鳳·熊賢軍, 『中國女子教育史』(武漢, 武漢出版社, 1993) 284쪽.

[6] 청말의 학제와 역사교과과정의 내용에 대해서는 다음의 글을 참고할 수 있다. 김지훈, 「20세기 초 중국의 학제개혁과 역사교과과정의 성립」, 『사림』 제39호, 2011.6.

부가 수립되었고 손문은 참의원의 의결을 거쳐 독일에서 유학하고 귀국한 채원배를 교육총장에 임명하였다.[7] 중화민국 교육부는 1912년 1월 9일에 정식으로 수립되었다.[8] 채원배는 장유교(蔣維喬) 등의 협조를 받아서 「보통교육잠행판법(普通敎育暫行辦法十四條)」을 기초했다.[9] 「보통교육잠행판법」은 중화민국 임시정부의 동의를 거쳐서 1912년 1월 19일 전국에 반포되었다. 이 판법의 주요 내용은 다음과 같다.

① 전국의 각 학당(學堂)은 모두 학교로 개칭한다. 감독(監督), 당장(堂長)은 일률적으로 교장(校長)으로 개칭한다. ② 각 주와 현의 소학교는 3월 4일에 개학하고 1년을 2학기로 나누어 3월부터 여름방학까지를 1학기로 하고, 개학한 후 다음해 2월말까지를 2학기로 한다. ③ 초등소학교는 남녀공학을 할 수 있다. ④ 청왕조의 학부에서 반포한 교과서는 일률적으로 사용을 금지하고 중화민국의 이념에 부합하는 교과서를 사용하도록 하였다. 민간에서 사용하는 교과서의 경우에도 청조 조정이나 옛 관제 등을 숭상하는 내용을 모두 수정하도록 하였다. 이와 함께 1909년 청왕조에서 중학교 과정을 문과와 실과로 분리한 것을 폐지했다.

교과과정에서도 청왕조의 학당에서 가장 큰 비중을 차지하고 있던 독경과(讀經科)를 폐지하였다.[10] 1904년에 반포된 청정부의 학제는 서구의 신학문을 수용하면서 중국의 전통 학문을 조화시키려 했기 때문

---

7) 蔡元培는 교육부 총장에 임명되었고, 范源廉이 차장에 임명되었다. 陳寶泉,『中國近代學制變遷史』(北京文化學社, 1927) 146쪽.

8) 1912년 중화민국시정부는 육군, 해군, 외무, 내무, 재정, 사법, 교육, 실업, 교통 등 9개 부로 구성되어 있었다. 于述勝,『中國敎育制度通史』第7卷, (山東敎育出版社, 2000) 10쪽.

9) 呂達,『中國近代課程史論』(人民敎育出版社, 1994) 242쪽.

10) 「普通敎育暫行辦法十四條」(1912.1.19),『臨時政府公報』第4號, 2-3쪽.

에 독경강경(讀經講經)이 큰 비중을 차지하고 있었다. 그러나 중화민국 임시정부는 독경강경이 공화제의 이념에 부합하지 않는 것으로 보고 폐지한 것이다. 청왕조는 교육이념으로 충군(忠君), 존공(尊孔), 상공(尙公), 상무(尙武), 상실(尙實) 등을 강조하고 있었다.[11] 그러나 중화민국의 신임 교육총장 채원배는 이러한 청왕조의 충군과 존공 등의 흠정교육이념이 중화민국의 공화정 정체(政體)에 부합하지 않는다고 보았다. 그는 충군과 공화제가 부합하지 않으며 존공과 종교의 자유가 상충된다고 보고 있었다.[12]

채원배는 중화민국의 교육제도 개혁을 위해 1912년 7월 10일부터 8월 10일까지 북경에서 전국 23개 성과 화교 대표가 참석한 가운데 전국임시교육회의를 개최하였다. 이 회의는 19차례 개회되어 「교육종지안(敎育宗旨案)」 등 교육 관련 주요 안건을 처리하였다.[13]

이 회의에서 교육총장 채원배는 중국의 정체(政體)가 군주제에서 민국으로 바뀌었기 때문에 교육도 바뀌어야 한다는 점을 강조하면서 군주시대의 교육방침은 피교육자를 배려하지 않았지만, 민국은 피교육자의 입장을 배려하는 교육을 해야 한다고 하였다.[14] 채원배는 이 회의의 개

---

11) 「學部: 奏陳敎育宗旨折」(1906.3.25), 璩鑫圭·唐良炎, 『中國近代敎育史資料匯編: 学制演变』(上海, 上海敎育出版社, 1991) 535쪽.

12) 「敎育部總長蔡元培對于新敎育之意見」(2012.2.11), 『臨時政府公報』 第13號, 16쪽.

13) 이 회의에서는 「교육종지」를 비롯해서 「학교계통표」, 「각학교 학년 학기 및 휴업일 규정」, 「학교 관할」, 「학교 제복」, 「의식 규칙」, 「소학교육령」, 「중학교령」, 「사범교육령」, 「실업교육령」, 「전문교육령」, 「대학교령」, 「중앙교육회의장정」, 「교육회조직강요」, 「소학교육체육규정」, 「절음자모 채용」, 「대학 분설」 등 중화민국 초기 교육 관련 주요 안건들을 처리하였다. 陳寶泉, 『中國近代學制變遷史』, 156-157쪽.

14) 중화민국 초기 蔡元培의 교육개혁 사상에 대해서는 다음의 글을 참조할 수 있다. 김정화, 「민국초기 채원배의 교육개혁 —「대어교육방침지의견(對於敎育方針之意見)」을 중심으로—」, 801-829쪽.

회사에서 중화민국의 교육이념으로 군국민교육(軍國民敎育)[15], 실리주의(實利主義)[16], 공민도덕(公民道德)[17], 세계관(世界觀)[18], 미육(美育)[19]을 제시하고 있다.[20] 이러한 채원배의 교육이념은 새로운 공화정체인 중화민국의 근대화 교육의 기초를 마련한 것으로 평가되고 있다.[21]

1912년 1월 19일 「보통교육잠행판법(普通敎育暫行辦法十四條)」과 동시에 반포한 「보통교육잠행과정표준(普通敎育暫行課程標準)」은 초등소학교, 고등소학교, 중학교 등의 과정과 시수 등을 규정하고 있었다. 중화민국의 새로운 학제는 1904년부터 청정부가 시행한 과정계획을 수정하여 반포한 것이다.

다음의 표는 1904년 청정부가 반포한 초등소학당 과정계획이다.

---

15) "군국민교육"은 부국강병을 보증하는 군사체육교육을 의미하고 그 목적은 전국의 청년과 광범한 민중들이 건강한 신체와 무장 자위 능력을 갖추어 제국주의의 침략에 대항하고 군벌전제를 막기 위한 것이라고 하고 있다. 毛禮說·沈灌群, 『中國敎育通史』 4, 304쪽.

16) 실리주의는 민중의 생계를 보통교육의 중요한 부분으로 보고 민중의 생계와 밀접한 관계가 있는 실용적 지식을 전수하는 것을 중시하는 것이다. 張瑞璠, 『中國敎育哲學史』 第4卷 (山東敎育出版社, 2001), 325쪽.

17) '공민도덕'은 프랑스대혁명의 '자유', '평등', '박애'사상을 반영한 것이라고 한다. 于述勝, 『中國敎育制度通史』 第7卷, 13쪽.

18) 蔡元培의 세계관에 의하면 현상세계와 실체세계를 구분하고 전자는 인과율이 지배하는 상대적인 것으로 후자는 인과율이 지배하지 않는 절대적인 것으로 파악하고 있다. 그는 현상세계를 창조하는 목적은 정치가의 일이고 종교가는 실체세계의 일을 목적으로 하므로 현상세계의 행복을 배척해야 한다고 한다. 이 때문에 세계관 교육은 현상세계에 대해 초연한 인재를 배양하는 것이라고 한다. 孫培靑·李國鈞, 『中國敎育思想史』 第3卷 (華東師範大學出版社, 1995), 152쪽.

19) 蔡元培의 미육사상에 대해서는 다음의 논문이 있다. 강성현, 「채원배의 미육사상과 실천운동」, 『교육문제연구』 제7집, 1995.

20) 蔡元培, 「全國臨時敎育會議開會詞)(1912.7.10), 高平叔 編, 『蔡元培全集』 第2卷 (1910-1916) (中華書局, 1984), 263쪽.

21) 林家有, 「辛亥革命與中國敎育的近代化」, 77쪽.

<표 1> 1904년 청정부의 초등소학당 과정계획[22]

	1학년	2학년	3학년	4학년	5학년	합계	비율
수신(修身)	2	2	2	2	2	10	6.6%
독경강경(讀經講經)	12	12	12	12	12	60	40%
중국문자(中國文字)	4	4	4	4	4	20	13.3%
산술(算術)	6	6	6	6	6	30	20%
역사	1	1	1	1	1	5	3.3%
지리	1	1	1	1	1	5	3.3%
격치(格致)	1	1	1	1	1	5	3.3%
체조(體操)	3	3	3	3	3	15	10%
합계	30	30	30	30	30	150	100%

위의 표를 보면 1904년 청정부의 초등소학당은 5년제였고, 과정계획에서 가장 큰 비중을 차지한 과목은 독경강경으로 전체 수업시수의 40%를 차지하고 있었다. 다음으로 비중이 높은 것은 산술로 전체 수업시수의 20%를 차지하였고 중국문자가 13.3%였다. 이외에 체조가 10%, 수신이 6.6%를 차지하고 있으며 역사, 지리, 격치는 각각 3.3%였다. 1904년 청정부의 학제는 서구의 신학문을 수용하면서 중국의 전통 학문을 조화시키려 했기 때문에 독경강경이 큰 비중을 차지하고 있었다.

그러나 신해혁명 이후 반포된 1912년 중화민국 학제에서는 변화가 일어났다. 다음의 표는 중화민국정부가 1912년 1월 19일에 반포한 초등소학교 과정계획이다.

---

22) 「奏定初等小學堂章程」(光緖 29년 1904), 課程教材研究所, 『20世紀中國中小學課程標準·教學大綱匯編－課程(教學)計劃卷』(人民教育出版社, 2001), 23-26쪽.

〈표 2〉 1912년 1월 중화민국 초등소학교 과정계획[23]

	1학년	2학년	3학년	4학년	합계	비율
수신(修身)	2	2	2	2	8	8%
국문(國文)	10	12	15	15	52	52.5%
산술(算術)	5	6	6	6	23	23.2%
체조(遊戲體操)	4	4	4	4	16	16.1%
도화(圖畵)						
수공(手工)						
재봉(裁縫)						
창가(唱歌)						
합계	21	24	27	27	99	100%

1912년 1월 중화민국정부가 반포한 「초등소학교 과정계획」에 의하면 1904년 5년제였던 초등소학당을 4년제 초등소학교로 개편하였다. 초등소학당 과정의 과목은 수신, 국문, 산술, 체조 등을 배우도록 했다. 이 가운데 가장 큰 비중을 차지하던 과목은 국문으로 전체 수업시수의 52.5%를 차지했고 다음이 산술로 23.2%, 체조가 16.1%, 수신이 8%를 차지했다. 앞의 1904년 학제와 비교해 보면 전체 수업시수의 40%를 차지하던 독경강경이 폐지된 것을 알 수 있다. 초등소학교는 이전의 초등소학당에 비해 과목도 단순해져서 역사, 지리, 격치 등이 폐지되었다. 수업시수도 조정되어 1904년 학제에서 주당 30시간의 수업을 했던 것을 크게 줄여서 1912년 학제에서는 1학년 21시간, 2학년 24시간, 3·4학년 27시간으로 줄였고 학년도 5년제 초등소학당을 4년제 초등소학교로 개편하였다.

그러나 이 초등소학교 과정계획은 수신, 국문, 산술, 체조의 4과목 만을 규정하고 있었고 국문과 산술에만 치중하고 있는 등 문제가 있었다.

---

23) 이 표는 「普通敎育暫行課程標準」(1912.1.19), 『臨時政府公報』 第4號, 4쪽에 의거해 작성하였다. 『임시정부공보』에 게재된 내용은 1학년 과정의 국문이 10시간으로 되어 있고 도화과목에 수업시수가 표시되어 있지 않다. 그러나 陸費達의 「初等小學課程表」에는 초등소학교 1학년에서 국문이 12시간, 도화가 1시간의 수업시수가 게재되어 있는 등 내용에 다소 차이가 있다. 陸費達, 「民國普通學制議」(1912.1), 璩鑫圭·唐良炎, 『中國近代敎育史資料匯編·学制演变』, 622-625쪽.

다음으로는 1904년 청정부에서 반포한 고등소학당 과정계획과 1912년 고등소학교 과정을 비교해 보겠다. 1912년 1월에 반포된 신학제에서는 초등소학교를 졸업하면 고등소학당에 입학할 수 있었다. 1912년 1월의 고등소학교 과정계획은 청정부의 고등소학당과 마찬가지로 4년제였다. 다음의 표는 1904년 청정부의 고등소학당 과정계획이다.

<표 3> 1904년 청정부의 고등소학당 과정계획[24]

	1학년	2학년	3학년	4학년	합계	비율
수신(修身)	2	2	2	2	8	5.5%
독경강경(讀經講經)	12	12	12	12	48	33.3%
중국문자(中國文字)	8	8	8	8	32	22.2%
산술(算術)	3	3	3	3	12	8.3%
역사	2	2	2	2	8	5.5%
지리	2	2	2	2	8	5.5%
격치(格致)	2	2	2	2	8	5.5%
도화(圖畵)	2	2	2	2	8	5.5%
체조(體操)	3	3	3	3	12	8.3%
합계	36	36	36	36	144	100%

위의 표를 보면 1904년 청정부의 고등소학당 과정계획에서 가장 큰 비중을 차지하는 과목은 초등소학당과 마찬가지로 독경강경이었고 전체 수업시수의 33.3%를 차지하고 있었다. 다음으로 비중이 높은 것은 중국문자로 22.2%를 차지하고 있고 산술과 체조가 각각 8.3%를 차지하고 있었다. 이외에 수신, 역사, 지리, 격치, 도화가 각각 5.5%였다. 초등소학당과 비교해 보면 고등소학당은 독경강경의 비중이 전체 수업시수의 40%에서 33%로 비중이 다소 낮아졌다. 초등소학당에서 수업시수의 20%를 차지했던 산술은 고등소학당에서는 8.3%로 비중이 떨어진

---

24) 「奏定高等小學堂章程」(光緒 29년 1904), 課程敎材硏究所, 『20世紀中國中小學 課程標準·敎學大綱匯編－課程(敎學)計劃卷』, 32-36쪽.

반면에 중국문자의 비중이 13.3%에서 22.2%로 높아지고 있다. 또한 역사, 지리, 격치가 주당 1시간에서 2시간으로 수업시수가 늘어난 것을 알 수 있다. 고등소학당에서는 도화를 주당 2시간 가르치도록 해서 초등소학당의 수업시수가 매주 30시간이었던 것에 비해 고등소학당은 36시간으로 증가하였다.

1912년 1월 교과과정은 초등소학당을 4년제 고등소학교로 개편하였다. 다음의 표는 중화민국정부가 1912년 1월 19일에 반포한 고등소학교 과정계획이다.

〈표 4〉 1912년 1월 중화민국 고등소학교 과정계획[25]

	1학년	2학년	3학년	4학년	합계	비율
수신(修身)	2	2	2	2	8	남 6.3% 여 6.6%
국문(國文)	10	10	10	10	40	남 31.5% 여 33.3%
산술(算術)	4	4	4	4	16	남 12.6% 여 13.3%
중화지리 역사	5	5	5	5	20	남 15.7% 여 16.6%
박물(博物) 이화(理化)	2	2	2	2	8	남 6.3% 여 6.6%
도화(圖畵)	1	1	2	2	6	남 4.7% 여 5.0%
수공(手工)	1	1	남 3 여 1	남 2 여 1	남 7 여 4	남 5.5% 여 3.3%
재봉(裁縫)	2	2	3	3	10	여 8.3%
체조(體操)	남 3 여 2	남 3 여 2	남 3 여 2	남 3 여 2	남 12 여 8	남 9.4% 여 6.6%
합계	남 28 여 29	남 28 여 29	남 31 여 31	남 30 여 31	남 117 여 120	

---

25) 「普通敎育暫行課程標準」(1912.1.19), 『臨時政府公報』 第4號, 5-6쪽.

1912년 중화민국정부가 반포한 고등소학교 과정계획에 의하면 4년제 초등소학당 과정은 남녀 학생간의 수업시수에서 다소 차이가 있었다.

1904년 고등소학당 학제와 비교해 보면 1912년 고등소학교는 초등소학교와 마찬가지로 독경강경이 폐지되었고, 박물(博物) 이화(理化), 수공(手工), 재봉(裁縫) 등의 과목이 추가되었다.

고등소학교에서 가장 큰 비중을 차지한 과목은 국문으로 주당 10시간이었고 중화지리역사가 5시간으로 두 번째였다. 산술은 주당 4시간이었고 체조의 경우 남학생이 3시간, 여학생이 2시간으로 차이가 있었다. 1912년 고등소학교 학제에서는 수공, 체조 등의 과목에서 남학생의 수업시수가 여학생보다 많았다. 여학생은 재봉을 1-2학년에서 2시간, 3-4학년에서 3시간을 배웠다. 재봉은 일본의 소학교에서 여학생에게 가르치던 과목[26]으로 중화민국 초기 여학생의 교과과정에 포함된 것이다.

수업시간도 1904년 고등소학당이 1학년부터 4학년까지 일률적으로 주당 36시간이었던 것에 비해서 1912년 고등소학교는 남학생의 경우 1-2학년 28시간(여학생 29시간), 3학년 31시간(여학생 31시간), 4학년 30시간(여학생 31시간)으로 되어 있었다.

고등소학교를 졸업한 학생은 중학교 과정에 입학할 수 있었다. 청정부의 중학당과정과 중화민국 초기의 중학교 과정을 비교해 보면 부분적으로 차이가 있었다.

다음의 표는 1904년 청정부에서 반포한 중학당 과정이다.

---

[26] 일본의 소학교에서는 수신, 작문, 습자, 산술, 지리, 역사, 이과, 도화, 창가, 체조, 재봉 등의 과목을 가르쳤다. 「小学校ノ学科及其程度(抄)(明治十九年五月二十五日文部省令第八号)」,
http://www.mext.go.jp/b_menu/hakusho/html/others/detail/1318012.html.

<표 5> 1904년 청정부의 중학당 과정[27]

	1학년	2학년	3학년	4학년	5학년	합계	백분율
수신	1	1	1	1	1	5	2.7%
독경강경	9	9	9	9	9	45	25%
중국문학	4	4	5	3	3	19	10.5%
외국어	8	8	8	6	6	36	20%
역사	3	2	2	2	2	11	6.1%
지리	2	3	2	2	2	11	6.1%
산학	4	4	4	4	4	20	11%
박물	2	2	2	2	0	8	4.4%
물리화학	0	0	0	4	4	8	4.4%
법제와 이재	0	0	0	0	3	3	1.6%
도화	1	1	1	1	0	4	2.2%
체조	2	2	2	2	2	10	5.5%
합계	36	36	36	36	36	180	100%

    1904년 청정부의 중학당 과정은 1901년 일본의 중학교 과정을 참조하여 반포한 것이었다.[28] 청정부의 중학당 과정에서도 소학당과 마찬가지로 독경강경이 전체 수업시수의 25%를 차지하고 있다. 다음으로는 전체의 20%를 외국어에 배분하고 있으며 산학이 11%, 중국문학이 10.5%를 차지하고 있다. 전체 수업시수에서 역사와 지리는 각각 6.1%를 차지하고 있으며 체조가 5.5%, 박물과 물리화학이 각각 4.4%, 수신이 2.7%, 도화 2.2%, 법제와 이재가 1.6%였다.

    이러한 청정부의 중학당 과정은 중화민국 초기에 다음과 같이 중학교 과정으로 개편되었다.

---

27) 「奏定中學堂章程」(光緒 29년 1904), 課程教材研究所, 『20世紀中國中小學 課程標準·教學大綱匯編－課程(教學)計劃卷』, 44-46쪽.

28) 이에 대해서는 다음의 글을 참조할 수 있다. 김지훈, 「20세기 초 중국의 학제개혁과 역사교과과정의 성립」, 324-327쪽.

<표 6> 1912년 1월 중학교 과정계획[29]

	1학년	2학년	3학년	4학년	합계	비율
수신(修身)	1	1	1	1	4	남 2.8% 여 3%
국문(國文)	8	8	5	5	26	남 18.3% 여 19.4%
외국문(外國文)	6	6	6	6	24	남 16.9% 여 17.9%
역사 · 지리	3	3	역사2 지리2	역사2 지리2	14	남 9.8% 여 10.4%
수학	4	4	4	4	16	남 11.2% 여 11.9%
박물(博物)	3	3			6	남 4.2% 여 4.4%
이화(理化)			4	4	8	남 5.6% 여 5.9%
법제(法制) 경제(經濟)				2	2	남 1.4% 여 1.5%
가정(家庭)			2	2	4	여 3%
재봉(裁縫)	2	2	2	2	8	여 5.9%
도화(圖畵)	1	1	1	1	4	남 2.8% 여 3%
수공(手工)	남 2 여 1	남 2 여 1	남 2 여 1	남 2 여 1	남 8 여 4	남 5.6% 여 3%
음악	1	1	1	1	4	남 2.8% 여 3%
체조	남 3 여 2	남 3 여 2	남 3 여 2	남 3 여 2	남 12 여 8	남 8.4% 여 5.9%
합계	남 34 여 32	남 34 여 32	남 35 여 33	남 37 여 35	남 142 여 134	

1912년 중화민국정부가 반포한 중학교 과정계획은 중학교 과정을 4년제로 했고 수업시수에서는 국문과 외국문의 비중이 높았다. 다음으로는 수업시수가 많았던 과목은 수학과 역사 · 지리, 체조 등의 순서였다. 1912년 고등소학교 과정과 비교해 보면 외국어가 법제 · 경제, 가정 음악 등의 과목이 추가되었다.

---

29) 「普通教育暫行課程標準」(1912.1.19), 『臨時政府公報』 第5號, 3-4쪽.

1904년 중학당 과정과 비교해 보면 독경강경을 폐지했고, 수공, 음악과 가정, 재봉 등의 과목이 추가되었다. 과목명도 중국문학은 국문으로 고쳤고 산학은 수학으로 바뀌었으며 수학이재를 법제경제로 변경하였다.

중학교 과정은 수공과 체조의 경우 남녀학생의 수업시간에 차이가 있었다. 수공은 남학생이 2시간을 배우는데 반해 여학생은 1시간을 배웠고 체조의 경우도 남학생이 3시간 여학생이 2시간으로 차이가 있었다. 수업시수는 1-2학년 남학생이 34시간, 여학생이 32시간이었고 3학년 남학생이 35시간 여학생이 3시간, 4학년 남학생이 37시간 여학생이 35시간으로 학년이 올라가면서 점차 증가하는 형태였다.

1912년 1월의 중학교 과정은 청말에 문과와 실과를 분리했던 것을 다시 통합했고 수업연한을 5년에서 4년으로 줄이는 등 청말의 학제와 차이가 있었다.

1912년 중화민국정부의 중학교 과정계획은 1901년 반포된 일본의 보통중학교 과정과 매우 유사하다. 중국과 일본의 중학교 과정은 대부분의 과목이 일치하며 가정과 수공 과목이 중국의 교과과정에 더 추가되어 있는 점에서 차이가 있을 뿐이었다.

3. 중화민국 임자계축학제의 성립

중화민국 초기의 교과과정은 1912년 1월 잠행과정이 반포된 이후 7월-8월의 전국임시교육회의 등을 거쳐서 1912년 9월 「소학교령」[30]과

---

[30] 「小學校令」(1912.9.28), 中國第二歷史檔案館 編, 『中華民國史檔案資料匯編』 第三 4輯 敎育 (江蘇古籍出版社, 1991), 441-447쪽.

11월의 「소학교교칙 및 과정표」[31]가 반포되고 1913년 3월 19일 「중학 교과정표준」[32]이 반포되면서 확정되었다.

학제가 공포된 이후 교육부는 1913년 8월까지 각종 학교령의 반포하여 학제를 보완했기 때문에 원래의 과정과 다소 차이가 발생했다. 이렇게 중화민국에서 1912년 9월부터 1913년 8월까지 보완되어 시행된 학제를 임자계축학제(壬子癸丑學制)라고 한다.

중화민국의 임자계축학제는 청왕조의 계묘학제(癸卯學制)와 마찬가지로 보통교육과 사범교육, 실업교육으로 구성되어 있었다. 보통교육은 초등소학교 4년, 고등소학교 3년으로 되어 있었고 졸업 후에는 중학이나 사범학교 또는 실업학교에 입학할 수 있었다. 중학교 과정은 4년제로 졸업 후에는 대학이나 전문학교 또는 고등사범학교에 입학할 수 있었다. 대학은 예과 3년, 본과의 경우 3-4년 과정이었다.

1912년 9월 28일 중화민국 교육부는 「소학교령(小學校令)」을 반포했다.[33] 「소학교령」에 의하면 소학교를 초등소학교와 고등소학교로 구분하였고 초등소학교는 성진향(城鎭鄕)에 설립하며 고등소학교는 현(縣)에 설립하는 것을 원칙으로 했다.

임자계축학제는 1904년 청왕조의 학제와 비교해 보면 소학교 입학연령이 1세 낮아져서 만 6세에 입학하도록 했고 초등소학교의 수업연한도 1년 단축하여 4년이 되었다.

성진향립 초등소학교는 원칙적으로 학비를 징수하지 않도록 했으나 지방의 사정에 따라 현(縣) 행정장관의 인가를 받은 경우 학비를 징수

---

31) 「敎育部訂定小學校校則及課程表」(1912.11), 舒新城, 『中國近代敎育史資料』中册 (北京, 人民敎育出版社, 1964), 461쪽.

32) 「敎育部公布中學校課程標準令」(1913.3.19), 中國第二歷史檔案館 編, 『中華民國史檔案資料匯編』第三4輯 敎育, 284쪽.

33) 「小學校令」(1912.9.28), 위의 책, 441-447쪽.

할 수 있도록 규정했다. 소학교의 휴일은 일요일을 제외하고 연간 90일을 넘을 수 없도록 했다. 「소학교령」은 선생님이 아동에게 체벌을 할 수 없도록 규정했다.

초등소학교의 교과목은 수신, 국문, 산술, 수공, 도화, 창가, 체조였고, 여학생은 재봉을 더 배우도록 했다. 여건이 되지 않는 경우에는 수공, 도화, 창가 등의 과목은 개설하지 않을 수 있었다.[34]

다음의 표는 1912년 11월에 반포된 초등소학교 과정이다.

〈표 7〉 1912년 11월 중화민국 초등소학교 과정[35]

	1학년	2학년	3학년	4학년	합계	비율
수신(修身)	2	2	2	2	8	7.7%
국문(國文)	10	12	14	14	50	48%
산술(算術)	5	6	6	5	22	21.1%
수공(手工)	1	1	1	1	4	3.8%
도화(圖畵)		1	1	남 2 여 1	남 4 여 3	남 3.8% 여 2.9%
창가(唱歌)	4	4	1	1	6	5.7%
체조(體操)			3	3	10	9.6%
재봉(裁縫)			1	2	3	
합계	22	26	남 28 여 29	남 28 여 29	남 104 여 106	100%

1912년 중화민국정부가 반포한 초등소학교 과정계획에 의하면 4년제 초등소학당 과정에서는 수신, 국문, 산술, 수공, 도화, 창가, 체조를

---

34) 「小學校令」(1912.9.28), 위의 책, 441-447쪽.

35) 「敎育部訂定小學校校則及課程表」(1912.11), 舒新城, 『中國近代敎育史資料』 中冊, 461쪽.

배우도록 했다. 이외에 여학생에게는 재봉 과목이 추가되었다.

초등소학교의 수신과목은 매주 2시간 도덕을 위주로 가르치도록 했다. 수업시수에서 가장 큰 비중을 차지했던 국문은 1학년 10시간, 2학년 12시간, 3-4학년 14시간이었고, 1-2학년에서 발음과 간단한 읽기, 쓰기, 작문, 어법 등을 배우도록 했다. 산술은 1학년 5시간 2-3학년 6시간, 4학년 5시간으로 두 번째로 큰 비중을 차지했으며, 가감승제(加減乘除)를 위주로 배우고 4학년 때는 주산과 덧셈과 뺄셈을 배우도록 했다. 수공은 매 학년 주당 1시간 씩 간단한 세공(細工)을 배우고 도화는 간단한 형태를 배우도록 했다. 창가는 평이한 단음의 노래를 배우고 체조는 부통 체조를 배우도록 했다. 여학생의 경우는 3학년에 1시산, 4학년에 2시간 재봉을 배우도록 했다.

수업시간은 1학년이 22시간이었고, 2학년은 26시간, 3-4학년은 남학생이 28시간, 여학생이 29시간이었다. 초등소학교 과정계획은 학생의 발달특성을 고려하여 독경과와 역사, 지리, 격치과목을 폐지했다.36) 또한 초등소학교 3학년 산술시간에는 주산을 배우도록 하였다.

고등소학교 과정은 수신, 국문, 산술, 중국역사, 지리, 이과, 수공, 도화, 창가, 체조였고 남학생은 농업, 여학생은 재봉을 더 배우도록 했다. 지역의 상황에 따라 농업 대신에 상업을 가르치거나 영어 과목을 개설할 수 있었고 영어가 아닌 다른 외국어를 가르칠 수도 있었다. 지역에 따라 여건이 되지 않는 경우 수공과 창가 과목은 가르치지 않을 수 있었다.37)

---

36) 于述勝,『中國敎育制度通史』第7卷, 22쪽.

37)「小學校令」(1912.9.28), 中國第二歷史檔案館 編,『中華民國史檔案資料匯編』第三4輯 敎育, 442-443쪽.

<표 8> 1912년 11월 중화민국 고등소학교 과정[38]

	1학년	2학년	3학년	합계	비율
수신(修身)	2	2	2	6	남 6.6% 여 6.4%
국문(國文)	10	8	8	26	남 28.9% 여 27.6%
산술(算術)	4	4	4	12	남 13.3% 여 12.7%
본국역사 지리	3	3	3	9	남 10% 여 9.5%
이과(理科)	2	2	2	6	남 6.6% 여 6.3%
수공(手工)	남 2 여 1	남 2 여 1	남 2 여 1	남 6 여 3	남 6.6% 여 3.2%
도화(圖畵)	남 2 여 1	남 2 여 1	남 2 여 1	남 6 여 3	남 6.6% 여 3.2%
창가(唱歌)	2	2	2	6	남 6.6% 여 6.3%
체조(體操)	3	3	3	9	남 10% 여 9.5%
농업(農業)		2	2	4	남 4.4% 여 4.2%
재봉(裁縫)	2	4	4	10	여 10.6%
영어(英語)			(3)		남 여
합계	남 30 여 30	남 30 여 32	남 33 여 35	남 93 여 97	

1912년 1월에 반포한 중화민국정부가 반포한 고등소학교 과정계획은 고등소학교를 4년으로 규정했지만 1912년 11월의 「소학교교칙 및 과정표」에서는 3년으로 초등소학당 과정을 줄였다. 또한 남녀 학생의 수업시수에서도 다소 차이가 있었다.

수신은 매주 2시간 동안 도덕을 배우도록 하고 2학년과 3학년에는 민국법제를 배우도록 했다. 가장 많은 수업시간이 할애된 국문은 1학년 10시간, 2-3학년 8시간으로 상용문자와 보통문장 읽기, 쓰기, 작문을

---

38) 「教育部訂定小學校校則及課程表」(1912.11), 舒新城, 『中國近代教育史資料』 中册, 462쪽.

배우도록 했다. 산술은 매주 4시간 정수, 소수, 분수, 비례, 주산 가감승제를 배우도록 했다. 역사와 지리는 중국역사와 지리를 매주 3시간 배우도록 하고 있다. 이과는 매주 2시간 1-2학년에서 동물·식물·광물과 자연현상을 배우고, 3학년에서 물리 화학현상, 원소와 화합물, 간단한 기기의 구조와 작용, 생리위생을 배우도록 했다.

고등소학교 3년 동안 남학생은 2시간, 여학생은 1시간 간단한 수공을 배우도록 했다. 도화에서는 남학생은 매주 2시간, 여학생은 1시간 간단한 형태를 공부하고, 창가시간에는 단음 노래를 배우도록 했다. 체조는 매주 3시간 보통체조를 배우고 남학생은 군대식 체조를 배우도록 했다.

농업은 2-3학년에서 매주 2시간 농사와 수산에 대해서 배우도록 했다. 재봉은 여학생들이 1학년 2시간, 2-3학년에 3시간씩 의복 재봉과 수선법 등을 배우도록 했다.

1912년 1월 중화민국 임시정부에서 반포한 고등소학교 교과과정과 그해 11월에 정식으로 반포된 교과과정에는 부분적으로 변화가 있었다.

고등소학당 3학년에서는 영어 읽기, 쓰기, 작문, 문법 등을 3시간 배우도록 규정하고 있다. 국문은 매주 10시간에서 2-3학년에는 8시간으로 감소했고 중화지리·역사는 본국역사·지리로 과목명이 달라졌고 주당 수업시간도 5시간에서 3시간으로 감소했다. 박물(博物) 이화(理化)는 이과로 과목명이 바뀌었고 농업과 창가가 추가되었다.

수업시간은 고등소학교 1년 과정은 남녀학생이 30시간으로 같았지만, 2학년에는 남학생 30시간, 여학생 32시간, 3학년에는 남학생이 33시간, 여학생이 35시간으로 여학생의 수업시간이 더 많았다.

1912년 12월 공포된 「중학교령시행규칙」은 중학교의 학년별 과목과 수업시수를 제시하고 있다. 특히 중학교의 남학생과 여학생의 교과과정을 분리해서 설명하고 있다. 다음은 1912년 12월 중학교 남학생의 과정계획이다.

<표 9> 1912년 12월 중학교 과정계획(남학생)[39]

	1학년	2학년	3학년	4학년	합계	비율
수신(修身)	1	1	1	1	4	2.9%
국문(國文)	7	7	5	5	24	17.5%
외국어(外國語)	7	8	8	8	31	22.6%
역사	2	2	2	2	8	5.8%
지리	2	2	2	2	8	5.8%
수학	5	5	5	4	19	13.8%
박물(博物)	3	3	2		8	5.8%
물리 화학			4	4	8	5.8%
법제 · 경제(經濟)				2	2	1.4%
도화(圖畵)	1	1	1	2	5	3.6%
수공(手工)	1	1	1	1	4	2.9%
음악(樂歌)	1	1	1	1	4	2.9%
체조	3	3	3	3	12	8.7%
합계	33	34	35	35	137	100%

중학교 과정의 수신은 처세와 대인관계, 국가와 사회에 대한 책무, 가족과 자신, 인류에 대한 책임, 윤리학, 중국 도덕의 특색 등을 가르치도록 했다. 국문은 강독과 작문, 글쓰기, 문자의 원류, 문법, 중국문학사, 해서, 행서, 초서 등을 배우도록 했다. 외국어는 발음과 읽기, 쓰기, 문법, 회화, 번역, 문학 등을 가르치도록 했다.

역사는 중국사, 동아시아 각국사, 서양사를 가르치도록 했다. 지리는 중국지리와 외국지리, 자연지리와 인문지리개론을 배우도록 했다. 수학은 산수, 대수, 평면기하, 입체기하 등을 배우도록 했다. 박물에서는 동식물과 광물, 생리와 위생에 대해 배우도록 했다. 물리화학은 역학, 열학, 광학, 전자, 자기학을 물리 부분에서 배우고 화학에서 무기화학과 유기화학을 배우도록 했다.

법제경제에서는 법제와 경제의 개요를 배우도록 규정하고 있다. 수

---

39) 「中學校令校施行規則」(1912.12), 課程敎材硏究所, 『20世紀中國中小學 課程標準 · 敎學大綱匯編－課程(敎學)計劃卷』, 70쪽.

공에서는 목공과 죽공, 점토공예, 금속공예와 공업 개요를 배우도록 했다. 악가는 가곡과 악기, 기본 연습을 하도록 했다. 체조는 보통체조와 군대식 체조를 배우도록 했다.

1912년 12월에 반포된 중학교 과정계획은 남학생과 여학생의 과정을 분리해서 다루고 있다. 다음은 중학교 여학생 과정계획이다.

〈표 10〉 1912년 12월 중학교 과정계획(여학생)[40]

	1학년	2학년	3학년	4학년	합계	비율
수신(修身)	1	1	1	1	4	3%
국문(國文)	7	6	5	5	23	17.2%
외국어(外國語)	6	6	6	6	24	18%
역사	2	2	2	2	8	6%
지리	2	2	2	2	8	6%
수학	4	4	3	3	14	10.5%
박물(博物)	3	3	2		8	6%
물리 화학				4	4	3%
법제·경제(經濟)				2	2	1.5%
도화(圖畵)	1	1	1	1	4	3%
수공(手工)	1	1	1	1	4	3%
가사원예(家事園藝)		2	2	2	6	4.5%
재봉	2	2	2	2	8	6%
음악(樂歌)	1	1	1	1	4	3%
체조	2	2	2	2	8	6%
합계	32	33	34	34	133	100%

여학생의 수업과목은 남학생과 동일했으나 일부 과목에서 수업시수에 차이가 있었다. 국문은 2학년 과정에서 주당 남학생 7시간, 여학생이 6시간이었고 외국어의 경우도 남학생이 1학년에 주당 7시간, 2-4학년에 8시간씩 배우는 것에 비해 여학생은 1학년부터 4학년까지 매 학년 6시간을 배웠다. 수학의 경우도 남학생이 1-3학년에 5시간, 4학년에 4시간을 배우는 것에 비해 여학생은 1-2학년 4시간, 3-4학년 3시간을 배

---

40)「中學校令校施行規則」(1912.11), 課程教材研究所,『20世紀中國中小學 課程標準·教學大綱匯編－課程(教學)計劃卷』, 71쪽.

우도록 했다. 체육도 남학생이 매주 3시간을 배우도록 했지만 여학생은 2시간을 배우도록 했다.[41]

여학생은 남학생들이 배우지 않는 가사원예와 재봉시간이 있었다. 가사원예는 2학년부터 4학년까지 가사정리, 가사위생, 음식물 조리와 실습, 병간호, 육아, 가계부기 등을 주당 2시간씩 배우도록 했다. 재봉은 1학년부터 4학년까지 매주 2시간씩 초보적인 의복 재봉과 수선법을 배우도록 했다.

1912년 12월에 중화민국정부가 반포한 중학교 과정계획은 중학교 과정을 4년제로 했고 수업시수에서는 외국어와 국문의 비중이 높았다. 다음으로는 수업시수가 많았던 과목은 수학이었고, 체조와 역사·지리, 박물, 물리 화학 등의 순서였다.

1904년 학제의 중학당 과정과 비교해 보면 독경강경을 폐지했고, 수공, 음악과 여학생의 가사원예, 재봉 등의 과목이 추가되었다. 중국문학은 국문으로, 산학은 수학으로 명칭을 변경했으며 수학이재를 법제 경제로 고쳤다.

중학교 과정은 일부 과목의 수업시수에서 남녀학생 간에 차이가 있었다. 체조 과목은 남학생이 3시간 여학생이 2시간으로 차이가 있었다. 여학생은 가사원예와 재봉 과목을 추가로 배웠다.

수업시수는 1학년 남학생이 주당 33시간, 여학생이 32시간이었고, 2학년의 경우 남학생이 34시간 여학생이 33시간이었다. 3학년과 4학년 남학생의 주당 수업시수는 35시간이었고 여학생은 34시간으로 여학생이 남학생보다 1시간 적었다. 수업시수는 1904년 계묘학제가 1학년부터 5학년까

---

41) 중화민국시기 체육교육에 관해서는 다음의 글을 참조할 수 있다. 李元華, 「中國 近代學校體育課程」, 楊玉厚, 『中國課程變革硏究』(西安, 陝西人民敎育出版社, 1998), 201-221쪽.

지 주당 36시간으로 고정되어 있었지만 1912년 12월에 반포된 임자계축학제는 학년이 높아질수록 수업시수가 증가하는 형태였다. 그러나 전체적인 수업시수는 청말의 계묘학제에 비해서 다소 감소했다고 할 수 있다.

임자계축학제의 중학교 과정은 청말에 문과와 실과를 분리했던 것을 다시 통합했고 수업연한을 5년에서 4년으로 줄였다.

청왕조와 중화민국의 중학교 과정은 1901년 일본 보통중학교 과정의 영향을 받았다.[42] 다음의 표는 일본과 청왕조, 중화민국의 중학교(중학당) 과목을 비교한 것이다.

〈표 11〉 일본과 청왕조, 중화민국의 중학교(중학당) 과목 비교[43]

과정	과목명																수업연한
일본 1901	수신		국어와 한문	외국어	역사	지리	수학	박물	물리화학	법제와 경제	도화	창가	체조				5년
청 1904	수신	독경강경	중국문학	외국어	역사	지리	산학	박물	물리화학	법제와 이재	도화		체조				5년
중화민국 1912.1	수신		국문	외국문	역사	지리	수학	박물	이화	법제경제	도화	음악	체조	수공	가정	재봉	4년
중화민국 1912.12	수신		국문	외국어	역사	지리	수학	박물	물리화학	법제경제	도화	음악	체조	수공	가사원예	재봉	4년

---

42) 일본의 근대 학제는 주로 프랑스와 독일, 네덜란드, 영국 등의 교육제도를 참고하여 만들어진 것이라고 한다. 何曉夏, 「日、美近代学制对中国近代学制的影响及中日、中美近代学制的比较」, 272쪽.

43) 「中学校令施行規則(抄)」(明治三十四年三月五日文部省令第三号) http://www.mext.go.jp/b_menu/hakusho/html/others/detail/1318040.htm; 「奏定中學堂章程」(光緖 29년 1904), 課程教材研究所, 『20世紀中國中小學 課程標準·教學大綱匯編－課程(教學)計劃卷』, 44-46쪽; 「普通教育暫行課程標準」(1912.1.19), 『臨時政府公報』第5號, 3-4쪽; 「中學校令校施行規則」(1912.11), 課程教材研究所, 『20世

위의 표를 보면 1901년 반포된 일본의 보통중학교 과정은 1904년 청 왕조의 중학당 과정과 1912년 중화민국정부의 중학교 과정과 대부분의 과목이 일치하는 것을 알 수 있다. 1904년 중학당 과정은 독경강경이 들어가고 일본의 보통중학교 과정의 창가가 제외된 것 이외에는 거의 일치하고 있다. 1912년 1월에 반포된 중학교 학제와 일본의 보통중학 교 과정을 비교하면 수공, 가정, 재봉이 추가된 것 이외에는 거의 같은 것을 알 수 있다. 실제로 가정과 재봉 과목도 일본의 고등여학교 학과 과정에 개설된 과목이었다.[44] 1912년 12월에 반포된 중학교 과정도 일 본의 보통중학교 과정과 거의 같다고 할 수 있다. 단 1912년 중화민국 의 중학교 과정은 수업연한이 5년에서 4년으로 단축되었다.

이렇게 일본의 학제와 중화민국의 학제는 외형상 거의 일치하지만 내용상으로는 달라진 점이 있었다. 1912년의 임자계축학제는 일본의 학제를 모방했지만 '충군'과 '존공' 등을 부정하고 신해혁명의 민주주의 정신이 반영되어 있으며, 구 교육제도의 독경과를 폐지하였다. 또한 여 성교육을 강조하여 남녀공학[45]을 인정했으며 교육연한을 합리적으로 축소했고, 자연과학과 법제, 경제 등의 새로운 과정을 추가하였다.[46]

紀中國中小學 課程標準·教學大綱匯編―課程(教學)計劃卷』, 70-71쪽.

[44] 1899년 일본의 고등여학교 과정에서는 수신, 국어, 외국어, 역사, 지리, 수학, 이 과, 가사, 재봉, 습자, 도화, 음악, 체조 등이 정식 과목이었고 교육, 한문, 수예 등의 과목도 가르칠 수 있도록 규정하고 있었다. 「高等女学校ノ学科及其程度 ニ関スル規則」(明治三十二年二月二十一日文部省令第七号), http://www.mext.go.jp/b_menu/hakusho/html/others/detail/1318039.htm.

[45] 임자계축학제에서는 초등소학교의 남녀공학을 인정했고 여학교의 설립을 명문 화하는 등 여성교육 발전에 긍정적인 측면이 있지만 여학생에게 '가사'나 '재봉' 등의 과목을 가르치는 등 전통적 과목을 가르치는 등의 문제도 있었다는 지적이 있다. 실질적으로는 1919년 5·4운동 이전 정부에서 설립한 여자중학교는 9개 학 교에 학생수도 622명에 불과했다고 한다. 雷良派·陳陽鳳·熊賢軍,『中國女子教 育史』, 284쪽.

4. 1912-13년 임자계축학제에 따른 역사교육과정

임자계축학제가 시행되면서 1904년 청왕조의 계묘학제와는 교육과
정과 내용면에서 차이를 보이게 되었다. 다음은 1904년 계묘학제에 따
른 역사교육의 내용과 수업시수이다.

〈표 12〉 1904년 계묘학제에 따른 역사교육의 내용과 수업시수[47]

학교	학년	연령	내용	수업시수	수업비중
초등소학당	1학년	7세	향토의 이야기와 현지의 옛 선현의 사실	매주 30시간 가운데 1시간 수업	3.3%
	2학년	8세			
	3학년	9세	역대 왕조의 국호와 성군의 이야기		
	4학년	10세			
	5학년	11세	청왕조의 개국과 성군의 인정(仁政)		
고등소학당	1학년	12세	중국역사의 대요	매주 36시간 가운데 2시간 수업	5.5%
	2학년	13세			
	3학년	14세			
	4학년	15세	중국역사를 보습		
중학당	1학년	16세	중국사	매주 3시간 수업	8.3%
	2학년	17세	중국사와 아시아 각국사	매주 2시간 수업	5.5%
	3학년	18세	청왕조와 아시아 각국사		
	4학년	19세	동서양 각국사		
	5학년	20세			

1904년 계묘학제는 초등소학당에서 향토의 이야기와 역대 왕조의 국
호와 성군의 이야기, 청왕조의 개국과 성군의 인정 등을 가르치도록 하
고 있다. 수업시수는 매주 1시간으로 적은 편이었다. 고등소학당에서
는 1학년부터 4학년까지 매주 2시간씩 중국역사의 대요를 배우도록 규
정하였다.

중학당에서는 1학년부터 5학년까지 매주 2시간씩 1학년에서 중국사

---

46) 黃仁賢, 『中國敎育史』, 358쪽.

47) 김지훈, 「20세기 초 중국의 학제개혁과 역사교과과정의 성립」, 328쪽.

를 배우고 2학년에서 중국사와 아시아 각국사를 배우며 3학년에서 청왕조와 아시아 각국사를 배우도록 했다. 4학년과 5학년에서는 동서양 각국사를 배우도록 하고 있다. 초등소학당과 고등소학당에서는 주로 중국사를 배우고 중학당에서는 중국사 외에 아시아 각국사와 서양 각국사를 배우도록 하고 있다.

중학당의 역사교육에서는 전체적으로 중국사의 비중이 높은 편이고 그 다음으로 아시아 각국사와 동서양 각국사를 가르치고 있는 것을 알 수 있다.

1912년 1월 중화민국 교육부에서 반포한 임자학제에 따른 역사교육 과정은 다음과 같다.

〈표 13〉 1912년 1월 임자학제에 따른 역사교육의 내용과 수업시수[48]

학교	학년	연령	내용	수업시수	수업비중
초등소학교	1학년	7세	역사 과목 없음	0	0%
	2학년	8세			
	3학년	9세			
	4학년	10세			
고등소학교	1학년	11세	중국역사의 대요(大要)	매주 2시간 수업	5.5%
	2학년	12세	중국역사의 대요(大要)		
	3학년	13세	중국역사 보습		
	4학년	14세	중국역사 보습		
중학교	1학년	15세	중국사	매주 2시간 수업	5.5%
	2학년	16세	중국사 동양사		
	3학년	17세	서양사		
	4학년	18세	세계근세사 보습		

---

[48] 이 표는 陸費達의 다음의 글에 게재된 「初等小學課程表」, 「高等小學課程表」, 「中學校課程表」를 이용하여 작성하였다. 이 글에 게재된 과정표와 1912년 1월 19일에 반포된 「보통교육잠행판법(普通敎育暫行辦法十四條)」, 「보통교육잠행과정표준(普通敎育暫行課程標準)」과는 일부 내용에 다소 차이가 있다. 陸費達, 「民國普通學制議」(1912.1), 璩鑫圭·唐良炎, 『中國近代敎育史資料匯編: 学制演变』, 622-625쪽.

1912년 1월 반포된 임자학제는 1904년 계묘학제와는 차이가 있었다. 계묘학제에서 초등소학당에 역사 과목이 있었지만 임자학제에서는 초등소학교에서 역사과목이 없어졌다. 고등소학교에서는 고등소학당과 마찬가지로 매주 2시간씩 1-2학년에서 중국역사의 대요를 배우고, 3-4학년에서도 중국역사를 보습(補習)하도록 하고 있다. 임자학제의 중학교 역사과정은 중국사와 동양사, 서양사, 세계근세사를 배우도록 하고 있다. 계묘학제에 비해서 아시아 각국사(동양사)의 비중이 감소하고 서양사의 비중이 높아졌다고 할 수 있다.

임자학제를 수정한 임자계축학제에 따른 역사교육의 내용과 수업시수는 다음과 같다.

〈표 14〉 1912-13년 임자계축학제에 따른 역사교육의 내용과 수업시수[49]

학교	학년	연령	내용	수업시수	수업비중
초등소학교	1학년	6세	역사 과목 없음	0	0%
	2학년	7세			
	3학년	8세			
	4학년	9세			
고등소학교	1학년	10세	중국역사의 요약	매주 1.5시간 수업	5.5%
	2학년	11세	중국역사의 요약		
	3학년	12세	중국역사의 보습		
중학교	1학년	13세	중국 상고 중고 근고사	매주 2시간 수업	5.5%
	2학년	14세	중국 근세사 현대사		
	3학년	15세	동아시아 각국사, 서양사		
	4학년	16세	서양사		

1904년 계묘학제에 따른 역사교과과정과 1912-13년 임자계축학제의 역사교과과정은 표면적으로 유사성을 보이고 있다. 과목명으로 본다

---

49) 「教育部訂定小學校校則及課程表」(1912.11), 舒新城,『中國近代教育史資料』中冊, 461; 「教育部公布中學校課程標準令」(1913.3.19), 中國第二歷史檔案館 編,『中華民國史檔案資料匯編』第三4輯 教育, 284쪽.

면 계묘학제와 임자계축학제의 역사교과과정에서 현저한 차이를 느낄 수 없다. 그러나 같은 과목명이지만 내용적으로는 변화가 있었음을 알 수 있다.

1904년 계묘학제에 따른 초등소학당 역사과목의 내용은 역대 왕조의 국호와 성군의 이야기를 배우며, 청왕조의 개국과 성군의 인정(仁政)을 배우도록 하고 있다.[50] 고등소학당에서도 황제와 요순 이래 역대 왕조의 통치와 흥망성쇠를 배우고, 고금세계의 변천과 주변국을 알게 하며 청왕조의 인정(仁政)을 많이 강의하여 성군의 덕정을 알게 하고, 국민의 자강의 의지와 충애의 성정을 양성하도록 하고 있다.[51]

그러나 1912-13년 임자계축학제의 「소학교교칙 및 과정표」에서는 중국역사에서 아동들이 국체의 대요을 알고 국민의 지조를 양성하는 것을 요지로 했다. 특히 황제 개국의 공적과 역대 위인의 언행, 동아시아 문화의 연원, 민국(民國)의 건설과 근 백년 이래의 중외관계를 배우도록 했다.[52]

임자계축학제의 「중학교령시행규칙」에서도 역사는 역사상의 중요한 사적 민족의 진화, 사회의 변천, 국가의 성쇠를 알고 정체의 연혁과 민국 건립의 근본을 이해하도록 하고 있다. 역사는 중국사와 외국역사로 구분하였고, 중국사에서는 역대 정치문화 현상과 중요한 사적을 가르치고, 외국역사에서는 세계 대세의 변천, 유명한 국가들의 흥망, 인문의 발달, 그리고 중국과 관련된 사적(事迹)을 수업하도록 하였다.

중학교 과정에서 역사교육은 1학년 때 중국 고대사를 배우고 2학년에서 중국 근현대사를 배우도록 하고 있다. 3학년에서는 동아시아 각

---

50) 「奏定初等小學堂章程」(光緒 29년 1904), 課程敎材硏究所, 『20世紀中國中小學 課程標準・敎學大綱匯編－課程(敎學)計劃卷』, 21-26.

51) 「奏定高等小學堂章程」(光緒 29년 1904), 위의 책, 32-36.

52) 「敎育部訂定小學校校則及課程表」(1912.11), 舒新城, 『中國近代敎育史資料』中册, 457쪽.

국사와 서양사를 배우도록 하고 있으며 4학년에서는 서양사를 가르치도록 하고 있다. 이러한 중학교 역사 교과과정은 청왕조의 계묘학제에 비해서 서양사의 비중이 높아지고 동아시아 각국사의 비중이 감소하고 있다는 것을 알 수 있다.

5. 맺음말

신해혁명이 성공한 후 남경에 중화민국 임시정부가 수립되고 교육부가 각종 교육관련 정책을 반포하였다. 중화민국이 수립된 1912년부터 1913년 사이에 중국의 학제는 큰 변화를 겪게 된다. 1912년 1월 교육부는 학당을 학교로 전환하고, 소학당의 남녀 공학을 인정하였으며, 독경과를 폐지하고, 중학교의 문과와 실과를 분리하는 정책을 폐기하였다.

청왕조는 교육이념으로 충군(忠君), 존공(尊孔), 상공(尙公), 상무(尙武), 상실(尙實) 등을 강조하고 있었다. 그러나 중화민국의 초대 교육총장이었던 蔡元培는 중화민국의 교육이념으로 군국민교육(軍國民敎育), 실리주의(實利主義), 공민도덕(公民道德), 세계관(世界觀), 미육(美育)을 제시하였다. 蔡元培의 교육이념은 미국과 독일을 비롯한 구미학계의 교육사상과 철학에 영향을 받은 것이라고 할 수 있다.

1912-13년에 중화민국에서 새로이 제정한 학제는 그 해의 간지에 따라 임자계축학제(壬子癸丑學制)라고 한다. 임자계축학제는 초등소학 4년, 고등소학 3년, 중학 4년으로 계묘학제에 비해 초등소학과 중학의 수업연한을 1년씩 단축했다. 청말부터 민국 초기까지의 교과과정 개편에는 교과목과 편제 등에서 일본 학제의 영향을 받은 것으로 보인다. 그러나 메이지시대 일본의 천황제 교육이념과 공화제 국가인 중화민

국의 교육이념은 차이가 있었다.

1904년 계묘학제에 따른 역사교과과정과 1912-13년 임자계축학제의 역사교과과정은 표면적으로 유사성을 보이고 있다. 과목명으로 본다면 계묘학제와 임자계축학제의 역사교과과정에서 현저한 차이를 느낄 수 없다. 그러나 같은 과목명이지만 내용적으로는 변화가 있었다.

1904년 청왕조의 계묘학제에 의거한 초등소학당 역사과목은 역대 왕조의 국호와 성군의 이야기, 청왕조의 개국과 성군의 인정(仁政)을 배우도록 하였고, 고등소학당에서도 역대 왕조의 통치와 흥망성쇠와 청왕조의 인정(仁政)을 강의하여 성군의 덕정을 알게 하고, 국민의 자강의 의지와 충애의 성정을 양성하도록 하고 있다.

그러나 1912-13년 임자계축학제에서는 황제 개국의 공적과 역대 위인의 언행, 동아시아 문화의 연원, 민국(民國)의 건설과 근 백년 이래의 중외관계(中外關係)를 배우도록 하여 차이를 보이고 있다. 임자계축학제의 중학교 과정의 역사과목은 역사상의 중요한 사적 민족의 진화, 사회의 변천, 국가의 성쇠를 알고 정체의 연혁과 민국 건립의 근본을 이해하도록 하고 있다.

중학교 과정에서 역사교육은 1학년 때 중국 고대사를 배우고 2학년에서 중국 근현대사를 배우도록 하고 있다. 3학년에서는 동아시아 각국사와 서양사를 배우도록 하고 있으며 4학년에서는 서양사를 가르치도록 하고 있다. 임자계축학제의 중학교 역사 교과과정은 청왕조의 계묘학제와 비교해 보면 서양사의 비중이 높아지고 동아시아 각국사의 비중이 다소 감소하고 있다는 것을 알 수 있다. 이러한 변화는 중화민국이 수립되면서 중국사에서 중화민국의 수립을 이해하고 나아가 동아시아 각국과 서양의 역사에 대한 이해가 보다 심화될 필요성을 반영한 것으로 볼 수 있다.

대한제국 전반기
'국민의기(國民義氣)'의 고취와 국민교육

구희진

1. 머리말

대한제국의 국민양성은 구래의 사민론(四民論)을 변통(變通)하여 모색되었다. 인민은 안업(安業)하며 재상자(在上者)의 도솔(導率)에 따라야한다는 인식을 기반으로 하면서도, 대경장(大更張)의 필요성과 국권위기에 대처하는 자강(自强)의 방안으로 새롭게 선비의 직분(職分)과 기개(氣槪)를 인민의 직분과 기개로 하는 방안이 추구되어갔다.

본고는 대한제국 전반기[1], 정부와 개신유자들의 사상을 중심으로 대

---

[1] 大韓帝國 시기는 1897년 10월 17일부터 1910년 8월 29일까지를 말한다. 1905년 11월 을사늑약 이전과 이후를 구분하여 대한제국 전기, 후기로 구분하기도 하는데, 본고에서는 대한제국 수립부터 대한제국이 개혁의 주도권을 행사할 수 있었던 1904년 1월 러일전쟁 발발 직전까지를 대한제국 前半期로 보고 이 시기를 대상으로 살펴보겠다.

한제국 체제의 정비, 국권위기의 심화와 더불어 이루어진 국민에 대한 인식의 변화와 국민교육에 대해 살펴보려는 것이다. 이를 통해 대한제국의 국민양성이념과 국민양성의 구체적인 방안을 우리역사의 내적 발전의 논리 속에서 규명하고, 대한제국이 지향하는 근대국가의 성격을 살펴볼 수 있겠다. 그리고 이후 국권회복 항쟁기 국혼(國魂), 국수(國粹)가 중시되는 역사적 맥락을 밝히는데 기여할 수 있기를 기대해 본다.

대한제국에 대해서는 우리사회의 근대화과정에서 차지하는 중요성으로 인하여 다양한 시각에서 많은 연구들이 이루어지고 있다. 그 결과 대한제국의 성격, 정치체제와 권력구조, 경제, 대외인식과 외교정책 등에 대한 대략적인 실태가 밝혀지고 있다. 그러나 이 시기 국민의 위상과 역할의 모색이나 국민교육에 대한 연구는 시작단계에 있다.[2] 주로 독립협회의 활동이 주목되어 독립협회를 중심으로 교육사상[3], '국민 만들기'[4]에 대한 연구가 이루어졌으며, 대한제국기의 관립학교와[5] 사립학교[6]의 실태를 밝힌 연구가 진행되었다. 대한제국 수립기 정부, 독립협회, 개신유자들 사이에 모색되었던 국민양성이념이나 국민교육, 그리고 그 이후 시기의 전개에 대한 규명은 앞으로의 과제로 남겨져 있다.

대한제국 전반기 국민의 위상이나 역할에 대한 모색은 집권적인 왕

---

[2] 이태진, 「대한제국의 황제정과 「민국」 정치이념」, 『한국문화』22, 1998; 具姬眞, 「韓國 近代改革期의 敎育論과 敎育改編」, 서울대박사학위논문, 2004.

[3] 김숙자, 「독립협회의 교육사상」, 『한국사연구』30, 1980.

[4] 권용기, 「『독립신문』에 나타난 '동포'의 검토」, 『한국사상사학회』12 1999; 도면회, 「황제권 중심 국민국가체제의 수립과 좌절」, 『역사비평』50, 2003.

[5] 魯仁華, 「大韓帝國時期 官立學校 敎育의 性格研究」, 이화여대박사학위논문, 1988.

[6] 邊勝雄, 「大韓帝國政府의 經本藝參政策과 儒生層의 新敎育參與」, 『建大史學』7, 1989; 邊勝雄, 「近代私立學校研究」, 건국대박사학위논문, 1992.

조국가를 민유방본(民惟邦本)의 이념을 가지고 교화로써 통치한다는 오랜 전통 위에서 추구되었다. 그러므로 분권적인 전통을 지닌 국가들이 위로부터 '국민 만들기' 정책을 강력하게 추진하는 것을 근대국민형성의 보편성으로 보고 이를 검증하려고 할 경우에는 대한제국의 국민양성이념이나 국민교육을 제대로 규명할 수 없다. 구래 조선은 교화를 통한 통치를 표방하고, 사기(士氣)를 배양하여 정강(正剛)한 절의와 기개를 국가의 원기(元氣)로 삼아 국맥(國脈)을 유지하려고 했다. 조선에서 국왕은 '군사(君師)'로서 교화의 기본 방향을 제시했고, 양반, 선비들은 수기(修己), 치인(治人)으로 민인(民人)들을 교화하는 역할을 담당했다. 조선 후기 신분제 해체는 양반층의 증가에서 알 수 있듯이 민인들이 사(士)가 되는 방향으로 진행되었으며, 이와 더불어 사(士)가 추구했던 기개함양은 보편교양이 되어갔다.[7] 근대개혁기 대한제국의 국민양성이념과 교육은 이러한 전통 위에서 모색되었다. 국민의 역할은 사민론(四民論)을 변통(變通)하여 추구되었다. 국민교육은 정부에서 기본 방향을 제시하고, 개신유자들은 정부에 대경장(大更張)을 촉구하며 국민교육의 이념과 방안을 구체적으로 마련하고 추진해갔다. 그러므로 대한제국의 국민양성이념과 방안을 규명하기 위해서는 특히 정부의 정책방향과 개신유자들의 사상과 활동에 주목해야하며, 변통론을 우리역사의 계기적 발전의 맥락 속에서 이해해야한다.

본고는 대한제국 전반기 정부와 개신유자들을 중심으로 국민의 위상이나 역할 그리고 국민교육에 대한 인식과 활동을 3시기로 구분하여 살펴보겠다. 먼저 대한제국 수립이후 1898년까지 정부와 독립협회 그리고 개신유자들의 '인민의 직무(職務)'에 대한 논의를 살펴보겠다. 인

---

7) 李景植, 「우리나라 興學과 氣槪涵育의 推移」, 『師大論叢』 67, 서울대학교 사범대학, 2003.

민의 국가에 대한 역할은 사민론을 변통하여 '직무'가 논의되면서도 '인민의 직무'에 대하여 합의에 이르지 못하는 배경을 규명하려는 것이다. 그리고 이후 1899년 대한국 국제가 수립되는 과정에서 국왕은 유교의 '국교화(國敎化)'와 신학제(新學制)를 통한 부강책을 천명하고 개신유자들은 정부의 변법적인 개혁을 촉구하면서 그 이론을 마련하는 것을 살펴보겠다. 전제군주 중심의 근대국가체제를 뒷받침하는 사상을 밝히고, 부국강병책의 일환으로 국민교육이 중시되는 배경과 그 이념적인 기반을 규명하려는 것이다. 그리고 끝으로 1900년 이후 대한제국의 개혁이 제대로 추진되지 못하는 속에서 열강에 의한 국권침탈의 위기가 심화되자, 개신유자들이 국권수호를 위한 국민 개개인의 역할을 중시하고 국민의 직분으로 '국민의 의무'를 강조하면서 이의 실천을 위해서 '국민의기(國民義氣)'를 고취하는 것을 살펴보겠다. '국민의 의무'와 '국민의기'의 논리를 우리역사의 내적 발전의 논리 속에서 규명하면서 그 성격을 밝히려는 것이다.

2. 대한제국 성립기 '인민직무(人民職務)'의 논의와 국민교육의 강구

대한제국은 을미사변, 아관파천 이후 국권의 위기 속에서 '자주(自主)'를 천명하며 수립되었다.[8] 고종(高宗)은 국민적 공론(公論)을 이끌어내는 형식을 취하여 대한제국의 수립을 선포하였는데[9], 진신(縉紳), 대신(大臣), 육군(六軍), 만민(萬民)의 '대동지정(大同之情)'을 거스를 수 없어서 황제가 된다고 하여 대한제국수립의 가장 중요한 근거를 전 국

---

8) 『高宗實錄』 권36, 高宗 34년 10월 13일
9) 韓永愚, 「大韓帝國 성립과정과 『大禮儀軌』」, 『韓國史論』 45, 2001.

민의 여망에 두었다. 이후 대한제국은 정치구조 개편과정에서 인민들의 위상과 역할에 대해서 고려하지 않을 수 없었다. 1898년은 정부, 독립협회를 중심으로 하는 개화파, 개신유자 사이에서 정치구조개편에 대한 모색이 본격적으로 이루어진 시기이다.[10] 이 과정에서 제국인민의 역할에 대한 각 계열의 의견이 개진되었으므로 이를 통해서 이시기 국민양성이념을 살펴볼 수 있다. 아울러 제 계열은 국민교육의 필요성과 방안을 제안하고 있었으므로 국민교육은 공론화된 기반 위에서 추진되게 되었다.

조선사회에서 정치는 국왕이 하늘을 대신하여 백성을 통치하는 것이었다. 이를 위해 정부를 구성하고 신료를 선발하여 통치를 보좌하게 하며 법률과 장정을 만들어 기준을 제시하고, 백성들은 이를 준수하고 생업에 종사하여 통치에 보답하는 것이었다. 정치는 국왕과 신료가 담당하는 것이었으며 그 관건은 유덕하고 유능한 관료의 선발에 있었다. 대한제국기에도 정치와 각 계층의 사회적인 역할은 이러한 관념에 근거하고 있었으나, 점차로 국왕과 정부, 인민의 역할에 대한 변화가 추구되고 있었다.[11] 이미 갑오개혁에서 법률상으로 신분제가 폐지되고,

---

10) 愼鏞廈, 『獨立協會研究』(一潮閣, 1976); 朱鎭五, 「19세기 후반 開化 改革論의 構造와 展開」, 연세대박사학위논문, 1995; 왕현종, 「대한제국기 입헌논의와 근대국가론」, 『韓國文化』 29, 2002.

11) 통치의 중심을 둘러싸고 국왕과 신료 사이의 대립은 조선건국 이래 지속되었으며, 갑오개혁은 군주권을 제한하고 개혁관료중심의 정치체제를 구상하였다. 이후 대한제국기의 정치구조에 대해서는 대한제국 수립기 독립협회의 활동을 중심으로 하는 연구와 이후 황제권강화를 밝히는 연구들이 진행되었다. 朱鎭五, 「19세기 후반 開化 改革論의 構造와 展開」; 왕현종, 「대한제국기 입헌논의와 근대국가론」, 『韓國文化』 29, 2002; 도면회, 「정치사적 측면에서 본 대한제국의 역사적 성격」, 『역사와 현실』 19, 1996; 서진교, 「대한제국기 고종의 황제권 강화연구」, 서강대박사학위논문, 1998; 서영희, 『대한제국 정치사연구』(서울대학교 출판부, 2003).

관료로 임용되는데도 신분상의 제한은 없어졌다. 이러한 기반 위에서 대한제국 수립기에 제국인민(帝國人民)의 위상과 역할의 변화에 대해 가장 먼저 제기한 것은 독립신문과 독립협회였다.

독립협회는 인민에 대한 계몽의 필요성을 인식하고 있던 왕실과의 교감 속에서 만들어졌으므로 군주국체를 옹호하였다. 독립협회를 중심으로 활동한 사람들은 황제권을 옹호하였으나 황제권은 독립협회 회원들로 대표되는 민의를 수렴하고 법률과 제도 속에서 행사되어야 한다고 인식하고, 중추원을 상원적 성격으로 개편하려고 했다. 이들은 정치구조개편을 위한 근거로서 국왕과 정부와 인민의 역할에 대해 재규정하였는데, 자신들과 같은 개명인사들이 정치에 참여해야한다고 인식하였으며, 정치참여의 확대에 대한 논의를 뒷받침하기 위하여 보편적인 대한인민의 역할을 주장하고 여론을 형성해갔다.

독립협회는 나라가 생긴 본의는 인민을 위한 것이라는 점을 명확히 하였다. 인민이 모여서 정부를 배설하고 정부와 백성을 거느리는 직무를 임금께 드렸다고[12] 하여 통치의 주체는 임금으로 하였으나, 인민이 통치권을 임금에게 부여한 것이라는 데서 알 수 있듯이 국가운영에서 백성의 역할을 중시하였다. 그리고 정치체제 개혁을 위한 활동의 정당성을 위하여 '인민의 직무'를 주장했다. 대한제국의 시급한 과제로 인민이 '직무', '직분'을 인식하고 실천하는 것이라고 강조하였다.[13]

인민의 지위와 역할에 대해서는 직무과 아울러 권리라는 용어도 사용하고 있었다. 독립협회의 주요한 목적이 정부가 백성의 권리를 침범치 못하게 하는 것이라고까지 중시하였으며[14], 인민의 권리가 보호되

---

12) 『독립신문』 건양 2년 4월 17일.

13) 『독립신문』 건양 2년 7월 27일, 광무 2년 1월 11일, 3월 3일.

14) 『독립신문』 광무 2년 8월 4일.

어야 나라의 권리도 보호될 수 있다고 주장했다. 그러나 권리는 인민의 생명, 재산과 같은 개인적인 것이었다.[15] 인민의 국가에 대한 역할로는 '직무', '직분'을 주장했다. 『독립신문』은 대한제국 수립이후 백성의 역할을 정면으로 논하는 글에서는 일반적으로 職務, 직분이라는 표현을 사용했다.[16] 독립협회에서도 국왕에 상소하는 경우와 같이 정부에 공식적으로 백성의 역할을 언급할 경우에는 '직(職)'[17], '분(分)'[18]이라는 말을 사용했다.

구래 백성의 사회적인 역할로는 직(職)이 사용되지 않았다. 그러나 조선후기 이후 신분제 해체를 수용하며 새로운 국가개혁방안을 구상하는 지식인들은 명분으로서의 사민제도(四民制度)를 비판하고 직분으로서의 사민제도를 실시하자는 주장을 제기했으며[19], 사(士)는 국가의 원기(元氣)로 중시하면서 현실에서 모든 백성이 지향해야할 도덕성을 갖춘 인간상으로 제시했다.[20]

독립협회는 정치구조개편을 모색하고 있던 이 시기에 특히 인민의 국가에 대한 역할을 강조하였다. 인민의 직무는 애군애민(愛君愛民)하는 정부가 서도록 하는 것이었다.[21] 대한인민의 직무는 정부에서 나라에 해로운 일을 하려고 하면 못하게 하고, 정부에서 애군애민하여 만든 법령을 시행하며, 전국인민이 다 옳은 백성이 되도록 권면하는 것이

---

15) 정용화, 「서구 인권사상의 수용과 전개」, 『서구문화의 수용과 근대개혁』 (태학사, 2004); 박주원, 「근대적 '개인', '사회' 개념의 형성과 변화」, 『역사비평』 여름호, 2004.

16) 『독립신문』 광무 2년 1월 11일, 3월 3일.

17) 『高宗實錄』 권37, 高宗 35년 2월 2일.

18) 『高宗實錄』 권37, 高宗 35년 7월 22일.

19) 『湛軒書』 內集 권4, 補遺 「林下經綸」.

20) 『朴珪壽全集』 권11, 「范希文請興學校淸選擧」.

21) 『독립신문』 광무 2년 1월 11일, 3월 3일.

었다. 이러한 직무는 구래 선비들이 국가에 대해서 가졌던 도덕적인 책무였지 백성들이 가졌던 직무는 아니었다. 이제 구래 선비들이 가졌던 직무를 대한제국 인민의 직무로 갖게 하여 인민의 국가적인 역할을 도덕적인 차원에서나마 규정하고 있었던 것이다.

이처럼 독립협회에서 인민의 직무, 직분이라는 용어를 사용한 중요한 이유는 신분제는 부정되었으나 신분에 대체하는 것으로 직분을 인식하였으며, 황제와 정부와 인민의 구분을 인정하는 위에서 인민의 역할을 모색했기 때문으로 생각된다. 인간의 존재를 인간관계 속에서 도리를 실현해야하는 존재로 보는 전통에 기반 하여 인민의 역할을 모색했던 것이다. 인민의 사회, 국가에서의 역할을 새롭게 규정하면서 이를 권리나 의무라는 개념보다는 직무과 직분으로 표현하여 대한제국인민의 도덕적인 책무로 삼았던 것이다.[22]

인민의 국가에 대한 역할을 '권리'가 아닌 '직무'라는 말을 사용한 이유는 우민관(愚民觀) 때문이기도 했다. 1898년 독립협회의 정치구조 개편운동기에 대한인민의 직무로 중시되고 있는 것은 정치적인 역할이었다. 만일 권리라는 용어를 사용하게 된다면 결국은 참정권과 연계될 것이었다. 그러나 독립협회의 개화파들은 대한백성은 교육이 없어서 무식하고 완고하고 고루하기 때문에 참정권을 부여해서 하의원을 설치하는 것은 위험하다는 우민관을 가지고 있었다.[23] 하지만 교육을 실시하여 민권을 확장해야하며, 40-50년 후에는 하의원도 설치되어야한다고 인식하였다. 민권과 국민의 참정권을 주장하기 전의 단계에서 인

---

[22] 職務를 서양에서 주장하는 권리 의무와 실상은 이름만 다르고 뜻은 같은 것으로 인식하기도 했다. 권리와 의무를 군신 상하가 각각 지니고 있는 '職權', '職務'로 인식하고 있었던 것이다(『秘書院日記』光武 35년 3월 19일).

[23] 『독립신문』 광무 2년 7월 9일, 27일.

민의 정치참여를 대한인민의 직무로 주장하기도 했던 것이다.

독립협회는 대한인민의 직무를 적극적으로 행사하여 정치구조를 개편하려고 했다. 1898년 6월 25일 고종이 상벌을 공의에 붙여 시행할 것이며, 인재를 널리 채용할 것이라는 조칙을 발표한[24] 이후 독립협회는 지속적으로 상소와 시위를 통해 현임대신을 규탄하고 새로운 인재 등용을 요청했다. 국왕이 관료를 선발하여 백성을 통치한다는 정치 관념과 국왕중심의 정치체제하에서 관료의 임용은 정치개혁의 중요한 관건이었던 것이다. 고종은 독립협회의 상소에 대해 비답을 내리고 해산을 지시하였는데도 지켜지지 않고 상소가 계속되자 독립협회가 국회에도 없는 권(權)을 행사한다고 비난하였다.[25] 이후 독립협회는 상소에서도 인민이 '권(權)'을 가지고 있다는 용어를 사용하기 시작했다. 사람은 태어나면서 슬기와 총명을 지니고 이치가 온전하므로 정령을 토의할 수 있는 언권(言權)을 지니고 있다고 주장하였다.[26] 그러므로 백성이 되어서 정사를 문란 시킨 신하는 규탄하는 권(權)이 있으며 오늘날 민의(民議)가 없다면 정치와 법률이 허물어질 것이라고 하였다.[27] 백성들이 정치에 대해 논의할 수 있는 권리를 참정권이라기보다는 언권(言權)으로 인식하고 있었으며, 이를 민의(民議)라고 하였다. 대한인민의 정치에 대한 직무는 구래 사대부들의 공론(公論)과 언권(言權)의 연장선상에서 주장되고 있었던 것이다.

이처럼 독립협회가 인민의 직무로 국가 정치에 대한 역할을 중시하는 것에 반하여, 고종은 인민(人民)의 직무로 안업(安業)을 강조했다.

---

24) 『高宗實錄』 권37, 高宗 35년 6월 25일.

25) 『秘書院日記』 光武 35년 9월 6일.

26) 『高宗實錄』 권38, 高宗 35년 10월 25일.

27) 『高宗實錄』 권38, 高宗 35년 10월 23일.

고종은 대한제국 수립 이후 통치의 근본은 민사(民事)에 둘 것이라고 밝혔다. 현재의 급무는 백성의 의식(衣食)과 교화(敎化)일 뿐[28]이라고 천명하여 민생과 관련된 산업과 교육에 중점을 두었다. 고종은 국교확대이후 열강의 부국강병책에 대해 파악하면서 특히 실용적인 국민교육에 주목하였다. 인민을 재능에 따라 가르쳐서 업(業)을 가지게 하는 교육이 대민통치와 국가부강의 유용한 방안이 된다는 점을 인식하고 있었다.[29] 그러므로 1898년 정치구조개편이 모색되는 시기에 관민공동회에서 정치개혁을 요구하는 헌의 6조를 제시하자, 고종은 이에 대응하여 발표한 조칙 5조 중에서 '상공학교를 설립하여 민업(民業)을 권장'[30]하도록 했다. 백성들의 정치적인 역할보다는 민업에 충실하게 하는 것에 중점을 두었던 것이다.

그러나 고종도 중추원의 개편을 통해 민의를 수용할 수 있는 정치체제를 만들려고 했으며, 특히 인민의 정치참여를 도리와 의리의 범주에서 인정해가고 있었다. 독립협회가 황실을 보호하고 국권을 유지하는 것이 삼천리 일천오백만의 '직(職)'이라고 상소한 것에 대해 도리에 맞는 것으로 수용하고 있었으며[31], 스스로도 상벌을 공의(公儀)에 붙여 시행할 것[32]이라고 하여 널리 공론을 받아들이고 능력에 따라 인재를 등용하리라고 밝혔다. 그리고 독립협회가 신문고를 쳐서 신소하게하고, 나무꾼에게까지 물었던 옛날 현군들의 사례를 인용하며 공론에 따른 언권을 수용하여 평범한 필부필부(匹夫匹婦)라도 정치의 폐단을 말

---

28) 『秘書院日記』 光武 34년 9월 25일.

29) 金弘集, 『修信使日記』 권2 「修信使金弘集入侍筵說」.

30) 『高宗實錄』 권38, 高宗 35년 10월 30일.

31) 『高宗實錄』 권37, 高宗 35년 2월 22일.

32) 『高宗實錄』 권37, 高宗 35년 6월 25일.

할 수 있게 해달라고 요청하자 결국은 신민의 도리로 폐단을 수습하고 진술할 의리가 있다고 인정했다.[33] 인민이 국가정치에 대해 발언하는 것은 당연한 '권리'라기보다는 정치가 잘못된 경우에 수습의 차원에서 참여할 수 있는 '도리'와 '의리'로 인정하였던 것이다.

고종은 대한제국에서 황제와 신민은 각각 직분을 가지고 있고 이를 행하면서 각자의 도리와 의리를 지키고 서로가 믿음을 가져야하며, 특히 전제국가인 만큼 신민은 임금을 공경하고 권한과 명분을 침범해서는 안 된다고 인식하였다. 국왕과 관료들은 법률과 장정을 집행해야할 직분이 있으면서, 백성들이 폐단을 진술하는 것에 대해서 귀를 기울이고 수용해야할 도리와 의리가 있었다. 백성은 생업에 종사하여 생산하는 것이 주된 직분이지만, 나라에 폐단이 있으면 수습하고 진술해야할 도리와 의리를 지니는 것이었다. 국왕과 백성은 서로 믿음을 가지고 도리로서 대해야지 진술한 다음에 처분을 기다리지 않고 되풀이해서 주장하는 것은 공경하는 윤리가 없는 것이며 도리가 아닌 것이었다.[34] 황제와 신민의 존재와 역할을 근원적인 것으로 고정화하고 윤리적으로 정당화하고 있었던 것이다. 하지만 또한 중추원제도의 개편을 통해서 민의를 수렴할 수 있는 정치제도를 지속적으로 모색하고 있었다. 고종의 생각에 대해 개신유자(改新儒者)들은 한편에서는 지지하면서, 보다 근본적인 변통(變通)을 촉구하였다.

개신유자들은 대한제국이 추진하는 구본신참(舊本新參)의 개혁과 독립협회운동의 영향 속에서 성립되어, 유교정치론의 하나인 변통론의 입장에서 시세의 변화에 따르는 변역(變易), 경장(更張)을 주장하였다.[35] 『황성신문(皇城新聞)』을 통해서 대한제국의 변법적인 개혁을 촉

---

³³⁾ 『高宗實錄』 권38, 高宗 35년 10월 25일.

³⁴⁾ 『高宗實錄』 권38, 高宗 35년 10월 25일.

구하며 이론적인 뒷받침을 하고 계몽활동을 통하여 개혁의 기반을 넓혀갔다.[36]

개신유자들은 대한제국이 처한 상황을 시급하게 대경장이 필요한 시기로 진단하였으며[37], 우리나라는 오백 년 문명고국이므로 경장을 통해 내수(內修)하면 외모(外侮)는 걱정할 필요가 없게 될 것이라고 낙관하였다.[38] 국가운영에서 '정부는 황제가 인민을 위하여 설립한 것'[39]이라고 하여 황제를 중심의 위치에 놓고, 정부와 인민은 각각 직권(職權)이 있다고 하여 각각의 역할을 규정하면서도, 직권을 침범하지 않는 것이 개화국(開化國)이라[40]하여 변통의 방향을 직권의 수행에서 찾았다.

정부와 인민이 각기 직권이 있으며 권한을 침범하지 않아야 한다고 하여 직(職)을 기준으로 역할을 규정하였다. 권리라는 말을 사용하기는 했으나 정부의 권리와 인민의 권리를 구분하는 것[41]에서 알 수 있듯이 직분을 중심으로 인식하고 권리도 직권에 가깝게 인식하고 있었다. 그러나 직분은 문벌, 계급에 따르는 것에 대해 비판하고 재능에 따른 직분이어야 한다고 보았다.

개신유자들이 정부와 인민의 직분 중에서 국가운영과 당면의 변통(變通)에서 보다 중점을 둔 것은 정부와 관료의 역할이었다. 정치는 '正

---

35) 姜萬生, 「皇城新聞의 현실개혁구상 연구」, 『學林』9, 1987; 金度亨, 「張志淵의 變法論과 그 변화」, 『韓國史研究』109, 2000; 金度亨, 「大韓帝國期 變法論의 전개와 歷史敍述」, 『東方學志』110, 2000.

36) 李光麟, 「皇城新聞 研究」, 『東方學志』53, 1986; 姜萬生, 위의 논문.

37) 『皇城新聞』光武 2년 9월 9일, 10월 22일.

38) 『皇城新聞』光武 2년 9월 16일, 10월 6일.

39) 『皇城新聞』光武 2년 10월 21일.

40) 『皇城新聞』光武 2년 12월 15일.

41) 『皇城新聞』光武 2년 9월 16일.

朝廷以正百官하고 正百官以正萬民'[42]하는 것이라 하여 정치의 핵심을 정부에 올바른 관리를 뽑는 것에 두었다. 정부의 고유한 역할은 공평한 법률과 장정을 정하고 시행하여 백성들에게 기준을 제시하는 것이었다.[43] 그리고 민을 무애(撫愛)하는 도는 민을 풍족하게 하는 것이므로 백성을 풍족하게 하려면 당면의 급무는 각국의 제조지술을 도입하여 식산흥업하는 것이라고 보았다.[44]

인민의 주요 직무는 생업에 종사하는 것으로 보았으나, 변통의 필요성을 인식하고 있었으므로 독립협회의 활동에 대해서도 지지했다. 그러므로 인민은 정부에서 정한 장정 규칙을 준행하여야 하지만 언권을 가지고 있으며, 정도(正道)로 간하는 것을 직분으로 인식했다.[45] 그러나 인민의 주된 역할은 생업에 종사하는 것이고, 정부가 그 직무를 잘하지 못할 때 인민이 언권을 행사하는 것이므로 이는 정부의 권을 인민에게 양여하는 것으로 인식하고 있었다.[46]

이처럼 1898년 국왕, 독립협회, 개신유자는 대한제국 인민의 역할을 직분이라는 범주로 인식하고 있었다. 독립협회는 인민의 직무로서 국가의 주요현안에 대한 언권을 강조하였다. 고종과 개신유자들은 인민의 직분으로 안업을 중시하였으나, 개신유자들은 정치구조 개편에 대한 독립협회의 활동을 지지하고 있었으며, 국왕도 인민이 국가의 주요일에 대해 말할 도리와 의리가 있다고 인정하였다. 대한제국의 인민은 과거 선비들이 가지고 있었던 국가의 정치에 대한 언권을 직무로 획득

---

42) 『皇城新聞』 光武 2년 10월 6일.

43) 『皇城新聞』 光武 2년 12월 13일.

44) 『皇城新聞』 光武 2년 9월 19일, 10월 27일.

45) 『皇城新聞』 光武 2년 10월 15일.

46) 『皇城新聞』 光武 2년 12월 24일.

해 가고 있었던 것이다. 그러나 직무나 직분은 도리와 의리로 논급되는 것이었으므로 수용의 여부는 국왕에 달려있었다. 인민이 직분에 따라 언권을 행사했으나 국왕이 이것을 수용하지 않을 경우에 해결이 문제가 되는 것이었다. 1898년 말의 상황이 바로 이러했다.

신자의 도리는 충을 다하는 것이므로 백성은 국왕의 지시에도 불구하고 주장할 수 있었다. 지속되는 지시에 대한 항거에 대해 고종은 도리에 어긋난 것이라는 것에서 나아가 무엄하다고 하기까지 이르렀다. 그러나 여기에 더하여 독립협회 내에 황제권을 부정하고 권력 장악을 도모하는 측에서는 망명자들과 결합하여 권력을 장악하려는 움직임을 보였다.[47] 이러한 일련의 상황에 대해서 보수유자들은[48] 군권(君權)과 민권(民權)이 나누어져서 임금의 권한이 옮겨져 가며[49], 임금의 권한은 백성과 신하가 침범할 수 없는 것인데 다른 나라의 공화(共和)를 가져와 전제(專制)의 법을 옮기려는 것[50]이라고 비판했다.

1898년 독립협회가 중심이 되어서 추진하였던 중추원개편과 권력구조의 개혁은 체제 내적으로 수용되지 못하였으며, 이와 연계하여 논의되었던 대한인민의 직무를 둘러싼 제 세력의 대립은 타협·조정되지 못하였다. 고종은 독립협회의 지속적인 주장이 권한의 범위에 벗어나 명분을 침해하고 전제정치를 손상시키는 것으로 간주하고 만민공동회를 강제 해산하였다. 그리고 백성들에게 생업에 안착하도록 했다.[51] 대한인민의 주요 직무를 안업(安業)으로 규정하는 것이었다. 그러나

---

[47] 朱鎭五, 『19세기 후반 開化 改革論의 構造와 展開』, 232쪽.

[48] 이들의 존재와 활동에 대해서는 다음 논문이 참고 된다. 서진교, 「대한제국기 고종의 황제권 강화연구」.

[49] 『高宗實錄』 권38, 高宗 35년 12월 9일.

[50] 『高宗實錄』 권38, 高宗 35년 12월 11일.

[51] 『皇城新聞』 光武 2년 12월 28일.

인민이 국가의 정치에 참여하는 권한을 완전히 부정한 것은 아니었다. 국정에 대해 의견을 개진할 수 있는 상소제도를 고치면서 서인(庶人)도 말하고자하는 것이 있으면 중추원에 의견을 낼 수 있도록 했다.[52] 이는 국왕에 대한 상소문을 제한하기 위한 목적이기도 했으나[53], 백성들도 정부에 의견을 개진할 수 있는 조항을 마련했다는 점에서 의의를 가지고 있는 것이기도 하다.

이처럼 대한제국수립이후 정치체제의 개편과 더불어 인민의 직분이 논의되면서, 인민이 직분을 제대로 수행하게 하기 위한 국민교육방안과 국민교육이념이 모색되었다.

대한제국이 성립된 이후 정부에서는 본격적으로 전국적인 신학제의 정착을 도모하였다. 대한제국 수립기 신학제에 근거한 학교로는 소학교와 어학교가 설립되어있었다. 고등교육기관은 성균관이 유일한 것이었다. 대한제국정부의 교육제도는 중등, 고등의 교육기관을 제대로 정비하지 못했다는 문제점이 있었으나, 그 속에서나마 소학교는 전국적으로 설립되어 국민교육기관으로 자리 잡기 시작하게 되었다.

소학교는 갑오개혁기에 제도가 마련되고 설립되기 시작하였으나 1897년 말까지도 서울에 9개의 관공립 소학교가 있었고 지방에는 2개의 공립소학교만이 설립되어 있었다고 보고되고 있다.[54] 대한제국 수립 이후에는 본격적으로 소학교를 확장하기 시작하여, 1898년 학부에서는 13도 관찰부 등 전국의 주요지역에 20개의 공립소학교를 신설하도록 지원했다. 정부에서는 먼저 공립소학교를 신설하여 소학교교육

---

52) 『高宗實錄』 권39, 高宗 36년 1월 4일.

53) 鄭喬, 『大韓季年史』 권4 上.

54) 『협성회회보』 2, 1898년 1월 8일. 실제로는 이보다 좀더 많은 학교가 설립되었던 것으로 보인다. (구희진, 「대한제국기 국민교육의 추진과 굴절」, 『歷史敎育』 109, 2009).

의 모범을 보이고, 이러한 교육방침과 내용에 근거하여 각 도에 소학교 교육이 자율적으로 확장되기를 기대한 것으로 보인다. 정부에서는 전국에 소학교 설립의 확대를 위해 군수를 서임(敍任)하기 전에 소학교령(令)의 면강시험(面講試驗)을 보게 하였다.55) 그리고 학교설립을 재정적으로 지원하기 위해 향교(鄕校) 재산이나 양사답(養士畓)과 같은 교원재토(校院材土)를 분반(分半)하여 공립소학교를 설립할 수 있는 장정을 마련했다.56)

이처럼 소학교 설립기반을 마련한 뒤, 학부는 교육내용의 개선에 주력했다. 소학교령에서는 '國民敎育의 基礎'와 '生活上 必要흔 普通智識과 技能'57)을 가르친다고 하였으나, 학부에서 역점을 둔 것은 국가를 부강하게 하여 서구와 더불어 병가제구(並駕齊驅)하고 독립을 이룰 인재를 양성하는 것이었다.58) 소학교 교육이 확장되지 못한 당면 현실에서는 변통을 이끌 인재양성에 중점을 두고는 있었으나, 소학교 입학은 모든 민인에게 기회가 개방되어있었다.

교육내용으로 특히『태서신사촬요(泰西新史撮要)』의 교육을 중시했다.『태서신사촬요』는 영국선교사인 티모시 리차드(Timothy Richard, 李提摩太)가 영국인 매켄지(Robet Mackenzie)의『The 19TH CENTURY － A History』(London, 1887)를 3년 동안 중국인들과 함께 한역(漢譯)하여 편찬한 역사책이다. 이 책은 단순한 역사서가 아니라 개혁의 지침서를 제공한다는 취지로 편찬한 것으로 재집필에 가까운 번역을 통하여 서구를 모범으로 하는 개혁을 이루기 위해서 중국현실에서 취할 수 있는

---

55)『學部來文』(奎 17772), '통첩 제132호' 등.

56)『皇城新聞』光武 3년 1월 16일.

57)『議奏』24책, '小學校令請議'(1895년 7월 14일).

58)『皇城新聞』光武 2년 11월 4일 학부훈령.

개혁의 방법을 제시한 것이었다.[59] 학부에서는 『태서신사촬요』를 편찬하여 각 급 학교에 배포하여 교과용 도서로 사용하게 하고 교육의 결과를 확인하려고 했다.[60] 학생들을 대한제국이 취해야할 신정(新政)의 방향을 생각하고 추진해갈 수 있는 인재로 양성하려고 했던 것이다.

대학제국 정부는 도리와 의리에 따라 행동하는 인재를 양성하려고 했으므로 국민의 윤리는 전통적인 유교도덕에 기초해서 마련하려했다. 시대의 변화에 조응하여 새롭게 대한제국의 국민의 소양을 양성할 수 있는 교과서를 만들려고 하기보다는 유교 경전들을 편집하여 학년별 교과서를 만들려고 했다. 그러나 보수유자들은 경전(經典)을 훼손하는 것이라고 강력히 반발하였다.[61] 결국 대한제국정부는 제국국민을 양성하는 새로운 교과서를 만들지 못하였다.

아울러 대한제국정부는 상공교육을 중시했다. 고종은 1898년 10월 30일 민국(民國)을 위해서 급선무로 해야 할 것으로 5가지를 선포하면서 상공학교를 설립하여 백성들의 직업을 장려할 방침을 밝혔다.[62] 신학제의 중등교육에서는 실업교육을 하여 민업을 장려하고 정부의 식산흥업정책을 추진할 인재를 양성하려고 했던 것이다.

정부의 신교육정책이 추진되는 것에 대해서 개신유자들은 적극적으로 지지하고 이론적인 토대를 마련하고, 학교의 설립과 운영을 도모하였다. 교육의 변통이 필요함을 역설하면서[63] 시무학을 중심으로 유자

---

59) 具姬眞, 「韓國 近代改革期의 敎育論과 敎育改編」, 155쪽.

60) 학부에서는 중국의 상해 광학회에서 1895년에 편찬한 『泰西新史撮要』를 한문본과 한글본 교과서 두 가지로 1897년 편찬하였다. 편찬이후에 각 학교에서 교과서로 사용하도록 보내고, 책의 내용 중에서 문제를 내어 답을 보내게 하는 등 책의 보급과 학습에 주력하였다. 『皇城新聞』光武 2년 10월 15일, 11월 4·5일

61) 『皇城新聞』光武 2년 12월 23일.

62) 『高宗實錄』 권38, 高宗 35년 10월 30일.

층을 재교육하는 것을 중시했으나, 아울러 인민의 지식우열로 국세의 강약이 결정된다고 인식하며 인민교육 확장의 필요성과 국문을 통한 교육을 주장했다.[64] 고종의 상공학교설립조서가 나오자 개신유학자들이 중심이 되어 창간한 『황성신문』에서는 이를 뒷받침하는 교육이념을 정립하여 갔다. 부국강병을 위해서는 선비들도 이제는 공상(工商)에 나서야 하며 백성들도 농업에만 종사해서는 안 된다고 하며 국왕의 조서는 바로 이러한 의미라고 해석하였다.[65] 그리고 실업교육의 중요성은 부국강병에 기여해야한다는 현실적 필요성에서 더 나아가 점차 교육적 견지로 설명해갔다. 배움이라는 것이 바로 생민에게 업을 가르치는 것이라고 하며, 사람의 재주와 업을 이루는 것에 배움의 의미를 두기 시작하였다.[66]

독립협회는 소학교 확장에 중점은 두고, 고등의 인재는 해외유학을 통해서 양성한다는 갑오개혁기 개화파들의 교육 방안을 계승하였으며 여기에 더하여 고등학교나 대학교에는 한 푼도 쓰지 말고 우선 소학교를 많이 설립하자고 하여 소학교 중심의 교육을 보다 극단적으로 강조하였다. 그리고 소학교 교육은 애국과 충의 하는 마음을 분발하게하며, 사농공상 간에 직업과 직분에 충실할 수 있는 교육을 실시해야한다고 주장하였다.[67]

1898년에는 대한제국의 구체적인 정체가 모색되는 시기였는데, 대한제국은 제계열의 논자들이 지니고 있는 상이한 견해를 조정하지 못하

---

63) 『皇城新聞』 光武 2년 9월 15일.
64) 『皇城新聞』 光武 2년 9월 28일.
65) 『皇城新聞』 光武 2년 11월 19일.
66) 『皇城新聞』 光武 2년 12월 6일.
67) 『독립신문』 광무 2년 7월 6일.

였다. 그러나 신학제에 의한 국민교육의 필요성이 공론으로 형성되기 시작하여 전국적인 소학교의 설립이 추진되어갔으며, 대한인민의 직분이 논의되는 당대의 요구에 부응하며 경장에 대한 안목을 지닐 수 있도록 하는 교육이 시도되고 있었다.

3. 대한국 국제수립기 '국교(國敎)'의 천명과 '사기(士氣)'의 배양

1898년 대한제국은 정치체제개편을 둘러싼 제 세력의 대립을 타협·조정하지 못하였고, 이와 아울러 인민의 위상과 역할에 대한 합의도 이루지 못하였다. 이후 고종은 전제황제권을 중심으로 하는 근대국가체제를 수립하고 부국강병을 추진하는 방안을 모색하게 되었다. 그리고 이를 이념적으로 뒷받침하기 위하여 유교의 국교화(國敎化)가 천명되고, 식산흥업을 담당할 수 있는 제국민(帝國民)을 양성하기 위한 방안으로 전 국민을 대상으로 하는 흥학(興學)이 중시되었다.

고종은 신속하게 대한제국의 국체(國體)를 분명히 하려고 했다.[68] 이는 국체에 대한 국내의 혼란을 수습하기 위해서도 필요한 것이었지만, 대외주권의 확립을 위해서도 긴급한 것이었다. 이에 1899년 8월 17일 대한국 국제를 반포하였다. 모두 9개 조항으로 구성된 대한국(大韓國) 국제(國制)에서는 대한제국이 자주독립의 전제군주정체를 지닌 국가임을 천명하였다. 황제가 주도하여 근대국가를 건설할 수 있는 법제적

---

[68] 고종이 1899년 신속하게 대한국국제를 반포하게된 배경에 대해서는 다음 논문들이 참고된다. 徐珍敎, 「1899년 高宗의 '大韓國國制' 반포와 專制皇帝權의 추구」, 『한국근현대사연구』 3, 1996; 金泰雄, 「大韓帝國期의 法規 校定과 國制 制定」, 『韓國近現代의 民族問題와 新國家建設』 (지식산업사, 1997).

기틀을 제공한 것이었다.[69]

고종은 국제를 반포하면서 나라를 다스리는 사람은 반드시 정치와 군권(君權)이 어떠한가를 제도로 명백히 해야 신민이 법을 준수하며 어기지 않는다 하고[70] 대한국 국제에 군권과 신민의 도리를 규정하였다. 대한국은 자주독립한 제국(帝國)으로 전제정치를 실시하는데, 황제는 무한한 군권을 향유한다고 천명하고, 대한국 신민은 군권을 침손(侵損)하는 행위가 있으면 신민의 도리를 잃은 자로 인정한다고 했다. 황제의 군권은 분명히 규정된 것에 반하여, 신민에 대해서는 군권에 대한 도리만을 규정하고 있다. 이는 고종이 1898년 11월 26일 인화문 밖에서 각국 영사와 공사까지 참석하게하고 독립협회를 회유하며 지시하였던 권한의 범위를 넘어서거나 명분을 침해하는 행위를 철저히 없애라는 것을 명문화 한 것이었다. 국왕의 지위를 절대적으로 보고 국왕과 신민은 믿음과 의리를 지켜야하는 도덕적인 관계로 규정하고, 인민의 직분은 언권을 인정되지만 주요한 역할은 생업에 종사하여 부국강병을 이루어가는 것이었다. 고종은 대한제국의 국제를 정비해 가는 과정에서 이를 이념적으로 뒷받침하기 위하여 1899년 4월 29일 유교의 국교화를 천명하였으며, 동시에 부국강병을 위한 흥학(興學)의 방안을 발표하였다.[71] 황제를 중심으로 근대국가를 건설하는 것을 이념적으로 뒷받침하려고 하는 한편, 국민교육의 기본방침도 천명하였던 것이다.

숭유중도(崇儒重道)는 조선왕조의 통치이념으로, 역대 조선왕조의 왕들이 지속적으로 밝혀왔으며, 이미 고종 대에 들어서도 수차례의 윤음을 통하여 명백히 하였다. 1899년 고종이 유학을 종교로 재인식하고

---

[69] 金泰雄, 위의 논문, 207쪽.

[70] 『高宗實錄』 권39, 高宗 36년 8월 17일.

[71] 『舊韓國官報』 光武 3년 4월 29일, '詔勅 儒敎를 崇尙하고 成均館制를 改正하는 件'.

국교로 천명한 것은 대한제국이 근대국가체제를 수립하는데도 유학을 정치, 사회운영에서 가르침(敎)의 근본(宗)으로 삼겠다는 종교화와 국교화의 의지를 밝힌 것이었다.

고종은 국교확대 이후 지속적으로 각국의 통치제제에 대한 관심을 가지면서 종교의 역할에 주목하고 있었다.[72] 갑오개혁으로 과거제도가 폐지되고 성균관과 향교가 교육기관으로서의 역할이 부정되자, 경장의 필요성은 공감했으나 유학교육의 폐지에 반대했던 사람들은 유학의 사회적인 역할을 서구사회에서 종교의 역할에 견주면서 사람의 도리를 배우는 것으로 그 필요성을 주장하였다.[73] 고종은 왕권을 위협하는 변란들과 1898년 정치체제정비를 위한 무색의 과정에서 민권주장에 위기의식을 느끼면서 권리가 아닌 의리와 도리를 근본운영 원리로 하는 국가체제를 수립하기 위해서는 유교의 위상을 강화해야한다고 인식하였다.

아울러 유교에 대한 존중은 을미사변 이후 전제왕권의 위기 때마다 지속적으로 왕권의 절대성을 옹호해왔으며, 1899년 이후 유교의 위상을 재정립하도록 조직적으로 요구하고 있었던 보수 유생층에 대한 배려이기도 했다. 유림들의 중망을 받고 있던 송시열의 9대손인 송병직(宋秉稷)은 1899년 1월 1일 유학교육제도를 전면적으로 복고할 것을 상소하였다.[74] 이후 유림들은 전국적으로 조직적인 움직임을 보이고 있

---

[72] ‘宗敎’라는 말은 원래 불교용어로『楞嚴經』에서 ‘불교에 의해 성취된 최종의 극치를 언어로 표현한 것’을 의미하는 것인데, 1868년 전후하여 일본에서 ‘religion’의 번역어로 처음 사용하였으며, 이 ‘宗敎’라는 용어가 중국으로 흘러들어가고, 다시 우리나라에 들어와 사용되었던 것은 1883년 11월 10일자『漢城旬報』2호가 그 시초를 열어주었다고 한다(張錫萬,「개항기 한국사회의 ‘宗敎’개념 형성에 관한 연구」, 서울대박사학위논문, 1992, 38-39쪽).

[73]『高宗實錄』권33, 高宗 32년 6월 10일.

[74]『秘書院日記』高宗 光武 2년 11월 21일.

었다. 1899년 2월 충청도, 경상도, 전라도, 강원도 유생들은 공동으로 향교의 재원을 복구해 줄 것을 학부에 요구하였으며[75] 또한 각도의 유림들이 연합하여 한성에 모여서 대책을 논의하기도 하였다.[76] 1899년 3월 다시 경상도, 충청도, 전라도, 강원도 유생들이 중추원에 상소를 하였다. 정부의 교육방침은 이미 신학제를 추진하는 것이었으므로 이들의 요구를 수용할 수는 없었다.[77] 그러나 전제황권에 대한 가장 강력한 옹호자인 유생들에 대한 예우를 고려하지 않을 수 없었던 것이다.

고종은 유교의 종교화와 국교화를 천명하고 자신과 태자가 '유교의 종주(宗主)'가 될 것이라고 선포하였다. 구래 조선왕조의 왕들은 임금이자 스승인 군사(君師)로서 교화를 통한 통치를 표방하였다. 이시기에 들어서 군사(君師)는 '유교의 종주'가 되면서 전제황권은 도덕적인 권위를 갖게 되었다.

고종은 유교의 전례를 통해서 전제왕권의 위상을 강화하기도 했지만[78], 유교에 근간한 예전(禮典)을 묵수하려고만하지는 않았다.[79] 유교를 대한제국의 통치에 활용하려고 했다. 고종이 유교를 서구의 종교와 같은 의미로 본 것은 아니었다. '신(神)'이나 '상제(上帝)'를 종교의 구심으로 삼지 않았다.[80] 종교가 인간의 심성을 바로 잡아 풍속을 교

---

75) 『時事叢報』 光武 3년 2월 5일.

76) 『皇城新聞』 光武 3년 2월 25일.

77) 『皇城新聞』 光武 3년 3월 26일.

78) 서진교, 「대한제국기 고종의 황실추숭사업과 황제권강화의 사상적 기초」, 『한국근현대사연구』 19, 2001; 李潤相, 「대한제국기 국가와 국왕의 위상제고사업」, 『震檀學報』 95, 2003.

79) 1899년 조선왕조의 역대예전을 참고하여 帝國의 禮를 정비한 『大韓禮典』이 만들어졌으나 고종은 이를 대한제국의 예전으로 반포하지 않았다(『時事叢報』 1899년 5월 1일).

80) 금장태, 「한국근대유교와 종교운동」, 『儒敎文化와 韓國社會』 대동문화연구원 중

화하는 원천이 되며, 도덕정치를 뒷받침한다는 것이었다. 대한제국에서 유교사상의 역할로 중시한 것은 '崇禮義而敦風俗 勵名節而懋實用'이었다. 제국 국민들이 인륜에 따른 예의와 의리를 숭상하여 풍속을 두터이 하며, 명예와 절개를 지키고 실용에 힘쓴다는 것이었다. 대한제국이 추진하는 부강의 개혁을 뒷받침하고 사회변화에 조응하여 윤리를 제공하기 위해서는 유교사상의 변화가 필요한 것이었으나, 보수유림들은 경전의 편집마저도 반대하고 있었으므로 조심스러운 변화가 추구되었다.

종교를 숭상하는 구체적인 방법은 문묘(文廟)에 대한 예식을 엄숙히 하는 것과 성균관 안에 초현당(招賢堂)을 설치하는 방안과 같이[81] 유자들에 대한 형식적인 우대에 머물렀다. 하지만 성균관은 제국체제에 걸 맞는 개혁이 필요하다고 인식하고 있었다. 그러므로 신학제 실시 이후 구본신참(舊本新參)의 원칙을 가지고 교과서편집을 주도해온 학부 편집국장을 성균관장으로 임명하여 성균관 교육의 개편을 담당하게 했다.[82]

대한제국은 유교의 국교화를 밝히면서 동시에 신학제의 진흥을 천명했다.[83] 제국의 국민교육은 신식교육을 통해서 추진해가려고 했던 것이다. 국가에서 학교를 개설한 것은 '開物成務 利用厚生之基'라고 하였다. 그리고 현재 세계의 각 나라가 날로 부강해지는 원인은 바로 '格致之學究'에 종사하기 때문이라고 인식했다. 그러나 우리나라는 인재가 외국보다 못한 것은 아닌데도 교육에 바탕이 없기 때문에 인민들의

점과제 학술발표회, 1999.7.9.

[81] 『舊韓國官報』光武 3년 4월 29일, '詔勅 儒敎를 崇尙하고 成均館官制를 改正하는 件'.

[82] 『舊韓國官報』光武 3년 4월 28일.

[83] 『舊韓國官報』光武 3년 4월 29일, '詔勅 學校敎育振興·商工學校開設에 관한 件'.

식견이 트이지 못하고 상공업이 발달하지 못하여 백성들의 생업이 날마다 영락하고 국가의 재정이 궁핍해진다고 파악하였다. 학교교육을 통해 백성들의 생업을 윤택하게 하고 국가의 상공업을 발달시켜야한다고 인식하였던 것이다.

대한제국이 이처럼 국민양성의 기본 방침을 천명하자, 개신유자들은 대한제국의 대경장을 촉구하며『황성신문』을 중심으로 하여 이를 뒷받침할 수 있는 논리를 마련하여갔다.

1899년 들어 개신유자들은 대경장해야하는 비상한 시기로 인식하고 있었다. 열강에 의한 청국의 과분(瓜分)상황을 주시하면서, 우리의 처지도 청국과 다름이 없는데 청국과 같은 강한 나라도 지탱하지 못하는 상황에서 한국은 더욱 위험하다는 위기의식을 가지고 있었다.[84] 한국은 동양의 요충지에 위치하고 있으며 열강이 이미 우리의 이권을 다수 침탈한 위기상황이므로[85] 시급히 법과 제도를 정비하고 부국강병을 위한 대경장을 해야 한다고 보았다. 그러나 약육강식의 천하에 서세동점하고 있다고 인식하기는 하였으나, 문명부강을 경쟁하는 것이므로 경장을 하면 외환(外患)을 근심할 것이 없다고 낙관하였다.[86]

대경장(大更張)을 위해서는 특히 정부관료의 역할이 중요하다고 인식하였다.[87] 민은 방본(邦本)이지만 민생은 위정자의 능명능행(能明能行)에 따른 것이라고 하여 위정자의 역할을 중시했던 것이다.[88] 위정자, 재상지인(在上之人)의 정치적인 역할을 중시하며, 위정자와 민, 관

---

84) 『皇城新聞』光武 3년 3월 25일, 3월 29일, 5월 13일.
85) 『皇城新聞』光武 3년 5월 17일, 5월 23일, 5월 24일.
86) 『皇城新聞』光武 3년 1월 20일, 4월 14일, 5월 30일.
87) 『皇城新聞』光武 3년 1월 17일, 2월 3일.
88) 『皇城新聞』光武 3년 1월 20일.

민, 상하를 구분하기는 했지만 당대는 평등한 사회라는 것을 분명하게 인식하고 있었으므로[89], 이러한 구분은 재예와 지식으로 얻게 되는 직무와 직분에 따른 것이었다.

그리고 부강을 목표로 삼게 되면서 특히 민의 직무로 직업에 충실할 것을 강조하면서 민은 '재(財)의 본(本)'이라고까지[90] 하였다. 당대의 개명과 부강은 민이 모두 교육을 받고 이후 직업에 충실하여야 이룰 수 있다고 보았으므로, 민이 업에 충실히 하는 행위는 국가의 부강을 가져와 당면한 위기를 극복할 수 있는 중대한 방안이라는 의의를 부여하고 있었던 것이다. 이러한 생산의 중시는 보편적으로 강조되는 것으로, 재상이라도 그 위(位)에서 벗어나면 생애의 방법을 구하는 것이 국가의 신민된 임책이라고 주장하기도 했다.[91]

이와 같이 국가의 부강과 국권의 보호방안을 모색하면서 직무와 아울러 권리에 대해서도 관심을 두고 있었다. 자유권은 하늘이 균부하고 사람이 공득한 바라고 하여 천부인권의 사상을 받아들였다. 그러나 권리행사는 각각 분한이 있다고 인식하였다. 개인의 권리로는 생명과 재산의 권리를 중시하였는데, 이는 국가가 나서서 법률과 장정으로 보호해 주어야하는 것이고, 개인의 역할은 성현의 가르침에 따르는 도덕적인 자유를 중심으로 인식하고 있었다. 일인의 권과 일국의 권을 구분하면서 개인의 권리는 생명과 재산의 권리를 보호받는 것으로 한정하였던 것이다.[92]

개신유자들은 이처럼 정부와 인민의 직분과 권리를 추구하면서, 정

---

89) 『皇城新聞』 光武 3년 6월 17일.

90) 『皇城新聞』 光武 3년 7월 26일.

91) 『皇城新聞』 光武 3년 7월 7일.

92) 『皇城新聞』 光武 3년 2월 17일.

부가 중심이 되어서 시급히 대경장을 실시해야 한다고 인식하고 있었으므로, 정부에서 유교의 국교화를 천명하여 인륜과 도덕을 대한제국의 운영의 기준으로 제시하고, '格致之學究'와 신학제로 백성들을 교육하여 부국강병을 추구하겠다고 발표하자 이를 지지하면서, 유교와 신교육 모두를 변법적인 기반 위에서 추진하기 위한 이념을 모색하였다.

개신유자들은 대한제국에 구본신참(舊本新參)의 변통(變通)을 촉구하는 과정에서 '격물치지(格物致知)'에 주목하였다. 구래 유자들이 사물을 인식하고 수양, 실천하는 근원적인 방안은 '격물치지'였다. 국교 확대 이후에도 대한제국 정부의 동도서기적(東道西器的)인 개혁에 참여하였던 개화관료들은 격물치지에 주목하였다. 이들은 서구 문명화의 원인을 찾으면서 격물치지를 새롭게 인식하여 '격물치지'를 물질의 이치를 파악하여 생활의 편리를 도모하는 것으로 보고, 서구가 격치(格致)를 제대로 했기 때문에 당대에 평천하(平天下)하는 것으로 받아들이면서 서구의 물질적인 진보에 함몰되어갔다.[93] 이와는 달리 개신유자들은 인륜과 부강을 동시에 추구하는 대한제국의 개혁방안에 부응하여 격물치지를 재해석하였다.

먼저, 종래의 유학에 대해 비판하고 반성하였다. 우리의 종교가 격물치지에 근본을 두고, 도덕과 이용을 '병행(并行)'하는 것을 대도(大道)로 여겼으나 점차로 경술(經術)의 학에만 전력하여 농서(農書), 상공학(商工學)을 하는 것을 이도(異道)로 지목하여 민빈국약(民貧國弱)을 초래했다고 비판하였다.[94] 개신유자들이 유교, 격물치지의 새로운 역할

---

[93] 具姬眞,「朝鮮末 敎育觀의 變化와 傳統敎育의 改編」,『時代轉換과 歷史認識』(솔출판사, 2001); 구희진,「한말 근대개혁의 추진과 '格物致知' 인식의 변화」,『역사교육』114, 2010.

[94]『皇城新聞』光武 3년 5월 18일.

로 중시한 것은 기단취장(棄短取長)하여 실효를 강구하는 것이었다. 대한제국의 경장에서 인륜, 도덕의 기반을 새롭게 정립하는데 역점을 두기보다는 부국강병책의 윤리적 기반을 마련하는데 역점을 두었다.

대한제국이 부강책을 추진하는데 도덕적인 정당성을 부여하기 위해서는 이념적인 기반이 필요하였다. 개신유자들은 격물치지를 새롭게 해석하여 사람이 만물을 제재할 수 있는 권리를 격물치지에서 얻었다고 하였다. 윤상(倫常)을 아는 것도 여기서 시작하였고, 이용후생도 여기에 기초하며 지선(至善)에 이르는 것도 여기에 있으므로 격물치지를 모르면 사람됨을 잃는 것이라고 했다.95) 물질의 이치를 파악하여 도리에 맞게 이용하도록 도모하는 사유워리였다. 인륜과 의리에 근간을 두면서도 물질세계를 이해하고 이용할 수 있는 종합적인 인식방안으로 '격물치지'론(論)을 제기하였던 것이다. 그리고 이를 실천하여 부국강병을 이루는 방안으로는 백성들에 대한 흥학(興學)을 중시하였다.

1899년 고종이 교육을 통해서 부강을 이룰 것을 천명하자 개신유자들은 적극적으로 이념적 뒷받침을 하고 실천해 갔다. 백성들에 대한 흥학은 군사(君師)가 교화를 통해 통치하는 방식의 연장에서 주장하였을 뿐 아니라, 세계 각국이 문명을 경쟁하는 당대에 한사람이라도 학술을 교습치 못하면 개진 상에 커다란 관계가 있다는 견지에서 국가의 문명, 부강, 진보를 위해서도 일반 백성을 모두 가르쳐야한다고 강조하였다.96) 교육을 받은 인민들이 졸업 후에 직업을 얻어 생활이 풍족해지고 국가가 부강해지는 것이었다. 이처럼 교육을 제민지산(齊民之産)이나 문명부강의 방안으로 주장하면서, 더 나아가 이를 교육본래의 논리로 뒷받침하였다.

---

95) 『皇城新聞』光武 3년 4월 27-28일, 5월 18일.
96) 『皇城新聞』光武 3년 2월 28일, 4월 4일, 6월 3일, 7월 5일.

개신유자들은 백성들에 대한 교육은 인륜도덕을 알게 하는 것이 근본이 되어야한다고 인식하였다. 그리고 이와 더불어 당대의 과제로 사람이 각각 달리 가지고 있는 능(能)과 재(才)를 키우는 것을 중시하였다.[97] 사람들이 자신의 장점과 기능을 살려서 자신에게 맞는 업을 이룰 수 있으며, 또한 국가도 다양한 인재를 수용할 수 있다는 것이었다.

교육을 통해 이익의 추구와 경려의 강기를 가르치는 것도 중요하다고 보았다. 인간에게 유용한 재물은 모두 인간에게 이익을 주는 것이므로 이익을 추구하기 위해서 재물을 생산하는 것을 보호해야한다고 인식하였다. 그리고 인간은 진취하려는 기개가 있으므로 원하는 것을 이루기 위해 타인과 경쟁하는 것은 당연한 것으로 정당화했다. 이익의 추구와 경쟁은 보호되어야하며 부강을 위해서 필요한 것으로 보았으나, 자신의 이익을 구하려면 다른 사람의 이익도 이룰 수 있게 해주는 경려의 강기를 교육해야한다고 주장하였다.[98] 즉, 이익을 권장하면서 아울러 공동의 이익을 추구할 수 있는 산업윤리를 교육할 필요성을 인식하게 되었던 것이다.

인민교육을 통해서 인륜과 부강을 아울러 추구하는 것은 개신유자들에 의해서 다양하게 모색되었다. 한성사범학교 교유를 역임하였던 박은식(朴殷植)은 1901년 학부대신에게 대한제국교육의 기본방향으로 사람이 갖춘 본래적인 요소인 본선(本善)의 성(性)과 고유한 재(才), 생양(生養)의 자(資)를 배양할 것을 건의하였다.[99] 교육에서 본선의 성(性)을 개발하는 것을 근본으로 하지만, 이외에도 재능을 개발하고 자산을 모을 수 있도록 하여야 한다는 것이었다. 재능을 기르고 자산을

---

97) 『皇城新聞』 光武 3년 3월 30일.
98) 『皇城新聞』 光武 3년 6월 15일, 6월 19일.
99) 朴殷植, 「擬上學部大臣書」, 『朴殷植全集』 中.

모으는 것도 인간 본연의 요소로 적극적인 의미를 부여하였던 것이다.

이처럼 일반 민인들을 대상으로 하는 흥학이 논의되는 속에서 1899년 개신유자들은 소학교의 확장을 도모하였다. 교육의 중요성이 제기되고 있었으나 1899년 학부는 기존의 20개 교에 더하여 단지 6개의 공립소학교만을 추가 지원하였다.[100] 그리고 학교의 확장은 13개 관찰부에 이미 설립된 공립소학교를 모범으로 하여 각 지방에 사립소학교 설립을 지원하는 방향으로 추진해가려고 했다. 이는 구래의 興學 방안이기도 했다. 관찰사나 부윤, 군수들은 지방의 유자들과 협력하여 각 군의 양사재 등 전통교육기관을 사립학교로 변경하도록 하거나, 사립학교설립을 지원하기도 했다.[101] 정부의 공립 소학교 설립이 소극적으로 추진되어가는 속에서도 개신유자들은 신교육에 적극 참여해가기 시작하였다. 이를 '유자의 직분'[102]이라고 인식하고 있었으며, 자신이 살고 있는 지역에 소학교가 설립되지 못한 것에 대해서 '사림(士林)의 강개(慷慨)할 처(處)'[103]라고까지 주장하고 학교설립에 참여하기 시작하였다.

이처럼 대경장의 필요성이 촉구되나 대한제국 정부의 국제(國制) 정비나 국민교육정책이 미진한 상황에서, 개신유자들은 1899년 후반에 이르러 국권의 위기를 심각하게 인식해가기 시작했다. 이전의 위기의식은 열강에 의한 청국의 과분(瓜分)을 보면서 국권의 위기가 '조청모한(朝淸暮韓)'할 것이라는[104] 간접적인 것이었다. 그러나 러시아가 종래 만주등지의 점령에만 주력하다가 대한방침을 바꾸어 일본과 싸우

---

100) 『光武三年度歲入歲出豫算表』(奎 15295-5-2).

101) 具姬眞, 「韓國 近代改革期의 敎育論과 敎育改編」, 204-211쪽.

102) 『皇城新聞』光武 3년 5월 6일.

103) 『皇城新聞』光武 3년 5월 11일.

104) 『皇城新聞』光武 3년 3월 1일, 3월 29일, 5월 13일.

기로 했다는[105] 등의 소식을 접하면서 인순고식하다가 러시아의 시베리아 철도가 완공되고 여순 대련의 군비가 이루어지면 한국은 위험하다고 판단하게 되었다.[106] 특히 1899년 5월 마산포 개항을 전후하여 러시아와 일본이 지속적으로 마산포의 토지매수를 둘러싸고 충돌하고 있었는데, 러시아는 이를 전시 해군기지로 사용하려고 할 것이지만 일본은 용인하지 않을 것이라는 관측이[107] 나오면서 러·일에 의한 국권 유린의 위기의식을 갖게 되었다. 이러한 상황에서 개신유자들은 정부가 시급한 변통을 추진하지 않고 고식책으로 대처하는 것에 대해 비판하다가 1899년 후반부터는 점차 정부에 변통을 촉구하는 것에 그치지 않고, 이와 아울러 자신들이 주도하여 국권위기에 대처할 방안을 모색하였다.

개신유자들은 당대의 가장 커다란 문제가 정부와 인민의 쇠잔한 기풍이라고 진단하였다. 국가의 이권이 침탈되는 모욕을 받고 있는 데도 정부와 인민이 스스로 초래한 것으로 알지 못하고 강약의 세가 어쩌지 못한 것으로 돌리고 분노하지 않는 것은 나라를 위해서 통곡할 일이라고 하였다.[108] 그리고 이와 같이 국가의 기풍이 잔약해진 원인은 사기(士氣)의 쇠퇴에 기인한다고 했다.[109]

사기(士氣)는 대의를 지키기 위해서는 죽음도 불사하는 지극히 크고 지극히 강직한 기개(氣槪)를 말하는 것이었다.[110] 조선왕조는 사기의 진(振), 부진(不振)이 나라의 흥망을 좌우하는 국가의 원기(元氣)라고

---

105) 『皇城新聞』 光武 3년 8월 28일, 9월 11일.
106) 『皇城新聞』 光武 3년 9월 14일.
107) 『皇城新聞』 光武 3년 10월 28일.
108) 『皇城新聞』 光武 3년 9월 19일.
109) 『皇城新聞』 光武 3년 9월 12일.
110) 『皇城新聞』 光武 3년 10월 31일.

인식하고 사기의 배양을 흥학의 요체로 중시해왔다. 개신유자들은 당면한 대한제국의 위기에 대응하기 위해서도 국가의 원기인 사기(士氣)를 배양하여 국기(國氣)를 바로 세워야한다고 인식하였다.[111] 사기의 진흥을 위해서는 가장 근본적으로 인륜도덕에 대한 교육이 필요하였다. 사람이 수오지심을 가지고 수치심을 가질 수 있게 해야만 나라의 수치를 알아서 분발할 수 있기 때문이었다.[112] 그리고 당면한 현실에서 사기(士氣)란 이러한 기개만을 의미하는 것은 아니었다. 수기처변(修己處變)할 재국(才局)이 필요했다. 강직한 기개를 가지면서도 부강을 도모할 수 있는 재능을 가진 사람을 양성하려고 했던 것이다. 그리고 사기(士氣)로써 국기(國氣)를 배양하여 각각의 직분의 사람들이 분발해서 산업을 발달시키고 부강문명을 이루어야한다고 인식하였다.[113]

개신유자들은 사기(士氣)를 지닌 인재를 양성하는 방안으로 대한제국의 교과서편찬에도 적극 참여하였고, 사기의 배양은 역대조선왕조의 흥학의 중심이었으므로 1899년 편찬된 대한제국의 교과서는 여기에 역점을 두었다. 1899년 학부는 국사교과서인『동국역대사략(東國歷代史略)』·『대한역대사략(大韓歷代史略)』, 그리고『보통교과 동국역사(普通敎科 東國歷史)』를 편찬하였다.[114] 이미 갑오개혁기에 국사책으로『조선역대사략(朝鮮歷代史略)』등이 편찬된 바 있었다. 그러나 학부는 신속하게 새로운 교과서를 편찬하였다.『조선역대사략(朝鮮歷代史略)』

---

111)『皇城新聞』光武 3년 10월 31일.

112)『皇城新聞』光武 3년 12월 11일.

113)『皇城新聞』光武 3년 10월 2일·4일, 11월 13일

114)『東國歷代史略』은 6권 3책으로 단군에서 고려까지를,『大韓歷代史略』은 2권 2책으로 조선의 역사를 순한문으로 서술했다. 단군에서 이 책이 편찬된 조선의 高宗 36년까지의 역사를 둘로 나누어 책명만 다르게 붙인 것이었다.『普通敎科 東國歷史』는 순한문으로 된『東國歷代史略』을 한글로 번역하여 편집한 것으로 소학교용 국사교과서로 생각된다.

은 노론(老論)의 역사서술에 기반 하면서 문명화를 추구하는 관점을 취하고 있었으므로, 정강(正剛)한 기개를 지닌 인재를 양성할 수 있는 역사교과서를 다시 편찬하려고 했던 것이다.[115] 『동국역대사략』·『대한역대사략』은 우리역사에서 사기(士氣)와 국기(國氣)를 배양할 수 있는 내용을 뽑아서 이것을 중심으로 국사를 구성한 것이었다. 특히 주목되는 것은 각 시대를 살았던 사람들의 전반적인 삶의 과정과 일화를 풍부하게 소개하여 우리 역사가 각 시대 사람들의 강직하고 올곧은 절의와 기개, 그리고 국가를 위하는 忠으로 이어져 왔음을 느끼도록 해서 이 책을 읽는 학생들이 이러한 의로운 기상을 갖게 하려고 했다.

이처럼 1899년 후반이후 개신유자들은 러·일에 의한 국권위기를 자각하고 정부에 경장을 촉구하는 것에서 나아가, 유자의 스스로의 사회적 역할을 모색하면서 사기(士氣)로써 국기(國基)를 바로잡아 부강을 위해 거국적으로 분발하게 해야 한다는 인식에 도달하게 되었다.

4. 국권위기의 심화와 '국민의기(國民義氣)' 고양론

대한제국의 국권위기는 1900년 전반기 심화되었다. 1899년 말 에서 1900년 중반까지 지속적으로 러·일은 반드시 개전할 것이며 개전할 경우에 한국이 가장 위험할 것이라는 전망들이 제기되고 있었다.[116]

---

115) 역사교과서 편찬에 참여했던 김택영이 '事出念卒 隨編隨印 不暇證正 紕繆甚多 追愧于心'(金澤榮, 「東史輯略 自序」, 『東史輯略』)라고 밝혔듯이 학부는 매우 서둘러서 신속히 역사교과서를 내고자하였다. 이렇게 해서 편찬된 『東國歷代史略』·『大韓歷代史略』은 歷史書로서는 체제나 고증의 면에서 미흡한 점을 가지게 되었다. 그러나 『東國歷代史略』·『大韓歷代史略』은 대한제국이 지향하는 국민교육의 이념을 교육하는데 중점을 두고 역사를 서술하여 곧바로 인쇄하였으므로 대한제국의 국민교육이념을 가장 직접적으로 드러내는 국책교과서가 되었다.

특히 러시아가 의화단의 난을 진압한다는 명분으로 만주를 점령한 이후, 러·일은 한국과 만주에 대해서 만한교환(滿韓交換)이나 한국분할로 각축하였다.117) 이러한 위기에 대응해서 고종은 한국의 중립화를 통해 독립을 보장받거나, 한일국방동맹을 타진하거나, 미관파천을 검토하는 등 외교적인 대응을 모색했다.118) 개신유자들은 국권수호의 방안으로 자강(自强)의 견지에서 국민의 역할을 새롭게 인식하였다. 자신들이 중심이 되어 인민을 분발시켜서 국민의 역할을 하도록 自强의 義氣를 분발할 수 있는 방안을 모색하게 되었다.

개신유자들은 국권위기에 대응해서 위(上)는 위민위심(愛民爲心)하고 밑(下)은 애국위심(愛國爲心)하여 '동심공제(同心共濟)'119)헤야 한다고 하여 정부와 인민의 역할을 구분하면서도, 새롭게 전국인민 각자의 분발을 강조하고120) 인민을 국가 위기극복의 중요한 축으로 보게 되었다. 이처럼 인민의 역할에 주목한 이유는 자강의 견지에서 당면의 위기를 극복하려고 했기 때문이었다. 자강은 국교확대이후 각 시기마다 강조점을 달리하며 지속적으로 추구되었는데121), 이 시기 개신유자들

---

116)『皇城新聞』光武 3년 12월 18일, 光武 4년 2월 1일, 3월 15일, 3월 26일, 3월 27일, 4월 21일, 6월 2일, 6월 5일, 8월 8일

117) 玄光浩,「대한제국기 집권층의 동북아정세인식」,『史學研究』63, 2001; 車瓊愛,「韓國人의 義和團運動 認識 및 이를 통해서 본 世界認識」,『東洋史學研究』84, 2003; 車瓊愛,「의화단운동진압전쟁으로 인한 한국의 국제적 환경의 변화와 대응」,『東洋史學研究』24, 2005.

118) 대한제국기의 대외인식과 정책에 대해서는 다음 글들이 참고 된다. 崔文衡,『제국주의 시대의 列强과 韓國』(民音社, 1990); 金度亨,「대한제국기 계몽주의계열 지식층의 '삼국제휴론'」,『한국근현대사연구』13, 2000; 玄光浩,「대한제국기 삼국제휴방안과 그 성격」,『한국근현대사연구』14, 2000; 玄光浩,「대한제국기 집권층의 동북아정세인식」,『史學研究』63, 2001.

119)『皇城新聞』光武 4년 2월 8일

120)『皇城新聞』光武 4년 1월 5일, 1월 15일

121) 자강론은 각 시기마다 중점을 달리하고 있는데, 1880년대 초반에는 국가가 부국

은 사람사람마다 각자가 분발하는 것에 중점을 두었다.[122] 당면한 위기 속에서도 고식적인 대응을 취하고 있는 정부에 대해서만 변통을 촉구하는 것에서 벗어나 개신유자가 중심이 되어서 인민들이 각자가 분발 할 수 있도록 고취하려고 했던 것이다. 자강은 문명부강을 추구하는 것이기는 했지만, 이는 국가의 현실에 수치심을 가질 수 있는 의기(意氣)와 지기(志氣)를 분발해야 이룰 수 있다고 보았다. 개신유자들은 1899년 초반에는 '격물치지'를 재해석하여 인륜도덕에 맞도록 부강을 추구하는 보편적인 논리를 제시하였으나, 국권위기에 직면하여서는 쟁투의 세상에서 '물아(物我)를 나누어 물(物)을 해(害)하며 아(我)를 이롭게'[123] 해야 한다고 인식하면서 자국의 현실에 의기(意氣)를 분발할 수 있는 애국성(愛國誠)을 중시하고 자국을 부강하게 할 것을 강조하게 된 것이었다.[124]

개신유자들이 인민의 역할을 중시한 이유는 또한 민심이 이반하여 민란이 발생하면 열강의 강점으로 이어질 수 있다고 우려하고 있었기 때문이었다. 한국 내에 민란이 일어나면 이는 러·일에 의한 국권상실을 가져올 것이라고 전망되고 있었다.[125] 특히 의화단 난을 계기로 중국의 반식민지화가 심화되는 것을 보면서 '나라의 흥망은 민심의 이합'

강병책을 추진하는데 초점이 두어져있는 반면에, 이 시기에는 각자의 분발에 중점을 두고 있다. 自强論이 가장 일반적으로 주장되었던 시기는 을사늑약 이후 국권회복 항쟁기이다. 이시기 自强論은 단체를 만들어서 교육이나 식산흥업을 추진하는데 중점을 두었다. 근대개혁기 자강론에 대해서는 다음 글들이 참고가 된다. 崔震植, 「1880年代 온건개화파의 자강론연구」, 『民族文化論叢』 10, 1989; 金項勾, 「大韓帝國期 自强論의 形成과 展開」, 『文化史學』 11·12·13, 1999; 박찬승, 『한국근대정치사상사연구』(역사비평사, 1992).

122) 『皇城新聞』 光武 3년 12월 9일, 12월 30일.

123) 『皇城新聞』 光武 3년 12월 2일.

124) 『皇城新聞』 光武 3년 12월 6일, 12월 22일, 4년 1월 5일, 1월 25일.

125) 『皇城新聞』 光武 4년 3월 15일.

에 있다고 자각하였다.[126] 이미 한국에서도 1899년 중반 영학당(英學黨), 활빈당(活貧黨)이 지방관의 학정에 대항해서 봉기하였으므로[127] 청국의 일은 남의 나라의 일이 아니라는 위기인식을 갖게 되었다. 그러므로 인민들이 한국이 처한 현실을 인식하고 각자가 국권을 지키기 위해 분발하게 하는 것이 당면의 급무라고 보게 된 것이다.

이처럼 국가를 위한 인민 각자의 분발을 중시하게 되면서 인민을 국민(國民)으로 지칭해가며 국민의 위상과 역할에 대한 인식도 구체화되어갔다. 먼저, '국민의 평등권리'가 보장되어야한다고 보았다.[128] 국민 간의 계급이 있으면 헛되이 문지를 숭상하여 그 나라가 쇠퇴하며, 泰西의 국가들은 미귀이 발달하여 위아래가 서로 옹폐되어있지 않아서 정치가 일신하고 나라가 부유하고 인민들이 융성할 수 있었다고[129] 하여 평등을 국가발달의 근본으로 주장하였다.

국민의 역할을 중시하면서 권리개념을 본격적으로 소개하기도 했다. 권리는 영어의 '라잇'을 한문으로 번역한 것이며, 천생권(天生權)과 인제권(人制權)이 있다고 했다. 천생권은 인민이 정부의 세력자의 압제나 구속을 받지 않고 자신의 생명과 재산을 지키는 것이며, 인제권은 관리가 관직을 수행하기 위해서 가지는 권리와 국권을 스스로 지키는 권리를 말한다.[130] 인민의 권리는 생명과 재산을 지키는 것과 같이 개인적인 것으로 규정하고 인민의 국가에 대한 권리는 고려되지 않고 있다. 인민의 권리와 관리의 권리와 국가의 권리를 나누는 것으로 알 수

---

[126] 『皇城新聞』 光武 4년 8월 22일, 8월 25일.
[127] 『皇城新聞』 光武 3년 5월 31일 6월 3일.
[128] 『皇城新聞』 光武 4년 1월 19일.
[129] 『皇城新聞』 光武 4년 5월 9일.
[130] 『皇城新聞』 光武 4년 5월 7일.

있듯이 권리를 직권과 연계시켜 이해하고 있었던 것이다.

　이처럼 권리가 직권과 연계되어 이해되고, 인민의 참정권이 정면으로 주장되지 못하는 것은[131] 군주전제권을 인정하고 개신유자층의 입장에서 인민의 역할을 규정하였기 때문이다. 군주가 정부를 세워서 인민을 통치한다는 관념하에서 정부와 인민은 각각의 직권이 구분되었던 것이다. 그러나 국권의 위기가 심화되는데도 정부가 제대로 대응하지 못하고 특히 1902년 영일동맹성립 직후 우리정부는 일절의 의무를 태기하고 있는데 국권을 보존할 수 있는지[132]에 대한 위기의식을 가지고 정부와 국민의 관계에 대한 인식의 변화를 보여주기도 했다. 정부는 국민을 위해서 설립한 것이며[133], 인민이 자제·자치(自治)할 수 없어 관리, 방범의 표준으로 정부를 세운 것이므로 정부 역시 인민[134]이라고 하여 정부를 구성하는 주체가 국민이라는 인식을 제기하기도 했다. 그러나 인민은 스스로 자치할 수 없다고 주장하는 것에서 알 수 있듯이, 인민을 통치하는 존재로서 개신유자나 정부의 역할을 중시하였다.[135]

　국민의 권리에 대해 정면으로 제기한 다음부터는 본격적으로 국민

---

131) 『皇城新聞』의 입장으로 참정권을 주장하지는 않았으나, 삼성당이라는 사람의 기고문을 소개하여 사람이 관직이 있지 않더라도 국론을 체단하는 권한을 도모하는 것은 국민의 지위를 넘어서는 것이 아니라 국민의 자격을 잃지 않는 것이며 西哲은 국민의 자격으로 참정권을 언급했다고 하여 간접적으로나마 참정권을 주장하기도 했다. 『皇城新聞』 光武 4년 6월 12일.

132) 『皇城新聞』 光武 6년 3월 3일.

133) 『皇城新聞』 光武 6년 3월 3일.

134) 『皇城新聞』 光武 6년 4월 5일.

135) 『皇城新聞』 光武 6년 5월 27일, 7월 2일. 이후 정부의 역할을 강조하면서 다시 정부는 천자가 나라를 다스리는 것을 보좌하는 것으로 그 역할이 막중하며 정부와 인민이 각각 그 권리를 지킨 연후에 나라를 보전할 수 있다고 하였다(光武 7년 1월 20일).

의 의무를 주장하였다. 개신유자들은 국민의 권리에 대해 언급하기는 했지만 보다 중시하고 강조한 것은 국민의 의무였다. 국민의 의무에 대해서는 권리와 같이 구체적인 항목을 설정하지 않고 국권을 지키는 것, 애국성(愛國誠)이라고 했다.[136] 그리고 한국민된 의무는 한국의 민이 된 자가 '백성된 분(分)'을 지켜 '백성된 책임'을 다하는 것이며, 국민의 의무인 애국성(愛國誠)으로 '자신의 분(分)'을 삼아야한다고 주장하였다.[137] 의무를 권리에 따르는 책임이라는 견지에서보다는 국민이 응당하여야하는 당위적이고 도덕적인 본분이라고 인식하고 있는 것이었다. 애국의 의무는 나라사랑을 자기일신 사랑과 같이하고 나라 보기를 몸같이 하는 것으로 인민들의 입장에서 수신(修身), 제가(齊家), 치국(治國)에 견주어 이해하였다.

인민들은 애국의 의무를 가지고 국권을 지켜야하는데, 이를 실천하는 방안은 나라를 사랑하는 열혈(熱血)과 성심을 가지고 있어야하며, 현실에서는 자신의 직무에 충실한 것이었다. 그러므로 '열혈을 고동하여 위로는 애국하고 아래로는 주업(做業)'해야 한다고 했던 것이다.[138] 국민 각자가 애국의 의무를 가지고 분발하여 문명부강한 나라를 만들어 자강한 후에야 국권을 지킬 수 있다고 인식했던 것이다.

인민들이 애국의 의무를 다하게 하는 방안으로는 국민교육을 중시하였다. 이미 국민교육의 필요성은 인식되어왔는데, 이 시기에는 국권위기에 대처하기 위해서 애국의 의무를 가르치고, 신속히 확장하는 것이 필요하였다. 그러므로 전국의 민을 가르치지 않고 우리 대한을 보전할 수 없으며[139], 나라의 빈부강약은 인민을 교도하는 여하에 있고,

---

136) 『皇城新聞』 光武 5년 12월 17일.

137) 『皇城新聞』 光武 5년 10월 11일, 12월 17일.

138) 『皇城新聞』 光武 5년 2월 2일.

애국성을 백성에게 가르칠 수 있는지의 여부에 있을 뿐이라고[140] 하여
국민교육에서 애국성을 가르치는 것을 당대의 주요과제로 제기하였다.

국민교육에서는 의무에 대한 지식을 가르치는 것보다는 이를 실행
할 수 있는 기풍과 기개를 고양하는 것이 보다 근본적인 것이라고 보
았다. 권리를 지키는 데는 지식과 아울러 기력(氣力), 강력(剛力)이 필
요하다고 인식했으며, 애국의 의무, 애국성을 다하게 하기 위해서도 風
氣를 분기해야한다고 주장하였다.[141]

국민교육으로 고양하려는 기풍은 국권의 유린에 분노할 수 있는 의
기(義氣)와 다른 나라에 의부하지 않고 독립을 유지하며, 스스로 문명
하려는 자강의 기개였다.[142] 이러한 기개를 고양하기 위해 당면한 시
기에 가장 필요한 것은 기탄심(忌憚心), 분(忿)을 발(發)하는 것이었다.
국권유린에 수치를 알아서 고분(孤憤), 충분(忠憤), 공분(公憤), 의분(義
憤), 혈분(血憤)을 발하게 하려는 것이었다.[143] 기탄심이나 분(忿)은 사
단(四端) 중 의(義)에서 나오는 것이다.[144] 국권 유린에 대해 수치심을
가지고 분노할 수 있는 의기(義氣)를 가지고, 자강하려는 기개를 배양
하여 부국강병한 독립의 나라를 만들어야한다고 인식하였던 것이다.
그리고 이러한 기개를 배양하는 책임은 유자에게 있다고 인식하였다.
먼저 사기(士氣)를 떨쳐서 민기(民氣)를 개도하는 것이었다. 인민들이
모두 도덕성을 갖추고는 있으나 반드시 윗사람이 교화를 통해서 고취
해야한다고 인식하였기 때문이다.[145] 국민들에게 의기와 자주, 자강의

---

139) 『皇城新聞』 光武 4년 5월 8일.

140) 『皇城新聞』 光武 5년 12월 17일.

141) 『皇城新聞』 光武 4년 1월 5일.

142) 朴殷植, 「與孫聞山貞鉉書」, 『朴殷植全集』 中.

143) 『皇城新聞』 光武 5년 9월 11일.

144) 『皇城新聞』 光武 4년 2월 20일.

기를 고양하여, 이러한 기개를 국가의 원기로 해야 하는데, 그 방안은 교육으로 인식했던 것이다.[146)]

개신유자들은 국민교육을 통해 사기(士氣)와 민기(民氣)를 고취할 수 있는 방안을 마련하였다. 1902년 말 『황성신문』에서 제안된 국민교육방안은 성균관은 유학에 근간을 두면서도 시무에 겸통할 수 있는 최고의 교육기관으로 만들어 사기(士氣)배양의 중심기관으로 하고, 전통적인 교육기관과 신설되는 교육기관 등 모든 교육기관을 통합하여 신학제에 근거한 국민교육기관으로 체계화하려는 것이었다. 국민교육의 내용은 유학과 신학문을 아울러 가르치는 것이었다. 유학교육을 중심으로 해서 도덕적이고 자주, 자강의 국민의 기개를 양성하면서도, 신학문을 배우고 업(業)을 익힐 수 있는 교육을 실시하려고 했다. 신학제에 따른 교육기관의 교육과정에서 모두 경학(經學)을 배우게 하여 도덕성을 배양하고 우리나라의 종교를 높일 수 있도록 해야 한다고 보았다. 육경(六經)은 그 뜻이 깊고 난해해서 2, 3년에 다할 수 없으므로 단지 그 간단하게 덕기를 성취할 정도로 가르치면 될 것으로 보았다.[147)] 모든 국민이 15살까지는 국민교육을 받아야하며 그 이후는 자질에 따라 업에 종사하거나 상급학교에 진학하는 방안을 구상하였다.[148)]

이처럼 1900년 이후 국권의 위기에 대응하여 국민의 의기를 고취해야하며 이를 위해서는 교육의 확대가 필요하다는 인식 속에서 유학교

---

145) 『皇城新聞』 光武 5년 12월 17일.

146) 『皇城新聞』 光武 6년 5월 27일.

147) 『皇城新聞』 光武 6년 12월 9일.

148) 개신유자들은 국민교육을 중시하며, 국민의 의기를 고취할 수 있는 유학교육과 부강을 이룩하게하는 신교육을 병행해야한다는 인식을 공통적으로 가지고 있으면서도 구체적인 학제에 대해서는 여러 가지 방안을 제기하였다. 박은식은 '道德之學'을 가르치는 유학교육제도와 '經濟之術'을 가르치는 신학제를 양립하여 병행하는 방안을 제안하기도 했다(朴殷植, 「興學說」, 『朴殷植全集』).

육과 신교육의 확대가 모색되어갔다.

정부는 유교의 국교화를 천명한 이후 성균관 교육개편을 지속적으로 추구했다. 학부는 1899년 유학에 이해가 깊으며 신교육에도 정통한 인물을 성균관관장으로 임용하여 개편을 모색하였으나, 보수 유림들의 반발로 성균관 개혁은 추진되기 어려웠다. 또한 1900년에는 각도의 선비들을 대상으로 하는 경서 문제에서 유학을 현실에 실용할 수 있는 문제를 제출하였으나 유림들이 반발하였다.[149] 일련의 사건으로 성균관과 유학의 시대에 조응하는 변화는 더욱 곤란해졌다. 국민기개고양을 위해서는 유학의 변용은 필요했으나 제대로 추진되지 못하였다.

1900년대 이후 신학제에 근거한 교육은 소학교를 중심으로 꾸준히 추진되고 확산되어갔다. 학부는 1899년 공립소학교 26개교의 공립소학교를 지원하였는데, 1900년도에는 51개로 확대하였다. 그리고 이후 더 이상은 확대하지 않았다. 1900년대 이후 국가재정의 악화로 공립학교의 설립과 운영이 순조롭게 진행되지 못한 것으로 보인다. 그러나 지방에서의 소학교 설립은 1901년과 1902년 사이에 난항을 거치면서도 꾸준히 진행되었다. 광무개혁 후반기에는 전직관료나 개신유자들을 중심으로 하여 사립 소학교 설립운동이 전개되고 학교설립이 확산되었던 것이다.[150] 학부에서는 지방민들을 중심으로 하는 학교설립을 더욱 독려하기 위한 방안으로 전국의 8세 이상 되는 아이들에게 수학의 의무를 부여하려고 했다.[151] 난관 속에서 소학교의 설립은 조금씩 확산되어갔다.

---

149) 具姬眞, 「韓國 近代改革期의 敎育論과 敎育改編」, 243-249쪽.

150) 위의 논문, 250-262쪽.

151) 이후 高宗은 1904년과 1905년 '敎育에 關한 件' 등의 興學詔勅을 발하여 학교설립을 촉구하면서 사립학교 설립을 독려하였다.

이처럼 국민의 의기(義氣), 애국성(愛國誠) 고양이 모색되고 국민교육이 난관을 거치면서도 추진되는 가운데, 1903년 중반 들어 국권위기는 더욱 심화되었다. 『황성신문』에서는 만한교환론(滿韓交換論) 등 러·일에 의한 국권위기설들에 대해 1901년 중반 이후에는 불신(不信)의 근거를 소개하기도하며 우리의 흥치는 우리에게 있다고 주장하면서[152] 국민의 의무를 다할 것을 촉구하여왔다. 그런데 1903년 들어 일본은 제일은행권을 대량유통하는 등 본격적으로 한국을 일본의 경제권으로 편입하여 국권을 유린하는 정책을 취하였다.[153] 더구나 러시아는 영일동맹에 대응하여 동양함대를 증강하다가[154] 용암포를 강점하였다. 『황성신문』은 러시아의 침략행위를 우리영투가 상실될 중대한 위기로 인식하였다.[155] 1903년 중반이후 러일개전이 전망되고, 러·일 사이에 개전을 앞둔 막바지 교섭이 진행되자 러·일의 개전이 불가피하다고 역설하였다.[156] 개전을 촉구하는 듯하다는 비판에 대해 교섭이 성립되면 만한(滿韓)이 교환[157]되므로 이러한 치욕을 당할 수는 없으니 개전(開戰)해야한다고 주장하였다.[158] 그리고 이에 당면한 대응방안으로 '자강지술(自强之術)'을 강구하고, 국민의 '애국의 혈성(血誠)'을 고취해야한다고 보았다.

---

152) 『皇城新聞』 光武 5년 8월 28일, 9월 10일

153) 『皇城新聞』 光武 5년 11월 26일, 光武 7년 2월 19일

154) 『皇城新聞』 光武 5년 11월 26일

155) 『皇城新聞』에서는 '我韓疆域考', '我韓疆域西北沿革考'(光武 7년 4월 14일-5월 8일)를 장기간에 걸쳐 논설로 연재하고 다시 '疆域總論'(光武 7년 6월 2일-9일)을 연재하며 국토상실의 위기를 경고하였다.

156) 『皇城新聞』 光武 7년 9월 28일, 10월 1일

157) 『皇城新聞』 光武 7년 10월 2일

158) 일본은 韓淸의 강토보전의 의무를 자부하고 있으므로 일본이 승리해야한다는 인식을 가지고 있었다(『皇城新聞』 光武 8년 2월 20일).

개신유자들은 대한제국이 처한 현실을 자강의 견지로 인식하였는데, 국권의 위기의식이 심화될수록 우승열패를 정당한 것으로 주장하며 義氣를 분발하여 自强에 힘쓸 것을 강조하였다. 러일전쟁의 결과 한국의 국권이 유린될 수 있는 상황에서 각 나라의 식민지 상황을 소개하며 '약한 것을 겸병하고 우매한 것을 공격하는 것은 성왕의 대권이고 세간의 공도(公道)'라고159)하여 당연하게 받아들였다. 그러므로 한국이 취해야하는 것은 '자강지술(自强之術)'을 강구하는 것이었다. 정부와 인민이 각기 자기의 직분을 다해 대경장(大更張)을 이룬 다음에 만회를 꾀해야한다는 것이었다.160) 그리고 자국방위의 방침을 강구하는 것은 정부의 직무로 요청하였다.161) 또한 인민은 '부모의 나라가 장차 이민족의 영토가 될 것을 생각하고 국민 된 책임을 등지지 말 것'162)을 촉구하였다. 국민된 책임은 각각 자신의 업에 충실하고 직분을 다하며 국토를 지키겠다는 혈성을 분발하는 것이었다.163) 전쟁이 가까워 올수록 국민의 기개를 고양하기 위하여 '열혈(熱血)의 성(性)'과 '의기(義氣)의 용(勇)'으로 나라의 권리를 보수해야하며164), 상하국민은 나라를 위해 자신의 몸을 잊고 '혈성(血誠)'을 분발할 것을165) 절규하였다.

이처럼 『황성신문』의 개신유자들은 정의로운 기개(氣槪)와 애국성을 지닌 도덕성 높은 국민을 양성하여 국권의 위기에 대처하려고 했다. 이들은 자강의 견지에서 대한제국의 위기를 인식하였다. 자강의 방안

---

159) 『皇城新聞』 光武 7년 9월 3일.

160) 『皇城新聞』 光武 7년 10월 11일.

161) 『皇城新聞』 光武 7년 10월 7일.

162) 『皇城新聞』 光武 7년 6월 8일.

163) 『皇城新聞』 光武 7년 6월 9일, 光武 8년 1월 9일.

164) 『皇城新聞』 光武 7년 2월 25일, 26일.

165) 『皇城新聞』 光武 7년 10월 8일, 光武 8년 2월 27일.

은 정부와 인민이 의무를 다하는 것인데, 의무는 권리에 상응한 책무라기보다는 국민 된 본분이고 도덕적인 책임으로 주장되었다. 인민의 의무는 애국성으로 국권을 수호하는 것이었다. 국치에 분노할 수 있는 의기와 국가를 자주, 자강하게 만들려는 기개에 충만하며, 자신의 업에 충실한 것이었다. 인민은 인륜을 알고 의기에 충만하여 애국성을 가져야하지만, 인민의 위치에서 당면한 국권위기에 할 수 있는 것은 업에 충실한 것으로 제한되어있었다. 국가의 위기가 심화되어감에 따라 '애국성(愛國誠)'은 '애국의 혈성(血誠)'으로 격렬해 갔으나, 국가를 위해서 애국의 혈성을 발휘하는 방도는 정부와 개신유자들의 이끄는 것에 따라 좌우될 뿐이었다.

개신유자들은 러일전쟁에 임박하여 국권의 위기에 대한 정부의 대응이 고식적임에도, 정부가 나서서 자강책을 마련할 것을 촉구하고 국민의 '애국의 혈성(血誠)'만 고취할 뿐이었다. 그러나 이러한 인식과 방법으로 당면한 위기에 대처할 수 없었다. 그러므로 러일전쟁의 와중에서 새로운 모색을 하게 되었다. 국민들의 자강의 기개를 고취하는 것에 근간을 두면서도, 국가·사회체제 구성과 운영의 원리와 자신들의 역할에 대한 새로운 인식과 자강을 위한 방안을 모색해 가게 되었던 것이다.

5. 맺음말

대한제국전반기 정부와 개신유자들의 국민양성이념과 국민교육의 추이를 살펴보면 이상과 같다. 대한제국의 국민양성은 구래의 사민론을 변통(變通)하여 인민은 안업(安業)하여 재상자(在上者)의 도솔(導

率)에 따라야한다는 인식을 기반으로 하면서도, 새롭게 선비의 직분과 기개(氣槪)를 인민의 직분과 기개(氣槪)로 하려는 모색이 추진되어 갔다.

대한제국 수립 후, 정부와 개신유자, 독립협회의 지식층들은 부국강병을 위한 정치체제의 개편을 도모하면서, 국왕이 정부를 구성하여 인민을 통치하는 것이라는 인식이 변화하고 국민의 역할과 위상에 대하여 새롭게 모색하게 되었다. 독립협회는 인민의 직무를 주장하였다. 독립협회가 인민의 국가에 대한 역할로 권리나 의무라는 용어보다는 직무라는 용어를 사용한 것은 우민관 때문이기도 하였다. 그러나 보다 근본적으로는 신분을 대신해서 직분을 중심으로 인식하고, 인간을 사회 속에서 도리를 실현해야하는 존재로 보는 전통에 기반 하여, 황제, 정부, 인민의 구분을 인정하면서 인민의 역할을 모색했기 때문이다. 국가에 대한 도덕적 책무의 차원에서 인민의 직무가 주장되었던 것이다. 인민의 직무는 애군애민하는 정부가 서도록 하는 것이었으며, 이를 위해서 공의(公議)를 모아서 상소와 같은 형식의 언권(言權)을 행사했으며, 중추원을 상원형식으로 개편하려고도 했다. 전통적으로 선비의 사회적인 책무로 인식되어 왔던 것을 국민의 직무로 주장했던 것이다. 정부와 개신유자들은 독립협회가 제기한 인민의 국가정치에 대한 직무에 대해 도리와 의리라고 인정하기는 하였으나 인민의 직무로 보다 중시한 것은 산업에 종사하여 부강을 이룩하는 것이었다. 대한제국은 인민의 직무에 대한 사회적 공론을 모아 제도화하지는 못하였다.

1898년 인민의 직무가 논의됨과 아울러 국민교육이 중시되어 본격적으로 지방에 공립 소학교가 설립되는 등 소학교 교육의 확장이 모색되었다. 인민의 직무로 정치적인 책무가 주장되고 있었으므로 이러한 인민을 양성하는 방안으로 본국사에 대한 교육을 중시하였다. 또한 부국강병을 위한 개혁적인 안목을 지닌 인재를 양성하기 위하여 각국이 부강책을 추진하는 역사를 교육하는 것도 중시하였다. 아울러 제국 인민이 갖추어야할 인륜도덕에 대한 교육의 필요성이 제기되어, 유교경전을 교과서로 편집하는 방안이 모색되었으나 인민직무에 대한 국민적인 합의가 이루어지지 못하는 속에서, 보수유생들의 반발로 인하여 이루어지지 못하였다.

1898년 대한제국의 정치운영을 둘러싼 제 세력의 의견이 타협되지 못한 이후, 1899년 들어 고종은 전제 황제권 중심의 근대국가체제를 법제화하는 대한국 국제를 수립하도록 하였다. 그 과정에서 고종은 '군사(君師)'로서 국가교육이 방향을 밝혔는데 첫째로, 유교의 국교화를 천명했다. 황제는 유교의 종주(宗主)가 되고, 유교는 전제군주국가의 기본이념이 되었다. 민권주장에 대해 위기의식을 느끼면서 권리가 아닌 의리와 도리를 근본운영 원리로 하는 국가체제를 수립하기 위해서는 유교의 위상을 강화해야한다고 인식하였던 것이다. 둘째로 백성들에 대한 흥학(興學)으로 부강한 국가를 이룩할 것을 천명하였다. '격치'학(學)을 연구하여 사물의 이치를 생활에 이용해서 부강한 나라로 만들기 위하여 신교육과 상공학교의 필요성을 역설하였다.

개신유자들은 정부가 주체가 되어 시급히 변법적인 개혁을 실시할 것을 촉구하고 개혁의 이론적인 기반을 마련하였다. 대경장을 위해서는 정부의 역할이 중요하다고 보았으나, 부강을 위한 생산 활동의 중요성을 인식하면서 민이 직업에 충실한 것에 국가의 위기를 극복하는 중대한 방안이라는 의의를 부여하게 되었다. 국왕이 유교의 국교화와 신교육을 통한 부강을 천명하자 유교와 신교육 모두를 변법적인 기반 위에서 추진하기 위한 이념을 모색하였다. '격물치지'를 인륜에 맞도록 부강을 추구하는 종합적인 인식방안으로 재해석하였다. 그리고 부강을 위한 방안으로 국민교육을 중시했다. 인륜도덕을 알게 하는 것이 근본이 되어야한다고 인식하면서도, 교육을 통해서 능(能)과 재(才)를 키워서 각자에게 맞는 업을 갖게 하고 국가도 다양한 인재를 수용할 수 있도록 해야 한다고 보았다. 그리고 이익의 추구와 경려(경쟁)를 정당화하면서 아울러 공동의 이익을 추구할 수 있는 산업윤리도 가르쳐야한다고 인식했다. 정부의 공립 소학교 설립이 소극적으로 추진되어가는 속에서도 개신유자들은 신교육에 적극 참여해가기 시작하였다.

이처럼 대경장의 필요성이 촉구되나 대한제국 정부의 정책이 소극적인 개혁에 머물고 있는 상황에서, 개신유자들은 1899년 후반에 이르러 대한제국의 국가정세가 극히 위태로운 것으로 인식해가기 시작하였다. 개신유자들은 1899년 후반부터는 점차 정부 관료에 촉구하는 것에 그치지 않고, 자신들이 주도하여 국권위기에 대처할 수 있는 방안을 강구하였다. 당대의 가장 커다란 문제가 정부와 인민의 쇠잔한 기풍이라고 진단하였다. 국가의 이권이 침탈되는 모욕을 받고 있는 데도 정부와 인민이 치심(恥心)을 가지고 분노(忿怒)를 발하지 않는 기풍(氣風)의 문제로 인식하였다. 근본적인 원인은 국가의 원기(元氣)인 사기(士氣)의 쇠퇴에 있다고 진단하고 사기를 격려하여 국기(國氣)를 수충(隨充)해야한다고 주장하였다. 사기배양의 방안으로 대한제국의 국사교과서를 새롭게 편찬하기도 했다.

1900년을 전후하여 러·일에 의한 국권위기는 심화되었다. 개신유자들은 자강의 견지에서 현실을 인식하고, 고식적인 대응을 취하고 있는 정부에만 변통을 촉구하는 것에서 벗어나 유자 스스로가 인민 각자의 분발을 촉구하려고 하면서 인민의 역할에 주목하였다. 이처럼 인민의 역할에 주목한 이유는 또한 열강이 민란을 구실로 하여 타국을 강점하고 있으므로, 인민 각자가 국권을 생각하는 안목을 가지고 이를 지키기 위해 분발하게 하는 것이 당면의 급무라고 인식하였기 때문이기도 하다. 그리고 본격적으로 국민의 권리와 의무에 대해 모색했다. 특히 국민의 의무를 중시하였는데, 의무는 권리에 따르는 책임이라기보다는 국민의 당위적이고 도덕적인 본분, 책무로 주장되었다. 국민의 의무로는 국권을 지키는 애국성이 강조되었는데, 이는 인민의 차원에서 수신, 제가, 치국하는 것으로 자신을 사랑하듯이 나라를 사랑하는 것으로 인식하였다. 그리고 국민이 권리와 의무를 지키고 수행하도록 하기 위해서는 국민의 기개가 양성되어야 한다고 보았다. 국권의 침탈에 분노할 수 있는 도덕적인 '의기(義氣)'와 '자강의 기개(氣槪)'를 양성하여 애국성을 발휘할 수 있도록 하려고 했으며 이러한 방안으로 국민교육에 주목했다.

먼저, 사기를 진흥시킬 수 있도록 성균관 교육을 정비하고, 국민은 신교육기관을 통해서 교육하는데 의기와 자강의 기개는 도덕성을 배양하는 것이므로 교육과정에서 유학교육이 필요하다고 보았다. 성균관교육의 개혁이나 국민기개를 양성할 수 있는 유학교육내용의 정비는 이루어지지 못하였으나, 국민교육의 중요성에 따라 정부가 꾸준히 공립소학교를 설립해가고 개신유자들이 여기에 참여하거나 공립소학교의 교육에 준하는 사립소학교를 설립하면서 소학교교육은 경제적으로 어려운 여건에서나마 확장되어갔다.

1903년 이후 러·일의 국권침탈은 심각한 위기국면에 이르러, 특히 1903년 중반 이후는 러·일의 개전(開戰)이 전망되었다. 개신유자들은 국권의 위기가 심화될수록 우승열패를 정당한 것으로 주장하면서 自强을 꾀하여야 만회할 수 있다고 인식하였다. 그 방안으로 정부와 인민의 의무가 직분의 연장에서 주장되었다. 정부는 대경장을 실시하여 부강을 이끌어야하고, 인민의 의무는 애국성으로 국권을 수호하는 것인데, 국치에 분노할 수 있는 의기(義氣)와 국가를 자주, 자강하게 만들려는 기개에 충만하여, 자신의 업에 충실한 것이었다. 개신유자들은 러일전쟁에 임박하여 국권의 위기에 대한 정부의 대응이 고식적임에도, 정부가 나서서 자강책을 마련할 것을 촉구하고 국민의 '애국의 혈성(血誠)'만을 고취할 뿐이었다. 국권의 위기가 심화되어감에 따라 애국성(愛國誠)은 애국의 혈성(血誠)으로 격렬해 갔으나, 개신유자들의 역할은 정부에 개혁을 촉구하는 것과 국민의 혈성을 고취하는 것이었으며, 인민이 애국의 혈성을 발휘하는 방도는 정부와 개신유자들이 이끄는 것에 따를 뿐이었다. 그러나 이러한 인식과 방법으로 당면한 위기에 대처할 수 없었다. 그러므로 러일전쟁의 와중에서 새로운 모색을 하게 되었다. 국민들의 자강의 기개를 고취하는 것에 근간을 두면서도, 국가·사회체제 구성과 운영의 원리와 자신들의 역할에 대한 새로운 인식과 자강을 위한 방안을 모색해 가게 되었다.

대한제국 전반기 개신유자들은 정의로운 기개와 애국성을 지닌 국민을 양성하여 국권위기에 대처하려고 했다. 이러한 사상은 을사늑약 이후 국권회복 항쟁기에는 조선혼(朝鮮魂), 국수(國粹)에 대한 강조로 계승되었으며, 그 속에서 개신유자 자신들과 인민의 국가사회에서의 위치와 역할을 새롭게 모색해갔다.

III.

한국 근대의 역사인식 변화

<h1 style="text-align:center">대한제국기 역사서의
고대사 인식과 유교적 사유체계의 변동</h1>

김종복

1. 머리말

1876년의 개항 이후 조선은 내부적으로 봉건체제의 극복과 외부적으로 국권 수호라는 이중의 과제에 직면하였다. 자주적 근대국가의 수립으로 요약되는 시대적 요구에 걸맞게 이 시기에 적지 않은 역사(교과)서가 간행되었다. 한자로 표기된 전통적인 편년체 사서가 주류를 이루는 가운데 문자 표기면에서 국한문 혼용체와 국문체 사서, 그리고 서술체제상에서 이른바 신사체(新史體)라는 새로운 형태의 사서들이 등장하기 시작하였다.

전통적인 편년체 사서를 대표하는 것이 『역사집략(歷史輯略)』(1905)이라면, 신사체 사서를 대표하는 것은 『중등교과 동국사략(中等教科東國史略)』(1906)이었다. 전자는 성리학적 역사인식에 입각한 정통론을 고수하고 있다는 점에서, 후자는 일본의 한반도 및 대륙 진출이라는 국가적 목적에 부응한 『조선사(朝鮮史)』(1892)의 번안서라는 점에서 기본적인 한계가 있었다. 그럼에도 불구하고 전자는 삼한정통론이라는 실학적 전통을 계승하였고, 후자는 근대사학의 체제를 도입했다는 점에서 각각 긍정적으로 평가되었지만[1], 최근의 연구는 양자 모두 임나일본부의 인정 및 근대주의에 매몰되어 식민사학에 감염되었다고 비판하였다.[2]

그러나 이 시기 사서들의 가장 큰 특징인 독립국으로서의 조선(한국)의 모습이 주로 중국과의 대립 의식에서 제기되고 있는 반면, 상대적으로 일본과의 대립 의식은 희박하였다는 점을 감안하면 최근의 비판은 다소 가혹한 점이 없지 않다. 즉 개화사상의 근대주의 역사의식에서는 일본·서양은 근대문명의 실현체로서 선망의 표적이었고, 청국은 비문명·비서양으로서 오히려 경멸의 대상이었기 때문이다.[3]

중세사학의 견지와 근대사학으로의 지향이 맞물려 있던 만큼 이 시기에는 다양한 역사인식이 공존하고 있었다. 여기서는 중화질서의 와해와 관련해서는 단기정통론(檀箕正統論), 유교적 사유체계의 변동과 관련해서는 신라정통론(新羅正統論)의 추이를 검토하되, 후자에 집중하고자 한다. 신라정통론과 길항관계에 있는 발해사가 전근대와 근현대의 역사인식에서 가장 큰 차이를 보이기 때문이다.

개항 이후 대한제국기에 편찬된 역사서와 마찬가지로 발해사 서술

---

[1] 金麗柒, 「開化期國史教科書를 통해서 본 歷史認識(Ⅰ)-歷史輯略을 중심으로」, 『史學志』14, 1980; 金麗柒, 「開化期國史教科書를 통해서 본 歷史認識(Ⅱ)-東國史略을 중심으로」, 『史學志』16, 1982.

[2] 趙東杰, 『韓國 現代史學史』, (나남출판, 1998) 및 주진오, 「김택영·현채」, 『한국의 역사가와 역사학』 상 (창비, 1994).

[3] 鄭昌烈, 「韓末의 歷史認識」, 『韓國史學史의 研究』(乙酉文化社, 1985), 215-216쪽.

에 대한 평가 역시 대조적이다. 즉 이 시기 역사서에 대한 긍정적 견해에서는 발해사에 대한 서술 자체가 자국사로서 인식한 증거라고 파악하는 반면, 부정적 견해에서는 발해를 신라보다 낮게 취급하는 신라정통론으로 인해 남북국시대론이 발전되지 못한 점에 주목하였던 것이다.[4] 그런데 기존의 논의는 개별 사서에 나타난 발해사 서술이나 신라정통론에 부속된 발해의 존재에만 유념하였지, 발해사 서술의 증가 현상과 사서들의 상호 관련성에 대해서는 상대적으로 소홀하였다.

역사인식의 전환 특히 그것이 반영된 새로운 역사서가 발상의 전환과 이를 뒷받침하는 사실들의 결합을 통해 비로소 등장할 수 있다면, 조선후기 이래로 발해사 서술이 전차 증가되는 현상은 주목되어야 한다. 나아가 이러한 현상이 반영된 사서들과 그렇지 않은 사서들을 비교한다면 대한제국기의 역사인식을 이해하는 데 도움이 될 것이다. 이를 위해 먼저 이 시기의 역사서를 그 체제와 내용의 상호 관련성에 주목하여 살펴보고자 한다.

2. 대한제국기 역사서의 계승 관계

1) 한문체 사서의 계승 관계

편의상 갑오개혁 이후의 역사서를 포함하여 대한제국기 역사서는 20종에 달하는데, 선행 연구에서는 대부분 시기별로 구분하여 각 사서의 주요 내용을 개별적으로 검토하였다. 그러다보니 각 사서의 특징 및 상

---

4) 趙東杰, 『韓國 現代史學史』, 136쪽 및 金瑛河, 「韓末·日帝時期의 新羅·渤海認識」, 『新羅中代社會研究』(일지사, 2007).

호관계가 잘 드러나지 못하였다. 그런데 신라와 발해에 대한 인식이 편년체와 신사체에 따라 다르게 나타나는 현상을[5] 감안할 때, 이 시기 역사서의 계승 관계는 좀더 관심을 기울일 필요가 있다. 이를 위해 여기서는 일차적으로 한문체와 국한문체라는 표기 수단의 차이에 주목하였는데, 한문체 사서는 당시 지배층인 양반을 대상으로 하는 만큼 분량도 방대한 편인 반면, 평민을 대상으로 한 국한문체 사서는 이를 요약하였기 때문이다.

먼저 한문체 사서를 간행 순서에 따라 분량, 간기, 편저자, 서문 및 발문의 작자, 서술 형식, 기년, 서술 범위 등으로 분류하면 다음의 〈표 1〉과 같다.

〈표 1〉 한문체 사서

서명	분량	간기	편저자	서발문	서술 형식	기년	서술범위
조선역대사략	3권3책 /143장	1895.10	학부		편년체	조선개국, 간지, 중·한기	단군-조선
동국역대사략 대한역대사략	6권3책 /301장 2권2책 /153장	1899.11	학부	이규환	편년체	간지, 한·중·일·서기	단군-고려 조선
동사집략*	11권3책 /278장	1902.08	김택영	신기선, 김가진, 김택영/ 이재곤, 이중하, 김교헌	편년체	간지, 한·중기	단군-고려
대동역사	5권2책 /132장	1905.04	최경환	이무영, 정교/ 최병헌, 권병훈, 김정현, 한백원, 김영진	강목체	간지, 한·중·일·서기	단군-마한
대동역사 상* (권1-5)	5권1책 /210면	1905.10 (1906.2)	정교	채범석, 이, 정, 정교/ 최, 김, 권, 김, 한(상권)	강목체	간지, 한·중·일·서기	단군-마한
대동역사 하* (권6-12)	7권3책 /550면			정, 조용구, 양재건, 권병훈, 천경순 (하권)		간지, 한·지·일·서기	삼국-신라

---

[5] 위의 논문.

역사집략*	11권3책/564면	1905.10	김택영	이재극, 시데하라, 김택영, 현채, 김/ 이종태, 김상천	편년체	간지, 한·중기	단군-고려

※ '*'는 신연활자본(新鉛活字本)을 가리키며, 서문과 발문은 '/'로 구분하였다.
※『대동역사』상의 서발문 저자 중 성만 표기한 경우는『대동역사』(최경환)의 것을 전재한 것이다.

주지하듯이 신사체를 제외한 대한제국기의 역사서는 한문체와 국한문체를 막론하고 서술체제상에서 편년체 내지 강목체를 채택함으로써 정통론을 견지하였고, 기년상에서 전통적인 한기(韓紀)·중기(中紀)에 조선개국(朝鮮開國) 및 일기(日紀)·서기(西紀)를 병기함으로써 중국, 정확히는 청(淸)에 대한 독립의지를 강하게 표출하였다는 공통된 특징을 보인다. 한편 한국 기년, 즉 역대 국왕의 기년 표기가 유년칭원법(踰年稱元法)으로 통일된 점도 이 시기 역사서의 공통된 특징인데, 종래에 이 부분은 별로 주목받지 못하였다.

조선왕조는『고려사』와『고려사절요』는 물론 역대 실록에서 즉위년과 원년을 구별하는 유년칭원법을 원칙으로 삼았다. 관찬사서인『동국통감』의 고려기(高麗紀)도 마찬가지이지만, 삼국기(三國紀)와 신라기(新羅紀)의 경우 원사료인『삼국사기』를 그대로 따른다는 직서주의(直敍主義)에 의거하여 즉위년칭원법(卽位年稱元法)을 사용하였다. 즉위년칭원법과 유년칭원법의 혼용은 조선후기의 사찬사서인『동사강목』까지 지속되었는데, 정통론의 측면에서 이는 심각한 모순이었다.

결국 대한제국기 역사서는 이를 해결하기 위하여 유년칭원법으로 통일하였던 것인데, 그 계기는 세조의 기년이 조선후기에 수정된 데 있었다. 애초에『세조실록』은 세조 즉위의 정당성을 표방하기 위하여 다른 실록들과 달리 즉위년칭원법을 채택하였지만, 단종 복위에 따라 세조 즉위도 정통의 계승이라는 점에서 유년칭원법으로 수정할 필요성이 제기되었다. 이를『국조보감(國朝寶鑑)』(1782)이 처음으로 적용하였기에, 대한제국기 역사서도 세조 즉위년을 원년으로 고치고 나아가 고려시대 이전도 유년칭원법으로 통일하였던 것이다.[6]

이러한 점을 염두에 두고 이제 한문체 사서의 계승관계를 살펴보기로 하자. 개항 이후 최초의 역사서는 갑오개혁 직후에 학부가 편찬한 『조선역대사략(朝鮮歷代史略)』이다. 이미 지적되었듯이 이 책의 고대 부분은 홍만종(洪萬宗)의『동국역대총목(東國歷代總目)』(1705)을 대본으로 삼았다. 전자의 총목법례(總目法例) 11조 가운데 9조가 후자의 범례(전체 14조)와 같으며, 단군조선을 비롯한 내용도 전자가 후자를 축약한 부분이 많기 때문이다.[7] 다만 후자가 삼국을 분리 서술한 반면 전자는 통합하여 서술하였다.『조선역대사략』이『동국역대총목』을 대본으로 삼은 이유는 후자가 완성과 동시에 교서관(校書館)에서 간행되고 영조대에 경연에서 강독교재로 이용되었듯이[8] 왕실 내지 조정에 널리 보급되었기 때문일 것이다.

그런데 사소한 사례이지만『조선역대사략』에는 사실의 오류가 발견된다. 즉 고구려 멸망 이후 당이 안동도호부를 설치하고 설인귀를 (안동)도호에 임명한 사실을 평양도호(平壤都護)라고 한 것이다.[9] 최초의 국한문체 사서로서 이보다 한달 앞서 간행된『조선역사(朝鮮歷史)』는 아예 평양도호부(平壤都護府)라고 하였다.[10] 이 점에서『조선역사』는

---

[6] 유영옥, 「개화기 國史 교과서의 紀年法」, 『역사와 경계』79, 2011, 130-135쪽.

[7] 趙東杰, 『韓國 現代史學史』, 79쪽.

[8] 韓永愚, 「17세기후반-18세기초 洪萬宗의 會通思想과 歷史意識」, 『韓國文化』12, 1991, 418 및 420쪽.

[9] 『東國歷代總目』, 高句麗, 寶藏王 "唐李績勣攻陷平壤城 王出降 高句麗亡 ＜…唐置安東都護府於平壤 以薛仁貴爲都護 使鎭之…＞"
『朝鮮歷代史略』권1, 文武王 7년 "王率諸將與唐李勣等 伐高句麗滅之 … 唐置安東都護府 以薛仁貴爲平壤都護 使鎭之…"

『조선역대사략』을 요약하였을 가능성이 높다.

이러한 오류는『동국역대사략(東國歷代史略)』에서 수정되었다.[11] 한편『동국역대사략』은 고려시대까지 서술하였고, 조선시대 부분은 『대한역대사략(大韓歷代史略)』에 수록되었다. 서명 변경은 대한제국 수립에 따른 조치였다.『조선역대사략』과『동국역대사략』·『대한역대 사략』의 가장 큰 차이는 기년 표시가 조선개국 기원 및 중·한기에서 한·중·일·서기로 바뀐 점이다. 대한제국의 수립에 따라 청으로부터 의 독립에서 한 걸음 나아가 서구 문명국의 일원임을 표방하려는 의도 였다.

『동국역대사략』·『대한역대사략』의 책임자는 학부 편집국장 이규 환(李圭桓, 1857-?)이었지만 실무는 김택영(金澤榮, 1850-1927)이 맡았 다.[12] 한편 여기서도 사실의 오류(라기보다는 오식일 가능성이 높은) 부분이 있다. 이미 지적되었듯이[13] 성덕왕 31(733)년조에서 대조영의 동생인 대야발을 그의 4대조로 기술한 것이다.[14] 이로부터 3년 후 김 택영이『동사집략(東史輯略)』를 편찬한 이유중의 하나는 이런 오류를

---

10)『朝鮮歷史』권1, 三國, 文武王 "戊辰에 新羅王이 諸將을 率ᄒ고 唐李勣等으로 더 부러 高句麗를 伐ᄒ야 滅ᄒ니 … 唐이 平壤都護府를 置ᄒ야 薛仁貴를 命ᄒ야 留 鎭ᄒ니…"

11)『東國歷代史略』권2, 三國紀, 戊辰 "秋九月 … 高句麗亡 唐置安東都護府於平壤 以薛仁貴爲都護 使鎭之…"

12)『大韓歷代史略』跋(李圭桓) "是歲夏 余忝編輯之務 大韓歷代史略八卷成 前參書金 君澤榮所僅也 …"

13) 金瑛河,「韓末·日帝時期의 新羅·渤海認識」, 57쪽.

14)『大韓歷代史略』권3, 新羅紀, 聖德王 31년 "王遣金允中擊渤海國 無功而還 渤海國 本粟末靺鞨而高句麗之別種也 有野勃者 頗能討伐海北諸部 始開土宇 其四世孫大 祚榮 驍勇善騎射 …"
　　『新唐書』권219, 渤海 "從父仁秀立 改年建興 其四世祖野勃 祚榮弟也 仁秀頗能討 伐海北諸部 開大境宇"

수정할 필요성을 느꼈기 때문이었다. 신기선(申箕善, 1851-1909)은 그 서문에서 "김택영이 …『동국역대사략』3책을 저술하였지만 편찬에 급급하여 정밀하지 못한 점을 한탄하고, 자료를 널리 수집하여『동사집략』을 저술하였다."고 밝혔다.[15]

『동사집략』이 이전 사서들과 크게 구별되는 특징은 마한정통론(馬韓正統論)의 강조와 발해사 서술의 증가라는 점이다. 먼저 마한은 기자의 정통이므로 그와 동시기에 존재한 삼국은 강등시켰다. 즉 이전 사서 역시 마한정통론에 입각했지만, 마한과 삼국이 병존한 시기에 대해서는 기록의 미비를 이유로 삼국 중심으로 서술한 데 반해,『동사집략』은 마한의 '모왕 몇 년(某王幾年)'을 내세운 다음에 삼국의 기년을 세주로 처리하였던 것이다.

또한 후술하듯이『동사집략』은 발해 기사를 33건이나 서술하였다. 그런데『동사집략』에서 김택영이 가장 강조한 것은 '변명강역(辨明疆域)'으로서 이와 관련된 부분에 대해서는 정약용의『강역고』를 대부분 인용하였는데[16], 발해 기사도 마찬가지였다. 강역에 대한 관심은 조선인의 간도 개간 및 그로 인한 두 차례의 조청국경회담(1885, 1887)이 영향을 끼쳤을 것으로 추정된다. 조선후기의 백두산 정계비 문제가 발해사를 포함하여 역사지리에 대한 관심을 환기시킨 것과 유사한 현상이라고 할 수 있다.

---

[15] 『東史輯略』序(申箕善) "金滄江澤寧甫 … 久佐學部編輯之役 慨東史之無善本也 旣已勒成東國歷代史略三冊 以爲初學敎課之書 而猶恨其編纂之怱 卒未盡精也 退而旁搜群籍 集長棄短 更修東史輯略一書 …"

[16] 『東史輯略』序(申箕善) "尤惓惓於辨疆域明沿革 蓋前史之所未及也"
같은 책, 序(金嘉鎭) "尤用力於歷代疆域沿革之辨"
같은 책, 自序 "其所辨明 以疆域爲主 多採丁氏疆域諸說 而間亦附以私見 …"
같은 책, 凡例 "是書頗欲辨明疆域 資於丁氏疆域考者 爲十八九 然至其究竟未決者 一切存疑以俟他人"

마한정통론과 발해사에 대한 강조는『동사집략』에 뒤이은『대동역사(大東歷史)』에서도 확인된다.『대동역사』는 먼저 최경환(崔景煥)[17] 편집, 정교(鄭喬, 1856-1925) 평열(評閱)이라는 명의로 1905년 4월에 간행되었는데, 그 서술 범위는 단군-마한까지였다. 이로부터 6개월 후에 정교는 단독 명의로 삼국기와 신라기까지 추가된 동명의 사서를 편찬하였는데, 이때 최경환·정교 명의로 된 기존 부분을 상권, 추가 부분을 하권으로 구분하였다. 양자를 편의상 구판과 신판으로 구분하기로 한다.[18]

정통론의 측면에서 구판『대동역사』(즉 신판『대동역사』상권)의 가장 큰 특징은 기자조선과 마한의 역사를 선우씨·한씨·기씨의 족보를 활용하여 기년별로 상세히 서술했다는 점이다. 한편 신판『대동역사』하권의 신라기에서는 발해 기사를 32건이나 서술하였는데, 여기에는『동사집략』에 없는 내용이 적지 않다.

구판『대동역사』는 최경환이 1896년에 완성한 초고를 정교가 찬수(纂修)하여 2년 후에 간행하려고 하였으나, 선우씨 등의 족보를 이용한 부분에 대한 신빙성 논란으로 인해[19] 1905년에야 간행되었다. 이 과정

---

17) 최경환은 정교의『대한계년사』1897년 5월 8일에 前 典膳司 主事, 1898년 12월 24일에 독립협회 회원으로 나온다. 한편 1899년 1월 23일에 정교는『대동역사』5권을 편찬했다고 하지만 최경환에 대해서는 언급이 없다. 따라서 최경환의 '편집' 역할은 정교의 지시에 따라 일차적으로 자료를 수집하고 초고를 작성한 것이었다고 추측된다.

18) 구판『대동역사』는 최경환 編輯, 정교 評閱로 되어있는데, 신판『대동역사』는 정교 編輯, 趙臣鏞·金鼎賢 參校로 되어 있다. 신판『대동역사』에는 구판 서문과 함께 정교의 신판 서문도 수록되어 있는데, 그 시점은 1905년 10월이다. 또한 신판『대동역사』맨 앞에는 당시 학부 편집국장인 蔡範錫의 서문이 1906년 2월 2일자로 실려 있다. 따라서 신판『대동역사』의 간행은 편찬 완료 시점에서 4개월이 지난 1906년 2월이었다.

19)『大東歷史』大東歷史敍(鄭喬) "書成於丙申 歲越二年戊戌 白堂玄君采 有志於史學者 見而悅之 已上木壽世之 爲有難之者 以爲於古所無之書 未有確證 遂止之 … 歷

에서 현채(玄采)처럼 사학에 뜻을 둔 사람이 보았고, 정교 자신이 독립협회 회원이었으므로 이 책은 간행 이전에 이미 필사본으로 회원들 사이에 읽혔을 것으로 추정된다.[20] 이 점에서『대동역사』는 김택영의『역사집략(歷史輯略)』에 상당한 영향을 끼쳤다.『동사집략』이 기자조선과 마한 왕들을 모후(某侯)·모왕(某王)으로 표기한 것과 달리『역사집략』은『대동역사』와 마찬가지로 그 이름들을 밝혔던 것이다. 또한 후술하듯이 발해 부분도『대동역사』에 수록된 내용이 대부분 반영되어 있다.

이처럼『동사집략』과『역사집략』, 그리고『대동역사』는 기자조선과 마한, 그리고 발해 부분에서 기존 사서에 비해 새로운 서술이 대폭 늘어났다는 특징을 보이고 있다. 마찬가지로 고대 한일관계사도 일본 측 사서를 이용하여 새롭게 서술했는데, 이 과정에서 임나일본부를 인정하거나 일본에 대한 긍정적으로 서술하는 한계도 노출하였다.[21] 그러나 이를 근거로 식민사학을 수용했다고 보는 것은 과도한 비판이다.

이미 한치윤(韓致奫)을 비롯하여 19세기 초에 남인 학자들 사이에서 임나일본부를 인정하는 일본 측 자료의 이용이 어느 정도 보편화되었던 것은[22] 종래의 사서들이 일본과의 역사적 관계를 소홀히 취급한 데 대한 반성에서 나온 것으로 추정된다. 대한제국기 한문체 사서는 이러한 전통을 잇는 한편 서구 문명의 일원으로서 새롭게 등장한 일본에 대한 관심이 높았기에, 한일관계사를 가급적 많이 수록하기 위하여 일본 측 사서를 무비판적으로 이용하였던 것이다.

八年之久 劉君鎬植 乃奮然出力付之剞劂 …” 참고로 ‘已’는 구판 서문에 ‘方’으로 되어 있다.

[20] 趙東杰,『韓國 現代史學史』, 97-98쪽.

[21] 趙東杰,『韓國 現代史學史』, 92-93, 102-104, 108-109쪽.

[22] 韓永愚,『朝鮮後期史學史研究』, (一志社, 1989) 412쪽, 각주 51).

2) 국한문체 사서의 계통 관계

〈표 1〉과 같은 기준으로 국한문체 사서를 분류한 것이 다음의 〈표 2〉이다. 단 유일한 국문체 사서인『대한력亽』도 편의상 여기에 포함시켰다.

〈표 2〉 국한문체 사서

서명	분량	간기	편저자	서발문	서술형식	기년	서술범위
조선역사	3권3책/129장	1895.9	학부		편년체	조선개국, 간지	단군-조선
조선약사	1책/23장	1895	학부		신사체	간지, 조선개국	단군-조선
보통교과 동국역사	5권2책/358면	1899.9	현채	이규환	편년체	간지, 한·중·일·서기	단군-고려
보통교과 대동역사략	7권1책/246면	1906.6	대한국민교육회		편년체	간지, 한기	단군-고려
중등교과 동국사략	4권4책/556면	1906.6	현채	안종화 현채	신사체	지금부터 몇 년 전(距今某年前)	단군-조선
신정 동국역사	2권2책/321면	1906.12	원영의 유근	장지연	편년체	간지, 한기	단군-고려
대한력亽	6권1책/313면	1908	헐버트 오성근	오성근	편년체	간지, 한·중·일·서기	단군-고려

국한문체 사서는『조선약사(朝鮮略史)』와『중등교과 동국사략(中等敎科東國史略)』을 제외하고 모두 정통론에 의거한 편년체로 서술되어 있고, 기년도 전통적인 표기에 조선개국 및 일·서기가 사용되었다는 점에서 한문체 사서와 밀접한 관련성을 갖고 있다.

최초의 국한문체 사서는 학부의『조선역사』로서 그 간행연대는 한문체 사서인『조선역대사략』보다 한 달 이르지만, 앞에서 언급했듯이 실제는 후자를 요약한 것으로 보인다. 이러한 관계는『동국역대사략』과『보통교과 동국역사(普通敎科東國歷史)』(이하『동국역사』로 약칭)에서도 확인된다. 고려시대까지 서술한『동국역대사략』은 조선시대부터 서명이『대한역대사략』으로 바뀌어 속간되었다. 현채(玄采)가 이 책을 요약하되 국한문으로 편찬하며 자기 의견도 개진한 것이 바로 『동국역사』이다.23) 다만 제목이 『대한역사』가 아니라 『동국역사』인 이유는 그것이 『동국역대사략』과 마찬가지로 고려시대까지만 대상으로 하였기 때문인 듯하다.24)

이 책의 서술체제상 특징은 본문 앞에 역대일람(歷代一覽)과 역대왕도표(歷代王都表)를 수록하여 역대 왕들과 역대 왕조의 수도에 대한 기본 정보를 도표로 요약한 점이다. 두 표는 하야시 다이스케(林泰輔)의 『조선사(朝鮮史)』(1892)를 모방한 것인데, 전자의 역대일람에는 후자의 그것과 달리 단군과 기자 조선이 수록되어 있다.

한편 이 책은 앞서 언급한 『조선역사』의 오류 즉 당이 고구려 멸망 후 설치한 도호부 명칭이 평양에서 안동으로 수정되었다. 이 책의 대본인 『동국역대사략』에 이미 수정되었기 때문이다. 그렇지만 『동국역대사략』이 대조영의 동생인 대야발을 그의 4대조로 기술한 오류 내지 오식은 그대로 답습되었다.25)

한편 『동국역사』는 그 대본인 『동국역대사략』에 없는 기사도 보이는데, 그 한 사례는 648년 당 태종의 고구려 침공에서 공을 세운 설인귀(薛仁貴)의 출신에 대한 서술이다. 즉 원래 고구려 출신인 설인귀가 신분 차별로 인해 당나라로 망명했다는 것이다.26) 이에 대해서는 훗날

---

23) 『普通教科 東國歷史』序(李圭桓) "是歲秋 本局大韓歷代史略一部成 卽中學校教科書之一也 白堂玄君采 就其書 節取大事 雜國漢文以記之 旣以盡取其書之長 而時以己意補其不足 勒成八篇 蓋欲立諸小學校 而因以爲普通教科者也"

24) 권5 말미에서 李圭桓은 이 책도 원래는 조선시대까지 서술하려고 하였지만, 議論이 달라 고려시대로 중단했다고 밝히고 있다.

25) 위의 책, 권2, 新羅紀, 8쪽, "渤海王祚榮이 開國흔 以來로 六王을 歷흐야 宣王野勃이 立흐니 卽祚榮의 弟오 年이 七十이러라"

26) 위의 책, 권1, 三國紀, 70쪽, "薛仁貴는 本遼東人이라 驍勇으로 世上에 聞흐더니 밋麗人이 門地로써 用人흐미 仁貴ㅣ 見用치못흠을 忿恨흐야 唐國애 入흐야 太

신채호로부터 무정신의 서술이라고 신랄한 비판을 받았는데[27], 어쩌면 역관 출신인 현채가 현실에서 느낀 신분 차별이 반영된 결과인지도 모른다.

현채의『동국역사』로부터 7년이 지나서 대한국민교육회(大韓國民敎育會)가 편찬한『보통교과 대동역사략(普通敎科大東歷史略)』(이하『대동역사략』으로 약칭)이 간행되었다. 같은 서명이 2년 뒤에 유성준(俞星濬) 편술로 재판이 간행되었는데, 내용은 동일하다. 국민교육회는 1904년 8월에 설립되어 1907년 말까지 활동한 계몽운동 단체로서, 그 목적은 학교 설립과 서적 발간이었다. 그 회원으로 현채, 유근(柳瑾), 박정동(朴晶東), 유성준 등이 있었으며, 그중 유성준은 1907년에 국민 교육회에서『법학통론(法學通論)』의 증정본을 출간한 바 있었다.[28] 따라서『대동역사략』초판도 실제로는 유성준이 집필했을 가능성이 있다.

이 책은 제목에서 알 수 있듯이『대동역사』를 소학교 교재로 번역·편집한 것인데, 그 체재는 기본적으로『동국역사』를 모범으로 삼았다. 먼저 본문 앞에 수록한 '역대일람'이『동국역사』와 동일하기 때문이다. 다만『대동역사』의 특징인 기자조선과 마한 왕들이 새로 추가되었고, 본문도 이 부분에 대해 자세히 서술하였다는 차이점이 있다. 그러나 삼국기 이하의 본문 서술은『동국역사』의 설인귀 출신 부분과 선왕(宣王) 야발(野勃) 부분과 동일하다는 점에서 후자를 답습하였다. 따라서『대동역사략』은 구판『대동역사』를 대본으로 하였을 뿐, 신판은 참조하지 못하였던 것이다.

『대동역사략』과 같은 시기에 현채는 하야시 다이스케(林泰輔)의『조

　宗의 信任흐빅되였다가 至문흐야 麗軍을 破흐니라"

27) 趙東杰,『韓國 現代史學史』, 88쪽.

28) 崔起榮,「한말 국민교육회의 설립에 관한 검토」,『한국근현대사연구』1, 1994.

선사』를 역술(譯述)한 『중등교과 동국사략』(이하 『동국사략』으로 약칭)을 간행하였다. 이 책이 『조선사』와 달리 단군 개국을 확실히 하고, 임나일본부 기사를 삭제하고, 임진왜란에서 의병 활동을 상술한 점 등은 단순한 번역서가 아니라 민족적 시각이 반영되어 있음을 보여준다. 또한 기왕의 편년체 서술에서 벗어나 영역별로 분류하고 문제별로 분석하는 근대적인 서술체제를 도입함으로써 정통론을 극복하였다는 점도 평가받을 만하다. 그러나 조선시대를 당쟁망국론의 역사로 서술한 점, 청일전쟁 이후의 역사에 대해 일본과의 관계를 찬양한 점 등은 한계로 지적되고 있다.[29]

여기서 주목할 점은 1900년 이후 간행된 역사서는 모두 단군에서 고려까지만 대상으로 하고 있으며, 성리학적 역사인식을 강하게 표방하는 정통론에 의거하여 서술되었다는 사실이다. 안종화와 현채는 모두 서문에서 당시 유교지식인의 당대사에 대한 무관심에 불만을 토로하였다.[30] 따라서 현채가 기존 사서가 아닌 임태보의 『조선사』를 역술한 이유는 그것이 기존 사서와 달리 당대사까지 서술하였을 뿐만 아니라 정통론에서 자유로운 외국 사서였다는 데에서 찾을 수 있다.

『동국사략』보다 반년 뒤에는 유근·원영의(元泳義)가 휘문의숙(徽文義塾)의 교과서로서 『신정 동국역사(新訂東國歷史)』를 간행하였다. 여기서 주목되는 사실은 장지연(張志淵)이 그 서문에서 기존 역사교과서

---

29) 趙東杰, 『韓國 現代史學史』, 124쪽.

30) 『中等敎科 東國史略』 「東國史略序」(安鍾和) "一自己丑閔粹戊午金馴孫己酉安命世以後 讀書種子 遂以史爲諱 轉相爲戒 寥寥數百年公私文籍 蕩然無記 國勢陵夷世道日下 馴致現今當局之事變 未始不由於此一諱字 … 近世之儒 皆誦法孔子 而茫昧於本朝之史 … 昔之鎖國 今則已開 我之所諱 人則不諱"
『中等敎科 東國史略』 自序 "不但各國治亂興衰之蹟 無以窺見 而乃至本國之史乘 亦令不敢出以示人 輒曰 史者 亡國然後 方可下筆 有非其國人所敢言者 …"
安鍾和의 서문은 『동국사략』 초판에만 수록되어 있다.

의 문제점으로 무단(武斷)과 이구(泥舊)의 폐단을 지적한 부분이다. 전자는 무설(誣說)을 채집하여 궐문(闕文)을 억지로 채우고, 후자는 오류를 답습하여 국체(國體)를 폄하한다는 것이다.[31]

이 책의 공저자인 유근이 대한국민교육회 회원이었음에도 불구하고 『대동역사략』의 특징인 기자조선과 마한 왕들에 대한 기록이 『신정 동국역사』에는 수록되어 있지 않다. 장지연이 언급한 무단의 폐단은 이를 가리키는 것으로 보인다. 또한 설인귀의 출신에 대해 『신정 동국역사』는 기존 사서와 달리 간략히 서술하였는데[32], 신채호의 비판을 감안하면 이것이 이구의 폐단일지도 모른다. 이 점에서 『신정 동국역사』는 제목 그대로 기존의 『동국역사』의 개정을 주 목적으로 하였던 것으로 보인다.

국한문체 사서들의 간행에 이어 1908년에는 최초의 국문체 사서인 『대한력ᄉ』가 간행되었다. 여기에는 기자조선과 마한 왕들에 대한 기록이 수록되어 있으므로 『대동역사』의 요약·번역본이라 할 수 있다.[33] 그런데 『대동역사략』과는 달리 설인귀의 출신은 『신정 동국역사』와 마찬가지로 간략히 서술하였다.[34] 그러나 『동국역사』와 『대동역사략』의 선왕 야발이라는 오류는 그대로 답습되었다.[35]

을사조약 이후로 한문체 사서 및 국한문체 사서는 자취를 감추고 초

---

31) 『新訂 東國歷史』序(張志淵) "近世撰史之家 武斷者 惑襍採誣說 而强補闕文 泥舊者 惑蹈襲謬例 而自貶國體 之二者 俱害正義 不足爲公案也…"

32) 『新訂 東國歷史』 권1, 131쪽, "會에 龍門人 薛仁貴가 大呼陷陳ᄒᄂ지라"

33) 趙東杰, 『韓國 現代史學史』, 128쪽.

34) 『대한력ᄉ』데이, 82쪽, "당나라쟝슈 셜인귀(薛仁貴) 크게 부르지지며 진을 함몰ᄒᆞ야 향ᄒᄂ 바에 딕뎍홈이 업ᄂ지라"

35) 『대한력ᄉ』데삼, 93쪽, "션왕야발(宣王野勃)이 즉위ᄒᄂᄂ니 곳 조영의 아들이오 나히 칠십이러라"

등용 교과서들이 간행되었다. 이를 도표화한 것이 다음의 〈표 3〉이다.

〈표 3〉 초등용 역사교과서

서명	분량	간기	편저자	서발문	서술 형식	서술범위
초등본국역사	1책/62면	1908.4	유근		신사체	단군-조선
초등본국역사	1책/174면	1908.7	정인호	장세기	신사체	단군-조선
초등대한력ㅅ	1책/86면	1908.9	조종만	조종만	신사체	단군-조선
초등대동역사	1책/86면	1908.8	박정동		신사체	단군-조선
초등본국약사	2권2책/160면	1909.9	흥사단 편집부		신사체	단군-조선
초등본국역사	1책/68면	1909.11	안종화		신사체	단군-조선
신찬초등역사	3권3책/187면	1910.4	유근		신사체	단군-조선

초등용 역사교과서 역시 『초등대한력ㅅ』를 제외하고는 모두 국한문
체인데, 그것은 『초등대한역사(初等大韓歷史)』의 한글판이다. 서술형식
이 편년체가 아니라는 점에서 여기서는 일단 신사체로 처리하였지만,
대부분 정통론에 입각해있다. 『초등본국역사(初等本國歷史)』·『초등대
한역사』·『초등대한력ㅅ』·『초등본국역사(初等本國歷史)』는 상고-중
고-근고-국조로 시기 구분하였지만, 그 내용은 각각 단군-삼한-삼
국-신라-고려-조선에 해당된다. 특히 『신찬초등역사』는 아예 단군
조선기-기자조선기-삼한기-삼국기-신라기-고려기-본조기로 목
차가 설정되어 있다.

그럼에도 불구하고 초등용 역사교과서는 개항 직후의 사서들과 함께
당대사까지 서술하였다는 특징을 보인다. 그것은 개항 직후와 을사조약
이후의 국가적 위기상황와 무관하지 않을 것이다. 반면 대한제국기에
편찬된 한문체 사서는 상대적 안정기였기에 단군-고려까지의 전대사
(前代史) 서술에 치중함으로써 대한제국의 역사적 정통성을 확립하려고

하였던 것으로 보인다. 조선시대가 역사서술에 포함되지 않았다는 점은 대한제국이 조선왕조와의 단절보다 그 계승을 지향하였음을 보여준다.

3. 단기정통론(檀箕正統論)의 강화와 독립의식의 고취

조선전기의 관찬사서인『동국통감』은 비록 역사의 시작을 단군조선부터 다루었지만, 기록의 미비로 인하여 단군·기자·위만 조선과 4군 2부, 그리고 삼한을 외기(外紀)로 처리하였다. 그런데 유교적 명분론에서 볼 때 단군·기자·위만 조선은 동일 선상에 있을 수 없었다. 위만이 왕위를 찬탈하였기 때문이다. 따라서 홍여하(洪汝河)는『동국통감제강(東國通鑑提綱)』(1672)에서 기자조선에서 마한으로 연결되는 마한정통론(馬韓正統論)을 처음으로 제기하였고, 이익(李瀷, 1681-1763) 역시「삼한정통론(三韓正統論)」에서 같은 주장을 하였다.

한편 갑오개혁 직후에 편찬된『조선역대사략』이 대본으로 삼은 홍만종의『동국역대총목』도 마찬가지인데, 특히 후자는 단군을 역사상 최초의 신성한 임금(首出之神君), 기자를 교화를 수립한 성스러운 임금(立敎之聖后)으로서 정통이라는 점을 천명하고 본문도 이로부터 서술하였다. 요컨대 이들을 '외기'로 처리한『동국통감』과 달리 이른바 단기정통론(檀箕正統論)을 처음으로 제기한 것이다.[36] 그러한 영향으로『동사강목』(1759)은 단군과 기자를 외기로 처리하지 않았다. 그런데 마한정통론의 핵심은 단군조선과 기자조선의 중국에 대한 문화적 대등성과 정통성을 인정한다는 점에서 단기정통론이라고 할 수 있다.[37]

---

36) 韓永愚, 「17세기후반-18세기초 洪萬宗의 會通思想과 歷史意識」, 405쪽.

37) 하우봉, 「이익」, 조동걸 외 엮음,『한국의 역사가와 역사학』(창비, 1994), 243쪽.

요컨대 마한정통론과 단기정통론의 내용은 같지만, '단군－기자－마한' 가운데 '단군－기자' 또는 '기자－삼한'의 강조에 따라 그 용어를 구분하여 사용할 필요가 있다. 실제로 조선후기 이래로 상고사 내지 북방사에 대한 관심이 고조된 학문적 배경을 설명하는 데 있어서 마한정통론보다 단기정통론이 더 적합하기 때문이다.

『조선역대사략』 및 『조선역사』는 단기정통론에 의거하여 단군－기자－마한에 이어 위만조선 등을 서술하였다. 그런데 김택영과 현채가 각각 실무를 맡은 학부 명의의 『동국역대사략』과 『동국역사』는 단군조선－기자조선－위만조선－마한 등으로 순서가 바뀌었다. 정통론이 아니라 이른바 '삼조선설'을 내세운 것인데, 기자에서 마한으로의 계승 관계에만 치중하는 마한정통론이 위만조선이라는 실제 역사를 외면하는 결과를 우려했기 때문인지 모른다. 이와 함께 『동국역대사략』은 마한기 뒤에 「마한기 존의(馬韓紀存疑)」라는 항목에서 애왕 기준(哀王箕準)에서 왕학계(王學稽)까지 10명의 마한왕의 이름과 재위 기간을 수록하였다. 『동국역사』는 마한기 뒤에 기자연보(箕子年譜)를 인용하여 기자조선과 마한의 역대 왕계를 수록하였다. 조선역사의 유구성을 내세우려는 의도라고 할 수 있다.

그런데 김택영은 『동사집략』에서 다시 정통론으로 복귀하여 단군조선기－기자조선기－기준마한기－신라·고구려·백제기 순으로 서술하였다. 그런데 단군의 사적이 믿기 어렵다는 단서는 달았지만[38], 범례에서 단군정통을 표방한 『동사강목』이 막상 본문에서는 단군에 앞서

---

38) 이때 『동사집략』이 단군을 부정한 것은 실증적 태도라기보다 일본 사서의 영향을 받았을 가능성을 제기한 견해가 있다(趙東杰, 『韓國 現代史學史』, 90쪽). 그러나 범례에서 "檀君事荒遠難信 而亦不可盡刪 故篇末以一云字結之 亦春秋以疑傳疑之法也"라고 한 것은 유교적 합리사관에 의한 것으로 보아야 한다.

기자부터 서술한 태도에 비하면[39] 진일보한 것이었다.

정통론에 의거하되 단군·기자 조선과 마한에 대해 더욱 상세하게 서술한 것은『대동역사』이다. 먼저 이 책은 개요(綱)를 내세운 다음에 세목(目)을 서술하는 강목체를 채택하였다. 또한 서문 곳곳에서 조선이 독립국임을 강조하며, 그 근거를 단군과 기자에서 찾고 있다.[40] 이 책의 특징 중 하나인 기자조선과 마한의 역사를 선우씨·한씨·기씨의 족보를 활용하여 기년별로 상세히 서술한 것은 조선 독립의 유구성을 역사적으로 증명하기 위한 것이었다. 그러한 의욕이 넘친 나머지는 정교는 이러한 사료의 신빙성에 대한 회의는 "독립의 뜻에 어둡고 존왕의 의리에 어긋난다."고 치부해 버렸다.[41] 이 점에서『대동역사』는 독립을 살방하는 역사운동 또는 정치운동 성격이 강한 저술이라는 측면도 있다.[42]

존왕주의(尊王主義)에 입각한 독립의식으로 충만한『대동역사』는 범례에서 중국 대신 지나(支那)로 표현함으로써[43] 전통적인 중화질서

---

39)『東史綱目』第一上 "己卯 朝鮮箕子元年 殷太師箕子東來 周天子 因以封之 … ○ 東方 初無君長 有神人 降于太白山檀木下 國人立以爲君 是爲檀君 …"

40)「大東歷史序」(蔡範錫) "我東有國 肇自檀君至于我聖朝 已四千有餘載矣 禮樂文物 彬彬焉郁郁焉 原是君子之國 而保有自主獨立之權 實無愧於天下萬世矣"
「大東歷史序」(李懋榮) "惟我東方 宇宙萬國自主獨立之一也 檀聖建與堯並立之基 箕聖奠紹殷中興之業 兩聖人豐功大德 宜有炳世赫葉之可觀者 而文獻不足 使人不能無憾於千載之下 … 此史素不傳於世者也 今焉値聖朝獨立之運 幸賴子而發焉 是天使吾子成之 而彰檀箕之獨立於天下後世也"
「大東歷史敍」(鄭喬) "昔孔子修春秋 以尊王爲大義 此史以獨立爲主旨 非敢擬於聖人之筆 而其歸趣 則抑可謂殊轍而同軌也 若使此使得行 則人人知我東之獨立已經四千二百有年所矣 況適會我大韓邦命維新之初乎"
大東歷史序」(鄭喬) "余旣取檀箕馬韓之史 編大東歷史五卷 今復繼之以三國史 以正統無統而正名義 以自主獨立而立表準 間寓褒貶勸懲之說"

41)「大東歷史敍」(鄭喬) "如以爲古無今有 復有所譏貶之 則是昧乎獨立之旨 亦悖乎尊王之義者 更有何損益乎"

42) 趙東杰,『韓國 現代史學史』, 100쪽.

를 상대화하였다. 본문의 기년표기도 구판보다 신판이 엄격하게 적용하였다. 즉 초판『대동역사』(『대동역사』 상)는 본문에서 간지와 함께 한·중·일·서기를 병기할 때 중국기년의 경우 '한 효애 원수 원년(漢孝哀元壽元年)'로만 표기하였는데,『대동역사』하에서는 '지나 당 고종 의봉 이년(支那唐高宗儀鳳二年)'처럼 왕조 앞에 굳이 지나를 삽입하였던 것이다.

『대동역사』가 독립의식의 고취 차원에서 신빙성에 문제가 있는 사료를 이용하여 단군·기자 조선과 마한의 편년 기사를 자세히 서술한 태도는 당시에 긍정적으로 받아들여졌다. 김택영이『동사집략』을 수정하여『역사집략』을 편찬하면서 기자조선과 마한 부분은『대동역사』의 그것을 대폭 받아들였기 때문이다. 그러나『대동역사』가 단군의 후예가 기자에게 양위하고 북부여로 천도하였다고 서술한 부분을『역사집략』은 근거 부족을 이유로 배제하였다.44)『동사집략』의 '동(東)'이 중국 중심을 전제로 한다는 점에서『역사집략』으로의 개명은 중국 중심의 세계관 즉 중화질서를 불식하려는 의식이 엿보인다.45) 그럼에도 불구하고『역사집략』은『대동역사』보다 역사편찬에 있어 신중한 자세를 취하였다.

---

43) 「大東歷史凡例」 "外國謂東方區域之外諸國(如支那之夏周秦漢及列國之魯齊燕) 其 建國歷世事蹟已有支那(曰支那者取萬人指稱之號)之史 故不紀於此 而只因事乃見 (日本亦同)"

44) 『大東歷史』 권1, 朝鮮檀君 "(己卯)一千二百十二年 國遷于扶餘＜檀聖後孫 遜位于 箕子 遷居扶餘 是爲夫餘國＞"
『歷史輯略』 권1, 檀君朝鮮紀 "又按 以東史古記觀之 檀氏以商武丁八年國絕 然則 下踞箕子東來 爲一百九十六年 乃許眉叟記言 以爲檀氏避箕子 立爲北夫餘 此何 所據耶 豈以北夫餘王解夫婁 與檀君子同名 而有此說耶 疑故闕之"

45) 鄭昌烈, 「韓末의 歷史認識」, 184쪽.

4. 신라정통론(新羅正統論)의 균열과 남북국사(南北國史)의 지향

1) 한문체 사서의 발해사 서술

최초의 한문체 사서인 『조선역대사략』은 『동국역대총목』을 대본으로 한 만큼, 발해 부분은 713년 대조영의 발해군왕(渤海郡王) 책봉에 그 개요를 간략히 수록하였다.[46] 뒤이은 『동국역대사략』은 당의 요구로 신라가 발해를 공격한 733년조에 발해사를 약술하였는데, 『조선역대사략』보다 분량은 많지만 대조영의 동생인 대야발을 그의 4대조로 기술한 오류 내지 오식이 있었다. 이처럼 갑오개혁 직후에 나온 사서들은 조선후기 이래로 축적된 연구 성과를 반영하지 못하였던 것이다.

실학자들의 선행 연구를 적극 반영한 것은 『동사집략』과 『대동역사』, 그리고 『역사집략』이다. 이들 사서에 수록된 내용을 『동사강목』과 비교한 것이 다음의 〈표 4〉이다. 다만 발해 유민 기사는 생략하였고, 대한제국기 역사서의 유년칭원법은 비교의 편의상 즉위년칭원법으로 환산하였다.

---

46) 『東國歷代總目』, 新羅, 聖德王 "○癸丑 大祚榮據太伯山＜今寧邊妙香山＞東 唐封爲渤海郡王＜渤海本粟末鞨鞬 卽高句麗別種 祚榮父乞乞仲象 與其徒渡遼水 保太伯山東 仲象死 祚榮嗣 驍勇善騎射 高句麗餘燼 稍稍歸之 乃建國 自號震國 地方千里 戶數萬 盡得扶餘·沃沮·朝鮮諸國之地 至是 唐封爲渤海郡王"
『朝鮮歷代史略』 권1, 新羅, 聖德王 11년 "大祚榮據太伯山＜今寧邊妙香山＞ 唐封渤海郡王 渤海本粟末鞨鞬 卽高句麗別種 祚榮父乞乞仲象 與其徒渡遼水 保太伯山東 仲象死 祚榮嗣 驍勇善騎射 高句麗餘燼 稍稍歸之 乃建國 自號震國 地方千里 戶數萬 盡得扶餘·沃沮·朝鮮之地 至是 唐封爲渤海郡王"

〈표 4〉 조선시대 및 대한제국기 한문체 사서의 발해 관련 기사

기년	동사강목(22건)	동사집략(34건)	대동역사(31건)	역사집략(44건)
효소왕6 (697)				걸걸중상 중심의 건국 전사(前史)
효소왕8 (699)	당이 고덕무를 안동도독에 임명 안(按)에서 고구려의 땅은 모두 발해가 차지	진국 건국	좌동 안에서 최치원 인용	좌동 안에서 발해고·강역고 인용
효소왕9 (700)	대조영이 신라에 사신 파견 및 건국 과정			
성덕왕12 (713)	당이 대조영을 발해군왕에 책봉, 단 발해의 사방 경계 중 니하는 덕원에 비정	발해로의 국호 변경 과정	진국→발해	발해로의 국호 변경 과정 상술
성덕왕18 (719)	고왕 대조영 사망 및 대무예 즉위와 인안 연호	좌동 안에서 강역고 인용	좌동 안에서 발해보다 신라가 정통	동사집략과 동일, 단 즉위년을 원년으로 처리
성덕왕25 (726)	발해의 흑수말갈 토벌로 인해 대문예 망명	좌동	좌동	좌동, 단 대문예 암살 사건 추기
성덕왕27 (728)			발해가 일본에 사신 파견	좌동
성덕왕31 (732)		발해의 등주 공격	발해의 등주 및 마도산 공격	좌동
성덕왕32 (733)	7월, 발해의 등주 공격 및 당의 요구로 신라의 발해 공격 및 실패. 단 대문예 암살 사건 추기	당의 요구로 신라의 발해 공격 및 실패, 강역고 인용	당의 요구로 신라의 발해 공격 및 실패	동사집략과 동일, 단 흑수가 발해에 복속
성덕왕33 (734)	1월, 신라가 당에 발해 공격 요청			
성덕왕34 (735)	2월, 당이 신라에게 패강 이남 하사. 단 그 이유로 발해의 강성 서술	좌동	좌동	좌동
성덕왕36 (737)		무왕 대무예 사망 및 대흠무 즉위, 당에 사신 파견 강역고 인용	좌동 안에서 강역고·발해고 인용	동사집략의 기사 축소, 대낭아 추가
효성왕2 (738)				당의 문왕 책봉 및 당에 사신 파견0
효성왕3 (739)				발해가 일본에 사신 파견
경덕왕14 (755)		상경 천도	좌동	좌동

경덕왕15 (756)		안사의 난과 발해	좌동	좌동
경덕왕21 (762)	대흠무의 발해국왕 책봉. 무왕과 문왕 시호. 문왕 때 상경 천도 및 당에 39회 조공			발해군왕→발해국왕
혜공왕9 (773)		재당 발해 왕자의 곤룡포 절도		좌동
혜공왕13 (777)		발해가 일본 무녀를 당에 헌상	좌동	좌동
선덕왕2 (781)		신라의 패강 이남 안무 안에서 발해 언급		좌동
원성왕6 (790)	3월, 북국에 사신 파견, 단 북국이 발해임을 명시	좌동, 단 발해로 명시, 안에서 안정복 견해 언급	좌동	좌동
원성왕7 (791)				발해가 2회 당에 사신 파견
원성왕10 (794)		문왕 대흠무 사망 및 대원의 즉위	좌동	좌동, 단 문왕대 일본에 여러 차례 사신 파견
원성왕11 (795)	대숭린 책봉, 문왕 시호, 문왕 사후의 혼란 서술	대원의→성왕→대숭린	좌동	좌동, 단 일본에 사신 파견
원성왕14 (798)				당에 사신 파견
애장왕10 (809)	강왕 대숭린 사망, 대원유 즉위 및 영덕 연호	좌동	좌동	좌동, 단 일본에 사신 파견
헌덕왕4 (812)	9월, 북국에 사신 파견	좌동, 단 발해로 명시	좌동	좌동, 단 일본에 사신 파견
헌덕왕5 (813)	정왕 대원유 사망, 대언의 즉위 및 주작 연호	좌동	좌동	좌동
헌덕왕10 (818)	희왕과 간왕의 사망 이후 대인수 즉위 및 건흥 연호	좌동	희왕 사망과 간왕 즉위	동사집략과 동일
헌덕왕11 (819)			간왕 사망과 대인수 즉위	
헌덕왕16 (824)				당에 사신 파견
헌덕왕18 (826)		7월 신라의 패강 장성 축조는 발해 대비용	좌동	좌동

흥덕왕5 (830)	선왕 대인수 사망, 손자 대이진 즉위, 선왕 때 영역 확장. 안에서 발해의 지방제도 및 정치제도 서술	좌동 안에서 강역고 인용	좌동 안에서 발해우성 등 추가	동사집략과 동일, 단 지명비정에서 정약용과 유득공 병기 안에서 『요사』 지리지 오류 언급 안에서 일본에 사신 파견
흥덕왕7 (832)				당에 사신 파견
흥덕왕8 (833)		당에 학생 파견	좌동	좌동, 단 온정균 증시 추가
헌안왕2 (858)	3월, 대이진 사망, 아우 대건황 즉위	좌동, 단 대현석 추가 및 이후 기록 인멸 서술	좌동	좌동, 단 대현석 시기에 당에 3회사신 파견 기사 추가 안에서 발해고 인용
헌강왕11 (885)	오광찬과 최언휘의 빈공과 합격 및 쟁장			
진성왕7 (893)	최치원을 인용하여 발해의 건국 내력과 등주 공격 서술			
효공왕1 (897)	6월, 최치원 「양위표」의 '흑수'를 발해로 해석 7월, 최치원의 「사불허북국거상표」 인용	7월 발해와 신라의 쟁장		좌동
효공왕2 (898)		7월 궁예의 패서도 장악 안에서 발해 언급		좌동
효공왕9 (905)		7월 궁예에게 평양성주 항복 안에서 발해 언급		좌동
효공왕11 (907)		발해가 후량에 사신 파견	좌동	좌동
경명왕2 (918)		2월 발해가 거란에 사신 파견	좌동 안에서 거란 약사	동사집략과 동일
경명왕3 (919)		2월 거란이 요양고성을 수축하고 발해인 약취. 안에서 발해 언급	2월 거란이 요양고성을 수축하고 발해인 약취	동사집략과 동일
경명왕4 (920)		윤선이 흑수와 함께 고려에 투항 안에서 흑수=발해	고려 북계가 발해의 피침	동사집략과 동일

경명왕8 (924)	거란의 발해 공격	요주를 둘러싼 발해와 거란의 공방 및 발해가 후당에 사신 파견	좌동 정의에서 발해가 거란을 벌(伐)로 표기한 이유	동사집략과 동일 안에서 고원고과 서인 추가
경애왕2 (925)		발해가 후당에 사신 파견	3월 고려 궁성 동쪽의 지렁이 출몰은 발해가 의탁할 징조 및 좌동	발해의 후당 사신 파견 상술 9월 발해 신덕의 고려 망명 안에서 고려 망명 기사 추가 윤월에 거란이 부여부 포위
경애왕3 (926)	7월 거란이 발해 멸망시키자, 장군과 대신들이 망명, 925년 기사 첨부	7월 거란의 발해 멸망 과정 발해세가 인용	좌동 이종휘, 홍석주 인용	동사집략을 상술 발해세가 인용
경애왕3 (926)				5월과 7월 발해 지방의 항거 및 거란의 진압 발해고 인용

〈표 4〉에서 보듯이 대한제국기 한문체 사서들의 발해사 기사는 『동사강목』을 상회한다. 그것은 『동사강목』을 토대로 그 이후의 연구 성과까지 반영했기 때문이지만, 여기서 일단 조선시대 발해사 연구에서 『동사강목』의 의의를 언급하지 않을 수 없다. 조선전기의 관찬사서인 『동국통감』의 발해 기사가 13건인 데 비해, 『동사강목』에서는 22건으로 증가하였기 때문이다.

『동사강목』은 『동국통감』이 언급하지 않은 발해 왕계 및 연호를 『신당서』 발해전에 의거하여 최대한 수록하고, 『최치원문집(崔致遠文集)』을 이용하여 새로운 사실들을 밝혔을 뿐만 아니라 사실 고증과 사료 해석에서도 주목할 만한 견해를 제시하였다.[47] 이처럼 발해사에 대한 정보가 축적되고 다른 한편으로 이종휘(李種徽)의 『동사(東史)』가 정

---

47) 김종복, 「조선 후기 실학자들의 발해사 연구 성과」, 『한국고대사연구』 62, 2011a, 190-191쪽.

통론에 의거하여 고구려·발해 계승의식을 강조하였기 때문에 유득공의 『발해고』가 나올 수 있었다.[48]

『동사집략』은 『동사강목』 이후의 연구 성과로 정약용의 『강역고』와 홍석주(洪奭周)의 『발해세가(渤海世家)』를 인용하였는데, 정약용의 『강역고』는 한치윤의 『해동역사(海東繹史)』도 참조하였다. 따라서 『동사강목』보다 11건이나 더 수록하며, 그 미비점을 보완할 수 있었던 것이다. 즉 『동사강목』은 문왕 대흠무의 즉위년과 대현석의 존재를 밝히지 못하였는데, 『동사집략』은 이를 규명하였던 것이다(737년 및 858년). 또한 907-925년 사이에 발해가 후량과 거란 등에 사신을 파견한 기사를 5건이나 수록함으로써, 발해 멸망기의 대외관계를 이해할 수 있도록 하였다.

한편 『대동역사』는 『동사집략』이 인용하지 못한 자료로서 유득공의 『발해고』를 인용하였다. 유득공은 『발해고』를 1784년에 완성되었는데 사료의 누락과 지리 고증의 오류로 그 후 2차례나 수정하였다.[49] 『대동역사』가 인용한 『발해고』는 바로 수정본이다. 그 사례로서 732년 발해의 등주 공격에 대한 서술을 살펴보자.

『발해고』 초고본은 발해가 등주를 공격하여 자사 위준을 죽였다고 서술하였다.[50] 수정본은 발해가 등주를 공격하여 자사 위준을 죽인 다음에 다시 마도산으로 진격한 부분을 추가하였다.[51] 『대동역사』도 마도산

---

[48] 김종복, 「조선후기의 신라정통론과 발해사의 인식」, 『史林』 39. 2011b, 20-22쪽.

[49] 김종복, 「수정본 『渤海考』의 내용과 집필 시기」, 『泰東古典研究』 26, 2010.

[50] 『渤海考』 君考, 武王 "開元二十年 遣大將張文休率海賊 越海攻登州 殺刺史韋俊 謂之雪先王之恥 其實限門藝事也 玄宗大怒 命右領軍將軍葛福順 發兵討之"

[51] 『渤海考』 권1, 君考, 武王 "開元二十年 遣大將張文休 越海攻登州 殺刺史韋俊 進兵馬都山 屠陷城邑 謂之雪先王之恥 其實恨門藝事也 玄宗大怒 命右領軍將軍葛福順 發兵討之"

부분이 추가되어 있다.52) 한편 『동사집략』에는 이 부분이 없지만 『역사집략』에는 추가되었다.53) 즉 김택영은 『대동역사』를 통해 『발해고』 수정본의 존재를 알고 『역사집략』에서 이를 적극 반영하였던 것이다.

김택영은 『역사집략』 서문에서 "『동사집략』 간행 후 유득공의 『발해고』 등을 구하여 추가 보완하게 되었다."고 밝혔다.54) 이 과정에서 『대동역사』보다 더 철저하게 『발해고』 수정본을 이용하였다. 즉 『대동역사』는 성덕왕 26년(728)조에서 발해가 일본에 사신을 파견한 기사만 수록하였는데, 『역사집략』은 6건이나 더 수록하였던 것이다. 『역사집략』에만 수록된 기사들, 즉 824년과 832년 두 차례 당에 대한 발해의 사신 파견이나 737년의 대낭아(大郎雅), 833년의 온정균(溫庭筠), 924년의 고원고(高元固)와 서인(徐寅), 926년 5월과 7월의 발해 부흥운동 등도 마찬가지이다. 나아가 발해 지리 비정에 대해서 『동사집략』이 정약용의 『강역고』만 인용한 반면, 『역사집략』은 정약용과 유득공의 견해를 병기하였다.55)

---

52) 『大東歷史』 권11, 新羅紀 "聖德王三十年 渤海侵唐 ＜渤海遣大將張文休 將兵浮海 侵唐 殺其刺史韋俊(一作韋俊命) 進兵馬都山 屠陷城邑 謂之雪先王之恥 其實恨門 藝事也 唐玄宗大怒 命右領軍將軍葛福順 發兵擊渤海＞"

53) 『東史輯略』 권5, 新羅紀 "聖德王三十年 渤海王武藝遣大將張文休 將兵浮海 侵唐 登州 殺刺史韋俊 命而還"
『歷史輯略』 권5, 新羅紀 "聖德王三十年(渤海武王十四年) 渤海王武藝遣大將張文 休 將兵浮海 攻唐登州 殺刺史韋俊命 進兵馬都山 屠陷城邑 謂之雪先王之恥 其實 恨門藝事也 唐玄宗大怒 命右領軍將軍葛福順 發兵擊之"

54) 『歷史輯略』 自序 "囊余作東史輯略 閔學士公尹氏爲之捐貲 刊行後 余又得泠齋柳 氏四郡志渤海考及亡友丹農李氏建初所作輯略之辨 追加補改"

55) 『東史輯略』 권5, 新羅紀 "興德王四年(830) 渤海王大仁秀 在位十二年而薨 諡曰宣 王 … 置五京十五府六十二州 以肅愼故地爲上京 曰龍泉府 ＜今虎兒河東及寧古塔 隔水地 卽忽汗州＞ 其南中京 曰顯德府 ＜在上京南三百里＞ 濊貊故地爲東京 曰 龍原府 亦曰柵城府 ＜疑在今鍾城北＞ 沃沮故地爲南京 曰南海府 ＜今咸興＞ 高句 麗故地爲西京 曰鴨淥府 ＜今遼之淥州＞ …"
『歷史輯略』 권5, 新羅紀 "興德王四年(渤海王彝震元年) 渤海王大仁秀祖 諡曰宣王

이처럼 발해사에 대한 관심이 높았기 때문에『동사집략』은 이전 사서에서 가락(加洛)과 발해를 강등한 데 반대하여 삼국과 대등한 적국(敵國)으로 취급하였다.56) 그래서 신라와 발해 국왕의 즉위와 사망을 모두 대등하게 '입(立)'과 '훙(薨)'으로 표기했지만57),『대동역사』와『역사집략』은 정통론에 의거하여 차등을 두었다. 강목체를 사용한『대동역사』가 신라왕은 '즉위(卽位)'와 '붕(崩)', 발해왕은 그보다 한 등급 낮은 '입'과 '졸(卒)'로 표기한 것은 신라정통론에 의거한 것이라고 표명하였다.58)『역사집략』에서는 사망의 경우만 '승하(昇遐)'와 '조(殂)'로 구분하고 즉위는 모두 '입'으로 표기하였다.

그렇지만 발해가 자국사라는 점은 분명히 하였다.『대동역사』는 서두의「대동역사인(大東歷史引)」이라는 장편서사시에 발해를 포함시켰고59),「대동역대총도(大東歷代總圖)」에서 고구려와 발해의 계승 관계

… 置五京十五府 上京 曰龍泉府＜丁云 虎兒河東及寧古塔隔水地 卽忽汗州 柳云 <u>在寧古塔西南境</u>＞ 領龍·湖·渤三州 其南爲中京 曰顯德府＜丁云 在上京南三百里 柳云 <u>在吉林烏喇城東南</u>＞ 領盧·顯·鐵·湯·榮·興六州 東京 曰龍原府 亦曰柵城府＜丁云 疑在今鍾城北 柳云 <u>今鏡城北</u>＞ 領慶·鹽·穆·賀四州 南京 曰南海府＜丁柳并云 今咸興＞ 領沃·晴·椒三州 西京 曰鴨淥府＜丁云 在今虞芮慈城隔水地 柳云 在今江界東北二百里＞ 領神·桓·豐·正四州 …"

56)『東史輯略』凡例 "一 前史於駕洛·渤海二國 皆降等書之 如某君卒之類 是也 而二國至於三國 未嘗臣服 則强分尊卑 殊無義意 今只以敵例書之 …"
　趙東杰,『韓國 現代史學史』, 91쪽, 주85)에서 가락과 발해를 강등하여 보았다고 한 것은 사료의 誤讀이다.

57)『東史輯略』권5, 新羅紀 "孝昭王十年 秋七月 孝昭王薨 無嗣 國人立其弟興光"
　같은 곳, "聖德王十七年 春 渤海王大祚榮 在位二十一年而薨 諡曰高王 子武藝立 改元仁安"

58)『大東歷史』권11, 新羅紀 "聖德王十七年 春 渤海王大祚榮卒 子武藝立＜祚榮在位二十一年而薨 諡曰高王 子武藝立-＞ (正義)渤海王之書卒書立何 以新羅正統在上故也 況渤海初爲新羅之附屬乎" 그런데 개요(綱)의 '卒'과 달리 세목(目)에서는 '薨'으로 표기하였다.

59)『大東歷史』「大東歷史引(凡六十七韻)" "檀聖首出于朝鮮 千二百十二歷年 商武乙之孫箕子 王業中興於東方 … 渤海高王大祚榮 新羅聖德癸丑歲 初號震國拓土宇

를 명시하였기 때문이다.[60] 아울러『역사집략』은 범례에서 "이 책이 요약에 치중하였지만 발해사는 우리 측 사료가 인멸되어 외국 측 사료에만 남아있는 상황이 한탄스럽기 때문에, 이 경우는 경중을 가리지 않고 모두 수록한다."고 하였다.[61]

이들 사서는 공통적으로『동사강목』이 발해를 자국사와 무관하게 파악한 인식이[62] 전혀 보이지 않는다. 이 점은 유득공이 제기한 남북국론을 수용한 결과라고 할 수 있다. 발해사에 대한『역사집략』의 각별한 관심은 기년 표기에서도 나타난다. 우선 간지와 함께 신라 기년을 먼저 나타낸 것은『동사집략』,『대동역사』,『역사집략』이 모두 동일하다. 신라정통론에 입각했기 때문이다. 이 중『동사집략』은 당의 연호를 세주로 처리한 반면,『대동역사』는 당의 연호와 함께 일본 연호 및 서기도 병기하였다. 그런데『역사집략』은 세주에서 발해 기년을 앞세우고 당의 연호를 그 다음에 배치함으로써, 신라와 발해를 동등하게 파악하려고 하였다. 여기서 신라정통론에 대한 불만이 무의식중에 표출되었음을 알 수 있다.『동사집략』이 신라와 발해 왕들의 즉위와 사망을 동등하게 처리한 것도 마찬가지이다.

개화기 한문체 사서가 정통론에 입각한 이상 신라정통론을 따를 수

雄據高句麗故地 傳世十三至諲譔 乃爲契丹之所滅 歷年二百十有四 … 大韓帝國
起壬申 無疆洪業漢陽奠 太定太世文端世 德睿成中仁明宣 元仁孝顯肅景英 眞莊
正純文憲哲 今皇陛下盛德新 光武日月萬萬歲"

60)『大東歷史』「大東歷代總圖」는 다음과 같다.
(檀君)朝鮮－(箕子)朝鮮－馬韓┬─新羅－高麗┬───大韓帝國萬萬歲
　　　　　　　　　　　　　　├高句麗－渤海┘
　　　　　　　　　　　　　　└百濟

61)『歷史輯略』凡例 "是書 主乎撮略 惟渤海國 則其事佚於本國 而僅見於他國之史 思之可悲 故今不論巨細 而悉錄之 以當其一代之全史"

62)『東史綱目』凡例 "渤海 不當錄于我史 而本爲高句麗故地 與我壤界相接 義關脣齒 故通鑑備書之 今從之"

밖에 없었지만, 그 문제점을 인식하고 있었다. 발해사 서술의 확대와 기년표기상 신라와 발해의 병기는 신라정통론이 인습적으로 지속된 데 대한 불만이라고 할 수 있다. 즉 신라정통론에 균열이 발생함에 따라 그 대안으로서 남북국사가 지향될 수밖에 없었던 것이다.

2) 국한문체 및 신사체 사서의 발해사 서술

대한제국기의 한문체 사서에서 발해사 서술이 점차 증가되는 현상과 대조적으로 국한문체 사서는 그 내용이 매우 빈약하다. 국한문체 사서의 발해사 서술을 도표화한 것이 다음의 〈표 5〉이다. 여기서도 원문의 유년칭원법은 즉위년칭원법으로 환산하여 표기하였다.

〈표 5〉 국한문체 사서의 발해사 기사

	동국역사	대동역사략	신정 동국역사	대한력ㅅ
성덕왕 32년(733)	신라의 발해 공격 및 발해 개관	좌동	좌동	좌동
성덕왕 34년(735)	당의 패강 이남 하사는 발해 때문	좌동		좌동
원성왕 6년(790)			발해에 사신 파견	
헌덕왕 4년(812)			발해에 사신 파견	
헌덕왕 18년(826)			패강 장성 축조는 발해 대비	

『조선역대사략』이 713년 대조영의 발해군왕 책봉에 그 개요를 간략히 수록하였음에도 불구하고, 그를 요약한 『조선역사』와 같은 해 간행된 것으로 추정되는 『조선약사』는 발해에 대한 서술이 아예 없다. 발해에 대한 무관심을 보여주는데, 〈표 5〉에서 보듯이 이후의 사서가 2건과 4건에 불과한 것도 마찬가지이다. 이들은 모두 신라와의 관계에서만

발해를 서술하였을 뿐, 발해사 자체에 대한 관심은 없었던 것이다.

앞에서 언급하였듯이 『동국역사』는 『동국역대사략』를 요약한 것으로 그 오류 내지 오식을 답습하였다. 문제는 한문체 사서에서 『동사집략』부터 발해사 서술이 증가되는 현상이 그 이후에 편찬된 국한문체 사서에 전혀 반영되어 있지 않다는 점이다. 다만 성덕왕 33년(735)조에서 당이 패강 이남을 신라에 하사한 것은 발해가 있었기 때문이라는 서술은[63] 『조선역대사략』에 없는 부분이다. 이러한 인식은 『동사강목』 이래로 통설이 되었지만[64], 구체적인 표현이 오히려 후대의 『대동역사』의 안설(按說)과 동일하다.[65] 물론 정교가 『동국역사』의 편찬에 참여했을 리는 없다. 따라서 신판 『대동역사』 즉 삼국기와 신라기의 참교(參校)를 담당했던 조신용(趙臣鏞)과 김정현(金鼎賢) 중 한 사람이 『동국역사』 편찬시에 이 부분을 담당했던 것은 아닌지 추정된다.

〈표 5〉에서 보듯이 국문체 사서의 발해사 서술은 『동국역사』를 따르고 있다. 다른 부분도 마찬가지일 것으로 추정되는데, 『동국역사』가 최초의 국문체 사서로서 후대에 끼친 영향이 적지 않았음으로 보여준다. 앞에서 서술하였듯이 『대동역사략』은 『대동역사』 구판만 참조하였기

---

[63] 『普通敎科 東國歷史』 권2, 新羅紀, 聖德王 "三十三年이라 春에 遣使ㅎ야 唐에 如ㅎ였더니 및 使者ㅣ還홀시 唐帝가 浿江以南의 地를 賜ㅎ니 此는 薩水以北과 遼東以南을 渤海가 中間에 踞ㅎ야 唐이 浿南地를 區制가 不便홈이러라"

[64] 『東史綱目』 권4하, 聖德王 "三十四年 二月 … 唐勅賜浿江以南地 <高句麗之亡 地皆入唐 而新羅只得其南境 渤海漸强 中國不能疆理 至是 賀正使金義忠還 勅賜浿江以南地 >"
『東史輯略』 권5, 聖德王 "三十三年 … 二月 義忠還 唐帝 與我浿江以南地 始句麗之亡 地皆入唐 而新羅只得其南境 于是 渤海漸强 幾盡有九都督府之地 道路梗塞 故唐不能疆理而遂棄焉"

[65] 『大東歷史』 권11, 聖德王 "三十三年 春二月 唐以浿江以南地來歸 <春正月 遣金義忠如唐 二月還 唐與我浿江以南地 初高句麗之亡 地皆入唐 而新羅只得其南境 于是 渤海漸强 幾盡有九都督府之地 道路梗塞 故唐不能疆理而遂棄焉 > <按 是時 薩水以北·遼東以南 渤海踞于其中間 故唐不便區制浿南地 遂歸于新羅也"

에 신판의 발해사 부분을 전혀 반영하지 못한 채『동국역사』를 따랐던 것이다.

다만『신정 동국역사』는『동국역사』의 수정을 목표로 하였기 때문에 신라가 '발해'에 사신을 파견한 사실을 추가하였다. 그런데 원사료인『삼국사기』와 달리 '북국'이 아닌 '발해'로 표기한 것은『동사집략』등을 참조하였음을 반증한다.『동사강목』과 달리 이들도 '발해'로 표기하였기 때문이다.66) 이 점에서『동국역사』등이 발해의 종족 계통을 '속말말갈이자 고구려별종'으로 서술한 데 반해『신정 동국역사』가 '본래 고구려 속방(屬邦)'라고 한 것은 고구려와 발해의 계승성을 좀 더 강조하려는 의도로 파악된다.

이처럼 국문체 사서는 발해사에 관한 한『동사집략』·『대동역사』·『역사집략』의 연구 성과를 수록하지 않았다. 그것은 의도적인 것이 아니라, 국문체 사서가 계몽운동의 일환으로 편찬된 교육용 내지 대중용 사서라는 점에서 당시의 최근 연구성과를 반영할 여력이 없었을 가능성이 높다.

한편 일본의『조선사』를 역술한『동국사략』은 최초의 신사체 사서로

---

66)『東史綱目』권5상, 元聖王 "六年 三月 遣使聘北國＜北國 卽渤海也 大氏興於遼地 進併高句麗北地 與新羅境界相接 而交聘之節 史無所傳 至是遣一吉湌伯魚聘之＞"
『東史輯略』권5, 元聖王 "五年 春三月 遣一吉飡伯魚使渤海 渤海在新羅之北 故羅人謂之北國＜按 三國史記元聖王紀 伯魚使北國 而崔孤雲所作謝唐不許北國居上表 ＜在本集及東文選＞ 以渤海强大妄爭位次爲辭 則所謂北國者卽渤海也 故安順菴東史綱目引表文特書之 此則丁茶山洪淵泉諸家之所未及 而安氏獨發揮之 可不謂有功於東史哉 故今特推廣安氏之意 先書渤海二字于伯魚之下 而以北國註明耳＞"
『大東歷史』권11, 元聖王 "五年 春三月 遣使如渤海＜三月 遣一吉飡伯魚使渤海 渤海在新羅之北 故新羅人謂之北國＞ ＜按 三國史記元聖王紀 伯魚使北國 而崔孤雲所作謝唐不許北國居上表 以渤海强大妄爭位次爲辭 則安順菴東史綱目特書之 故今特推廣其意而從之＞
『歷史輯略』도『東史輯略』과 거의 같다.

서 분량도 다른 국문체 사서에 비해 훨씬 많다. 『동국사략』이 단순한 번역이 아닌 만큼 『조선사』에서 발해가 일본에 조공하며 공순의 예를 다했다는 부분은 양국간의 빈번한 교섭으로 바뀌었다.[67] 한편 여기서는 원서와 달리 선왕 대인수(大仁秀)를 '익수(益秀)', 일본에 파견된 발해 사신의 직함인 영원장군(寧遠將軍)을 '솔원장군(率遠將軍)', 고려로 망명한 발해 태자 대광현(大光顯)을 '광대현(光大顯)'으로 잘못 표기한 오류들이 발견된다.

끝으로 초등용 교과서를 살펴보자. 『동국사략』 이후로는 비록 초등용 교과서이지만 모두 사서들이 신사체를 채택하였다. 그렇지만 목차 구성은 앞에서 언급하였듯이 정통론이 반영되어 있었다. 이중 『초등본국역사』와 그 한글본인 『초등대한력ᄉ』, 그리고 『초등본국역사』는 내용이 똑같다. 이들이 모두 고구려가 망한 후 남방에는 신라가 있고, 북방에는 발해가 존재한 것으로 서술한[68] 뒤에, 제8절 발해에서 고구려 유종(遺種) 대조영이 발해를 세워 해동성국으로 일컬어지다가 거란에게 망했다고 약술하였다. 이 서술은 『초등대한역사』 제2편 중고, 제4장 오국(五國), 제5절 「대조영 발해건국」에도 동일하다.

한편 『초등본국약사』와 『초등대동역사』는 발해에 대한 서술이 아예 없다. 반면 『신찬초등역사』는 권1 삼국기, 고구려 제93과 말미에서 고

---

67) 『朝鮮史』 권2, 第三篇 上古史, 第十一章, 渤海 "武藝가 또 我紀 1387년 <聖武帝 神龜 4년>에 寧遠將軍 高仁義로써 日本에 來聘한 이래로 누차 사신을 보내고 方物을 바치며 恭順의 禮를 修行했다. 우리 또한 그에 報聘해서 왕래가 항상 끊어지는 일이 없었다."
『中等教科 東國史略』 권1, 上古史, 渤海 "武藝王은 距今 1179年 前에 率遠將軍 高仁義를 日本에 遣ᄒ야 彼此 聘使가 不絶ᄒ더니 …"

68) 『初等 本國歷史』 제2장 中古, 제5절 高句麗 2 "…歷世가 二十八王이오 歷年이 七百五年이라 其地에 九都督府를 置ᄒ얏더니 後에 南方은 新羅의 有ᄒᄂ바ㅣ 되고 北方은 渤海國의 有ᄒᄂ바ㅣ 되니라"

구려 멸망 이후 고구려 장수 대조영이 발해를 건국하였다고 언급하였다. 그런데 권2 부(附) 발해 제20과에서는 대조영의 종족 계통을 본래 말갈인으로 고구려에 신부(臣附)하였다고 밝혔다. 다만 여기서는『초등본국역사』등보다 좀 더 상세하게 발해사를 서술하였다.

이처럼 초등용 교과서들 가운데 발해가 아예 항목 설정에서 배제되는 가운데 비록 신라정통론에 의거하면서도 남북국의 존재를 암시한 것은『대동역사』와『역사집략』의 영향으로 보인다. 이들과 간행 시기가 비슷한 국문체 사서들은 그 연구 성과를 받아들일 겨를이 없었던 반면, 초등용 교과서들은 그로부터 3-4년 뒤에 집필되었기 때문이다. 다만 분량 상 발해사를 상세히 서술하지 못하고 남북국사의 지향점만 받아들였던 것 같다.

5. 맺음말

개항 이후 조선에서는 자주적 근대국가의 수립이라는 시대적 요구에 따라 자국사를 새롭게 서술한 20종의 역사(교과)서가 간행되었다. 문자표기면에서 한문체와 국한문체 및 국문체, 그리고 서술체제상에서 편년체와 신사체가 혼재되었는데, 점차 전자에서 후자로 바뀌어갔다. 이들은 기년표기에서 전통적인 전통적인 한·중기에 조선개국 및 일·서기를 병기함으로써 중화질서로부터의 탈피를 내세웠지만, 기본적으로 정통론을 고수하였고 유년칭원법을 채택하였다는 점에서 성리학적 역사인식을 공유하고 있었다.

대한제국기 역사서는 처음 학부가 주도하였는데, 한문체 사서와 이를 요약한 국한문체 사서가 함께 간행되었다. 즉『조선역대사략』과

『조선역사』, 『동국역대사략』과 『보통교과 동국역사』가 그것이다. 이러한 양상은 『대동역사』와 『보통교과 대동역사략』까지 이어졌다.

그런데 중세사학의 특징인 정통론은 근대이행기에 강화와 균열의 이중적인 양상을 노출하였다. 즉 자주독립의 차원에서 단기정통론은 그 근거로서 강화되었지만, 발해사와 관련하여 신라정통론은 균열을 보였던 것이다. 그 과정에서 새로운 자료들이 적극적으로 이용되었다. 단기정통론과 관련해서는 선우씨·한씨·기씨 족보, 발해사와 관련해서는 정약용과 유득공의 저술들이 그것이다.

종래의 중화질서로부터의 탈피라는 측면에서 단기정통론은 『대동역사』에서 바로 확립된 반면, 신라정통론은 『동사집략』, 『대동역사』, 『역사집략』을 거치며 균열을 보이며 남북국사를 지향해 나갔다. 한문체 사서의 연구 성과 가운데 국한문체 사서는 단기정통론만 수용하는 데 그쳤다. 그 이유는 『대동역사』와 『역사집략』이 국한문체 사서와 거의 비슷한 시기에 간행되었다는 점, 국한문체 사서가 그 계몽운동 차원의 교과서적 성격상 최신 연구성과를 수용하기 어려웠다는 점에서 찾을 수 있다.

대한제국기 역사서는 중세적 정통론을 기반으로 자주적 근대국가의 수립에 부응하고자 하였다. 그래서 전통적인 서술 형식을 취한 한문체 사서는 상당한 수준에도 불구하고 그 한계를 극복할 수 없었다. 그렇지만 발해사에 관한 한 『동사집략』, 『대동역사』, 『역사집략』의 서술이 신채호의 양국시대론 및 1920년대의 남북국론에 영향을 끼쳤음은 충분히 예상할 수 있다. 이에 대해서는 다음의 과제로 남겨둔다.

근대전환기 중화주의의
위기와 조선사 인식

조성산

1. 머리말

근대전환기 조선은 다양한 가치관들이 충돌하면서 새로운 정체성을
만들어 가는 시기였다. 이 시기 조선은 근대 국가의 특성들을 획득하
고자 했고, 이 과정에서 자연스럽게 국어와 국사학에 대한 관심이 고조
되었다. 자국의 고유한 언어와 역사는 근대 독립된 정체성을 구축하는
데 가장 중요한 학문과 교육의 영역이었다. 역사학 분야에서 고대사가
특히 주목되었던 것 또한 이러한 이유에서였다. 조선의 독립성을 고대
에서부터 확증하기 위하여 많은 지식인들은 고대사에 관심을 가졌고,
이에 대한 연구에 치중하였다. 하지만 이 시기에는 고대사 연구만 이
루어졌던 것은 아니다. 고대사 연구가 주를 이루기는 하였지만, 이 밖
에 한국사 전체에 대한 연구가 시도되었다. 이는 새로운 역사의식 하

에 한국사를 다시 서술하고자 하는 문제의식에서 비롯되었고, 이러한 서술에는 당시 지식인들의 근대 의식이 자리 잡고 있었다.[1]

이 글은 이 시기 조선사 인식에 나타난 근대전환기로서의 특징들을 찾아보고자 한다. 이 시기 역사학의 주요 대상이 고대사에 있었던 만큼, 조선사에서 근대전환기가 갖는 특징적인 면모를 찾기란 사실 쉽지 않다. 기존 연구에서 이 시기 조선시대 인식을 다룬 글이 적은 것도 이러한 이유에 근원 할 것이다. 또한 이 시기는 엄밀히 말해서 조선시대였기에 검열과 제약이 많아 자유로운 역사서술은 사실상 어려웠다. 조선시대에 있어서 조선의 역사를 정리한 사례들을 보면,『국조보감(國朝寶鑑)』과 같이 선대왕들의 치적들을 중심으로 서술하거나,『연려실기술(練藜室記述)』,『열조통기(列朝通紀)』와 같이 자료 중심의 역사서술, 그 외 자신들의 당파를 옹호하는 당론서의 형태로 조선의 역사는 정리되었다. 이러한 사정은 근대전환기에도 크게 다르지 않았다. 조선

---

[1] 개화기 국사교육과 서술에 대해서는 다음 연구들이 있다. 이연복,「우리나라 근대역사교육사연구」,『서울교대논문집』11, 1978; 김여칠,「개화기 교과서를 통해 본 역사의식 —『역사집략』을 중심으로」,『사학지』14, 1980; 구자혁,「개화기 역사교육과정의 분석적 고찰」,『춘천교대논문집』20, 1980; 김여칠,「개화기 국사교과서를 통해 본 역사인식」Ⅱ,『사학지』16, 1982; 김태현,「구한말 국사교과서분석연구」,『역사교육논집』3, 1982; 김흥수,「한말의 국사교과서 편찬」,『역사교육』33, 1983; 김여칠,「1906년 이후의 국사교과서에 대하여」,『역사교육』36, 1984; 김여칠,「개화후기의 국사교과서연구」중,『서울교대논문집』18, 1985; 정창렬,「한말의 역사인식」,『한국사학사의 연구』, 한국사연구회, 1985; 김여칠,「개화후기의 국사교과서연구」하,『서울교대논문집』19, 1986; 최양호,「개화기 국사교육의 실태연구」,『이원순교수화갑기념사학논총』, 1986; 한영우,「개화기 안종화의 역사서술」,『한국문화』8, 1987; 김흥수,『한국근대역사교육연구』(삼영사, 1990); 김창수,「한말의 국학진흥운동과 민족의식」,『소헌남도영박사화갑기념 사학논총』, 1993; 최기영,「안종화」,『한국의 역사가와 역사학』하 (창작과비평사, 1994); 조동걸,「한국 근대사학의 대두와 초기의 역사학」,『한국근대사학사』(역사공간, 2010); 임이랑,「한말 국사교과서의 근대사 서술에 나타난 대외인식」,『한국문화연구』20, 2011.

왕실이 지속되는 상황과 일본의 간섭 속에서 조선사 서술은 많은 제약이 있었다.

하지만 중국으로부터의 자주독립이라는 관점에서 조선이 어떻게 자신을 인식하고, 과거 자국의 역사를 정리하고자 했는지는 이 시기 변화된 중화의식의 변모와 함께 살펴보아야 할 중요한 주제이다. 이는 대한제국기 새로운 정체성의 구성 과정을 살펴보는 데 많은 시사점을 주리라고 생각한다. 당대인들이 근대사인 조선시대를 어떻게 서술하였는가를 통해서 그들이 어느 정도 수준의 근대의식을 가졌는가를 살펴볼 수 있다. 이 글은 조선후기 중화주의의 변모과정을 통하여 조선이 어떻게 자신의 정체성을 형성하였는지를 살펴본 후에, 근대전환기 조선사 서술이 어떠한 문제의식과 특징들을 통하여 구현되었는지를 찾아보고자 한다.

2. 중화주의의 전개와 위기

근대전환기 변화된 조선의 정체성을 살펴보기 위하여 우선 조선후기 중화주의의 변모과정을 대략적으로 살펴보고자 한다. 조선후기 중화주의의 변화와 해체는 근대전환기 독립국가 의식과 밀접한 연관성을 가지고 있기 때문이다. 청나라로부터 벗어나 조선의 자주독립을 이룩하고자 한 의식은 근대전환기 지식인들의 의식세계에 빠르게 확산되었다. 이러한 의식의 확산과정을 설명하기 위하여 근대전환기 이루어진 중화주의로부터의 탈피가 이 시기 독립국가 논의의 갑작스러운 결과물이 아니라, 조선후기에 점차적으로 진행되어 왔던 중화주의의 해체로부터 진행되어왔음을 설명하고자 한다.

명나라가 망하고 여진족이었던 청나라가 새롭게 중원의 주인이 되자, 조선은 '조선이 곧 중화이며 계승자'라는 중화주의 의식을 전유하고자 하였다.[2] 이를 통하여 조선은 현실적으로는 청나라에 복속되었지만, 중화적 정체성을 보존하면서 스스로 문명국가임을 자임하고자 하였다. 이러한 사유는 조선후기 사상계의 가장 깊은 내면을 구성하였으며, 많은 지식인들이 이를 공유하였다. 하지만 청나라가 18세기 중반 이후 중원을 완전히 장악하고 번영을 구가해가자, 점차 조선만이 중화라는 독존주의적 태도에서 벗어나게 되었다. 시대의 변화에 따라 기존의 폐쇄적인 중화주의 의식에서 벗어나 좀 더 다층적인 중화주의 관념이 나오게 되었다. 이러한 사유를 대표한 이들이 북학파(北學派)였다.

북학파는 청나라를 중화제국으로서 인정하면서 그들의 문화적 성과들을 수용하고자 하였다. 이를 위하여 북학파는 중화 관념을 새롭게 해석하였다. 그들은 중화는 보편성의 다른 말로 종족, 지역을 넘어 존재하는 추상적인 영역으로서 누구든 그것을 구현할 수 있다고 믿었다. 따라서 중화는 이론적으로 조선이든, 청나라든, 일본이든 종족과 지역에 상관없이 구현될 수 있는 것이었다. 이러한 관념 하에 그들은 청나라에서 중화문명을 발견할 수 있었다.[3]

---

[2] 그동안 이루어진 조선후기 중화주의 논의에 대해서는 다음 논저들을 참조할 수 있다. 정옥자, 『조선후기 조선중화사상 연구』(一志社, 1998); 김문식, 「우리 속의 중화사상」, 『오늘의 동양사상』 11, 2004; 정재훈, 「조선후기 史書에 나타난 중화주의와 민족주의」, 『韓國實學研究』 8, 2004; 우경섭, 「宋時烈의 華夷論과 朝鮮中華主義의 성립」, 『震檀學報』 101, 2006; 계승범, 「조선후기 중화론의 이면과 그 유산」, 『韓國史學史學報』 19, 2008; 허태용, 『조선후기 중화론과 역사인식』(아카넷, 2009); 조성산, 「조선후기 소론계 古代史 연구와 中華主義의 변용」, 『歷史學報』 202, 2009a; 조성산, 「18세기 후반-19세기 전반 對淸認識의 변화와 새로운 中華 관념의 형성」, 『韓國史研究』 145, 2009b; 우경섭, 「조선중화주의에 대한 학설사적 검토」, 『한국사연구』 159, 2012; 계승범, 「조선후기 조선중화주의와 그 해석 문제」, 『한국사연구』 159, 2012.

19세기에 이르러 이러한 대청인식은 한층 확대·발전하는 모습을 보였다. 한편으로 반청적인 보수적인 흐름 또한 계속해서 진행되었지만, 북학파의 대청인식은 개명한 지식인들이나 관료들에게서 점차 주류적인 사유가 되어갔다. 기존의 보수적인 대청인식을 비판하고, 청나라를 통하여 재편된 동아시아의 신질서를 인정하고자 했던 이 흐름은 18세기 후반에서 19세기 초반 주목할 만한 변화였다.[4]

19세기가 되면 청나라가 이적이냐 아니냐하는 문제보다는 중화문명의 공유성 문제가 더욱 중요한 과제로 떠올랐다. 19세기 주목할 만한 문화현상인 동문의식(同文意識)과 병세의식(並世意識)은 이러한 의식을 반영하였다.[5] 한자(漢子)라는 같은 글자를 공유하고 있다는 의식을 통하여 중국의 지식인들과 교유하면서 그들은 문화적 동류의식을 갖고자 하였다. 이는 한자 중심의 '문명의식'으로 나타났다. 김정희(金正喜, 1786-1856)는 이러한 시대사조를 이해하는 데 대표적인 경우라고 할 수 있다. 그가 관심 가졌던 비학(碑學)은 조선, 중국, 일본 사이에 존재했던 문자의 교류를 보여주는 것으로서 중요한 의미를 갖는다. 비학을 통하여 조선, 중국, 일본이 옛날부터 중화문명을 공유하였으며 발전시켰던 하나의 문명공동체임을 확인하였다.[6]

---

3) 이 문단의 서술에 대해서는 조성산, 위의 논문 참조.

4) 조성산, 「18세기 후반- 19세기 전반 對淸認識의 변화와 새로운 中華 관념의 형성」 참조.

5) 이와 관련한 동문의식과 병세의식과 관련한 연구들은 다음과 같다. 강동엽, 「18세기 동아시아 문학교류의 연구」,『연민학지』4, 1996; 김영진, 「조선후기 명청소품 수용과 소품문의 전개양상」, 고려대 박사학위논문, 2003, 75- 85쪽; 정민,『18세기 조선지식인의 발견』(휴머니스트, 2007), 32-33쪽; 高橋博巳,『東アジアの文藝共同體: 通信士·北學派·蒹葭堂』(新典社, 2009); 정민, 「18, 19세기 조선 지식인의 병세의식(並世意識)」,『한국문화』54, 2011.

6) 이에 대해서는 조성산, 「18세기 후반-19세기 전반 조선의 碑學 유행과 그 의미」,『정신문화연구』119, 2010 참조.

이러한 사조와 함께 경세관료와 경세학에 관심 가졌던 지식인들은 대명의리론·반청인식과 같은 고정적인 의리의 문제보다는 조선의 안위(安危)를 가장 우선의 과제로 두는 현실적인 경향을 가졌다. 19세기 들어 그들은 당시 대륙의 정세가 심상치 않음을 깊이 감지하였고, 조선의 미래 전략에 대하여 고민하였다. 김조순(金祖淳, 1765-1832)은 중국의 안위와 조선의 안위가 밀접하게 관계되어 있으므로 중국을 잘 살펴보아야 함을 언급하였고[7], 조인영(趙寅永, 1782-1850)은 청나라가 곧 쇠퇴의 조짐을 보일 것이라고 경고하면서 우리는 그 피해를 볼 것인즉 미리 이에 대비를 해야 한다고 하였다. 그는 중국이 이미 최전성기를 지나 쇠퇴기에 접어들고 있었음을 인지하였다.[8] 이는 서양세력의 침략을 통하여 중국의 혼란이 본격적으로 감지되면서 더욱 강하게 조선의 지식인들에게 인식되었다.

유신환(俞莘煥, 1801-1859)은 실리적인 경향의 대표적인 지식인이었다. 그는 철저히 조선의 안위와 관련해서 청나라를 파악하고자 하였다. 그러할 때 청나라는 망해도 근심이요 망하지 않아도 근심이었다.[9] 그는 조선이 중국과 지리적으로 가까워서 중국에 환란이 있게 되면 조선 또한 그 해를 받게 된다고 하면서 서양이 중국을 석권하면 조선도 해를 받게 될 것이요, 서양이 승리하지 못하면 조선을 향하여 공격할 것이니 조선은 중국의 정세에 대해서 깊이 살펴야 한다고 하였다.[10] 따라서 조선은 미리 중국의 정세를 깊이 살펴서 조선이 살아야 할 길을 찾아야 한다는 대비론을 펼쳤다.[11] 청나라와 조선의 운명공동체론도

---

[7] 金祖淳,『楓皐集』卷15「送桐漁李判書赴燕序」.

[8] 趙寅永,『雲石遺稿』卷9「送內兄洪癡叟學士起燮行臺之燕序」.

[9] 俞莘煥,『鳳棲集』卷3「送淵泉洪公如燕序」辛卯.

[10] 俞莘煥,『鳳棲集』卷3「送人如燕序」.

이 과정에서 나왔다.[12]

유신환의 제자이기도 하였던 김윤식(金允植, 1835-1922)은 청나라와 조선은 순치(脣齒) 관계의 나라로서 청나라의 불행은 조선의 복이 아니라고 하였다.[13] 그러면서 청나라에 대해서 전략적으로 사고할 것을 주장하였는데, 이는 현실적으로 청나라와의 협력으로 나타났다.[14] 박규수 또한 청을 종주국으로 한 동아시아의 사대주의적 국제질서에 대해 천하일가(天下一家)요 사해회동(四海會同)의 시대로 긍정하였고[15], 중국의 현정세를 우려하면서 중국의 지식인들과 서양의 침략에 함께 대적할 결의를 다지기도 하였다.[16] 이 시기에는 대명의리론과 반청의식 등이 여전히 재야 지식인들을 중심으로 지속되고 있었지만, 청과의 사대관계에 의존하여 서양 등 급변하는 국제정세에 대응하고자 하는 의식이 조선의 기본적인 외교정책이 되어갔다.[17]

이러한 사유들을 살펴보면 조선의 현실적 안위가 그들에게 최우선의 과제였음을 알 수 있다. 청과의 협력은 이러한 가운데 나왔으며, 따라서 한편으로 청나라의 힘이 없어질 경우 언제든 등을 돌릴 수도 있는 것이었다. 조선의 안위에 대한 의식, 이는 조선을 보존하고자 하는

---

11) 俞莘煥, 『鳳棲集』卷3「送淵泉洪公如燕序」辛卯.

12) 俞莘煥, 『鳳棲集』卷3「送尹侍讀穉沃㙫如燕序」.

13) 金允植, 『雲養續集』卷2「奉送瓛齋朴先生珪壽赴熱河序」, "我之於淸 小大雖殊 實脣齒之國也 淸之不幸 非國之福."

14) 金允植, 『雲養續集』卷2「奉送瓛齋朴先生珪壽赴熱河序」, "夫小邦以義 大邦以力 此相資之道也 淸人以我近於其根本之地 故終始厚遇 迄二百餘年 戢其邊民 不敢侵擾 共享太平之福 受其賜亦多矣 彼雖遭困於一時 若天心未改 還都之後 修復舊政 賞信義絕反覆 以我不倍於危亂之際 其見遇必愈厚 緩急控愬 庶獲其力"

15) 김명호, 『환재 박규수 연구』(창비, 2008), 440-441쪽 참조.

16) 김명호, 위의 책, 414-415쪽 참조.

17) 김명호, 위의 책, 429쪽 참조.

의식이었고 그들에게는 가장 중요한 행위였다. 이 과정에서 청나라는 조선을 위해서 존재할 수도 있고, 망할 수도 있는 존재였다.

이는 사실상 청나라가 조선에게 하나의 '수단'이 되었음을 의미했으며, 이를 통해서 다른 한편으로 조선이 스스로 주체적인 사유를 하고 있었음을 알 수 있다. 이러한 사유는 대명의리론과 반청인식만을 주장하는 위정척사 논의와는 차이가 있었다. 위정척사파는 서양·일본과 협력할 수 없었던 반면에 위의 경우는 이들과도 협력할 수 있었다. 그 이유는 중화의 발현은 지역과 종족을 넘어 어디든 가능한 것이기 때문이었다. 그러하기에 청나라와의 협력도 가능했다. 이러한 의식을 통하여 조선은 점차 독립적인 정체성을 갖게 되었던 것으로 보인다.

한편, 중화가 중국지역에 제한되지 않고 점차 인륜(人倫)과 같은 윤리적인 의미로 변화해가자18), 중화는 이후 개화기의 '문명개화'의 의미로 대체되어 갔다. 중화의 종족적·지역적 우선성이 탈각되는 과정에서, 심지어 서양과 일본에서 문명적 발전이 이루어진다면 그곳이 곧 중화라고 인식될 수 있었다. 홍희준(洪羲俊, 1761-1841)은 서양인에게도 인륜이 있을 것이라고 말한 바 있었으며19), 강위(姜瑋, 1820-1884) 또한

---

18) 조성산, 「18세기 후반- 19세기 전반 對淸認識의 변화와 새로운 中華 관념의 형성」, 75-86쪽.

19) 洪羲俊, 『傳舊』 4 「荷蘭國人記」, "朝鮮與荷蘭 各在日出之方 相去爲三四萬里 而相遇於中國 豈不異哉 余於荷蘭之人 益有所悟者 天生萬物 盈於地上 而其間有物圓腦方趾橫目 而立心具五性 聲發爲言 最靈於物者 名之曰人 而爲萬物之長 物之具是形而得此名者 誠難矣 凡天地之間 有土則有人 有人則有五性五倫 海外萬國 不謀而同者 盖同此形同此心而同此理也 夫中國開闢最先神聖首出 禮樂文物尙矣無論 其他海外諸國 次第開荒 未嘗聞堯舜之敎 周孔之道 而禮樂文物 亦能爲國 盖有人則必有神聖者首出而敎之也 今觀荷蘭之 居於海中 無異鱗介 而知覺運用 齒於人類者 亦以其具是形而受是理也 然則物之具是形者 豈不貴哉" 이에 대해서는 조성산, 「18세기 후반- 19세기 전반 對淸認識의 변화와 새로운 中華 관념의 형성」, 88-89쪽 참조.

저들과 우리는 동류이니 감통(感通)하는 것이 있을 것이라고 하였다.[20] 18세기 후반에서 19세기 들어 많은 조선의 지식인들 사이에서 일본에 대한 인식 또한 점차 호의적인 방향으로 변화해 가고 있었다.[21] 일본에 대한 인식변화는 이후 전개되는 일본과의 연대의식과 관련해서도 주목해야 한다.

개항 이후 새로운 지식체계가 많은 부분 수용되면서 중국은 문명의 중심인 중화에서 특정 지역을 가리키는 지나(支那)로 변해갔다. 지나는 청나라의 이적(夷狄) 이미지와 겹쳐지면서 후진(後進)의 모습으로 형상화되었다. 청나라에 대한 반감은 조선 지식인의 내면에 깊이 자리잡고 있었던 터라 이러한 이미지는 빠르게 퍼져나갈 수 있었던 것으로 보인다. 흥미롭게도 청나라에 대한 반감은 개화파와 반개화파 모두를 만족시킬 수 있는 주제이기도 하였다. 개화파의 입장에서는 조선 독립의 의미였고, 위정척사파의 입장에서는 병자호란 당시 청나라로부터 당한 굴욕을 만회할 수 있는 것이었다. 황현(黃玹, 1855-1910)의 다음과 같은 말은 이를 이해하는 데 도움이 된다.

이에 이르러 청나라와의 관계가 단절됨이 이미 결판이 났다. 이에 사대의 의절도 모두 없애 버렸다. 그러므로 아울러 이에 이르렀던 것이다. 金嘉鎭은 김상용의 후손으로 팔을 걷어붙이며, "지금 이후에야 여러 왕대에 걸쳐 당한 굴욕을 씻고 臣子의 사사로운 원수도 갚게 되었으니 開化의 이익이 어떠한가?" 하였다.[22]

---

20) 姜瑋, 『古歡堂集』「復長崎縣令內海忠勝君」, "彼與我同類者 倘亦有感通之機"[노대환, 『동도서기론 형성과정 연구』(일지사, 2005), 269쪽 각주 178)에서 재인용].
21) 이에 대해서는 하우봉, 『朝鮮後期 實學者의 日本觀 研究』(일지사, 1989) 참조.
22) 黃玹, 『梅泉野錄』(아세아문화사, 1978) 卷2 高宗 三十二年 乙未.

김가진(金嘉鎭, 1846-1922)은 반청(反淸) 노선을 견지했고 독립협회와 대한자강회에 참석하였으며 이후 대한민국 임시정부 요인으로도 활약한 인물이었다.[23] 그러한 점에서 그의 이러한 언급은 당시 반청적인 태도가 갖는 다양한 의미들을 보여준다. 개화파와 위정척사파 모두 청나라의 복속으로부터 자유로워지고자 하였던 것이다. 다음 『국민소학독본(國民小學讀本)』(1895) 또한 이러한 사실을 확인시켜 준다.

> 大院君陛下계셔 決然히 日本과 修交通商의 條約을 交換ᄒ시기를 始ᄒ後로 各國이 와셔 條約을 求ᄒᄂ자ㅣ 陸續ᄒ야 맛춤ᄂᆡ 八國과 結約ᄒ니라 그 條約國은 東洋에ᄂᆞᆫ 日本이오 歐羅巴洲에ᄂᆞᆫ 英法獨俄墺伊 六國이오 亞米利加洲에ᄂᆞᆫ 合衆國이니 各各 獨立國으로 對等의 條約을 ᄆᆡ졋고 오즉 淸國은 본ᄅᆡ 兄弟의 國으로 일즉이 開國 二百四十五年 丙子에 큰나라 威力으로 凌逼ᄒ야 南漢의 約을 不得已 結ᄒ 後로 幾百年來에 國恥를 雪치못ᄒ얏더니 今에 至ᄒ야 淸國의 옛 約을 업시ᄒ야 世界萬國 ᄉᆞ이에 差等이 업게 되얏스니[24]

위 글은 개화과정에서의 평등조약을 통하여 병자호란에서 당한 모욕을 씻을 수 있게 되었다고 하였다. 이는 당시 사람들이 인지했던 개화기 조약이 가졌던 하나의 의미를 말해준다. 이와 같이 청나라로부터의 독립은 개화파와 위정척사파 모두를 만족시켜 줄 수 있는 것이기도 하였다. 특히 흥미로운 것은 김옥균(金玉均, 1851-1894)이 김상용(金尙容, 1561-1637)의 후손이었다는 점이다. 김상용은 병자호란 당시 분신하였던 까닭에 이 가문에서는 반청의식이 특히 강했다.

이 시기 지식인들에게 청나라로부터의 조선 독립은 곧 여진족 청나

---

[23] 이에 대해서는 오영섭, 「東農 金嘉鎭의 開化思想과 開化活動」, 『韓國思想史學』 20, 2003 참조.

[24] 學部編輯局, 『國民小學讀本』 第十二課 「條約國」.

라로부터의 독립을 강하게 함의하고 있었다. 당시 중국에 대한 인식은
탈중국에 대한 조선의 입장을 이해하는 데 도움을 준다.

> 支那國은 如此흔 大國이오 古國이오 쏘흔 文化의 先進國이로딕 方今
> 에 漸漸衰殘ᄒ야 人을 侮ᄒ고 己를 尊ᄒ야 漫然히 外國과 釁端을 열어
> 鴉片싸홈에 英國의 敗흔바ㅣ 되고 尙且蠢蠢不醒ᄒ더니 쏘 開釁ᄒ야 英法
> 同盟軍과 싸와 一敗塗地ᄒ야 北京城頭에 白旗를 세워 圓明園을 灰燼에
> 委ᄒ고 歷代寶物을 見奪ᄒ며 城下에 盟을 乞ᄒ야 許多흔 償金을 늬이고
> 滿洲一部는 俄國에 割ᄒ야주고 香港은 英國에 占領흔바ㅣ 되고 安南暹
> 羅等 南方藩屛은 洋人의 蹂躪에 一委ᄒ야 國勢는 날노 陵夷호딕 至今도
> 中華라 自大ᄒ고 他國을 外夷라 蔑視ᄒ야 無識無義ᄒ야 世界의 嗤笑와
> 凌辱을 甘受ᄒ니 可憐하고 可笑롭도다.[25]

중국에 대한 이와 같은 비하에는 청나라로부터 당해온 굴욕에 대한
반감도 내재해 있지 않았나 생각된다. 이는 중국의 중세적 성격을 부
각하는 과정에서 더욱 구체화되었다. 중국은 근대 국가의 성격을 결여
하였다는 지적이었다. 하지만 이러한 지적은 청나라를 중화제국의 일
원으로 보던 북학사상의 논지이기도 하였다. 북학사상은 청나라가 천
명을 받았으며 중원에서 중화문명을 계승한 국가임을 인정하는 데에
서부터 시작하였다. 하지만 다음 글은 이를 변용시켜서 그러한 이유
때문에 국가의식이 생겨나지 않는다는 점을 지적하였다. 즉, 청나라가
망해도 또 새롭게 천명을 받은 나라가 나올 것이라는 이유로 중국에서
는 국가의식이 생겨나지 않는다는 것이었다. 북학사상의 굴절을 보여
준다는 점에서 다음 글은 주목된다.

---

25) 學部編輯局, 『國民小學讀本』 第十九課 「支那國 一」.

淸朝는 滿洲싸에 한 蠻族이라 中國의 道를 尊ᄒ고 君德을 施行ᄒᄂ 萬
一 失道缺德의 일을 홀진ᄃᆡ 天命이 스스로 定ᄒ실바ㅣ 잇ᄂ니라 故로 民
은 一心으로 君을 奉戴ᄒ야 租庸을 上納ᄒ고 使役을 服從ᄒ기에 잇고 君
은 民을 報ᄒ기ᄂ 施德布恩ᄒ기에 잇ᄂ니 君이 民을 保護치 못ᄒ면 民이
君을 奉戴아니ᄒ기ᄂ 當然ᄒ 일이라 假令 淸朝ᄂ 滅亡ᄒ야도 하날은 반
ᄃ시 賢明ᄒ 君主를 ᄂᆡ샤 護道布德ᄒ야 此民을 保護케ᄒ리니라 이ᄂ 곳
淸國ᄉ름의 意嚮이라 故로 朝廷의 存廢興亡은 我의 不關이라 ᄒ고 天命
과 道德에 一歸ᄒ니 國家愛護의 情念은 自然히 업기ᄂ 고이치 아닌 일이
라 여러번 外國과 開釁ᄒ야 每戰每敗ᄒ야 싸흘 일코 償金을 갑흐되[26]

이러한 과정을 거쳐서 중국에 대한 부정적인 인식과 서양과 일본에
대한 긍정적인 인식이 강화 발전되어갔다.[27] 다음은 이를 단적으로 보
여주는 윤치호(尹致昊, 1865-1945)의 말이다.

> 淸人은 귀천을 막론하고 공원 밖에서 주저하여 감히 들어오지 못하는
> 것을 보니 호인들이 수모받는 것이 한탄스럽기도 하거니와 그 스스로 큰
> 체하는 것이 더욱 가증스럽기도 하다. 서양 남녀들이 세상을 횡행하나
> 능히 대적하지 못하는 것을 생각하니 문명의 귀중함이 부럽다. 우리가
> 미치지 못하는 것이 가장 원통하고, 우리나라가 떨치지 못하는 것이 매
> 우 근심스럽고, 일본인들이 능히 변화한 것이 참으로 대견스럽다.[28]

청인(淸人)에 대한 경시, 서양에 대한 부러움, 일본에 대한 대견함은
당시 개화파 입장의 핵심을 말해주고 있다. 하지만 이 과정은 18세기
후반부터 진행되어온 점차적인 변화의 결과물이었지 갑작스러운 외부

---

26) 學部編輯局, 『國民小學讀本』 第二十六課 「支那國 二」.

27) 이에 대해서는 김도형, 「大韓帝國 초기 文明開化論의 발전」, 『韓國史研究』 121,
2003 참조.

28) 윤치호 著, 송병기 譯, 『국역 윤치호 일기』 1 (연세대학교 출판부, 2001), 1885년
5월 24일, 255쪽.

로부터의 충격 때문만은 아니었다. 중화는 이미 종족적, 지역적 특성을 넘어 존재하는 것이었고, 유동적인 성질의 것이었다. 실제 당시 활약하였던 경세관료들은 학문연원에서 볼 때 북학파 인물들과 깊은 관계에 있는 이들이 많았다. 특히 박규수(朴珪壽)를 중심으로 긴밀한 관계가 구성되어 있었다.[29]

3. 조선사 서술의 의미

전근대시기 조선의 중화주의는 주체와 타자의 경계가 모호한 구조를 가지고 있었다. 자기 자신만의 언어와 역사가 아닌 종족과 지역을 넘어서 보편 타당하다고 생각되는 언어와 역사를 통하여 자신의 주체성을 주장하는 과정에서 주체와 타자의 관계성은 지금의 시각에서 볼 때, 모호할 수밖에 없었다. 하지만 이것은 엄격한 의미에서 주체성을 몰각하는 행위는 아니었다. 오히려 근대와 자기존중의 방식이 달랐다고 보는 것이 타당하다.

중화주의의 모습으로 표현되었지만, 이는 사실 자기존중의 다른 방식이었다. 그러한 점에서 근대 중화주의의 해체는 중세시대 자기존중 방식에서 벗어나 새롭게 자신을 존중하는 방식을 모색하는 과정이었다. 근대 새롭게 국가공동체를 만드는 과정에서 전근대와는 다른 정체성과 자기존중의 방식이 필요하였다. 이와 함께 중세와는 다른 새로운 자기존중의 단위와 경계도 필요하였다. 그러할 때 근대전환기 자국사 서술은 이러한 자기존중의 단위와 경계가 어떻게 설정되었는가를 판

---

29) 이에 대해서는 김명호, 「실학과 개화사상」, 『한국사시민강좌』 48 (일조각, 2011), 149-150쪽 참조.

단하는 중요한 기준이 될 수 있었다.

중화주의의 해체는 주체와 타자를 새롭게 설정하고 경계를 분명하게 함으로써 주체의식을 새롭게 고양시켰다. 과거 중화와 이적으로 대변되는 주체와 타자의 설정에서 조선과 그 이외의 나라들로 주체와 타자의 의미는 변해갔다. 이는 만국평등의 관점에서 이루어졌고 현실적으로는 청나라 질서로부터의 벗어남을 의미했다. 중국은 이제 명확히 지나(支那)라고 하는 타자로서 설정되면서 조선의 자기인식에도 변화가 불가피하였다. 이 시기 지식인들 사이에서 '아(我)'에 대한 인식이 새롭게 등장하는 것은 이러한 자기인식의 형성과 관련하여 중요하다. 현채(玄采, 1886-1925)는 다음과 같이 말했다.

> 我의 自由ᄒ는 權은 사름마다 上天이 쥬신바라, 他人이 敢히 쎅앗지 못홀 비오, 我國도 쏘흔 그러흔지라 他國의 간섭을 물니쳐 自主權을 일치아니 ᄒ고 獨立ᄒᄂ 실상 힘을 직흰 後에야 我國이라 ᄒᄂ이다. 그러치 아니ᄒ면 我國을 保全치 못ᄒ고, 我國을 保全치 못ᄒ면 我身을 保全치 못ᄒᄂ이다.[30]

이와 같은 아(我)에 대한 논의는 근대의 새로운 주체의식과 관련하여 이 시기 널리 퍼져나갔다. 특히 양명학(陽明學)과 관련하여 이후 정인보(鄭寅普, 1893-1950)에게서 보이듯이 아(我) 의식은 역사학 연구에 중요한 이론적 바탕이 되었다. 사실 아(我)에 대한 논의는 양명학의 문제의식과도 밀접한 관련성을 가졌다.[31] 비록 일제강점기이기는 하지만 양명학은 근대의 주체형성과 긴밀한 관련성을 가졌다. 일본에서의

---

30) 『韓國開化期敎科書叢書』 2 (아세아문화사, 1977), 『유년필독』, 140-141쪽.

31) 이에 대해서는 조성산, 「鄭寅普가 구성한 조선후기 문화사」, 『역사와 담론』 56, 2010, 495-504쪽 참조.

양명학이 일본의 근대성과 결합하는 것도 양명학의 이러한 고유한 논리 때문이었다. 양명학은 개인의 주관성을 강조하였고, 그것이 세계인식의 궁극적인 주체임을 내세웠다. 그러할 때 기준점은 자기 자신으로 수렴되었다. 신채호(申采浩, 1880-1936)가 역사를 아(我)와 비아(非我)의 투쟁의 기록이라고 정의한 것도[32] 이 시기 등장한 아(我) 의식의 연장선상에서 파악할 수 있다. 이렇게 성장한 아(我)라는 주체의식을 확립하기 위하여 자국의 역사와 언어는 강조되었다.[33] 이를 통하여 조선의 민인(民人)들을 근대의 국민으로 만들고자 하였다.

근대전환기 중국질서로부터의 벗어남은 조선을 혼란스럽게 할 수 있었다. 조선의 경우, 철저하게 중국질서와 연계하여 성립된 국가였기 때문이다. 설사 형식적이었다고 할지라도 명나라로부터 조선(朝鮮)이라는 국호(國號)를 하사 받았고, 수백 년 동안 중국의 내복(內服) 국가로서 자임하였으며 정신적으로 중국의 일부임을 조선 정부와 지식인 모두 인정하였다.[34] 심지어 명청교체 이후에도 대명의리론이 강하게 일어나고 반청의식도 조야에 팽배했지만, 결국 새롭게 재편된 청 제국질서에 순응하는 모습을 보였다.

따라서 조선시대의 역사교육 또한 중국사 중심의 역사교육이었으며, 그 과정에서 동국(東國)의 역사는 부차적인 것으로 인식되는 경향이 강했다. 『사기(史記)』, 『자치통감(資治通鑑)』, 『자치통감강목(資治通鑑綱目)』, 『대학연의(大學衍義)』, 『통감절요(通鑑節要)』 등 중국의 역사를 학습하였고 『삼국사기(三國史記)』, 『고려사(高麗史)』와 같은 것은

---

[32] 신채호, 『朝鮮上古史』 上, 삼성미술문화재단, 1980, 「總論」, 14쪽.

[33] 『高宗實錄』 卷33 高宗 32年 3月 10日(辛巳).

[34] 조성산, 「18세기 후반-19세기 전반 朝鮮學 형성의 전제와 가능성」, 『東方學志』 148, 2009c, 210-217쪽.

부차적으로 학습되었다. 하지만, 조선후기 들어서 중화의식이 변모하면서 자국사에 대한 관심이 높아져갔다. 조선후기 지식인들은 동국의 역사에 중화성을 부여하기 위하여 기자(箕子) 마한(馬韓) 정통론(正統論)을 전개하였고, 이러한 목적 속에서 이종휘(李種徽, 1731-1797)의 『동사(東史)』에서 보이듯이 고구려사(高句麗史)에 주목하기도 하였다.

그들은 고대사 연구를 통하여 기자(箕子) 이후 조선이 얼마나 강한 중화적 전통을 가지고 있었는가를 증명하고자 하였다. 조선후기 고대사 연구의 상당 부분은 조선이 얼마나 중화적인 국가인가를 증명하는데 그 목적이 있었다.35) 조선후기의 자국사에 대한 관심은 이처럼 근대적 주체 의식과는 일정하게 거리가 있었다. 신채호는 유득공(柳得恭)과 이종휘의 업적을 높이 평가하였지만, 사실 그들 사이에 적지 않은 오해가 존재하고 있었다. 유득공과 이종휘의 작업은 기자(箕子)로부터 유래한 중화주의(中華主義)를 선양한다는 측면에서 신채호의 입장과는 일정하게 차이가 있었던 것이다.36)

조선후기 역사학은 중화주의를 강조하기 위하여 고대사 연구에 집중했던 터라, 조선사 연구는 찾아보기 힘들다. 여기에 더하여 당대사 서술이 갖는 어려움도 있었다. 당대사에 대한 서술은 어느 시대에나 많은 제약과 한계가 있는 것이 사실이다. 자신 또한 그 안에 있었으므로 그것에서 벗어나 객관적인 역사서술이 쉽지 않은 것이다. 따라서 조선시대에 당대사를 서술한 역사책이 수적으로 많지 않았다. 조선사

---

35) 조성산, 「조선후기 소론계 古代史 연구와 中華主義의 변용」, 66-80쪽 참조.

36) 이 부분에서 빠뜨리지 말아야 할 것은 조선후기 지식인들은 자신의 역사를 正統論의 틀 속에서 이해함으로써 중세적 의미에서의 독립성을 인지하고 있었다는 사실이다. 그러한 점에서 조선후기 역사인식과 근대적 역사인식 사이에는 일정한 공유점도 존재하고 있었다. 이에 대해서는 조성산, 「조선후기 소론계 古代史 연구와 中華主義의 변용」, 80-84쪽 참조.

를 서술한 대표적인 문헌으로는 『국조보감(國朝寶鑑)』, 『연려실기술 (練藜室記述)』, 『열조통기(列朝通紀)』를 들 수 있다.

『국조보감』의 경우 왕조의 치적을 중심으로 기술되었다.37) 이때 주체는 조선왕조였으며 주로 선대왕의 공적을 기술하여 후대에 알리는 것을 목적으로 했다. 그 밖의 조선에 대한 역사기록은 사림층에 의해서 기술되었고, 자신의 당파를 옹호하고자 하는 당론서로서의 성격을 띠었다. 이긍익(李肯翊, 1736-1806)의 『연려실기술』과 안정복(安鼎福, 1712-1791)의 『열조통기』 또한 당론서의 범주에서 이해할 수 있다.38) 하지만 이들 저작들은 본격적인 논평을 갖춘 저작이라기보다는 자료집의 성격이 강했다.

그러한 점에서 근대전환기 조선사 서술은 중요한 의미를 지녔다. 여전히 왕조시대였으므로 자신의 역사를 정리한다는 것은 사실 쉽지 않은 것이었다. 따라서 그 역사서술 행위 자체가 중요한 의미를 가졌다. 국조사(國朝史), 본조사(本朝史)라는 항목으로 조선사를 통사(通史)의 일부로서 정리하는 행위는 기존에는 찾아보기 힘든 것이었으며, 그 내용과 형식의 여하를 떠나 중요한 변화였다. 바로 직전 시대인 1868년 박주종(朴周鍾, 1813-1887)은 『동국통지(東國通志)』를 지으면서 당론 때문에 사(史)를 짓지 못하고 지(志)를 지을 수밖에 없는 어려움을 토로하기도 하였다.39) 이러한 사실을 통해 보면, 근대전환기 조선사 서술

---

37) 『국조보감』의 편찬과 성격에 대해서는 정형우, 「國朝寶鑑의 編撰經緯」, 『동방학지』 33, 1982 참조.

38) 『열조통기』에 대해서는 김세윤, 「安鼎福의 列朝通紀에 대한 一考察」, 『부산여대 사학』 3, 1985 참조.

39) 朴周鍾, 『東國通志』 上 (태학사, 1986) 「東國通志凡例總叙」, "國家史乘甚秘 金匱石室之藏 非史宦莫窺 豈愚之所能及乎 且當遷固之時 天下之黨議 猶未作也 因當代之公論 可以爲當代之史也 至唐韓子之世 已不如古矣 故以爲可畏 而莫之擧也 況今在於黨目分門之後 不待百世之論定而徑欲入藏否林中惡乎可哉 故不敢爲也

이 갖는 이전 시대와의 차별성을 이해할 수 있다. 이제 조선을 역사화할 수 있는 시대가 된 것이다.

근대전환기 조선이 과거의 조선으로부터 얼마나 벗어나 있었는가를 파악하는 데 당시 조선사 서술은 중요한 기준점이 될 수 있다. 조선을 역사화하고 객관화하기 위해서는 새로운 사유와 이념이 필요하였다. 그것은 개화사상으로 요약할 수 있다. 개화사상은 중화주의의 극복을 내세우면서 자국사와 자국언어를 강조하였으며, 이를 통해서 근대 국민국가를 이루고자 하였다. 그러하기에 역사학의 목적도 과거와는 다를 수밖에 없었다.

전근대 왕조 중심의 역사학은 이전 왕조가 망한 이후에 역사를 기록하였으며, 정통론(正統論)에 입각하여 정치권력이 어디로 옮겨갔는가를 가장 중요한 목적으로 하였다. 현채가 역사 서술을 할 때 부딪힌 문제도 이러했다. 현채를 통하여 당시 역사서술, 특히 조선사 서술의 의미를 짐작해 볼 수 있다. 현채의『중등교과 동국사략』의 서문은 역사학이 해야 할 사회적 책무에 대한 고민이 담겨있었다. 현채는 역사가 나라의 정보를 제공하는 것이라는 정보로서의 역사학을 강조하였다.[40] 그는, 우리의 역사와 만국사를 읽어 견문을 넓히고 병형농공(兵刑農工) 등에 힘을 다하여 나라의 독립을 견지하라고 하였다.[41]

惟於佔畢之暇 取東方古今之書籍 與夫諸家之論述 謹采其制作典章之故實 而彙分
類列積成編秩 以爲此志 盖將以備家塾之私考也"

[40] 『韓國開化期教科書叢書』16 (아세아문화사, 1977),『中等教科東國史略』自序, "輒
日 史者國亡然後 方可下筆 有非其國人所敢言者 嗚呼 若果然則日本二千五百年來
一姓傳至神器不移 如以我規之 其國史竟無出世之日 非秖此已也 近年各國未來史
迭出並擧 莫不以聘其智洩其秘爲能事 照人肺腑 傾人陰邪 懲前毖後 以保其國家
至於我韓國事蹟 無論東洋之人 知其梗槪 乃歐巴各史家莫不載諸藍本 以示國人 雖
我極諱極微之事 莫不指的宣露小大藏匿 皆以捨短取長爲事 乃我則自蔽其目 自錮
其心 幷其自國史 而亦不知 乃向他人 而徵我譜系 恥孰甚焉 辱亦何如"

현채의 문제의식은 자국사를 객관적으로 보고 자국의 정보를 스스로 인지하고 살펴보려는 것에 있었다. 이는 당시 국사교과서의 주요한 문제의식이었다고 생각된다. 근대전환기 국사교과서의 저자들 또한 근대 국민의 양성이라는 시각에서 국사교과서를 짓고자 하였다. 따라서 그 역사서는 국민으로서의 소양을 갖추기 위해서 필요한 국가에 대한 지적 정보를 제공해주는 교양서로서의 의미가 강했다. 근대전환기 조선시대에 대한 국사교과서는 그러한 과정에서 저술되었다.

1895년부터 1910년까지 편찬된 국사교과서는 모두 24종이었다.[42] 그 가운데 조선시대가 포함된 역사교과서는 14종이었다. 이를 시기별로 서술하면 『조신역사(朝鮮歷史)』(1895), 『조선여대사략(朝鮮歷代史略)』(1895), 『조선약사(朝鮮略史)』(1895), 『대한역대사략(大韓歷代史略)』(1899), 『중등교과 동국사략(中等教科東國史略)』(1906), 『초등대한역사(初等大韓歷史)』(1908), 『초등본국역사(初等本國歷史)』(1908), 『초등대한력ᄉ』(1908), 『초등본국역사(初等本國歷史)』(1909), 『초등본국약사(初等本國略史)』(1909), 『초등대동역사(初等大東歷史)』(1909), 『대동청사(大東靑史)』(1909), 『신찬초등역사(新撰初等歷史)』(1910), 『국조사(國朝史)』(1910)이다. 이들 교과서들을 중심으로 조선사 인식의 문제를 살펴보고자 한다.

이들의 대략적인 관계를 살펴보면, 다음과 같다.[43] 『조선역사』(1895),

---

41) 『韓國開化期教科書叢書』16 (아세아문화사, 1977), 『中等教科東國史略』自序, "玆告我國內諸公之爲人父兄者日 自今請將通鑑史略等古書東之高閣 使挾冊童子一讀我韓史然後 又讀萬國史 以廣見聞 而認情形 尤致力於兵刑農工等實踐事業 無怠無荒 儘心做去 則安知不幾年 而我又不能復我舊日文化 儼然作獨立面目耶"

42) 김여칠, 「개화기 교과서를 통해 본 역사의식―『역사집략』을 중심으로」, 109-110쪽.

43) 이에 대해서는 강영심, 「근대 역사교과서 해제」, 『근대역사교과서』 1(보통교과동국사략) (소명출판, 2011) 참조.

『조선역대사략』(1895), 『조선약사』(1895), 『대한역대사략』(1899)은 학부
편찬의 사서이며 『조선역사』(1895)를 제외하고 순한문의 국사교과서였
다. 이후 『중등교과 동국사략』(1906)이 나오는데 이는 일본인 하야시
다이스케(林泰輔, 1854-1922)의 『조선사』(1892)를 편역한 것이었으며 편
년체가 아닌 이른바 '신사체(新史體)'의 형식을 취하였다. 『초등대한역
사』(1908)는 가장 민족주의적 색채가 강한 것으로 평가받으며44), 서술방
식과 체재내용에 있어서 이 시기 국사교과서의 표본적인 역할을 했던 것
으로 보인다.45) 이어 나온 『초등본국역사』(1909), 『신찬초등역사』(1910)
등은 한일합방 직전의 엄격한 검인정으로 인해서 친일본적인 언급들
이 상당 부분 들어갔으며, 타협적인 시국관을 가지고 있었다.46) 그러한
점에서 『국조사』(1910)와 『대동청사』(1909)는 주목된다. 이 교과서는
검열을 받지 않고, 민족교육의 교재로 사용되어 당시 민족의식의 일면
을 살펴보는 데 좋은 자료를 제공한다.47)

근대전환기 국사교과서에서 조선시대 서술을 놓고 볼 때, 초기에는
편년체 중심으로 서술되었으며 그 분량에 있어서는 상세하였다. 하지
만 평론이 적고 편년체 방식이어서 분석적인 측면에서는 결함이 있었
다. 1904년 한일의정서 이후의 역사서 가운데 1905년 발간된 『대동역
사』, 『대한역사』, 『역사집략(歷史輯略)』의 국사교과서에는 조선시대가
다루어지지 않았다. 당시로서는 근현대사였던 조선시대에 대해서 서
술이 없는 것은 당시 현실의식의 한계를 잘 보여주는 것이라고 할 수

---

44) 이 교과서는 반일적인 입장을 가졌던 것으로 보인다. 이에 대해서는 김여칠,
「1906년 이후의 국사교과서에 대하여」, 62쪽 참조.

45) 위의 논문, 61쪽 참조.

46) 김도형, 「정교·장지연·유근」, 『한국의 역사가와 역사학』 하 (창작과비평사,
1994), 63-64쪽.

47) 조동걸, 「근대초기의 역사인식」, 위의 책, 19쪽.

있다.[48] 후기의 조선사 서술은 초등용 교과서가 대부분이어서 전반적
으로 조선사 서술이 소략하였다. 더욱이 일제의 침략이 노골화되면서
친일본적인 내용이 다수를 차지하였다. 이러한 것을 전제로 조선사 서
술에 나타난 특징들을 다음에서 살펴보고자 한다.

4. 조선사 인식에 나타난 특징들

1) 서술방식과 시기구분의 문제

이 시기 국사교과서들은 과거 조선왕조실록(朝鮮王朝實錄),『국조보
감』과 같은 편년체 중심의 역사서술에서 점차 사건이나 사안별로 역사
를 정리하는 방식으로 변화되어 갔다. 우선 초기에 나온 역사서들은
대부분 편년체의 방식을 따르고 있었으며, 그러한 점에서 과거 당대사
서술과 크게 다르지 않았다. 예컨대,『조선역사』(1895),『조선역대사략』
(1895),『대한역대사략』(1899)은 편년체의 방식을 따랐다.

이러한 형식이 변화하는 것은 현채가 하야시 다이스케의 역사책을
편역하면서 1906년에 내놓은『중등교과 동국사략』에서부터였다. 편년
체 서술에서 벗어나 이른바 신사체를 채용하였고, 각 사건과 사안별로
조선시대사를 정리하였다. 이후 이러한 서술방식은 조선사 서술에 많
은 영향을 주었다. 이후 나오는『초등본국역사』(1908),『초등대한력ㅅ』
(1908),『초등본국역사』(1909),『초등본국약사』(1909) 등은 신사체의 형
식을 따랐다.

---

48) 조동걸,「한국 근대사학의 대두와 초기의 역사학」, 141쪽.

편년체 서술은 역사서술의 중심이 왕에 있으며, 왕의 시간을 따라서 역사를 서술하는 방식이었다. 이럴 경우 왕대별로 시간을 나누어 역사를 인식할 수밖에 없으며, 독자들에게도 왕대별의 역사인식을 심어주었다. 하지만 신사체는 사건별로 역사를 정리하였다. 이는 전근대적인 역사서술에서 벗어나 다양한 목적 속에서 역사를 서술하는 것이 가능함을 보여주었다.

다음, 역사교과서들이 어떻게 시기를 구분했는지를 구체적으로 살펴보면 다음과 같다. 『조선역사』(1895)는 '檀君紀－箕子紀－三韓紀－衛滿四郡二府－三國紀－高麗紀－本朝紀'로 나누었고 조선시대를 본조기(本朝紀)로 서술하였다. 『조선역대사략』(1895)은 『조선역사』(1895)와 흡사한 구성인 '檀君紀－箕子紀－三韓紀－衛滿朝鮮紀－四郡二府－三韓紀－高麗紀－本朝紀'로 한국사를 나누었다. 『조선약사』(1895)는 '檀君朝鮮－箕子朝鮮－三韓－衛滿朝鮮－四郡二府－新羅－高句麗－百濟－高麗－李朝朝鮮'로 시기구분하였고, 『대한역대사략』(1899) 또한 본조기로 조선시대사를 다루었다. 이러한 방식의 시기구분에 변화를 가져온 것은 『중등교과 동국사략』(1906)이었다.

『중등교과 동국사략』(1906)은 '太古史－上古史－中古史－近世史'로 구성되었고, 조선시대를 근세사로 나누어 서술하였다. 이어 『초등대한역사』(1908)는 '上古－中古－近古－現世'로 나누고 조선시대를 현세(現世)편에서 다루었고, 『초등본국역사』(1908)는 '上古－中古－近古－國朝'로 분류하였다. 『초등대한력수』(1908)는 '상고－듕고－근고－국조'로 나누었고, 『초등본국역사』(1909)는 '상고－중고－근고－국조'로 구분하였다. 『초등본국약사』(1909)는 권1은 단군(檀君)에서 고려(高麗)를 다루고 권2에서는 본조(本朝)를 기술하였다. 『초등대동역사』(1909)는 총 41항목 가운데, 조선을 다음 8항목 '太祖高皇帝, 漢城, 世宗大王, 壬辰亂, 丙子亂,

梁憲洙의 戰勝, 魚在淵防戰, 今上陛下卽位'에서 서술하였다. 『신찬초등역사』(1910)는 '檀君朝鮮紀-箕子朝鮮紀-三韓紀-三國紀-統一新羅紀-高麗紀-本朝紀(太祖-端宗)-本朝紀(世祖-高宗)'로 나누어 앞서 학부 편찬 국사교과서의 방식을 따랐고, 원영의의『국조사』(1910)는 조선시대사만을 다루었다.

또한 조선시대를 시기구분하는 방식에 대해서는 『대한역대사략』(1899)은 권7에서 태조에서부터 선조까지를 기재하였고, 권8에서 광해군에서 고종까지를 다루었다. 대략 임진왜란을 기점으로 조선시대가 구분되고 있는 듯한 모습을 보여주었다.『중등교과 동국사략』(1906)은 조선시내를 근세로 명칭하고 조선을 임진왜란을 기전으로 전기와 후기로 나누었다. 이 저작은 임진왜란의 사회경제적 의미를 강조하였다. "大抵 朝鮮이 開國以來로 成宗時勺지 百年間은 漸漸進步ᄒ더니 其後 百年間은 紀綱과 風俗이 次第로 敗壞ᄒ고 ᄯ 此大亂을 當ᄒᄆ 饑饉과 癘疫이 行ᄒ야 餓莩가 滿路ᄒ니 實로 無前ᄒ 大慘禍오"49)라고 하여 임진왜란이 조선에 끼친 영향을 강조하였고 이를 통해 조선전기와 후기 즉 조선기(朝鮮記) 상하(上下)로 구분하였다. 『초등대한역사』(1908)는 조선시대를 다룬 현세(現世) 편 총 128절 가운데 45절까지를 조선전기로, 46절에서 58절까지 임진왜란을, 68-69절은 병자호란을 다루었다. 107절 프랑스함대의 침략에서부터 128절까지는 당대를 다루었다. 이를 통하여 보면, 임진왜란을 기점으로 조선전기와 후기가 나뉘고 있으며, 이러한 방식은『대한역대사략』(1899)에서 시초를 이루고 있음을 알 수 있다.

---

49) 『韓國開化期敎科書叢書』 16 (아세아문화사, 1977), 『중등교과동국사략』, 294쪽.

2) 왕과 인물에 대한 평가

조선시대사 인식에서 왕과 주요 인물들에 대한 평가를 살펴보면 다음과 같다. 우선, 대부분의 국사교과서는 왕실의 업적과 선정을 중심으로 기록하였고 불미스러운 사건들에 대해서는 기술하지 않는 경향이 있었다. 이것은『국조보감』의 영향이 아닌가 생각된다.『국조보감』은 주로 선대의 가언(嘉言), 선정(善政)만을 전하였고, 후대에 전하기 합당하지 못한 것은 삭제하였다.[50] 실제 근대전환기 조선사를 기술한 역사서의 경우 대부분『국조보감』과 같은 서적들을 참고도서로서 활용하였다.[51] 이러한 영향 때문인지 태조대 왕자의 난, 인조대 소현세자의 죽음, 영조대 임오화변 등에 대한 상세한 서술은 찾아보기 어렵다.[52] 이점은 당시 국사교과서의 전반적인 한계인 동시에 특징이라고 할 수 있다.

반면에 임금의 덕에 대해서 칭송하는 일화들은 이 시기 국사교과서의 중요한 특징이었다. 몇 가지 예들을 들면, 태종의 덕을 칭송한 태종우(太宗雨)에 대한 기록은 많은 국사교과서, 특히 후기 국사교과서에서

---

[50] 정형우, 「國朝寶鑑의 編撰經緯」, 162-163쪽.

[51] 『朝鮮歷代史略』과 『大韓歷代史略』은 『國朝寶鑑』 등의 책을 저본으로 삼았다. 『韓國開化期教科書叢書』 11 (아세아문화사, 1977),『조선역대사략』,「朝鮮歷代史略總目法例」, 273쪽, "雖嘉言美事 若非關係於國家者則皆闕之 國朝事實之表著者 則略採國朝寶鑑攷事撮要等書以錄之 一遵朱子綱目凡例 後之君子 其詳察釐下哉";『韓國開化期教科書叢書』 13 (아세아문화사, 1977),『대한역대사략』 跋, 417-418쪽, "今此史略一書 自麗以上 前史具在 苟吾善裁之則得矣 若本朝則不然 自國初至景廟可據者 惟有寶鑑及野史數種 而金櫃石室之藏 莫得以考焉 英廟至純廟 惟據寶鑑而已 憲廟至哲廟則並寶鑑而無之 夫以景廟以前言之 其紀載之備義例之詳 已不能佯前史 況愈下而愈闕者乎 又況乎取舍予奪之較異於前史者乎 故金君之爲此也 每執筆向余咄咄者屢 而余所以攄發潤澤之者 無幾焉 噫玆非難哉 世之君子 其或有以諒吾人今日之苦心 而不深罪焉則幸矣."

[52] 玄采의『중등교과동국사략』은 정도전의 난 [『韓國開化期教科書叢書』16 (아세아문화사, 1977), 233쪽]을 다루었다.

집중적으로 보였다.53) 하지만 초기『조선역사』(1895),『조선역대사략』
(1895),『대한역대사략』(1899)과 같은 국사교과서에서는 발견되지 않았
다. 태종우는『연려실기술』54),『임하필기(林下筆記)』55),『열양세시기
(洌陽歲時記)』56),『동국세시기(東國歲時記)』57) 등에서도 그 내용이 보
인다.

세종에 대해서도『초등대한역사』(1908)58),『초등딕한력ᄉᆞ』(1908)59),
『초등본국역사』(1909)60),『신찬초등역사』(1910)61)는 동방의 성인(聖人)
이라고 칭하였다. 이는 1895년에 편찬된『국민소학독본』에서도 찾아볼
수 있으며62), 이후 김택영(金澤榮, 1850-1927)의『한사경(韓史綮)』에서
도 보였다. 긴택영은 세종을 동방(東方)의 요슌(堯舜)이라고 하였다.63)
하지만『조선역사』(1895),『조선역대사략』(1895),『대한역대사략』(1899)
과 같은 초기 국사교과서에서는 그러한 칭송내용이 보이지 않았다.

이 시기 국사교과서의 중요한 특징은 초기 국사교과서가 편년체로
서 왕실의 행적을 그대로 적어나가는 방식을 사용했다면 후기로 갈수

---

53) 『韓國開化期敎科書叢書』 14 (아세아문화사, 1977),『초등대한역사』, 452쪽.

54) 李肯翊,『練藜室記述』卷15 宣祖朝故事本末「壬辰倭亂 大駕西狩」.

55) 李裕元,『林下筆記』卷16 文獻指掌編「太宗雨」.

56) 金邁淳,『洌陽歲時記』五月 十日.

57) 洪錫謨,『東國歲時記』五月 月內, "初十日 太宗忌辰 每年必雨 謂之太宗雨 太宗臨
薨 敎世宗曰 旱災方甚 死若有知 必使是日得雨 後果然."

58) 『韓國開化期敎科書叢書』 14 (아세아문화사, 1977),『초등대한역사』, 452쪽.

59) 『韓國開化期敎科書叢書』 20 (아세아문화사, 1977),『초등딕한력ᄉᆞ』, 115-16쪽.

60) 『韓國開化期敎科書叢書』 20 (아세아문화사, 1977),『초등본국역사』, 32쪽.

61) 『韓國開化期敎科書叢書』 20 (아세아문화사, 1977),『신찬초등역사』, 282쪽.

62) 學部編輯局,『國民小學讀本』第五課, "우리나라 世宗大王게셔 萬古의 大聖人이
시라."

63) 김택영 著, 조남권·안외순·강소영 譯,『김택영의 조선시대사 韓史綮』(태학사,
2001), 82쪽.

록 왕실의 일화들이나 인간적인 면모들을 중심으로 기록하고자 했다는 사실이다. 그 가운데 왕실에 대한 칭송 또한 첨가되었다. 후기의 국사교과서들은 서술에 있어서 좀더 자유로워졌고 대중들에게 쉽게 다가갈 수 있었으며, 일화나 야사의 내용들을 첨가함으로써 정사의 형식에서도 벗어나 있었다. 왕실의 검소한 모습, 덕치(德治)와 선정(善政), 고문의 금지, 신분제의 완화 등과 같은 모습을 직접적으로 부각하고자 한 것은 후기 국사교과서의 특징이라고 할 수 있다.

물론 초기 국사교과서에도 이러한 부분은 적혀있었지만, 편년체 사서인 만큼 직접 부각하기에는 어려움이 있었다. 아마도 후기 국사교과서가 초등용이라는 특징을 우선적으로 고려해야 하지만, 그럼에도 초기 국사교과서에 보이지 않았던 사례들을 특별히 제시했다는 점은 주목해야 한다. 또한 이와 함께 초등용이 오히려 근대 국민의 양성에 더욱 적합한 것이라는 점도 고려해 보아야 할 것이다.

하지만 여기에는 물론 긍정적인 측면만 있는 것은 아니었다. 후기 국사교과서는 초기에 비해서 현격하게 내용과 분량의 면에서 짧아졌고 가벼운 주제들을 다루었다. 또한 평이한 내용을 전달하는 것으로 볼 수도 있지만, 역사사실의 인과성을 제시하지 않은 채 왕실의 일화들을 소개함으로써 역사인식을 유기적으로 구성하지 못했다. 이는 한편으로 볼 때, 국사교육의 후퇴라고 할 수 있을 것이다. 관련한 몇 가지 사례들을 예시하면 다음과 같다.

문종(文宗)이 술을 내려 집현전 학사들에게 단종을 부탁하는 일화는 초기 『조선역사』(1895), 『조선역대사략』(1895), 『대한역대사략』(1899)에서는 보이지 않았다. 이 기록이 처음 보이는 것은 『중등교과 동국사략』(1906)이었다.[64] 이후 『초등본국역사』(1908)[65], 『초등딕한력ᄉ』(1908)[66], 『초등본국역사』(1909)[67], 『국조사』(1910)[68], 『신찬초등역사』(1910)[69]는 문종이 단종을 부탁하는 부분을 비교적 상세히 기록하였다.

또한 문종이 종이를 천금(千金)처럼 아꼈다는 기록 역시 초기 교과서인『조선역사』(1895),『조선역대사략』(1895),『대한역대사략』(1899)에서는 보이지 않았다. 이 내용은『초등대한역사』(1908)[70],『초등본국역사』(1908)[71],『초등딕한력ᄉ』(1908)[72]에서 처음 기술되었고 그 문구도 거의 같았다. 하지만 이후『신찬초등역사』(1910)에서는 이 부분이 없으며[73],『국조사』(1910)도 이 부분을 따로 기술하지 않았다.

성종에 대해서도 초기 역사교과서와 후기 역사교과서는 서술의 내용상 다른 모습을 보였다.『초등대한역사』(1908)[74],『초등딕한력ᄉ』(1908)[75],『초등본국역사』(1909)[76],『신찬초등역사』(1910)[77],『국조사』(1910)[78]와 같은 후기 역사교과서에는 흥미롭게도 성종이 예종의 능을 조성하는 과정에서 민가에 폐를 주지 말라는 교서를 내렸다는 기록이

---

64)『韓國開化期敎科書叢書』16 (아세아문화사, 1977),『중등교과동국사략』卷3 近世史 朝鮮記上「世祖靖難」, 242-243쪽.

65)『韓國開化期敎科書叢書』20 (아세아문화사, 1977),『초등본국역사』, 33쪽.

66)『韓國開化期敎科書叢書』20 (아세아문화사, 1977),『초등딕한력ᄉ』, 117쪽.

67)『韓國開化期敎科書叢書』16 (아세아문화사, 1977),『초등본국역사』, 469쪽.

68)『韓國開化期敎科書叢書』19 (아세아문화사, 1977),『국조사』, 346쪽.

69)『韓國開化期敎科書叢書』20 (아세아문화사, 1977),『신찬초등역사』, 286쪽.

70)『韓國開化期敎科書叢書』14 (아세아문화사, 1977),『초등대한역사』, 457쪽.

71)『韓國開化期敎科書叢書』20 (아세아문화사, 1977),『초등본국역사』, 33쪽.

72)『韓國開化期敎科書叢書』20 (아세아문화사, 1977),『초등딕한력ᄉ』, 117쪽.

73)『韓國開化期敎科書叢書』20 (아세아문화사, 1977),『신찬초등역사』, 285쪽.

74)『韓國開化期敎科書叢書』14 (아세아문화사, 1977),『초등대한역사』, 463쪽.

75)『韓國開化期敎科書叢書』20 (아세아문화사, 1977),『초등딕한력ᄉ』, 122-123쪽.

76)『韓國開化期敎科書叢書』20 (아세아문화사, 1977),『초등본국역사』, 37쪽.

77)『韓國開化期敎科書叢書』20 (아세아문화사, 1977),『신찬초등역사』, 298쪽.

78)『韓國開化期敎科書叢書』19 (아세아문화사, 1977),『국조사』, 357쪽.

있었다. 이는 민간에 대한 왕의 선정(善政)을 부각하기 위한 것이라고 보인다. 하지만 이 기록은 『조선역사』(1895), 『조선역대사략』(1895), 『대한역대사략』(1899), 『중등교과 동국사략』(1905)과 같은 초기 교과서에는 없었다.[79]

숙종 대의 종려나무 일화 또한 흥미로운 사례이다. 『조선역사』(1895), 『조선역대사략』(1895), 『대한역대사략』(1899)과 같은 초기 역사교과서에는 보이지 않았지만, 이후 『초등대한역사』(1908)[80], 『초등딕한력亽』(1908)[81], 『초등본국역사』(1909)[82], 『신찬초등역사』(1910)[83]에만 이 내용이 실려있었다. 이 종려나무 일화는 『국조보감』에서 볼 수 있는데, 아마 이를 참조한 듯하다.[84] 이렇듯이 초기 국사교과서와 후기 국사교과서는 서술의 내용상 적지 않은 차이가 있었다.

후기 국사교과서들은 민에 대한 왕의 인자한 모습들을 강조하고자 했다. 이와 관련하여 고문(拷問)의 폐지, 노비(奴婢) 신분제 폐지를 특히 강조하였다. 이는 아마도 갑오경장(甲午更張, 1894) 과정에서 나온 고문 금지, 신분제 폐지와 관련하여 이해할 수 있지 않을까 생각한다. 고문형의 폐지와 관련한 기록은 초기 국사교과서인 『조선역사』(1895), 『조선역대사략』(1895), 『대한역대사략』(1899)에는 없었다. 『중등교과 동국사략』(1906)[85], 『초등본국역사』(1908)[86], 『국조사』(1910)[87], 『초등

---

79) 이 기록은 『韓史綮』에서는 보인다. 김택영 著, 조남권·안외순·강소영 譯, 『김택영의 조선시대사 韓史綮』, 105쪽.

80) 『韓國開化期教科書叢書』 14 (아세아문화사, 1977), 『초등대한역사』, 495쪽.

81) 『韓國開化期教科書叢書』 20 (아세아문화사, 1977), 『초등딕한력亽』, 142쪽.

82) 『韓國開化期教科書叢書』 20 (아세아문화사, 1977), 『초등본국역사』, 52쪽.

83) 『韓國開化期教科書叢書』 20 (아세아문화사, 1977), 『신찬초등역사』, 333쪽.

84) 『國朝寶鑑』 卷49, 肅宗朝 9 18년.

85) 『韓國開化期教科書叢書』 16 (아세아문화사, 1977), 『중등교과동국사략』, 346쪽.

대한역사』(1908)[88], 『초등딕한력亽』(1908)[89], 『신찬초등역사』(1910)[90], 『초등본국약사』(1909)[91]는 영조, 정조의 공로로서 고문형 폐지를 주로 들었다. 영조는 탕평(蕩平), 균역법(均役法), 준천(濬川) 사업 등이 높이 평가받았는데[92], 근대전환기 국사교과서들은 이에 더하여 고문형 폐지를 주요업적으로 다루었던 것이다.

이 밖에 노비제 폐지 문제와 관련하여 『초등본국역사』(1908)[93], 『초등대한역사』(1908)[94], 『초등딕한력亽』(1908)[95]는 순조(純祖)의 공적으로 노비안을 태운 것도 특기하였다.[96] 반면에 조선후기 특히 19세기에 문제가 되었던 서얼문제에 대해서는 언급이 없었다. 노비문제는 신분해방의 측면에서 근대의 중요한 문제였던 반면에 서얼문제는 가문 내의 문제로 한정하여 사유한 것이 아니었나 생각된다. 왕에 대한 황제 추존 상황도 상세히 기록하였다. 『초등대한역사』(1908)는 가장 적극적으로 왕의 황제 추존을 기록하였다. 이는 『초등대한역사』(1908)가 갖는 민족주의적 특성을 잘 보여주는 대목이다.

이 밖에 주요 인물들에 대한 기록들을 살펴보면 다음과 같다. 국사교과서들은 다양한 인물들을 기록하였지만, 그 가운데에서 조선의 주

---

86) 『韓國開化期敎科書叢書』 20 (아세아문화사, 1977), 『초등본국역사』, 55쪽.

87) 『韓國開化期敎科書叢書』 19 (아세아문화사, 1977), 『국조사』, 442쪽.

88) 『韓國開化期敎科書叢書』 14 (아세아문화사, 1977), 『초등대한역사』, 505쪽.

89) 『韓國開化期敎科書叢書』 20 (아세아문화사, 1977), 『초등딕한력亽』, 146-147쪽.

90) 『韓國開化期敎科書叢書』 20 (아세아문화사, 1977), 『신찬초등역사』, 336쪽.

91) 『韓國開化期敎科書叢書』 20 (아세아문화사, 1977), 『초등본국약사』, 473쪽.

92) 『正祖實錄』 卷1, 正祖 卽位年 5月 16日(丙戌).

93) 『韓國開化期敎科書叢書』 20 (아세아문화사, 1977), 『초등본국역사』, 58쪽.

94) 『韓國開化期敎科書叢書』 14 (아세아문화사, 1977), 『초등대한역사』, 508-509쪽.

95) 『韓國開化期敎科書叢書』 20 (아세아문화사, 1977), 『초등딕한력亽』, 150쪽.

96) 『조선역사』(1895), 『신찬초등역사』(1910)에는 이 내용이 없다.

체성 문제와 긴밀한 관련성을 가졌던 인물들과 실학자들을 중심으로 살펴보고자 한다. 이 시기에는 문묘제현들이나 성리학자들이 아닌 국가에 공적을 세운 영웅들이나 실학자와 같은 인물들이 기록되었다.[97] 이는 인물평가의 기준이 달라지는 것으로서 중요한 변화였다고 할 수 있으며, 또한 당시 영웅 중심의 시대인식도 보여주었다.

먼저 이순신(李舜臣, 1545-1598)에 대하여 살펴보면, 『조선역사』(1895)와 『조선역대사략』(1895)은 이순신의 기록을 비교적 소략하게 다루었다.[98] 하지만 이후 『대한역대사략』(1899)은 동방의 명장으로 김유신(金庾信, 595-673)과 이순신을 꼽기도 하는 등 이순신에 대하여 상세히 다루었다.[99] 이후 『초등대한역사』(1908)는 이순신이 세계 철갑선의 시조가 되는 거북선을 만들었다고 하고서 이순신과 거북선의 그림을 싣고 그의 업적을 상세히 기록하였다.[100] 『초등대한역사』(1908)가 만들어진 해에는 신채호가 대한매일신보에 1908년 6월 11일부터 10월 24일까지 「이순신전」을 연재하기도 하였다.[101] 현채의 『유년필독(幼年必讀)』(1908)에서도 이순신의 거북선은 "世界各國鐵甲船의 始祖"[102]로 서술되었다.

『초등본국역사』(1909)는 이순신의 공적을 "閑山島前洋에셔 大戰ᄒ야 日本의 水軍을 陷沒ᄒ니"[103]라고 비교적 소략하게 적었다. 이어 같은

---

97) 이와 관련하여 『조선약사』(1895)의 인물게재는 종래와 같은 성리학의 사림학자가 아니라 국가공신을 중심으로 소개한 점은 역사의식의 변화라고 할 수 있다는 지적이 있었다 이에 대해서는 조동걸, 「근대초기의 역사인식」, 15쪽 참조.

98) 『韓國開化期敎科書叢書』 11 (아세아문화사, 1977), 『조선역사』, 190쪽; 『韓國開化期敎科書叢書』 11 (아세아문화사, 1977), 『조선역대사략』, 514쪽.

99) 『韓國開化期敎科書叢書』 13 (아세아문화사, 1977), 『대한역대사략』, 272쪽.

100) 『韓國開化期敎科書叢書』 14 (아세아문화사, 1977), 『초등대한역사』, 474- 476쪽.

101) 민족문학사연구소 편역, 『근대계몽기의 학술·문예 사상』 (소명출판, 2000), 109쪽.

102) 『韓國開化期敎科書叢書』 2 (아세아문화사, 1977), 『유년필독』, 134쪽.

103) 『韓國開化期敎科書叢書』 20 (아세아문화사, 1977), 『초등본국역사』, 40쪽.

저자인 유근(柳瑾, 1861-1921)이 지은『신찬초등역사』(1910)는 "日軍이 進ᄒ야 明國에 入흠을 得치 못흠은 龜船을 製ᄒ야 日本의 水軍을 南海에셔 防禦ᄒ야 西으로 向치 못ᄒ게 흔 功이 居最ᄒ니라 舜臣은 맛참내 日軍에게 中丸ᄒ야 쭈ᄒ니라"[104]고 하여 이순신의 공적을 높게 평가하였다.[105]『초등대동역사』(1909) 또한 임진왜란 일등공신의 한 사람으로 이순신을 들었다.[106]『국조사』(1910)는 민족주의적 입장이 강했던 만큼, 이순신의 업적을 가장 상세히 묘사하였다. 특히 주목할 것은 이순신의 죽음에 대해서 아군(我軍)과 명병(明兵)이 함께 통곡하였다고 하여 중국과의 유대를 강조하려는 모습을 보였다는 사실이다.[107] 이는 중국과의 연대를 시사하는 것이 아닌가 생각된다.

국사교과서들은 임경업(林慶業, 1594-1646)도 상세히 기록하였고, 특히 그의 반청친명의식을 부각하였다. 초기에는 임경업에 대한 서술 역시 그렇게 강조되지 않았다.[108] 이후『대한역대사략』(1899)은 임경업을 상세하게 다루었고[109], 반청사조의 대표적인 인물로 다루려는 경향을 보였다.『초등대한역사』(1908)에는 임경업과 청제(淸帝)와 관련한 일화를 소개하기도 하였다.[110] 이 일화의 내용은 청제가 임경업의 화살 하

---

104) 『韓國開化期敎科書叢書』20 (아세아문화사, 1977),『신찬초등역사』, 320쪽.

105) 이 평가는『조선역대사략』(1895)의 글과 거의 같다.『韓國開化期敎科書叢書』11 (아세아문화사, 1977),『조선역대사략』, 515쪽, "舜臣率舟師 擊倭 屢大捷 賊船不敢向西 至是遇賊於露梁鏖戰 大破之 爲流丸所中 遂卒"

106) 『韓國開化期敎科書叢書』17 (아세아문화사, 1977),『초등대동역사』, 514쪽.

107) 『韓國開化期敎科書叢書』19 (아세아문화사, 1977),『국조사』, 402쪽.

108) 『조선역사』(1895)는 다음과 같이 서술하였다.『韓國開化期敎科書叢書』11 (아세아문화사, 1977),『조선역사』, 201쪽, "平安兵使 林慶業이 明에 入ᄒ얏다가 尋還ᄒ니 金自點이 委官으로뼈 私憾을 挾ᄒ야 殺ᄒ다 後에 賜謚ᄒ야 忠敏이라ᄒ다"『조선역대사략』(1895)은 이보다 더욱 상세하게 임경업에 대하여 서술하였다 (『韓國開化期敎科書叢書』11 (아세아문화사, 1977),『조선역대사략』, 530쪽).

109) 『韓國開化期敎科書叢書』13 (아세아문화사, 1977),『대한역대사략』, 322- 323쪽.

나를 훔치고 임경업 또한 청제의 홍모자(紅帽子)를 훔쳐서 서로 경계한 내용이다. 이 일화는 이전 국사교과서에는 보이지 않았으며, 1908년에 나온 현채의 『유년필독』에 임경업과 청제의 홍모자와 관련된 일화가 보였다.[111] 하지만 이 일화는 조선시대 자료와 비교해 볼 때 다소 과장된 흔적이 있다.[112] 아마도 임경업의 공적을 높이 평가하고자 한 의도였다고 생각된다.

『초등대한역사』(1908)는 임경업이 "堂堂흔 大義를 未叙ㅎ얏스니 此는 千古의 遺恨이라"고 하여 임경업이 청나라를 정벌하지 못한 것을 천고의 유한이라고 평했다. 이는 『초등본국약사』(1909)에서도 보였다. 『초등본국약사』(1909)는 "至今까지 國人이 말삼ㅎ기를 林將軍이 죽음으로 丙子年의 붓그러옴을 씻지못ㅎ얏다ㅎ야 다 愛惜히 녁이나니라"[113]고 하여 반청의식을 강조하였다. 『초등대동역사』(1909) 또한 임경업의 기개를 높이 평가하였다.[114] 이러한 과정을 통하여 임경업은 병자호란의 대표적인 영웅으로 부각되었다. 이렇게 볼 때 임경업에 대한 비중은 확연히 증가하는 것을 볼 수 있다.

임경업에 대한 관심은 18세기 이후에도 지속적으로 유지되었다. 숙

---

110) 『韓國開化期教科書叢書』 14 (아세아문화사, 1977), 『초등대한역사』, 489쪽.

111) 『韓國開化期教科書叢書』 2 (아세아문화사, 1977), 『유년필독』, 186쪽 참조.

112) 다음은 申靖夏(1681-1716)와 黃景源(1709-1787)이 정리한 관련기록이다. 여기에서 淸帝와의 관련성을 찾기는 다소 무리가 있다. 申靖夏, 『恕菴集』 卷14 「知中樞府事贈諡忠愍林公行狀」, "忽亡所佩一矢 公已料爲虜將偸去 卽募善盜者 厚遺入虜中 竊取虜主所着紅帽藏之 後虜將至灣 投其矢於公前 示公有亡矢 公則以紅帽還之 虜將大慚 自是益不敢拮抗; 黃景源, 『江漢集』 卷30 「明陪臣傳 四」, "慶業在義州時 淸使人竊慶業所佩一矢 慶業乃募善盜者 入淸帳中 竊其所着紅帽而藏之 後淸人至義州 以矢投慶業曰 還公矢 慶業於是 出紅帽 投淸人曰 還爾紅帽 淸人大懟"

113) 『韓國開化期教科書叢書』 20 (아세아문화사, 1977), 『초등본국약사』, 469쪽.

114) 『韓國開化期教科書叢書』 17 (아세아문화사, 1977), 『초등대동역사』, 519쪽.

종대 충민(忠愍)이라는 시호가 내려졌고, 영조대 사당인 충렬사(忠烈社)가 세워졌으며, 정조대 1791년(정조 15)에는 『임충민공실기(林忠愍公實記)』가 나왔다. 민간에서는 고전소설 『임경업전(林慶業傳)』도 성행하였다. 특히 근대전환기인 1890년 후손 임순헌(林淳憲)에 의해서 『임충민공실기』가 증보 간행되었고, 다시 1913년에 조선광문회에서 『임충민공실기』가 인쇄되었다. 임경업에 대한 관심은 근대전환기 국권의식, 반청 의식과 결합하면서 더욱 강화 발전되었던 것을 볼 수 있다.

다음, 실학자들에 대한 서술과 관심도 주목할 필요가 있다. 조선후기 당대에는 그다지 주목받지 못했던 실학자들이 이 시기 새롭게 조명되었다. 이는 부국강병이라는 이념하에서 과거 실학자들을 재발견하는 것이었다. 『대한역대사략』(1899)은 박지원(朴趾源, 1737-1805)이 농서(農書)를 정조에게 올린 것에 대하여 기록하면서 그를 시무(時務)와 문장(文章)에 뛰어나고 장주(莊周)·사마천(司馬遷)의 기풍이 있다고 소개하였다.[115] 1901년에 신기선(申箕善, 1851-1909)은 『연암속집(燕巖續集)』에 서(序)를 썼으며[116], 1902년에 김윤식은 『연암집(燕巖集)』의 서문을 쓰면서 박지원을 間世의 英豪요 東洋의 先覺이라고 하였다.[117] 이후 김택영 또한 『연암집』의 서문을 썼다.[118] 이 시기 박지원에 대한 관심이 이미 널리 퍼져있었으며, 또한 앞서 언급했듯이 개화사상을 가진 이들 가운데 많은 수가 박지원—박규수의 학문적 영향을 받고 있었

---

[115] 『韓國開化期教科書叢書』 13 (아세아문화사, 1977), 『대한역대사략』, 393쪽, "春三月 沔川郡守 朴趾源 進農書 趾源錦陽尉瀰之五世孫 通達識時務 爲文章博辯疏蕩 有莊周司馬遷之風 顧數奇久 無偶時以諧謔之辭 洩其感憤"

[116] 申箕善, 『陽園遺集』 卷7 「燕巖續集序」(辛丑).

[117] 金允植, 『雲養集』 卷10 「燕巖集序」 壬寅, "今先生洞觀宇宙之變 雖知其言之不用 於當世 而留待於百年之後 將以開發人智 收其遠大之效 可不謂間世之英豪 東洋 之先覺乎."

[118] 金澤榮, 『韶濩堂文集定本』 卷3 「重編燕巖集序」.

다. 이 시기 국사교과서의 박지원 서술은 이러한 관심의 연장선상에 있었다.

『대한역대사략』(1899)은 정약용이 수많은 저작들을 지었음도 말하였다.[119] 정약용은 당대에 이미 많은 지식인들로부터 존경을 받고 있었다. 이상학(李象學, 1829-1888)은 정약용의 학풍을 강화학에 연결시켰는데, 젊어서 정약용의 『흠흠신서(欽欽新書)』를 거의 외다시피 했다고 한다.[120] 이건방(李建芳, 1861-1939)은 『경세유표(經世遺表)』의 서문인 「방례초본서(邦禮草本序)」를 지었다.[121] 황현은 『매천야록(梅泉野錄)』에서 정약용의 학문을 높이 평가하였으며[122], 장지연은 정약용의 『아방강역고(我邦疆域考)』를 증보해서 1903년 『대한강역고(大韓疆域考)』라는 이름으로 출판하였다.[123] 또한 『흠흠신서』, 『목민심서(牧民心書)』는 광문사(廣文社)에서 각각 1901년과 1902년에 발간되었다. 이러한 관심을 반영하여 『초등대한역사』(1908)는 정약용의 초상화를 첨부하면서 '第一經濟家 丁若鏞의 像'이라고 하였으며[124], 정약용에 대하여 다음과 같이 기록하였다.

---

119) 『韓國開化期教科書叢書』 13 (아세아문화사, 1977), 『대한역대사략』, 396쪽, "竄承旨丁若鏞于康津 若鏞若鍾之弟也 聰悟絶人 九流百家 無所不通 尤深於經濟之學 … 若鏞離憂多年 其學益專 後放歸以壽終 所著有與猶堂集十數種凡數百卷"

120) 李建昌, 『明美堂集』 卷17 「先府君行狀」.

121) 李建芳, 『蘭谷存稿』 卷3 「邦禮草本序」.

122) 黃玹, 『梅泉野錄』 卷1上 甲午以前, "丁茶山 名若鏞 午人也 … 留心民生國計 討論著述 窮源極委 要爲有用之學 而皆可爲後世法 若牧民心書 欽欽新書 邦禮艸本 田制考等諸書 是也 在東方殆可謂曠前絶後 而比諸柳磻溪 李星湖之學 抑亦益大以肆者也."

123) 정약용 술, 장지연 증보, 권중현 · 김교홍 정교, 1903, 『대한강역고』, 황성신문사.

124) 현채의 『유년필독』 또한 丁若鏞을 "我東五百年來에 第一經濟大家오이다"라고 하였다. 『韓國開化期教科書叢書』 2 (아세아문화사, 1977), 『유년필독』, 194쪽.

丁若鏞이 諸子百家書를 精通ᄒ고 事理를 貫徹ᄒ야 我東方第一經濟家
이라 然이나 時勢가 不利ᄒ야 大才를 未展ᄒ고 또 西敎連坐로 康津地에
定配ᄒ니 自此로 世念이 頓絶ᄒ야 惟國民을 開導코자 ᄒ야 三百卷의 書
를 著述ᄒ니 皆切實히 有用ᄒ고 邊邑絶地에 在ᄒᄂ 四方學者ㅣ 來集ᄒ
야 受業ᄒᄂᆫ者ㅣ 數百人이라 海上茅屋에 讀書聲이 不絶ᄒ며 月出山에
茶木을 得ᄒ야 茶葉을 嘗ᄒ고 天下에 第二라 ᄒ니라[125]

이와 함께 『초등본국약사』(1909)는 '丁若鏞의 不遇'라는 제목으로 정
약용이 많은 저서를 지어 정치를 개량(改良)일신(一新)하고자 하였으나
뜻을 이루지 못하였음을 서술하였다.[126] 이 밖에 『대한역대사략』(1899)
은 김정희에 대해서도 언급하였는데, 김정희가 완원(阮元, 1764-1849),
옹방강(翁方綱, 1733-1818) 등과 교유한 사실과 서법(書法)에 능통하였
음을 언급하였다.[127] 이외에 유형원(柳馨遠, 1622-1673)[128], 이익(李瀷,
1681-1763)[129] 등의 실학자들도 소개되었다.

인물 소개에 있어서 『대한역대사략』(1899)은 가장 다양한 인물들을
소개한 것으로 보이며, 목차에서부터 인물을 중심으로 역사를 구성한
것은 『초등대동역사』(1909), 『초등본국약사』(1909)라고 할 수 있다. 『초

---

125) 『韓國開化期敎科書叢書』 14 (아세아문화사, 1977), 『초등대한역사』, 509-510쪽.

126) 『韓國開化期敎科書叢書』 20 (아세아문화사, 1977), 『초등본국약사』, 476쪽.

127) 『韓國開化期敎科書叢書』 13 (아세아문화사, 1977), 『대한역대사략』, 404쪽, "二十
   四月而生 聰穎甚 博覽精識 其未第也 嘗遊燕從淸人阮元翁方綱 聞漢學之說 犁然
   有契於心 歸而益尋繹焉 形於藝業 與參判申緯 俱以詩書畫三絶 見稱於海內 緯長
   於詩 正喜長於書云"

128) 『韓國開化期敎科書叢書』 11 (아세아문화사, 1977), 『조선역대사략』, 566쪽, "命贈
   故處士 柳馨遠 祭酒之職 馨遠 磻溪隨錄 論水原形便 百年之前 燭照今日之事也";
   『대한역대사략』, 유형원(정종 17년조), "馨遠孝宗時人 固窮不仕 博學多聞而長於
   經濟 嘗著磻溪隨錄數十卷."

129) 『韓國開化期敎科書叢書』 13 (아세아문화사, 1977), 『대한역대사략』, 355쪽, "李瀷
   者亦以學問著書有星湖僿說等書."

등대동역사』(1909)는 조선시대를 다룬 34절부터 41절까지의 항목 가운데, 태조고황제(太祖高皇帝), 세종대왕(世宗大王), 양헌수(梁憲洙)의 전승(戰勝), 어재연(魚在淵)의 방전(防戰) 등 인물 중심의 역사기록을 하였다. 『초등본국약사』(1909)는 김종서(金宗瑞, 1390-1453), 남이(南怡, 1441-1468), 이황(李滉, 1501-1570), 이이(李珥, 1536-1584), 정충신(鄭忠信, 1576-1636), 이인좌(李麟佐, ?-1728), 정약용, 홍경래(洪景來, 1771-1812) 등을 통하여 인물의 이름을 제목으로 설정하였다. 당시 영웅과 인물 중심의 역사인식을 보여준다고 할 수 있다.[130]

3) 대외관계

국사교과서에 나타난 대외관계에 대한 서술은 이 시기 조선의 주체성에 관한 당대인식을 살펴보는 데 중요한 기준점이 될 수 있다. 우선, 태조대 국호(國號) 문제를 살펴보고자 한다. 한국사 상에서 중국이 국호를 하사한 예는 조선이 처음이었으며, '조선(朝鮮)'으로 정한 이유도 기자(箕子)의 조선이 이적을 중화로 교화시켰듯이 조선도 이러한 뜻을 존중한다는 의미였다. 조선이라는 국호는 중국과 조선의 번속(藩屬) 관계를 상징하는 것이었다. 따라서 국사교과서가 국호 문제를 어떠한 방식으로 다루었는가는 조선과 중국과의 관계 설정에 있어서 중요하다.

『조선역사』(1895)[131], 『조선역대사략』(1895)[132]에는 태조대 조반(趙胖, 1341-1401)을 명나라에 보내 즉위(卽位)를 고하였다는 기사가 있다.

---

[130] 김여칠, 「1906년 이후의 국사교과서에 대하여」, 70쪽.

[131] 『韓國開化期教科書叢書』 11 (아세아문화사, 1977), 『조선역사』, 152쪽, "趙胖을 遣ㅎ야 如明ㅎ다."

[132] 『韓國開化期教科書叢書』 11 (아세아문화사, 1977), 『조선역대사략』, 472쪽, "遣趙胖如明 告卽位也."

특히『조선역대사략』(1895)은 조선이라는 국호를 정하는 데 명나라의
역할을 상세히 기록하였다.[133] 그런데 조선이라는 국호를 정하는 데
명나라가 영향을 끼쳤다는 기록은 이후 점차 사라진다. 심지어 편년체
사서로서 순한문으로 구성되어『조선역사』(1895),『조선역대사략』(1895)
과 친연성이 가장 강했던『대한역대사략』(1899)에서도 단지 '定國號曰
朝鮮'이라고만 기술되었다.[134] 이는 조선의 건국과정에서 보인 명나라
의 영향력을 강조하지 않으려는 의도로 보인다.

『중등교과 동국사략』(1906)에서도 국호 정립 과정에서 명나라에 대
한 언급은 없었다.『초등본국역사』(1908)에는 유구(琉球)가 신하로 칭
하면서 진기한 방물을 공물로 바쳤다는 내용과 야인(野人)이 귀부하였
으니 추상은 전호(千戶)와 만호(萬戶)의 직을 제수하였다는 기사만이
다음과 같이 실려 있다.

> 太祖高皇帝끠옵셔 都를 漢陽에 定ᄒ샤 國號를 朝鮮이라 ᄒ시고 賢才
> 를 擧ᄒ시며 佞臣을 遠히 ᄒ시며 讒言을 杜ᄒ시며 淫祀를 禁ᄒ시며 宗廟
> 와 社稷을 立ᄒ시며 京城을 築ᄒ시며 景福宮과 昌德宮을 建ᄒ시니라 太
> 祖 三年에 琉球國은 使을 遣ᄒ야 稱臣ᄒ고 暹羅는 方物을 來貢ᄒ고 野人
> 의 歸附ᄒᄂ 酋長은 千戶와 萬戶의 職을 授하시니라.[135]

『초등대한역사』(1908)에도 여진(女眞), 유구(琉球), 섬라(暹羅)의 이
야기만 씌어있고 명나라에 대한 언급은 없었다. 특히 여진인(女眞人)
이지란(李之蘭, 1331-1402)에 대해서 상세히 기록하였다.[136] 이는『국조

---

133)『韓國開化期敎科書叢書』11 (아세아문화사, 1977),『조선역대사략』, 472쪽, "定國
　　號曰朝鮮 初明帝命來報國號 上以朝鮮和寧等號奏之 明帝曰朝鮮之稱美且其來遠
　　矣 可以本其名而祖之."
134)『韓國開化期敎科書叢書』13 (아세아문화사, 1977),『대한역대사략』, 123쪽.
135)『韓國開化期敎科書叢書』20 (아세아문화사, 1977),『초등본국역사』, 28-29쪽.

사』(1910)에서도 같은 형태로 나타났다. 중국에 대한 서술은 생략되었고 대신에 여진, 유구, 일본 등에 대한 기사는 상대적으로 많았다. 이는 중국으로부터 벗어난 독립국가로서의 위상을 강화하는 동시에 주변국가로부터 조공을 받는 황제국이라는 우월적 지위를 확보하고자 하는 의도 속에서 이루어진 것이 아닌가 생각된다.

다음, 임진왜란에 대한 서술 또한 대외관계 인식을 살펴보는 데 있어 중요하다. 임진왜란에 관하여 많은 국사교과서들은 일본의 침입과 의병항쟁 등을 공통적으로 기술하였다. 이 부분의 서술에 있어서 교과서들 사이의 특징을 알 수 있게 하는 것은 전쟁 후 일본과의 관계회복을 어떠한 방식으로 서술하였는가를 통해서이다. 초기의 국사교과서인 『조선역사』(1895)는 전쟁의 시작을 "壬辰二十五年이라 日本關伯 平秀吉이 淸正의 等을 遣ᄒ야 大擧ᄒ야 來攻ᄒ다"[137]고 서술하였고, "日本將秀吉이 死ᄒ니 日本이 드디여 撤兵ᄒ야 還ᄒ다"[138]로 전쟁의 종결상황을 기록하였다. 이어 "丙午三十九年이라 日本이 遣使ᄒ야 求和ᄒ거늘 呂祐吉의 等을 遣ᄒ야 報ᄒ다"[139]고 하여 전쟁 이후의 화친상황을 간략하게 적었다. 『조선역대사략』(1895) 또한 일본이 명나라를 공격하기 위하여 길을 빌려달라고 하였으며, 그 말이 패만하였다고 적었다.[140] 이어 전쟁후 일본과의 관계개선 상황에 대해서는 『조선역사』(1895)와 같이 일본이 화친하기를 구하니 여우길(呂祐吉, 1567-1632) 등을 보내어 답하였다고 하였다.[141] 또한 『대한역대사략』(1899)은 화친하

---

136) 『韓國開化期敎科書叢書』 14 (아세아문화사, 1977), 『초등대한역사』, 447쪽.

137) 『韓國開化期敎科書叢書』 11 (아세아문화사, 1977), 『조선역사』, 187쪽.

138) 『韓國開化期敎科書叢書』 11 (아세아문화사, 1977), 『조선역사』, 191쪽.

139) 『韓國開化期敎科書叢書』 11 (아세아문화사, 1977), 『조선역사』, 192쪽.

140) 『韓國開化期敎科書叢書』 11 (아세아문화사, 1977), 『조선역대사략』, 510쪽, "日本關伯 平秀吉 致書于本國 聲言 欲犯明朝 脅以假途 言辭悖慢."

자는 일본의 요구를 의심하였다는 내용을 덧붙였다.[142]

이러한 기조의 서술은 정인호의 『초등대한역사』(1908)와 원영의의 『국조사』(1910)에서 계속하여 유지되었다. 『초등대한역사』(1908)는 임진왜란에 대하여 상세히 기록하였다. 『초등대한역사』(1908)는 이순신의 거북선, 김덕령(金德齡, 1567-1596) 장군, 논개(論介, ?-1593) 등의 사례를 통하여 임진왜란 과정에서 조선인의 주체적인 활약을 많은 부분 묘사하였으며, 화친에 대해서는 "日本이 使를 遣ᄒᆞ야 求和ᄒᆞ거늘 呂祐吉等을 遣ᄒᆞ야 報ᄒᆞ다"[143]고 짧게 적었다. 『국조사』(1910) 또한 임진왜란에 대하여 상세히 기록하였으며, 관계개선에 대해서도 "三十六年 秋九月에 對馬島倭가 開市를 請ᄒᆞ며"[144]라고 하여 짧게 서술하였다. 이러한 서술은 다음 서술과 비교하면 차이가 드러난다.

정교(鄭喬, 1856-1925)의 『대동역사』(1905)는 임진왜란 이후 조일(朝日) 간 관계개선의 상황을 매우 긍정적으로 기술하였다.[145] 『초등본국역사』(1909) 또한 이와 관련하여 긍정적인 서술을 하였다. 임진왜란의 종료를 명나라에 의해서 이루어진 것이라는 측면에서 서술하였고[146], 이후 화친 상황에 대해서도 "我國과 舊交를 回復코져ᄒᆞ야 使를 遣ᄒᆞ야

---

141) 『韓國開化期敎科書叢書』 11 (아세아문화사, 1977), 『조선역대사략』, 516쪽, "日本遣使求和 遣呂祐吉等報之."

142) 『韓國開化期敎科書叢書』 13 (아세아문화사, 1977), 『대한역대사략』, "春日本遣使求好 朝廷未知其意 先遣僧惟政以覘之 惟政旣至 具言兩國和好之利 日人敬信之."

143) 『韓國開化期敎科書叢書』 14 (아세아문화사, 1977), 『초등대한역사』, 480쪽.

144) 『韓國開化期敎科書叢書』 19 (아세아문화사, 1977), 『국조사』, 403쪽.

145) 鄭喬, 『大東歷史』(민족문화사, 1987), 151쪽, "宣祖三十九年 日本遣使于我大韓 明年(丁未)我大韓遣使報之 自是世通和好."

146) 『韓國開化期敎科書叢書』 20 (아세아문화사, 1977), 『초등본국역사』, 40쪽, "丁酉에 淸正等이 兵을 再擧ᄒᆞ야 入寇ᄒᆞᆯ식 稷山素沙坪에 至ᄒᆞ다가 明國救援將 楊鎬에게 大破ᄒᆞ야 兵을 撤ᄒᆞ고 歸ᄒᆞ니 是ㅣ 壬辰以後의 八年兵禍니라."

和親를 講ㅎ거늘 呂祐吉等을 遣ㅎ야 此를 報ㅎ고 其後에 使聘의 往來가 不絶ㅎ니라"[147]고 하여 조일(朝日)간의 관계가 정상화되어 예전과 같이 된 것으로 기술하였다.

『초등대동역사』(1909)는 "秀吉이 沒흠으로 日軍이 罷歸ㅎ고 更히 和親을 結ㅎ야 舊交를 續ㅎ다"[148]고 하여 이후 조일관계가 정상화되었음을 부각하여 서술하였다. 이러한 형태의 서술은 『초등본국약사』(1909)에서도 동일했다. "밋 德川家康이 秀吉을 대신ㅎ매 使臣을 보내야 和好ㅎ기를 請ㅎ거날 朝廷이 쏘한 使臣을 보내야 對答ㅎ니 이로죠차 兩國의 親睦흠이 녜와 갓흐니라"[149]고 하여 일본과의 관계개선 상황을 강조하였던 것이다. 그리고 임진왜란 종료에 대해서도 조선의 주체적인 노력보다는 명나라의 역할과 도요토미 히데요시(豊臣秀吉, 1536-1598)의 죽음을 중요한 요건으로 들었다.[150]

『신찬초등역사』(1910) 또한 관계회복에 대하여 상세하게 묘사하였다. "此後에 日將德川家康이 秀吉을 代ㅎ야 執政흠애 我國과 舊交를 回復코져 ㅎ야 使를 遣ㅎ야 講和ㅎ거날 呂祐吉等으로 ㅎ야곰 此를 報ㅎ니 自此로 使聘의 往來가 不絶ㅎ야 近世까지 及ㅎ엿나니라"[151]고 하여 임진왜란 이후 조일관계가 정상화되어 당시에까지 이르렀음을 말하였다. 이러한 서술은 앞서 언급했듯이 1908년 이후 통감부의 교과서 검인

---

[147] 『韓國開化期敎科書叢書』16 (아세아문화사, 1977), 『초등본국역사』, 479- 480쪽.

[148] 『韓國開化期敎科書叢書』17 (아세아문화사, 1977), 『초등대동역사』, 514쪽.

[149] 『韓國開化期敎科書叢書』20 (아세아문화사, 1977), 『초등본국약사』, 457쪽.

[150] 『韓國開化期敎科書叢書』20 (아세아문화사, 1977), 『초등본국약사』, 456쪽, "其後에 明이 經略使楊鎬를 送ㅎ야 日軍을 쳐서 素沙에서 勝捷ㅎ얏시나 맛참내 蔚山에서 大敗ㅎ고 其他諸將은 特別흔 戰功이 업더니 相持ㅎ지 七年에 豊臣秀吉이 죽으매 日軍이 破ㅎ야 도라가니라."

[151] 『韓國開化期敎科書叢書』20 (아세아문화사, 1977), 『신찬초등역사』, 320쪽.

정규정을 통과하기 위하여 일본과의 관계를 긍정적인 방향으로 기술하는 과정에서 생겨났다고 보인다.[152] 또한 임진왜란의 종결과정에서 명나라의 역할을 강조하는 경향도 일부 보였다.

당시 대외관계의 중요한 한 축을 담당했던 청나라에 대한 관계 또한 당시 대외인식을 살피는 데 중요하다. 특히 중국으로부터의 독립은 현실적으로 청나라로부터의 독립을 의미했으므로 청나라와의 관계설정 기술은 당시 지식인들의 독립국가 의식을 조망하는 데 도움을 준다. 대부분의 국사교과서들은 병자호란(丙子胡亂)과 관련하여 반청 의식을 드러내었고, 북벌론(北伐論)에 대해서도 비교적 상세하게 묘사하였다. 초기 국사교과서들은 병자호란 상황을 시기별로 묘사하였고 별다른 사론이 없었지만 이후 나오는 국사교과서들은 청과의 관계에 대해서 본격적인 평론을 덧 붙였다.

예컨대, 『중등교과 동국사략』(1906)은 "朝鮮이 自此로 淸國壓制를 受ᄒ야 每歲에 使臣을 遣ᄒ고 方物을 送홀시 其力이 對敵키 難ᄒ야 外面은 服從ᄒ나 然이나 淸國은 胡夷라 ᄒ야 心內에 悅從치 아니ᄒ고 ᄯᅩ 事勢에 不得已ᄒ야 淸을 助ᄒ야 明을 伐ᄒ나 大抵 明은 壬辰救援 以來로 其恩을 感激흔지라 今에 淸兵을 從往ᄒ나 其實은 百方으로 沮害ᄒ고"[153]라고 병자호란 이후의 상황을 기술하였다. 특히 『중등교과 동국사략』(1906)은 영·정조대에도 조선이 여전히 청나라에 심복하지 않은 상황을 기록함으로써 청나라에 대한 원한이 뿌리 깊음을 강조하였다.[154]

---

[152] 김도형, 「정교·장지연·유근」, 63-64쪽.

[153] 『韓國開化期敎科書叢書』 16 (아세아문화사, 1977), 『중등교과동국사략』, 326-327쪽.

[154] 『韓國開化期敎科書叢書』 16 (아세아문화사, 1977), 『중등교과동국사략』, 331쪽, "英祖正祖時ᄭᅡ지도 오히려 心服지 아니ᄒ고 오작 表面으로 服從ᄒ니 朝鮮人이 明淸二代間에 用心흠을 可知ᄒ깃느이다"

이 밖에 『초등대한역사』(1908)는 숙종대 백두산 정계비에 대해서도 기술하였으며155), 흥미롭게도 「土們定界」의 항목을 따로 설정하여 안변부사 이중하(李重夏, 1846-1917)를 토문감계사(土們勘界使)로 삼아 국가경계를 논하게 한 것을 기록하였다.156) 이 기록은 당시 국사교과서들 가운데 『초등대한역사』가 거의 유일하다고 할 수 있다. 또한 정조대 유구 사람이 표류한 사실을 대부분의 국사교과서들은 빠뜨리지 않고 기록하였는데, 이는 일본과의 관계를 염두에 둔 것은 아닌가 생각된다. 즉 당시 유구가 일본의 한 부분이었으므로 넓게 보아 유구에 대한 서술은 일본에 대한 서술이라고도 할 수 있었다. 『신찬초등역사』(1910)는 "琉球는 其後에 日本에게 屬ᄒ엿ᄂ니라"157)고 서술하여 유구와 일본의 관련성을 기록하기도 하였다.

한편, 19세기 중·후반에서 20세기 초반의 대외관계는 당시로 볼 때는 현대사로서 중요하였다. 이 시기 서술은 당시 대외인식의 기조를 직접적으로 보여주었다. 우선 일본과의 관계를 살펴보면, 초기 국사교과서들이 일본과의 수호조약을 "日本으로 더부러 다시 舊好를 講ᄒ다"158), "與日本復講舊好"159)라고 하여 간단히 적었던 반면에 이후에는 상세히 일본과의 조약을 묘사하였다. 『초등대한역사』(1908)만이 비교적 객관적으로 서술하고자 했지만, 이후 출간되는 국사교과서들은 일본 편향의 모습을 보였다. 『초등대한역사』(1908)는 "十三年에 日本과 舊好를

---

155) 『韓國開化期敎科書叢書』 14 (아세아문화사, 1977), 『초등대한역사』, 498쪽, "三十八年에 朴權으로써 定界使를 삼아 淸差 穆克登으로더부러 白頭山에 界를 定ᄒ다."

156) 『韓國開化期敎科書叢書』 14 (아세아문화사, 1977), 『초등대한역사』, 519쪽, "二十五年에 安邊府使 李重夏로 土們勘界使를 삼아 淸國使와 事宜를 爭辦ᄒ다."

157) 『韓國開化期敎科書叢書』 20 (아세아문화사, 1977), 『신찬초등역사』, 337쪽.

158) 『韓國開化期敎科書叢書』 11 (아세아문화사, 1977), 『조선역사』, 253쪽.

159) 『韓國開化期敎科書叢書』 11 (아세아문화사, 1977), 『조선역대사략』, 587쪽.

講ㅎ고"160)라고 하여 기존 국사교과서의 표현대로 강화도 조약을 기술하였다.

『초등본국약사』(1909)는 "乙亥에 永宗島守將이 日本의 雲揚艦을 砲擊ㅎ지라"161)라고 하여 일본 측 주장을 그대로 따랐다. 『초등본국역사』(1909)는 "日本軍艦一隻이 支那에 赴홀시 飮料水를 求코져ㅎ야 我國漢江에 來泊ㅎ니 江華守兵이 此를 砲擊ㅎ지라"162)라고 하여 일본의 관점에서 강화도 조약을 서술하였고, 이러한 표현은 『신찬초등역사』(1910)에서도 동일했다. 『신찬초등역사』(1910)는 "日本軍艦一隻이 支那에 赴ㅎ새 飮料水를 求ㅎ기 爲ㅎ야 我國漢江에 來泊ㅎ거날 江華守兵이 此를 砲擊ㅎ얏더니"163)라고 서술하였고, 이어 "此가 我國이 外國과 條約을 結ㅎ기 開始홈이오 久히 和親이 中絶된 日本과 쏘흔 此로브터 回復ㅎ니라"164)라고 하여 일본과의 친교를 강조하였다.

갑신정변에 대해서는 주로 후기 국사교과서에서 그 내용이 보였다.165) 갑신정변을 『초등본국약사』(1909)는 '갑신개혁'이라고 하여 높이 평가하였다.166) 『신찬초등역사』(1910) 또한 갑신정변에 대해서 아주 긍정적으로 기술하였다. "金玉均 洪英植 朴泳孝 等이 國政을 革新코져 謀를 協ㅎ고 郵政局의 宴會ㅎㄴ 機를 乘ㅎ야 上을 景祐宮에 遷駕ㅎ시고 士官生徒等을 命ㅎ야 閔泳穆과 趙寧夏等의 六臣을 殺ㅎ고 淸國을

---

160) 『韓國開化期敎科書叢書』 14 (아세아문화사, 1977), 『초등대한역사』, 147쪽.

161) 『韓國開化期敎科書叢書』 20 (아세아문화사, 1977), 『초등본국약사』, 491쪽.

162) 『韓國開化期敎科書叢書』 16 (아세아문화사, 1977), 『초등본국역사』, 495쪽.

163) 『韓國開化期敎科書叢書』 20 (아세아문화사, 1977), 『신찬초등역사』, 346쪽.

164) 『韓國開化期敎科書叢書』 20 (아세아문화사, 1977), 『신찬초등역사』, 347쪽.

165) 『조선역사』(1895)와 『조선역대사략』(1895)은 1893년까지 기록하였고, 『대한역대사략』(1899)은 대한제국 성립에서 글을 마무리했다.

166) 『韓國開化期敎科書叢書』 20 (아세아문화사, 1977), 『초등본국약사』, 498쪽, "第二十四 甲申改革의 未遂."

抗ᄒ야 獨立을 唱ᄒ고 國政을 維新코져 ᄒ다가 未遂ᄒ니라"[167]고 하여 갑신정변의 의의를 높이 평가하였다.

이를 통해서 보면, 통감부 정치를 거치면서 일본과의 관계 서술이 우호적인 방향에서 이루어지고 있었음을 볼 수 있다. 하지만 『초등대한역사』(1908)는 갑신정변을 다루는 항목에서 '淸將內援'이라고 하였고, "淸將 元世凱가 兵을 率ᄒ고 入救ᄒ니"[168]라고 하여 청나라 병사가 조선을 구원한 것으로 평가하였다. 이는 『신찬초등역사』(1910), 『초등본국약사』(1909)의 서술과는 다른 것으로서 『초등대한역사』(1908)가 갖는 정치적 입장을 보여주었다.

청일전쟁(1894) 또한 초기 국사교과서들 속에서는 발생시기가 가까워서 보이지 않았고, 주로 후기 국사교과서들에서 집중적으로 보였다. 『초등대한역사』(1908)는 "日淸兩國이 我國의 獨立ᄒᄂ 事로 爭辨ᄒ다가 畢竟 兩國이 大戰ᄒ니라"[169]고 하였다. 현채 또한 청일전쟁을 "우리나라 獨立ᄒᄂ일로 爭辨ᄒ다가 畢竟兩國이 크게 싸와 甲午戰爭이 잇셧ᄂ이다"[170]라고 인식하였다. 하지만 이러한 표현은 이후 일본 편향적인 것으로 바뀌어갔다.

『초등본국역사』(1909)는 "是時에 淸國은 屬邦의 亂을 救ᄒ다 稱ᄒ고 大兵을 我國에 送ᄒ니 日本은 我國으로써 淸의 屬邦이 아니라 主張ᄒ야 또ᄒ 兵을 出흠으로 드듸여 日淸戰爭을 起흠익 至ᄒ야 淸軍이 水陸에다 敗ᄒ고 … 淸國이 始히 我國의 獨立을 公認ᄒ지라"[171]라고 하여

---

167) 『韓國開化期敎科書叢書』 20 (아세아문화사, 1977), 『신찬초등역사』, 348-349쪽.
168) 『韓國開化期敎科書叢書』 14 (아세아문화사, 1977), 『초등대한역사』, 516쪽.
169) 『韓國開化期敎科書叢書』 14 (아세아문화사, 1977), 『초등대한역사』, 520쪽.
170) 『韓國開化期敎科書叢書』 2 (아세아문화사, 1977), 『유년필독』, 212쪽.
171) 『韓國開化期敎科書叢書』 16 (아세아문화사, 1977), 『초등본국역사』, 497쪽.

마치 조선의 독립을 위하여 일본이 출병한 것처럼 기술하였다. 이는 러일전쟁(1904)의 서술에도 이어져 러시아가 "我國을 危害코져ᄒᆞᄂᆞᆫ 勢가 有ᄒᆞ거늘 日本이 再次兵을 出ᄒᆞ야 俄國과 戰ᄒᆞ니 … 我國은 更히 日本과 恒久不易의 親交를 固케 하고"[172]라고 서술하였다. 이러한 서술은 『신찬초등역사』(1910)에서도 같은 방식으로 나타났다.[173]

요컨대, 대외관계 서술에 있어서 주목해야 할 것은 탈중국적인 모습과 일본에 대한 호의적인 입장이라고 할 수 있다. 또한 유구, 여진에 대해서 기록함으로써 교린적인 자세도 보여주었다. 조선은 독립국가라는 견지에서 명나라와 청나라의 영향력을 최소한도로 기술한 흔적을 볼 수 있으며 청나라의 정치적 억압을 서술하였다. 반면에 다른 나라들과의 관계는 부각하여 기술한 흔적을 볼 수 있다. 정조대 표류한 유구인(琉球人)들의 문제는 당시 역사상을 보여주는 중요한 사안이라고 보기 힘들지만[174], 정조대를 기록한 국사교과서들은 대부분 이 사실을 기록하였다. 그리고 여진인들이 귀부하거나 유구·섬라인들이 조공을 바친 것 또한 비교적 상세히 기술하고자 하였다. 이를 통해서 여진, 유구, 섬라에 대해서 우위에 서려고 하는 자세를 보였다. 근현대사를 기록한 부분에서 상당수의 국사교과서들은 일본에 우호적인 입장을 보였다.

이들 국사교과서들은 '탈중국'에만 집중하여 일본 제국주의의 침략

---

172) 『韓國開化期敎科書叢書』 16 (아세아문화사, 1977), 『초등본국역사』, 498쪽.

173) 『韓國開化期敎科書叢書』 20 (아세아문화사, 1977), 『신찬초등역사』, 612쪽, "時에 俄羅斯가 滿洲에 勢를 占ᄒᆞ야 漸漸南下ᄒᆞ야 我國을 侵ᄒᆞᆯ 形勢가 有ᄒᆞᆷ으로 日本은 此에 反對ᄒᆞ고 我國을 保全코져ᄒᆞ야 遂히 兩國의 交誼가 破裂되야"라고 하였다.

174) 실제 『조선역대사략』(1895)와 같은 초기 국사교과서에는 커다란 비중으로 실려 있지 않았다.

에 대해서는 간과하는 모습을 보였다.[175] 이는 일본을 동문동종(同文同種)의 나라로서 보는 것과 상당 부분 관련이 있다고 생각한다.[176] 이 문제에는 국사교과서의 저자들이 가졌던 사상적 배경이 개재되어 있었다. 당시 역사가들은 재야에서 새롭게 성장한 한학(漢學) 지식인층이 다수였다. 현채는 중인층 지식인이었으며, 유근[177], 유성준(俞聖濬, 1860-1934), 정인호(鄭寅琥, 1869-1945), 황의돈(黃義敦, 1890-1964), 조종만(趙鍾萬), 박정동(朴晶東), 안종화(安鍾和, 1902-1966), 원영의(元泳義), 김택영, 정교는 이전시대의 기준으로 보았을 때 주류적인 지식인들은 아니었다.

이들은 대부분 몰락한 향촌 지식인, 중인, 위항인 출신 등이었다. 그들은 향리에서 한학을 수학한 인물들이 많았고, 이어 곧 새로운 문화조류를 수용한 이력을 가지고 있었다.[178] 그들은 새로운 문화조류의 수용을 통하여 동도서기적인 태도를 가졌지만 여전히 그 내면에는 반청적인 입장을 가지고 있었던 것이 아닌가 생각된다. 실제 유근의 경우, 대명의리론과 반청적인 태도를 젊을 적 가지고 있었다.[179] 비록 현채

<175) 이에 대해서는 임이랑, 「한말 국사교과서의 근대사 서술에 나타난 대외인식」, 150쪽 참조.

176) 鄭喬, 『大東歷史』(민족문화사, 1987), 153쪽, "蓋我大韓之與日本 爲同文同種之 國 壤地相接 有脣齒輔車之勢."

177) 유근에 대해서는 김명섭, 「石儂 柳瑾의 항일민족운동과 사상」, 『국학연구』10, 2005 참조.

178) 전체적으로 볼 때 기본적으로 漢學에도 많은 조예가 있던 인물들이었다. 국사교과서 저자중 상당수는 한학을 수학하였다. 元泳義의 경우는 한문이 교육에 반드시 필요한 언어임을 역설하기도 하였다. 민족문학사연구소 편역, 『근대계몽기의 학술·문예 사상』, 28쪽, 「蒙學漢文初階序」, "若謂有國文足用 何必乃爾耶 則漢文亞東之同文 而國文二字 亦漢字也 雖欲沒漢字 而釋其義 其於東文之韓替 何哉 … 噫 漢文 科學之管鑰也."

179) 柳瑾, 『石儂遺稿』疏「上五條言事疏」, "明大義以示天下 臣惟萬世不易之大經大 法者 有一部春秋 大明之於我朝是也"(김명섭, 『석농유근자료총서』, 한국학술정

가 앞서 살펴본 바와 같이 청나라에 대해서 긍정적인 인식을 가졌지만, 많은 인물들의 경우 내면에 여전히 반청적인 입장을 가졌다고 생각되며 이것이 탈중국의 문제에 그들이 집중하는 데 일정한 영향을 끼치지 않았나 생각한다.

요컨대, 대부분의 국사교과서의 저자들은 한학에 뿌리를 두고 있었다. 그러한 점에서 그들의 사상적 정체성은 복잡한 다층구조를 가졌다고 생각된다. 과거 재야를 중심으로 한 청나라에 대한 뿌리깊은 반감과 한자 문화권을 수호해야 한다는 이중의 의식은 그들이 지나로 표현되었던 청나라에 대해서는 반감을 가지면서도 같은 한자문화권인 일본에 대해서는 어느 정도 친근한 의식을 마련하는 데 일정한 원인을 제공하지 않았나 생각된다.

5. 맺음말

근대전환기 중화주의는 커다란 변화와 위기에 봉착하게 된다. 하지만 이것은 갑작스럽게 이루어진 것은 아니었다. 19세기 동안 이루어진 점진적인 변화과정 속에서 중화주의의 내용과 틀은 변화하고 있었다. 그것은 중화를 문명과 같은 의미로서 추상화하면서 현재 중국대륙의 문화와 일정하게 거리를 두는 방향에서 이루어졌다. 이러할 때 중화는 조선과 일본에서도 발현될 수 있는 성질의 것이 되어갔다. 이 과정에서 조선의 안위(安危)를 가장 중요시하는 현실적인 사조가 발생하였다. 근대전환기 중화주의의 위기는 현실적으로 청나라로부터의 탈피라는

보, 2007, 84쪽 수록).

모습으로 나타났다.

여기에는 두 가지 의미가 함의되어 있었다. 첫째는 개화적인 입장에서 중화의 원형을 일본으로부터 찾고자 하는 과정에서 청나라를 비판하는 것이었고, 둘째는 보수적인 입장에서 반청적인 태도를 취하고 조선의 중화성을 강조하려는 것이었다. 탈청, 반청은 개화파, 위정척사파 모두를 만족시킬 수 있는 것이었다. 이러한 차원에서 서로 맥락은 다르지만, 개화파와 위정척사파 모두 조선의 독립에 관심을 기울였고 주체에 대한 새로운 자각을 하였다.

자신의 역사에 대한 자각은 고대사에서부터 시작될 수밖에 없었다. 고대사에서부터 당대사까지 일관된 자신의 역사를 기술함으로써 중국으로부터 독립적인 역사서술을 한다는 것은 근대전환기 독립국가 형성에 있어서 중요한 전제조건이 되었다. 이 글은 그 가운데 조선시대사 서술을 통하여 이 시기 역사서술의 특징들을 찾아보고자 하였다. 조선시대의 역사서술은 중국에 대한 사대적인 서술들이 현격하게 감소하면서 조선의 독립국가로서의 면모를 부각하였다. 또한 후기로 갈수록 일본에 대한 호의적인 역사서술도 많아졌다. 더욱이 상세한 역사서술에서 점차 단편적이고 왕조의 일화 중심의 역사서술들이 증가하는 경향도 보였다. 인물들로는 박지원, 정약용 등 실학자들도 많은 부분 등장하였다. 이는 이 시기 인물에 대한 변화된 인식을 보여준다고 하겠다.

근대전환기는 엄격하게 말해서 조선시대라고 할 수 있기 때문에 여전히 당대에 대한 본격적인 비판이나 언급이 일정 정도 제한적일 수밖에 없었다. 왕에 대한 혹독한 비평보다는 왕의 선정(善政)이나 인정(仁政)을 소개하는 방식으로 역사가 서술되었던 것은 이러한 이유 때문이었다. 또한 많은 부분에서 사건이나 주제별 서술보다는 왕대의 주요

사건들을 서술하려는 경향도 많았다. 이는 과거 편년체적인 역사서술이 필자와 독자 모두에게 더욱 일반적인 것이었음을 말해준다. 이러한 경향은 당대 조선시대사 서술이 갖는 많은 한계점들을 보여주는 것이라고 할 수 있다. 특히 탈중국이라는 것에만 집중하여 일본의 침략 위험성을 간과한 것은 중요하게 지적되어야 하겠다.

『동국사략』(현채)의 당대사 역술과 서술을 통해 본 한국 근대 역사학의 '국민 만들기'

이신철

1. 머리말

현채(玄采)의 『동국사략』(東國史略, 1906)은 획기적이고 근대적인 서술방법(新史體)을 도입한 대한제국 최초의 근대역사교과서이다. 그럼에도 불구하고 대부분의 연구자들이 이 책을 일본인 하야시 다이스케(林泰輔)가 쓴 『조선사』(1892)와 『조선근세사』(1901)의 번역서로 인식하여 한국 근대 역사학의 선구적 위치를 부여하기를 꺼려한다. 『동국사략』은 "체제 면에서는 근대적 방법을 도입해, 영역별로 분류하고 주제별로 분석하는 발전적 형식을 취하고 있고, 고대사 부분에서 단군관련 서술 등 일부 부분에서 민족적인 서술로 수정하였지만, 전반적으로 식민사학에 본격적으로 함몰된 책"이라는[1] 평가에 동의하기 때문이다.

---

[1] 조동걸, 『한국 근대 사학사(우사 조동걸 전집 14)』(역사공간, 2011). 조동걸의

이 같은 평가에 근거해『동국사략』은 한국 근대사학사 논의에서 배제되고, 한국 근대사학의 원류는 신채호를 출발로 하는 민족주의사학으로 통용되어 왔던 것이다. 물론 이 같은 비판적 인식이 새삼스러운 것은 아니다. 이미 당대에 신채호가 신랄하게 비판하고 있기 때문이다. 다만, 신채호의 비판은 대한제국에서 펴낸 교과서들의 고대사 서술이 사대적이며 종속적이라는 것이고, 현재의 비판은『동국사략』이 식민사관의 영향을 강하게 받고 있다는 것이라는 차이가 있다.

그런데 최근『동국사략』에 대한 재평가가 조금씩 늘어가고 있다. 윤선태는 갑오-광무개혁정권은 하야시의 조선사체계를 '국사'로 수용하여, 청으로부터 독립한 근대 조선의 '국민'을 창출하려고 했으며, 현채는『조선사』를 그대로 번역하지 않고, 하야시가 강조한 '임나일본부설'을 배제하였다는 점에서, 청만이 아니라 일본까지도 조선민족의 타자로 의식하는 '국사'의 확립을 지향하고 있었다고 적극적으로 평가하였다.[2] 도면회의 경우에도 근대 역사학의 임무가 국민의 양성이었다는 점에서 제도로서의 역사교육과 정통론적 통사체계의 확립을 도모하고 있는가를 근대 역사학의 주요한 지표로 설정하고, 바로 그러한 관점에서 현채의『동국사략』을 한국인이 쓴 최초의 근대적 통사라고 평가하였다.[3]

이 같은 역사인식은 대체로 1990년대 중반 즈음 보편적인 인식으로 확립되어가고 있었다고 할 수 있다. 조동걸, 「근대초기의 역사인식」, 조동걸·한영우·박찬승 엮음,『한국의 역사가와 역사학』하(창작과비평사, 1994) 참조. 같은 책에서 「김택영·현채」 항목을 집필한 주진오의 경우는 좀 더 강경하게 식민사관의 영향을 비판하고 있다. 다만, 현채의 식민사관 수용에 대한 비판은 홍이섭의 강연이 활자화되면서 알려진 바 있다. 홍이섭은 노수자의 논문(「백당 현채 연구」,『이대 사원』8, 1969)을 비판하면서『동국사략』에 관해 비판했다. 홍이섭, 「구한말 국사교육과 민족의식」,『인문과학』32, 1974(1973년 3월 31일 제1회 한국사 연구발표회 주제 발표문); 원유한 엮음,『홍이섭의 삶과 역사학』(혜안, 1995), 311-313쪽 참조.

[2] 윤선태, 「'통일신라'의 발명과 근대역사학의 성립」,『신라문화』29, 2007.

이외에도 현채와『동국사략』을 둘러싼 평가와 논쟁은 당시대는 물론이고, 해방 후인 1960년대 말부터 지금까지 다양하게 전개되고 있다. 또 그러한 논의는 한국 뿐 아니라 일본에서도 전개되었다. 그만큼 그와 그의 저작이 가지는 의미가 적지 않음을 보여주고 있다. 그런데 그러한 적지 않은 논의에도 불구하고 아직 논의가 충분하다고 하기에는 미흡한 측면이 있다.

이글에서는『동국사략』이『조선근세사』의 당대사, 그중에서도 특히 개항이후의 서술을 어떻게 역술(譯述)했는지, 그리고 1894년 이후의 동시대사를 어떻게 서술하고 있는지를 살핀다.4) 이를 통해,『동국사략』이 가지고 있는 근대역사서로서의 성격을 규명하고 '국민 만들기'라는 목표를 어떻게 달성하려고 하는 지를 실체적으로 규명해보고자 한다. 이를 통해 한국 근대 역사학의 성격규명에 한 걸음 더 다가가고자 한다.

2. 대한제국기 역사교과서 편찬과『동국사략』

근대 역사학은 과학(인과관계)과 실증(실재), 진보(의도성) 등의 개념과 특징으로 설명된다. 그리고 그것은 근대민족국가 수립과정에서 국민을 양성하는 도구로 활용되었음에 이견이 없다. 그래서 그것은 다분히 국가주의적이고 민족주의적일 수밖에 없다. 식민지를 경험한 한

---

3) 도면회, 「한국 근대 역사학의 창출과 통사 체계의 확립」,『역사와 현실』70, 2008.

4) 현채가 생각하는 당대사는 대한제국을 포함한 조선시대사를 의미한다. 이 글에서는 개항이후 시기에 국한해서 분석한다. 또 동시대사는 편의상 현채가 추가 서술한 1894년 이후만을 의미한다.

국에서는 특히 민족주의적 성격이 근대 역사학을 판단하는 절대적 기준으로 작용해 왔다고 해도 지나침이 없다. 그것은 근대 역사학의 성립과정에서 조선 후기 이래의 자체적인 변화가 채 이루어지기 전에 외부의 영향, 특히 일본의 영향을 강하게 받았기 때문에 생겨난 필연적인 현상이기도 했다. 여기에서 한 가지 주의할 점은 한국의 근대 역사학에 대한 규정은 사후적인 평가의 성격이 강하다는 것이다. 한국의 근대국가 수립 과정이 일제의 제국주의적 지배를 극복하는 과정이었고, 근대 역사학은 그 과정에서 수립된 것으로만 해석하는 경향이 강한 것이다.

그런데 개항기의 어떠한 역사책도 일본과의 병합을 찬성하거나, 민족이나 국가의 소멸을 통한 문명개화를 지향하는 경우는 없었다는 점에서 이 같은 관점은 재론의 여지가 있다. 설사 그것이 식민사관에 경도되거나, 제국주의적 침략성의 위험을 인지하지 못하고 있었다고 하더라도 그것이 근대성을 판단하는 기준이 될 수 없기 때문이다. 즉, 식민주의적, 제국주의적 역사인식 자체가 근대의 산물이기 때문이다. 개항기 지식인들이 사회진화론에 기반 한 약육강식의 세계관이나 침략의 발톱을 숨기고 있던 대아시아주의에 경도되었다고 해서 그들의 계몽운동을 근대화와 떼어내서 생각할 수 없는 것과 마찬가지이다. 오히려 그 한계와 오류를 명확히 지적하고, 그러한 한계를 어떻게 극복하여 왔는가에 주목하는 것이 더 중요하다. 이 같은 관점에서 잠시 근대 역사학의 개념을 다시 정리해보자.

무엇보다 근대 역사학의 개념규정은 근대사회체제와의 연관성이라는 관점에서 접근할 필요가 있다. 근대 자본주의체제의 형성 또는 그 체제로의 포섭시기에 그것을 역사·이론적으로 뒷받침하기 위해 작성된 역사서는 근대역사서에 해당한다는 것이다. 두 번째로 새로운 시대에 걸 맞는 역사주체를 발견하거나 만들어내려는 노력이 반영되어 있어야 한다. 이 두 가지 개념을 다른 말로 표현한다면 근대적 '국민 만들기'에 복무하는 역사학이 될 것이다.

근대적 국민 만들기를 위해서는 새로운 체제에 대한 설명이 필요하고, 그 체제를 지탱해줄 동질의식의 확보를 위한 역사인식이 필요하다. 전일적인 정통성을 가진 통사가 필요해지는 것이다. 그리고 그러한 통사체제를 만들기 위해서는 인과관계가 필요하고 도덕이나 종교(經學)와 같은 중세적인 관념을 탈피한 역사인식이 필요한 것이다. 그러한 도구로 실증과 과학이 동원된다. 그리고 그것은 주변국과의 객관적이고 자주적인 관계의 설정을 요구한다. 결국 근대 역사학의 정립과정은 이러한 요소들이 복합적으로 결합되고 완성되어 가는 과정이다.

이러한 측면에서 본다면 한국에서 국민 만들기가 시작된 것은 대한제국 시기였고, 그 역사적 도구가 바로 학부에서 만들어낸 교과서들이었다. 물론 대한제국의 이 같은 시도는 서구 열강이나 일본의 영향을 받은 바도 있지만, 그 이전 조선후기의 사회변동과 거기에 부합하는 역사인식의 변화와 그것을 반영한 역사서들이 그 밑거름이 되고 있기도 하다. 그것은 새롭게 등장하는 '민(民)'이라는 새로운 역사주체에 대한 역사인식의 반영이기도 했다.[5]

이와 관련해 일찍이 김용섭은 개혁기의 역사가들이 개혁기 역사학 또는 광무개혁 자체의 이념을 실학사상과의 관련에서 찾고 있었다고 보았다. 이 시기의 실학사상 계승은 실학자들의 업적을 간행하거나 그것을 토대로 한 저술의 형식으로 나타났다. 그런 면에서 학부에서 교

---

5) 근대 역사학의 형성 배경으로서 조선후기 이래의 변화에 주목해야한다는 주장은 이신철, 「한국 근대 역사주체의 형성과 근대 역사학의 태동─근대 역사학의 새로운 이해를 위한 시론」, 『사림』 42, 2012의 제2장(이 책 1부에 재수록) 참조.

과서 편찬에 관여했던 현채와 김택영도 실학사상을 계승하고 있었다. 현채는『흠흠신서』를 재간행했고, 김택영은『연암집』을 편간했다. 또 김택영은『역사집략』을 편찬하면서 이전의 사서들과 함께 실학자 안정복의『동사강목』, 유득공의『사군지』와『발해고』, 박지원의『연암집』등을 참고했다.[6] 한영우는 실학과 더불어 19세기 말의 위항문학인들이 역사서술의 지평을 넓히고 있음에 주목했다.[7]

　조선후기 실학으로 표상되는 역사학의 가장 중요한 변화는 바로 중화주의로부터의 이탈이었다. 주변국을 타자로 인식하고 자신을 객관적이고 자주적으로 인식하면서 근대민족국가를 향한 역사인식을 싹틔우고 있었던 것이다. 이 같은 경향은 1895년 편찬된 대한제국 최초의 역사교과서들(『조선역사』,『조선역사대략』,『조선약사』)에도 그대로 반영되었다. 이들 교과서들은 전통적인 한·중(韓·中) 기년(紀年) 표기에 조선개국 과 일·서기(日·西紀)를 병기함으로써 중국, 정확히는 청에 대한 독립의지를 강하게 표출하고 있다.[8] 이 같은 변화는 비단 초기의 세 교과서만이 아니라 대한제국기 역사교과서 전체의 특징이기도 하다. 근대 역사학의 국민 만들기라는 목표가 정부주도로 실행되기 시작한 것이다. 다만, 이들 첫 교과서들은 왕을 중심으로 한 중세적 역사인식에서 벗어나지 못했고, 그 서술 방식에서도 편년체를 크게 벗어나지 못하고 있었다. 다만,『조선약사』의 경우 신사체를 시도하고 있지만, 그 의미는 크지 않았다. 이 같은 경향은 1890년대 말까지의 학부 편찬 교과서들에서 지속되었다(〈표 1〉 참조).

---

6) 김용섭, 「우리나라 근대 역사학의 성립」, 이우성·강만길 엮음,『한국의 역사인식』하, (창작과비평사, 1976), 425쪽.

7) 한영우, 『역사학의 역사』 (지식산업사, 2002), 218-221쪽.

8) 김종복, 「중화질서의 와해와 유교적 사유체계의 변동－개항기 역사서의 발해사 서술을 중심으로－」,『아시아문화연구』26, 4쪽.

〈표 1〉 대한제국기(1895-1910년) 역사교과서

	교과서명	편/역/저자	발행(년)	서술범위	기년	서술방법	특징	책수
1	朝鮮歷史	학부	1895	단군-조선	조선개국, 간지	편년체 국한문	최초의 국사교과서, 최초 국한문, 조선 건국기원 사용, 사범학교용	3권 3책
2	朝鮮歷代史略	학부	1895	단군-조선	조선개국, 간지, 중·韓紀	편년체 한문	고등용	3권 3책
3	朝鮮略史	학부	1895	단군-조선	간지, 조선개국	신사체 국한문	1, 2를 합쳐 초등용으로 쉽게 서술	5권 2책
4	東國歷代史略	학부	1899	단군-고려	간지, 한·중·일·서기	편년체 한문	중(고)등용, 1895년보다 정돈	6권 3책
5	大韓歷代史略	학부	1899	조선	간지, 한·중·일·서기	편년체 한문	중(고)등용	2권 2책
6	普通教科東國歷史	학부	1899	단군-고려	간지, 한·중·일·서기	편년체 국한문	중(고)등용 동국역대사략의 초등용. 문예 추가, 역사 총체적 파악 노력, 후일 중등교과동국사략의 기초가 됨.	5권 2책
7	東史輯略	金澤榮	1902	단군-고려	간지, 한·중기	편년체 한문	사찬(私撰) 역사교과서 효시, 신연활자본(新鉛活字本). 임나일본부설 수용.	11권 3책
8	歷史輯略	김택영	1905	단군-고려	간지, 한·중기	편년체 한문	고등용, 관학 대표한 사찬	1권 2책
9	大東歷史	崔景煥	1905	단군-마한	간지, 한·중·일·서기	편년체 한문	독립협회 간행 (1896년 필사본을 출판)	5권 2책
10	大東歷史 상(권1-5)·하(권6-12)	鄭喬	1905	신라	간지, 한·중(지)·일·서기	편년체 한문	중등이상, 독립협회 간행	12권 4책
11	(中等教科)東國史略	玄采	1906	고대-조선	距今某年前	신사체 국한문	하야시의 『조선사』, 『조선근세사』 역술, 사립중등용, 학부불인가.	4권 4(2)책

12	普通教科大東歷史略	국민교육회	1906	단군-고려	간지, 한기	편년체 국한문	초등용, 계몽주의 사서	7권 1책
13	新訂東國歷史	元泳義, 柳瑾	1906	단군-고려	간지, 한기	편년체 국한문	초등용, 계몽주의 사서	2권 2책
14	初等大韓歷史	鄭寅琥	1908	고대-조선	한기	신사체 국한문	사립초등용, 학부 불인가	1책
15	대한력亽(상)	헐버트, 吳聖根	1908	단군-고려	간지, 한·중·일·서기	편년체 한글	선교계 대동역사 번역 교회나 선교계 학교용	1책
16	初等本國歷史	유근	1908	상고-조선	距今某年前	신사체 국한문	사립초등용, 학부 인가	1책
17	초등대한력亽	조종만	1908	상고-조선	한기	신사체 한글	초등용	1책
18	初等本國歷史	安鍾和	1909	상고-조선	구분불가	신사체 국한문	사립초등용, 학부 검정	1책
19	初等本國略史	홍사단	1909	단군-조선	조선개국	신사체 국한문	사립초등용, 학부 검정	2권 2책
20	初等大東歷史	朴晶東	1909	단군-조선	조선개국 (대한개국)	신사체 국한문	사립초등용, 학부 검정	1책
21	大東靑史	黃義敦	1909	단군-영/정조	단기	신사체 국한문	북간도 명동학교 교재	1책
22	新撰初等歷史	유근	1910	단군-조선	구분불가 (융희 몇 년 전)	편년체 국한문	사립초등용, 학부 검정	3권 3책
23	國朝史	원영의	1910	조선	간지, 한기	편년체 국한문	해외민족학교 교재용, 『신정동국역사』의 속편인 듯, 의병, 구국운동, 일제침략 기술	1책

출처: 강영심, 「근대 역사 교과서 해제」, 현채 著, 나애자 譯, 『근대 역사교과서』 1 (소명출판, 2011), 24-25쪽. ; 김종복, 「중화질서의 와해와 유교적 사유체계의 변동―개항기 역사서의 발해사 서술을 중심으로―」, 『아시아문화연구』 26, 4, 9쪽. 두 논문에 실린 표를 재구성하여, 덧붙이고 고쳤다.
* 강영심의 표에 누락된 『동사집략』, 김종복의 표에 누락된 『대동청사』를 추가하였다.
** 기년표기의 한기는 '00왕' 표기, '지'는 '지나'를 의미한다.
*** 『동국사략』 앞에 '중등교과'가 붙은 것은 2판과 3판이다.

1902년 김택영의 『동사집략』을 필두로 개인 편찬의 역사교과서들이 등장하면서, 대한제국의 역사교과서들의 성격은 급격히 변모하기 시작한다. 다양한 편찬 주체는 다양한 해석과 서술의 가능성을 넓혀 주었던 것이다. 그중 가장 획기적인 역사서가 바로 현채의 『동국사략』이었다. 이 책은 1906년(광무 10년) 6월 10일 처음 간행되었다. 전 4권 4책으로 이루어졌고, 보성각에서 발행되었다. 인쇄는 보문각에서 이루어졌다. 그리고 1907년에는 2판이 발행되었고, 그 이듬해인 1908년 3판이 발행되었다. 그런데 초판, 2판, 3판은 그 판본에 따라, 또 같은 판에서도 내용이 다르기 때문에 먼저 그 내용을 정리해서 살펴볼 필요가 있다. 각 출판본별 특징과 서지사항을 정리해 보면 〈표 2〉와 같다.

〈표 2〉 『동국사략』의 판본별 서지 사항

	초판		2판	3판	
도서명	동국사략	동국사략[1]	중등교과 동국사략	중등교과 동국사략 (원본)	중등교과 동국사략 (수정본)
저자 (표지)	(각권 현채 역술)	미확인	계동 현채 저역	좌동	좌동
발행일 (인쇄일)	광무 10년 (1906) 6월 10일 (인쇄일)	미확인	융희 원년(1907) 11월 30일 (인쇄 24일)	융희 2년 7월 15일 (인쇄 10일)	좌동
서문 (작성자)	동국사략서 (안종화), 동국사략 자서 (현채)	미확인	중등교과 동국사략 자서 (현채)	좌동	좌동
서술 대상 기간	단군- 광무 10년 (1905)	미확인	단군-본조융희 원년(1907.10)	단군-본조융희 2년(1908.4)	단군 -본조
추가 내용[2]	갑오후 10년기사	갑오후 10년기사	갑오후10년기사, 을사신조약, 해아사건급선양, 결론	갑오후10년기사, 을사신조약, 해아사건급선양, 융희시사, 결론	갑오후 10년기사
책수	4권 4책	4권 2책	4권 2책(반양장) /4권 1책(양장)	좌동	좌동
가격	2원 (매권 15전)	1원 50전	신화 1원(반양장) /신화 1원 20(양장)	좌동	좌동

발행자	경성 전동(磚洞) 보성관(普成館)	미확인	편집 급 발행자 현채	좌동	좌동
인쇄소	경성 회동(會洞) 보문관(普文館)	일한도서인쇄 주식회사	일한도서인쇄 주식회사	경성 명치정 3정목 일한인쇄 주식회사	좌동
발태소(發兌所)/발행소(2, 3판)	경성 전동 보성관	미확인	황성(皇城) 9곳, 평남·북 각 1곳[3]	황성 11곳, 평남·북 각 1곳	좌동
소장처	국립중앙도서관·성균관대		서울대	성균관대·독립기념관[4]	국립중앙도서관/독립기념관/이화여대[5]

1. 일한도서인쇄주식회사의 2판에 실린 광고를 바탕으로 추정하였다.
2. 하야시의 서술 내용에 추가된, 최근 시기에 관한 서술항목을 의미한다.
3. 업체명과 담당자명이 병기되어 있다. 다만, 황성(皇城) 한 곳의 담당자명이 없다. 3판의 경우에도 마찬가지인데, 황성 두 곳의 담당자명이 없다.
4. 한국학문헌연구소 편, 『한국개화기 교과서 총서(11)』(아세아문화사, 1977)에도 수록되어 있다.
5. 국립중앙도서관 소장본에는 조선총독부소장본(1책 양장본)과 개인소장본(2책 반양장본) 두 종류가 있다. 후자의 상권에는 중등교과 표기가 없다. 하권과 필체가 다른 것으로 보아 소장자가 표지를 만들어 붙인 것으로 보인다. 독립기념관과 이화여대 소장본은 모두 4권 2책이다. 이화여대 소장본은 소명출판사에서 원문과 함께 번역 출간하였다.

먼저 책의 제목부터 살펴보면 현채는 초판의 제목을 『동국사략』으로 했지만, 2판부터는 중등교과라는 표현을 작은 글씨로 덧붙였다. 기존의 연구에서는 『동국사략』과 『중등교과 동국사략』의 제호가 혼재되어 하나의 책으로 이해되거나, 『중등교과 동국사략』이 1908년 3판에서 붙여진 제호로 소개되기도 했다. 그렇지만, 이 연구를 통해 1906년 초판에는 『동국사략』이라는 제호만이 사용되었고, 1907년 2판에서부터 중등교과라는 제호가 추가되었음을 확인하였다. 아마도 이때까지의 연구에서 1907년 2판본을 찾기 어려웠고, 현채 스스로가 같은 책을 여러 제호로 출간하였기 때문에 빚어진 혼란이라고 할 수 있다. 어쨌든 이 글에서는 초간본이 『동국사략』으로 출간된 것이 명확하고, 2판과 3판이 모두 초간본의 내용을 기본으로 하고 있으므로, 두 책을 통칭할 때는 『동국사략』으로 부른다.

현채가 초간본을 발간할 당시 실질적으로 교과서로 사용할 계획이면서도 교과용 도서임을 밝히지 않은 것은 아마도 자신이 학부에 재직 중인 시기에 학부 출판이 아닌 개인 필명의 교과서를 출판하는 것에 부담을 느꼈기 때문일 것이다. 또한 이미 을사늑약이 체결된 이후였기 때문에 그 내용면에서도 학부의 공식 출판물에 담기는 힘든 측면이 있었을 것으로 추측해 볼 수 있다. 다만 1905년 2차 한일조약(을사조약)의 강제 체결 이후 학부는 유명무실해졌고, 국사의 집필과 출간은 사실상 중단되었기 때문에 후자의 이유는 절대적인 것이라고 할 수 없다.

이와 관련해 1907년 1월 현채가 학부에서 해직된 이유를 살펴볼 필요가 있다. 기존의 몇몇 연구는 『월남망국사』, 『법란서신사(法蘭西新史)』, 『동국사략』 등과 같이 애국심을 고취시키는 서적을 저·역술하고 발행했기 때문이라고 주장했다.[9] 그렇지만 이러한 주장은 추정에 불과하고 근거가 명확하지 않다. 이와 관련해 주진오는 "국사교과서를 학부에서 더 이상 편찬할 필요가 없어졌기 때문이며, '관리복무규율' 가운데 겸직금지 조항에 저촉되었기 때문"이라고 주장했다.[10] 당시 현채가 이미 보성관 등 인쇄·출판사들과 관계를 맺고 자신이 직접 경영에 참여하거나 집필을 하고 있었던 상황을 고려하면 주진오의 주장이 좀 더

---

9) 정은경, 「개화기 현채가의 저·역술 및 발행서에 관한 연구」, 『서지학연구』 14, 307쪽. 현채 연구의 효시라고 할 수 있는 노수자의 「백당 현채연구」(『이대 사원』 8, 1969)에는 현채가 1906년 이후 학부를 그만두고 보성사에서 출판관계 일을 보면서 『유년필독』(幼年必讀), 『동국사략』 등을 저술하는 등 애국심 고취에 여념이 없었다고 평가했지만(79쪽.) 이는 사실 오류이다.

10) 주진오, 「제3장 김택영·현채」, 조동걸·한영우·박찬승 엮음, 『한국의 역사가와 역사학』 하 (창작과비평사, 1994), 41쪽.

사실에 가까운 것으로 보인다.[11]

결국 현채는 사립학교의 교과서로 사용될 책을 집필하면서도, 학부 관리의 겸직 금지 조항 등을 의식해 자신의 책을 중등교과로 명시하지 않은 것이 아닌가 한다. 더불어 이 책은 당시의 상황에서는 획기적인 것이었기 때문에 굳이 중등교과로 한정할 이유가 없었다는 점도 작용한 듯하다. 아래에서 살펴보겠지만, 당시 보성관은 교과용 도서만이 아닌 일반 서적도 여럿 출판했다는 사실이 그러한 판단을 뒷받침해준다.

저자 표기 방식도 초판과 2판 이후가 다른데 이것도 학부 재직 상황과 관련이 있을 것으로 보인다. 초판에서는 표지에 하야시의 이름이나 자신의 이름을 전혀 밝히지 않았다. 다만, 각 권의 본문 서술 앞에 '한수 현채 역술'(漢水 玄采 譯述), 그리고 가장 뒷장의 판권지에 '역술자 현채'라고 표기했다. 이 책이 번역에 기초하고 있지만, 자신의 독자적 서술이 포함되어 있음을 처음부터 강조하고 있음을 알 수 있다. 2판과 3판에서는 각 권 앞에 '현채 역술'이라는 표현을 그대로 두면서, 표지에 '현채 저역'(玄采 著譯)이라고 표기하여 저술의 의미를 좀 더 강조하였다. 학부에서 해직된 상황에서 표지에 저자를 드러내는 데 문제가 없었기 때문이 아닌가 한다.

초판을 보성관에서 발행한 것도 특이하다. 보성관은 한말 내장원경 이용익(李容翊)이 러일전쟁 도중 일본에 납치되어 그곳의 문물과 시설을 둘러보고 느낀 바 있어, 귀국한 뒤 1905년 설립한 출판사이다. 보성

---

11) 권순철의 경우에는 현채가 1906년 1월에 일한도서인쇄회사 부사장이 되고, 국민교육회에도 참가하는 등 실질적으로 학부로부터 떨어져 활동하고, 통감부체제에 적응하지 못했던 때문이 아닌가하고 추정하면서 특히 애국심을 고취하는 서적을 많이 역술하고 있던 상황과 관련이 있을지 모르겠다고 추측하기도 했다(權純哲, 「林泰輔『朝鮮史』の玄采譯著『東國史略』研究」, 『埼玉大學紀要(教養學部)』 46-1號, 2010, 90쪽). 다만 그의 평가는 한국의 선행연구를 참조하고 있기 때문에 큰 의미를 두기는 어렵다.

관은 편집소였고, 인쇄소는 보성사였다. 이용익은 교육기관으로 보성소학과 보성중학 및 보성전문학교를 설립했는데, 교과서 발행을 위한 출판사로 보성관을 병설했다.[12) 『동국사략』은 보성관의 첫 번째 출간 도서였다. 『동국사략』이 중등교과서였다는 점을 고려한다면 보성관에서 출판하는 것은 일면 자연스러워 보인다.

그런데 당시는 보성관 이외에도 출판사가 적지 않았다. 광인사(廣印社), 광학서포(廣學書鋪), 회동서관 등 각종 출판사가 설립되고, 출판활동이 활발했던 것이다. 제국신문(이문당), 독립신문사, 황성신문사 등 신문사들도 각종 서적을 출판하고 있었다. 그리고 민영휘도 1906년 5월 휘문의숙을 설립하면서 교과서 편찬 등을 목적으로 인쇄소 휘문관을 설립한 상황이었다.[13) 게다가 이용익의 정치성향은 친러파로 분류된다. 친일성향의 현채와는 어울리지 않는다. 더구나 현채는 『동국사략』 2판과 3판을 출판했던 일한도서인쇄주식회사(1908년 일한인쇄주식회사로 개칭)의 부사장을 맡고 있는 상황이었다.[14)

일한도서인쇄주식회사는 일본인 몇 명이 함께 세운 출판사였다. 학부의 관료가 비록 사립학교의 교과서이긴 하지만, 일본에 대한 경계심이 팽배한 상황에서 자신명의의 교과서를 일본인 출판사에서 발간하기에는 부담스러운 측면이 있었을 것이다. 이러한 조건하에서 현채가

---

12) 김민환, 「개화기 출판의 목적 연구—생산 주체별 차이에 관하여」, 『언론정보연구』 47-2, 2010, 117쪽; 권두연, 「보성관(普成館)의 출판 활동 연구—발행서적과 번역원(繙譯員)을 중심으로」, 『현대문학의 연구』 44, 2011, 10-11쪽. 권두연의 연구에 의하면 학교와 출판사간의 정확한 관계는 불명확하다.

13) 당시의 여러 출판사 현황에 관해서는 김민환, 위의 논문 참조.

14) 현채의 일한도서인쇄주식회사 부사장 경력은 정은경, 「개화기 현채가의 저 · 역술 및 발행서에 관한 연구」, 307쪽 참조. 다만, 특별한 근거자료를 밝히지 않아 그 재직 기간 등을 정확히 알 수 없다. 「대한매일신보」 등 당대의 신문자료 등에서 기록을 찾지 못하였다.

보성관에서 『동국사략』을 출판했던 것은 이 시기 그가 보성관에서 『월남망국사』 등 자신의 다른 서적들도 출판하고 있었던 것과 관련이 있어 보인다.[15]

출판사와 관련해 또 한 가지 흥미로운 것은 초판에는 발태소(發兌所), 2판부터는 발행소로 명칭이 바뀌어 기록되어 있는 보급소들이다. 초판에서 보성관이 직접 담당하던 보급 업무가 2판은 전국 11곳(황성 9곳)으로 확장되고 있다. 그리고 3판에서는 다시 황성에서 두 곳이 늘어났다. 도서가 그만큼 널리 팔리고 있음을 말해주고 있다.

현채는 2판을 발행하면서 4책을 모두 묶어 양장 한 권으로 발행하거나, 반양장 두 책으로 묶어 판매하기 시작했다. 가격도 각각 초판에 비해 80전과 1원이 싼 가격으로 내렸다. 현채는 일한도서인쇄주식회사에서 2판을 발행하면서 동시에 초판을 같은 회사에서 다시 인쇄한 것으로 보인다. 2판의 광고 면에 구판의 가격을 10전 내린 1원 50전에 내놓고 있기 때문이다. 그 만큼 보급에 힘을 쓴 것으로 이해할 수 있다. 발행자가 보성관에서 현채로 바뀐 것도 흥미롭다. 2판부터는 편집 및 발행자를 현채로 표기하고 있다. 당시 일한도서인쇄주식회사의 부사장이었기 때문에 그러했는지, 저자의 권리를 강화하기 위한 것인지 확인하기 힘들지만, 어쨌든 현채의 권리가 강화된 것만은 분명해 보인다.

『동국사략』의 판본별 특징에서 가장 주목할 부분은 서술 내용의 변화이다. 초판부터 현채는 하야시의 『조선사』와 『조선근세사』에서 서술 대상 시기가 아니었던 '갑오 후 10년 기사'항목을 추가 서술하여 역술의

---

15) 『동국사략』의 판권에는 인쇄소가 보성사가 아닌 보문관으로 되어 있다. 보문사는 會洞에 위치하고 있었고, 『보법전기』(普法戰記, 재간본), 『일본서기』 등이 인쇄된 것으로 보아, 보성사와는 다른 곳이 아닌가 한다(정은경, 「개화기 현채가의 저·역술 및 발행서에 관한 연구」, 330쪽 참조).

의미를 살리고 있다. 2판에서는 거기에 덧붙여 '을사신조약', '해아사건 급(及)선양' 그리고 '결론'을 추가하였다. 또 3판에서는 '융희시사'를 덧 붙였다. 2판과 3판이 출간되기 직전까지의 역사를 기록하고 있는 것이 다. 다만, 2판에서는 '해아사건급선양' 항목에서 융희 원년 8월 2일부터 10월까지의 내용은 이미 기술하고 있다. 3판에서 11월부터 1908년 4월 까지의 역사를 덧붙였다. 그리고 융희 원년 8월부터의 내용에 '융희시 사'라는 제목을 붙였다.

그런데 3판은 같은 판임에도 불구하고 두 가지 판본이 존재한다. 두 판본은 모두 일한인쇄주식회사에서 인쇄된 것인데도, 그 중 하나는 초 판과 동일한 내용으로 수정되어 있다(이하 3판 수정본). 나머지 하나는 전체 내용이 다 실린 것(이하 3판 원본)이다. 같은 3판인데 왜 현채는 서둘러 2판과 3판에서 자신이 쓴 내용을 지우고 다시 인쇄했을까? 그 것은 언제 인쇄되었을까? 두 판본은 내용이 다름에도 불구하고 왜 인 쇄날짜가 동일할까?

국립중앙도서관에 소장된 3판(수정본)에는 특이한 판본이 포함되어 있다. 판권지 한가운데 조선총독부소장 도장이 찍혀있고, 출간일 표기 바로 오른쪽에 쇼와 1년(1926년) 4월 19일 관외수리라는 도장이 찍혀 있다. 혹시 총독부가 도서의 일부를 수리해서 내용을 변경한 것이 아 닐까라는 의심을 해볼 수 있다. 그런데 이 책은 양장본 1책인데다, 4권 의 목차에도 삭제된 부분의 항목명이 없다. 그리고 표지의 시기 표시 도 3판 원본의 '자단군지융희2년'(自檀君至隆熙2年)이 아니라 '자단군 지본조'(自檀君至本朝)로 되어 있다. 표지와 해당 목차 부분을 포함하 여 수리했을 가능성도 있지만, 3판 양장 2책의 표지와 필체가 같은 것 으로 보아 가능성은 그리 크지 않은 것 같다.

결국 현채는 스스로 동시대의 역사적 기록을 추가해 3판을 펴내면서, 초판본과 같은 내용을 담은 3판 수정본을 동시에 인쇄했거나, 시간이 좀 흐른 후에 다시 3판 수정본을 인쇄했을 가능성이 크다. 이 문제는 1908년의 사립학교령의 교과서검정 규정과 1909년 통감부의 서적검열압수 정책과 연결시켜 생각해 볼 수 있다. 통감부는 1908년 8월 28일 「학부령 제16호 교과용도서 검정규정」을 공포하였다. 이에 따라 모든 학교용 교과서는 검정을 받고, 도서에 검정합격 표시를 하여야만 사용할 수 있게 되었다.16)

1909년 2월 23일에는 고종의 재가 하에 내각총리대신과 내부대신, 법부대신의 이름으로 「법률 제6호 출판법」을 공포했다. 이 법에 따라 이제 출판을 하고자 할 때는 저작자(또는 그 상속자)와 발행자가 연명하여 지방장관[한성부(漢城府)에서는 경시총감(警視總監)]을 경유하여 내부대신에게 허가를 받아야 되었다. 또 이미 출판된 서적의 경우에는 2판본을 발행할 때 같은 절차를 거치도록 했다. 뿐만 아니라 이미 출판되었다 하더라도 "안녕질서를 방해하거나 풍속을 괴란(壞亂)할 우려가 있다고 인정되는 경우에는 그 발매 또는 반포를 금지하고 그 각판(刻版)·인본(印本)을 압수한다."라고 규정했다(제16조).17)이 규정에 따라 기존 출판물을 비롯한 모든 출판물은 검열의 규제를 벗어날 수 없게 되었다.

이 같은 과정을 거쳐 통감부는 1909년 5월 5일 관보 「내부고시27호」(內部告示27号)를 통해 현채의 『중등교과 동국사략』을 포함한 8종의 도서에 대해 발매와 반포를 금지했다. 현채의 도서는 전체의 절반인 4종이었다. 그중 3종이 두 권으로 이루어져 있었음을 감안하면 그 비중

---

16) 내각 법제국 관보과,『관보』호외, 융희 2년(1908년) 9월 1일(서울대학교 규장각 한국학연구원 원문자료 DB. 이하 관보의 출처는 동일함).

17)『관보』제4310호, 융희 3년(1909년) 2월 26일.

은 더 커진다. 금지의 이유는 '치안 방해'였고, 처벌 조항은 바로 출판법 제16조였다. 이때 금서로 공포된 도서는 〈표 3〉과 같다.[18] 같은 해 12월까지 압수된 도서는 9종 5,767권이 되었다.[19] 12월 1일 현재 발매 금지된 도서는 39종, 1910년 8월에는 99종으로 늘어났다.[20]

〈표 3〉 내부고시27호에 의해 금서로 공포된 도서 현황

우순소리	금수회의록		中等敎科東國史略 上·下	幼年必讀釋義 上·下	幼年必讀 卷一·卷二	二十世紀朝鮮論		월남망국ᄉ		越南亡國史
著作者	發行者	著作者	著作者兼發行者	著作者兼發行者	著作者兼發行者	發行者	著作者	發行者	著作者	著作者
尹致昊	皇城書籍業組合	安國善	현채	현채	현채	崔炳玉	金大熙	玄公廉	리샹익	현채

　　이러한 정황을 고려해 보면, 통감부가 교과서 검정정책을 발표하자, 현채는『중등교과 동국사략』을 계속 교과서로 사용하기 위해 스스로 자기 검열을 하였을 것으로 보인다. 결국 3판 수정본은 통감부의 사립학교법 공포 전후가 아닐까 한다. 3판이 인쇄된 것이 7월 10일이고, 사립학교법 공포일이 8월 26일이니 불과 한 달여 만에 현채는 새로운 교과서를 찍어내야 했던 것이다. 그렇지만, 현채의 노력에도 불구하고『동국사략』은 금서의 제재를 피하지는 못했다.[21]

---

18) 『관보』 제4370호, 융희 3년(1909년) 5월 7일.

19) 국사편찬위원회,『한국독립운동사1』, 1965, 338쪽. 압수된 도서 중 현채의 도서는 모두 4종 1,564책으로 종수로는 반에 가까웠고, 책 수로는 전체의 79.6%에 해당되었다(노수자「백당 현채연구」, 91쪽; 임이랑, 「중등교과 동국사략 해제」, 현채 著·임이랑 譯,『근대 역사교과서2－중등교과 동국사략』(소명출판, 2011), 40쪽.)

20) 이종국,『한국의 교과서』(대한교과서주식회사, 1991), 160쪽.(김민환, 「개화기 출판의 목적 연구－생산 주체별 차이에 관하여」, 124쪽에서 재인용).

21) 『동국사략』은 1924년과 1928년『동사제강』(東史提綱)과『반만년 조선역사』라는 이름으로 다시 출간된다. 이에 관해서는 이글 4장 마지막 부분 참조.

이외에『동국사략』의 판본이 변하면서 보이는 또 하나의 특징은 안종화의 서문이다. 안종화의 서문은 초판본에만 실려 있는데, 2판부터 그의 서문을 삭제한 이유는 추적하기 어렵다. 안종화는 현채의 또 다른 저서『월남망국사』에도 서문을 실을 정도로 친분이 두터웠고, 당시 신문물에 대한 개방적 성향도 비슷했던 것으로 볼 수 있다. 현채가 네 살 위로 나이도 비슷했다. 두 사람이『동국사략』서문에서 보이는 역사인식도 비슷한 점이 많다. 다만, 안종화는 현채에 비해 좀 더 적극적인 성격이었던 것으로 보인다. 1905년 제2차한일조약(을사조약)이 체결된 이후 그는 다른 이들과 함께 조약폐기와 5적의 주살을 주장하는 상소를 몇 차례 올리기도 했다.[22] 이 같은 정치적 활동이 현채가 그의 서문을 삭제하는 이유가 되었을 가능성도 적지 않아 보인다.

3.『동국사략』의 당대사 인식과『조선근세사』역술

현채의『동국사략』이 매우 큰 인기를 끌었음은 책의 보급소가 초판 한 곳에서 3판 13곳으로 급격히 늘어나고 있는 데서도 잘 알 수 있다. 이는 당시의 교육열이나 신규도서에 대한 대중적 열기로 설명할 수도 있겠지만,『동국사략』자체의 인기가 그 만큼 컸기 때문이었다.『동국사략』은 실질적인 최초의 신사체 사서였고, 중등 사립학교용 최초의 국한문 혼용 역사책이었다. 명실공히 역사상 최초의 국한문 혼용 신사체 역사책이 등장한 것이다. 그만큼 읽기 쉬웠고, 대중적이었다. 현채의 책은 당시 대성학교 교재로 사용되는 등 청소년뿐 아니라 식자층에

---

[22] 최기영, 「제2장 안종화」, 조동걸·한영우·박찬승 엮음,『한국의 역사가와 역사학』하, 30쪽.

게 광범위하게 읽혔다고 한다. 또『황성신문』을 비롯한 신문과 잡지에 발췌 소개되기도 했다.23)

당대에『동국사략』에 대해 처음으로 공식적인 평가를 한 것은 신채호였다. 그는 자신의 저작『독사신론』(讀史新論, 1908)을 통해 "각 학교 교과용의 역사를 보건대, 가치 있는 역사가 거의 없다."고 비판했다.24) 또『조선상고사』(朝鮮上古史)에서 다시 한 번 역사교재에 대해 "최근 왕왕 신사체로 역사를 만들었다는 1, 2종의 새 책이 없지 않지만", "그 신구(新舊)의 이름만 다를 뿐이니 털어놓고 말하자면 한 장책(韓裝冊)을 양장책(洋裝冊)으로 고침에 불과한 것이다."라고 비판하고 있디.25)

물론 신채호는 명확하게 현채의『동국사략』을 언급하지 않았다. 그렇지만 첫 번째 비판을 통해 교과서 전반의 고대사 기술이 종속적임을 비판하고, 다시 13년여의 시간이 흐른 후 신사체의 긍정성을 인정하면서도 고대사 기술의 종속성을 다시 한 번 비판하고 있다. 현채의『동국사략』은 당시 교과서로 사용되고 있었고, 최초의 신사체 역사교재였기 때문에 신채호의 주된 비판의 대상은 바로 이 책이었다고 해도 과언이 아닐 것이다. 다만 신채호가 주로 비판한 것은 고대사였고, 특히 중국사와의 관계였다.

그런데『동국사략』이 세간의 이목을 집중시켰던 것은 바로 신사체

---

23) 주진오, 「제3장 김택영·현채」, 40-41쪽.

24) 신채호, 「독사신론」,『대한매일신보』1908.8.27; 단재신채호전집편찬위원회,『단재 신채호 전집 - 제3권 역사 독사신론, 대동제국사서언, 조선상고문화사』(한국독립운동사연구소, 2007), 5쪽(원문), 309쪽(신활자)에서 재인용.

25) 신채호,『조선상고사』, 종로서원, 1947(초판 1931), 36쪽; 단재신채호전집편찬위원회,『단재 신채호 전집 - 제1권 조선상고사』(한국독립운동사연구소, 2007), 260쪽.『조선상고사』의 실제 집필은 1921-1924년에 걸쳐 이루어졌다. 인용문은 현대문으로 번역했다.

라는 새로운 형식의 서술과 당대사 서술 때문이었다. 주제별 서술이라는 새로운 형식에 통사체계를 갖추었을 뿐 아니라 당대사인 조선시대, 그리고 한 걸음 더 나아가 현존 황제인 고종 시대의 이야기까지 거침없이 다루는 것은 당시로서는 상상하기 힘든 일이었다. 그때까지만 해도 중세적 사고방식에서 당대 이전의 왕조만을 다루는 것을 역사서술의 기본 원칙으로 생각하는 것이 일반적이었지만, 근대적 역사관이 인입되면서 조금씩 그 벽이 허물어지기 시작하고 있던 상황이었다. 그것이 『동국사략』에 이르러 완전히 새로운 모습을 갖추게 된 것이었다.

『동국사략』 이전에 교과서로 출간된 10권의 교과서 중에 조선시대를 다루고 있는 것은 사찬 교과서들이 아니라 오히려 학부가 편찬한 4종의 교과서였다. 그만큼 당대사에 대한 기술을 꺼리는 경향이 강했던 것이고, 대한제국의 입장에서는 근대적 '국민 만들기' 기획의 일환으로 당대사를 포함한 통사체계를 갖추려고 했음을 알 수 있다.

근대 역사학에서 당대사를 쓴다는 것은 통사체계를 갖추는데 무엇보다 중요한 핵심요소이다. 통사체계란 현재의 역사적 정당성을 옛 역사 속에서 사실과 인과관계를 통해 재구성하는 과정이기 때문이다. 현채는 이 같은 근대 역사학의 성격과 그 중요성을 하야시 다이스케의 『조선근세사』를 보면서 크게 깨달은 것으로 보인다. 현채는 당대사에 대한 인식을 자신이 직접 쓴 『동국사략 자서』를 통해 강하게 주장하고 있다. 그는 먼저 "역사라는 것은 나라가 망한 뒤에야 바야흐로 쓸 수 있는 것이다. 그 나라 사람들이 함부로 말할 바가 아니다."라는 태도를 취하며, 당대사 서술을 기피하고 하고 있는 당시 역사가들의 제한적 역사인식을 신랄하게 비판한다.

그는 또 만약 그렇다면 "2500년을 살아오면서 하나의 성(姓)으로 전하여 오며 임금의 자리(神器)를 옮기지 않은" 일본은 국사를 쓸 수 있는 날이 없을 것 아닌가라고 논리의 허점을 비판한다. 나아가 "근년에 각 국이 미래사를 번갈아 함께 내"놓고 있는 상황을 소개하고, 그러한 역사쓰기가 "사람의 깊은 속(肺腑)을 들추어내고 사람들의 어둡고 간사함(陰邪)을 뒤집으며 앞 사람을 거울삼아(徵驗) 뒷사람을 근신하게 해서 그 국가를 보전하는 것"이라고 주장하고 있다.[26] 그는 한국이 당대사 서술을 기피하고 있는 동안 다른 나라는 미래에 대한 역사까지 짐작하고 경계하고 있는 현실을 안타까워하고 있는 것이다.

더불어 현채는 외국사의 중요성을 설파하고 있다. 그가 생각키에 "자국사 또한 알지 못하면서 사람들을 향하여 우리의 모든 계보를 증명하겠디고 하니 부끄러움이" 이 보다 심할 수 없다. 또 세상에는 5대륙이 있는데, 그 "5대륙도 알지 못하는 자들이 어찌 그 안의 여러 나라와 각각의 강약의 형세를 알겠는가? 또한 외국이 어떠하다는 것은 말할 것도 없고, 바로 조국이 현재 어떠한 위치에 놓여 있는지에 대해서도 한 번도 추구하여 생각하지 않는다."라며 세계사와 자국사 인식의 천박함을 강도 높게 비판하고 있다. 중국 중심의 세계관에 갇힌 역사인식의 한계를 지적하면서, 한국사를 객관화하고 자주적으로 인식할 필요가 있음을 설파하고 있는 것이다.

마지막으로 그는 부형(父兄)된 자들을 향해 "『통감』, 『사략』 등의 고서는 고각(高閣)에 모아놓고, 책을 끼고 다니는 어린아이들이 우리 한국사를 한 번 읽어보게 한 뒤에 또한 만국사를 읽혀서 견문을 넓히고 정세를 인지하게 하며, 더욱이 병형농공(兵刑農工) 등의 실천사업에 힘쓰도록" 한다면 "몇 년이 지나지 않아 우리도 또한 옛날의 문화를 회복하고 엄연한 독립국의 면모를 갖추지 않겠는가"라며 한국사와 실용의

---

26) 현채, 「동국사략 자서」, 『동국사략』(보성관, 1906); 해석은 현채 著, 임이랑 譯, 『근대 역사교과서2-중등교과 동국사략』, 47-52쪽 참조. 이하 같은 곳에서 인용.

중요성을 강조하고 있다.

현채가 어린아이들의 역사인식 형성에 주목하고 있는 것 자체가 놀라운 부분이라고 할 수 있지만, 그가 아이들에게 요구하고 있는 역사인식은 더욱 놀랍다. 그는 왕조나 황제에 대한 충성을 요구하는 대신, 통사적인 한국사에 대한 이해를 요구하고 있다. 또 중세적 유교의식이나 사상적인 탐구를 대신해 병형농공의 실천을 요구하고 있다. 이 또한 중세적 세계관이나 역사의식에서는 상상하기 힘든 인식임에 틀림없다. 그리고 그가 실천 덕목의 제일 앞자리에 병(兵)을 내세운 것도 매우 흥미롭다. 당시 제국주의 열강이 호시탐탐 대한제국을 노리고 있던 상황에 대한 위기의식을 드러냄과 동시에 약육강식의 서양 근대사상을 그대로 수용하고 있음을 보여주고 있다. 이처럼 현채의 서문은 그가 왜『조선사』와『조선근세사』를 번역하게 되었는지를 충분히 설명하고 있다.

좀 더 구체적으로 현채가『동국사략』에서『조선근세사』의 당대사 서술을 어떻게 역술하고 있는지 비교해 보자.[27] 먼저 확인할 것은 현채는 서문에서 하야시의『조선사』일곱 권을 번역했다고 했지만, 실제로는『조선사』4편 5권과『조선근세사』상·하를 합쳐 일곱 권이라고 표현한 것이다. 즉, 현채가 일컫는 당대사는『조선근세사』, 즉 조선시대사를 의미한다. 이 글에서 당대사는 현재성을 강조하여 서양문물이 들어오고 개항이 이루어지는 시기 이후의 역사서술로 한정한다. 비교의 판본은『중등교과 동국사략』3판 원본이다.

하야시의『조선근세사』는 상·하 두 권이고, 전체 10장으로 구성되

---

[27] 앞 권순철의 글은 하야시 다이스케의『조선사』,『조선근세사』와 현채의『동국사략』의 체제와 자구를 일일이 비교하여 분석한 꼼꼼한 논문이다. 세 책의 전체적인 본문 비교는 그의 논문과 부록 도표를 참조하면 좋을 것이다. 이 글에서는 근세사 중에서도 최신 당대사에 해당하는 부분에 대한 검토와 해석을 시도한다.

었다. 6장까지 기술하고 있는 상권은 조선 건국부터 임진난(壬辰亂)까지 기술하고 있다. 하권은 7장에서 10장이다. 시기적으로는 광해군으로부터 청일전쟁까지를 다루고 있다. 마지막 10장이 이 글에서 살펴볼 당대사(현대사) 「구미와 일청의 관계」(歐米及び日淸の關係) 부분이다. 10장은 다시 본문 윗부분에 57개의 소항목 제목을 달아 소주제별로 구분하여 서술하고 있다. 전체 분량은 31쪽이다.[28]

『조선근세사』하권은『동국사략』제4권에 해당한다. 현채는 장부호는 붙이지 않고 제목만으로 구분하였다. 10장에 해당하는「구미와 청일의 관계」는 일청을 청일로 바꾸어 동일한 제목을 달았다. 본문에는 50개의 소항목을 붙였다. 분량은 21쪽이다.[29] 소항목과 분량의 단순 비교를 통해서도 전체적으로 축약되거나 생략된 부분이 있음을 알 수 있다. 앞에서 이미 언급했듯이『동국사략』에는『조선근세사』에 없는 부분이 있다. 바로 청일전쟁 이후부터 책 출간 직전까지의 역사이다. 부록의 형식으로 덧붙인 이 서술은 판이 거듭되면서 늘어나고 있다. 현채는 1906년 초판을 출간할 때 청일전쟁 이후 10년간의 역사를 약 6쪽(쪽수로는 7쪽) 분량으로 기록했다. 그리고 1907년 2판본에서는「을사신조약」(24⅓쪽),「해아사건급선양」(11⅓쪽) 그리고「결론」(⅔쪽)을 덧붙여 35쪽이 조금 넘는 분량을 추가하였다. 1908년 3판을 발행하면서는 다시「융희시사」10쪽 분량을 덧붙여, 총 45쪽의 분량이 늘어났다.

현채는 이렇게 덧붙인 부분이외에도 적지 않은 부분에서『조선근세사』서술에 수정을 가했다. 대표적인 수정 부분을 대략적으로 분류해 보면 내용수정, 삭제·축약, 가필로 나누어볼 수 있다. 먼저 내용수정

---

28) 林泰輔,『朝鮮近世史』下 [(東京, 吉川半七藏版, 1902, 초판 1901), 이하『조선근세사』하.

29) 현채 著譯,『중등교과 동국사략』권4(3판 원본), 1908. [(이하『동국사략』권4(원본)].

이 된 부분은 기본적인 오탈자의 수정에서부터 항목명과 개념용어의 수정, 서술변경 등이다. 단순 오탈자 수정은 주로 이름, 년도, 숫자 등을 바로잡았다. 예를 들면, "헌종 5년 프랑스 신부 3명과 신도 130여 명을 죽였다."는 표현에서 숫자를 150여 명으로 바로 잡는 것과 같은 것이다.[30] 단순 오류는 아니지만, 정종(正宗)을 정조(正祖)로 바로잡기도 했다.[31] 이는 고종이 호칭을 바꾼 것이 1899년 12월이었기 때문에 하야시가 미처 반영하지 못한 것을 현채가 반영한 것이었다.

소항목의 제목을 수정한 경우는 번역상의 차이 정도의 수정도 있지만, 중요한 개념을 수정한 것도 보인다. 예를 들면, '석비를 종로에 세우다'라는 항목에서 '석비'를 '척화비'로 고쳤다. 또 '대원군의 난'은 '임오군변'으로, '일본병 왕궁을 호위하다'는 '일병이 와서 호위하고 경우궁으로 파천하다'로, '일본병 왕궁을 점령하다'는 '일병난입궁중'(日兵攔入宮中)으로 수정하였다.[32] 앞의 두 항목은 대한제국의 입장을 반영한 수정이라 할 수 있다. 세 번째 수정제목은 갑신정변 당시 일본군의 역할이 단순한 왕궁호위가 아니라 적극적인 개입임을 제목에 드러내고 있다. 마지막 항목은 청일전쟁 직전의 상황을 묘사한 것인데 하야시는 일본군이 궁궐을 점령한 것으로 제목을 붙이고, 본문에서도 같은 내용을 기술하였다. 그런데 현채는 일본군의 점령을 일본군이 궁궐의 출입을 막은 것으로 축소하고 있다. 본문에서도 점령했다는 구절은 삭제하고 '직접 병력으로 궁궐 출입을 막고'라고 서술했다. 국권을 훼손당하는 표현인 '궁궐점령'의 상황이 아니었음을 나타내고자 한 것이다.[33]

---

30) 『조선근세사』 하, 69쪽; 『동국사략』 권4(원본), 48쪽.

31) 『조선근세사』 하, 68쪽; 『동국사략』 권4(원본), 47쪽.

32) 『조선근세사』 하, 목차; 『동국사략』 권4(원본), 목차.

33) 『조선근세사』 하, 93쪽; 『동국사략』 권4(원본), 64쪽. 현채 著 · 임이랑 譯, 『근대

이와 함께 본문에서도 적절하지 하지 않은 개념이나 용어를 적극적으로 수정하였다. 예를 들어, '금왕'은 '황제폐하'로, '언문'은 '국문'으로 수정하였다.[34] 그리고 서력표기는 모두 '지금으로부터 몇 년(距今)'으로 표기했다. 이 같은 사례는 모두 대한제국 또는 우리 민족의 입장에서 역사를 기술하고자 한 의도가 드러난 경우였다.

다음으로 삭제 축약한 부분은 전체 소항목을 통째로 누락시키거나, 내용의 부분 부분을 삭제 또는 축약해서 싣는 경우이다. 먼저 서양 천주교의 분파를 설명한 부분과 같이 관심이 덜한 부분은 통째로 삭제하였다. 민비와 대원군의 대립과 같이 상세한 권력투쟁의 내용과 위안스카이와 대원군이 황제를 폐하려 모의했다는 것과 같이 확인되지 않거나 정치적으로 민감한 내용은 내용 중간 중간을 삭제하였다.[35]

남연군 묘 도굴 사건은 내용을 대폭 축약하고 항목의 제목을 삭제했다. "미함을 포격하다.", "서교도를 주살한 것이 20여 만에 이르다.", "일본과의 교빙(交聘)을 끊다."와 같이 사실이 불명확하거나 내세울 만한 것이 못되는 경우는 가급적 내용을 축약하고 제목을 삭제하였다. 그리고 김옥균이 암살된 이후 청국이 시신을 돌려보내자, 그의 "시신을 분해해 사방에 내걸어 일본의 분개를 불러일으켰다."는 서술에서 "일본의 분개를 불러일으켰다."는 부분을 삭제하였다.[36] 일본 중심의 서술을 삭제해 버림으로서 대한제국 중심의 서술을 하고 있는 것이다.

한편, 하야시는 천주교에 대한 박해를 설명하는 부분에서 정약용을

역사교과서2-중등교과 동국사략』, 388쪽은 해당부분을 "직접 병력을 궁내에 들이고"로 하였는데, 攔入(闌入)을 亂入으로 오역한 것으로 보인다.

34) 『조선근세사』 하, 72쪽; 『동국사략』 권4(원본), 49쪽.

35) 『동국사략』 권4(원본), 1908, 77, 91쪽.

36) 『동국사략』 권4(원본), 1908, 93쪽.

설명하면서 '당세의 명유(名儒)'라고 간단히 언급한 반면에, 현채는 "듣고 깨우침이 남달라(聽悟가 絕人ㅎ야) 구류백가(九流百家)에 통하지 않음이 없다(無所不通). 경제학에 우심(尤深)하여 본조 오백년에 제일 명유"라는 칭찬을 덧붙였다.[37] 이 같은 설명은 역관출신인 현채가 실용적인 면과 경제학의 중요성 등을 강조하기 위해 가필한 것으로 해석할 수 있다.

또한 현채는 하야시와는 달리 청나라 또는 중국에 대한 서술에서 청국의 압제를 강조하고 독립을 중요하게 여기는 서술을 보이고 있다. 예를 들면, "조선이 오랫동안 자못 속국례를 가졌다."라는 서술을 "조선이 오랫동안 청국의 압제를 받아 자못 속국례를 가졌다."라고 수정하여 중국의 억압을 강조하고 있다.[38] 다음과 같은 수정도 중국의 역할을 강조하면서도 독립국 조선을 의식한 서술이다.

> 더욱 내치와 통치외교를 간섭하고, 조선은 중국 번복(藩服)의 나라라고 공언하기에 이르렀다. 더욱이 지나는 그 내치가 점점 정돈되기에 이르자 전에 조선을 방기하였던 잘못을 후회하고 그것을 회복하고자 했다.[39] ⇒ 더욱 내치와 외교를 간섭하여 조선을 압제하니 이것은 이전에 조선이 자주독립국이라함을 후회하여 구권을 회복코자함이었다.(밑줄은 필자)

이외에도 하야시는 임오군변 이후 정치세력의 분화를 사대당과 독립당으로 나누어 설명하고 있는데, 현채는 수구당과 독립당으로 수정

---

37) 『조선근세사』 하, 68쪽; 『동국사략』 권4(원본), 48쪽.

38) 원문 : 朝鮮이 久히 淸國의 壓制를 受ㅎ야 頗히 屬國禮를 執ㅎᄂ지라 [『동국사략』 권4(원본), 54쪽].

39) 林泰輔, 『朝鮮近世史』 下, 83-88쪽.

했다. 또한 "사대당은 즉 청에 예속되고자 하는 것으로"라는 구절은 "수구당은 청국에 친부(親附)코자 하여"라고 수정하여 비록 수구당이지만 청에 예속될 마음이 있었던 것은 아니란 점을 부각시키고 있다.[40]

청국에 대한 자주적인 서술을 강조하는 경향은 일본에 관한 서술에서도 등장한다. 예를 들면, 청일전쟁의 결과 체결된 강화조약 제1조에서 조선의 독립을 확인하였다는 설명에서 하야시는 '일본의 힘에 의하여'라는 구절을 넣고 있지만, 현채는 그것을 삭제하였다. 조선이 원래부터 자주국이었음을 나타내려는 시도로 읽어도 될 것이다.[41] 이처럼 현채는 중국의 압제에 대한 반감을 표시하면서도 하야시가 사용하고 있는, 속국을 의미하는 번복(藩服)이나 예속과 같은 용어를 삭제하여 조선이 독립국이었고, 자주독립을 지향하고 있음을 강조하는 모습을 일관되게 보이고 있다.

하야시의 『조선사』와 『조선근세사』는 일본인이 쓴 최초의 근대적 한국통사로 평가 받는다. 그는 비록 임나일본부설이나 중국에의 예속성 등을 강조해 조선사를 식민주의적 역사관으로 해석하는 한계를 보이고 있지만, 왕조와 경학 중심의 중세적 서술에서 벗어나 있는 것은 분명하다. 또한 그의 『조선사』 제1편 「총설」은 1. 지리, 2. 인종, 3. 역대연혁의 개략 및 정체(政體)의 3개장으로 구성하여 한국사를 하나의 독립된 역사체제로 설명하고 있다. 뿐만 아니라 그의 저작은 풍속, 제도, 문학, 산업 등 다양한 분야를 서술함으로써 주제사와 분류사적인 서술도 도입하고 있다.[42] 이 같은 이유에서 그의 저서는 과학적인 방법을 통하여 조선의 개황을 잘 정리한 것으로 평가받기도 한다.[43]

---

40) 위의 책, 84쪽; 『동국사략』 권4(원본), 57쪽.

41) 위의 책, 98쪽; 『동국사략』 권4(원본), 67쪽.

42) 林泰輔, 『朝鮮史 太古史 上古史 中古史』(東京, 吉川半七藏版, 明治25(1892)年).

현채가 하야시의 문제의식과 서술방법을 수용한 것은 분명하다. 그가 역술하면서 수정한 부분은 그러한 근대 역사학으로서의 본질을 벗어나지 않는 것들이었다. 오히려 그는 『조선근세사』의 당대사를 역술하면서 그러한 성격을 강화시키고 있다. 그 중에서도 특히 눈에 띄는 부분은 역시 중국사로부터의 독립성과 일본 중심의 시각을 벗어나려는 시도였다. 다시 말하면, 하야시의 저작들이 가지고 있는 근대적 한국사 서술에서 한 걸음 더 나아가 더욱 독자적이고 자주적인 통사체계를 갖추기 위해 노력하였음을 확인할 수 있다.

4. 『동국사략』의 동시대사 서술과 근대적 역사인식

하야시의 『조선사』와 『조선근세사』는 '지리, 인종, 역대연혁'의 항목을 두고 영역국가적 성격을 강조하여 근대국민국가 또는 근대민족국가에서 보이는 국경의 의미와 근대 민족(인종)의식이 분명하게 투영되고 있다고 평가된다.[44] 하야시는 근대국가 일본을 경계 짓기 위한 타자로서 조선을 인식하고, 한 걸음 더 나아가 조선을 근대적 국가 개념으로 인식하려고 했던 것이다.

하야시의 책은 통일신라론에 입각해 조선을 중국으로부터 독립된 하나의 통사체계로 설명하는 것이기도 했다. 물론 이 같은 시도는 청일전쟁 이후의 식민주의적 '조선독립국가론'과 아시아주의 정책의 산

---

43) 복기대, 「하야시 다이스케 『조선사』 번역의 의미」, 임태보 · 조선사편수회 지음, 편무진 외 번역, 『조선사 번역 · 해제』(인문사, 2013), 409쪽. 기타 『조선사』와 관련된 비판 등은 이 책의 해제 참조.

44) 백동현, 「한말 민족의식과 영토관」, 『한국사연구』 129, 2005, 127-128쪽.

물로서의 역사인식이라는 한계가 따라 붙는다.[45] 그렇지만, 학부에서 여러 역사서를 편집하면서 "번번이 체계가 서지 않아 독자들로 하여금 갈피를 잡지 못하게 하였으니, 뉘우치고 부끄러움이 더욱 심하였"던 현채에게, "삼국시대부터 조선에 이르기까지 모두 확실한 증거가 있고 또한 각 부문의 종류를 나누어, 사람들이 한 번 읽으면 명료한" 하야시의 책은 실로 "외국인이라 해서 편견을 가지고 볼 일이 아니"었다.[46]

하야시의 책을 통해 근대 역사학의 진수를 느낀 현채는 그의 책을 번역하면서 자신의 인식을 풍부히 섞어 넣었다. 그는 당시 대한제국이 자신이 몸담고 있던 학부의 교과서를 통해 실현하고자 했던 근대국가 조선의 주체로서의 '국민 만들기'를 향해 한걸음 더 다가선 것이었다. 현채는『동국사략』의 서문과 부기에서 자신의 역술의도를 분명하게 표명하고 있다. 그는 서문에서 사실에 입각한 서술을 강조함과 동시에 문화, 예술, 산업, 풍속으로까지 서술 영역을 넓힐 필요성에 대해 이야기한다. 더불어 통사체계와 당대사 서술의 중요성도 강조한다. 동시에 자주적 역사인식의 중요성을 피력한다.

현채의 이 같은 주장은 하야시를 통해 근대 역사학의 영향을 강하게 받은 것임에 틀림없지만, 한편으로는 조선 후기 이래 새롭게 등장하고 있던 '민'이라는 새로운 역사주체에 대한 인식이 뒷받침되고 있었기 때문에 가능한 것이었다. 현채의 근대적 역사인식은 앞에서 살펴본 역술 과정의 가필, 수정 등의 형태를 통해 나타나기도 하지만, 그가 스스로 서술한 「부기」에서 두드러진다.

「부기」에서 가장 돋보이는 부분은 새로운 역사주체에 대한 인식과

---

45) 하야시의 통일신라론 정립에 관해서는 윤선태, 「통일신라'의 발명과 근대역사학의 성립」 참조.

46) 현채, 「동국사략 자서」.

기대감이다. 현채는 「부기」에서 한인, 인민 등의 용어를 자주 사용하면서 한국인민이라는 용어도 사용한다. 그가 말하는 '한국인민'은 곧 대한제국의 '국민'을 의미한다. 그는 또 '한국인민'을 만들어 나가는데 있어 독립협회와 같은 단체의 활동을 중요하게 여겼다. 그는 독립협회의 활동을 소개하면서 "자주독립과 애국충군으로 주의를 정하고 법령, 군대, 재정을 자국이 관리한다하여 가장 중외의 동정을 야기"하여 러시아의 압력을 물리쳤다고 평가했다.[47] 그는 새로운 역사주체를 발견하고자 했으며, 근대적 정치체제를 고민하고 있었던 것이다. 물론 현채 역시 당대의 지식인 일반이 그러했듯이 봉건적 지배질서에 실질적인 균열을 일으키고 있던 농민들의 저항에 주목하거나, 그들을 새로운 역사주체로 인식하는 데까지 나아가지는 못하고 있다. 그렇지만 그것은 당대의 지식인들이 가지고 있던 한계로 보아야 할 것이다.

현채의 부기에서 다음으로 주목할 부분은 일본에 대한 서술이다. 현채의 『동국사략』이 가장 많이 비판받았던 부분이 바로 식민사관에 경도되었다는 점인데, 앞에서 살펴보았듯이 그는 역술을 통해 가급적 한국사 중심의 통사체계를 세우려고 노력했다. 나아가 자신의 당대사 서술에서는 일본의 제국주의적 속성과 침략위험성에 대해 '을사조약'에 대한 저항운동을 자세히 언급함으로써 비판적 태도를 취하고 있다. 또한 황제의 조인이 없는 이유를 들어 조약의 불법성도 지적하고 있다.

초판에는 없었던 '을사신조약'에 대해 기술하면서 그는 당시의 비분강개한 심정을 그대로 드러내고 있다. 그는 민영환을 비롯해, 조병세(좌의정), 홍만식(참판), 이한응(주영공사), 이상철(학부주사), 김봉학(병정) 등의 자결 사실을 자세히 전하고 있다. 현채는 민영환과 조병세

---

47) 『동국사략』 권4(원본), 68쪽.

의 유서를 소개하고, 특히 민영환의 경우에는 약 두 쪽 반에 걸쳐 자결 방법과 가족의 의연한 모습까지 자세히 묘사하고 있다.[48] 또 충청도 지역의 의병을 소개하고, 민영환 집에 자라난 녹죽(綠竹)을 보러 모여든 인파 이야기와 학비가 궁핍한 유학생을 돕기 위한 정부의 노력, 국채보상운동, 토지수탈에 대한 저항운동, 을사오적암살 미수 사건 등 한인들의 저항운동을 소개하여 애국심을 강조하고 있다. 또 그는 오적암살 주모자들의 말을 빌어, 을사5조약에 서명해 외교권을 내어준 간신들을 오적이라 칭하며 '만고의 원악(元惡)'으로 비난하기도 한다. 또 최익현이 포로의 모욕을 벗어나기 위해 음식을 멀리하고 임금에게 충언을 남겼다는 사실도 소개하고 있다.[49]

'을사조약'과 관련해 우국지사와 민들의 저항을 자세히 소개하면서, 동시에 현채는 고종의 조약 무효화 투쟁인 헤이그 밀사 사건을 자세히 소개하고 있다. 그는 이위종의 국제협회 연설을 빌어, 황제의 조인이 없어 한국이 외교권을 위임한 사실이 없으며, 따라서 일본이 보호정책을 행하는 것은 불가하다고 주장하고 있다.[50] 현채의 주장은 지금의 연구자들도 주장하는 것으로 국제법적인 사고를 갖춘 매우 정확한 지적이라는 점을 주목할 필요가 있다. 또한 그는 민과 황제의 저항을 골고루 서술함으로써 전 국민이 '을사조약'에 반대하고 있었음을 보여주고 있다.

한편으로 현채는 일본의 정치 외교적 침략과 더불어 경제적 침략에 대해서도 자세히 기술하면서 그 침략성을 고발하고 있다. 그는 '을사조약' 이후의 변화에 대해서 통감부가 "외부(外部)의 문부(文簿)를 조

---

48) 위의 책, 75-77쪽.
49) 위의 책, 83-91쪽.
50) 위의 책, 92-95쪽.

사관할하니 즉 각 고문합동(顧問合同)과 지단차조(地段借租)와 광산, 삼림과 포경(捕鯨), 어채(魚採)와 통신인계(通信引繼)와 항해조약(航海條約)과 한일의정서 등 일체외교 안건"을 모두 소관 한다고 소개하면서 우리 정부는 할 일 없이 오직 히로부미(博文)가 오기만을 기다리고 있다고 비판하고 있다. 그리고 러일전쟁 직후부터 일본이 압록강 연안 토지 삼림권을 점유하고, 3면(三面)어업과 각종 철도, 통신기관과 하천항행권 등의 제(諸)권리를 빼앗아 가는 과정을 자세히 기록하고 있다.[51]

더불어 일본이 한국 농·상업 발전을 위해 차관을 주기도 했지만, 그 수수료가 1할에 이르고, 일본인에게 각종 특혜를 주어 한국경제가 발달할 수 없게끔 하고 있다고 비판하기도 한다. 그리고 일본국문으로 초등학교 교과서를 편집하고, 일어를 교육과정에 삽입하게 한 것을 비판한다. 이 같은 일본의 정책에 대해 현채는 지난 30년 동안, 그 시작에는 정한론이오, 그 다음에는 대동연합론이오, 또 그 다음은 병탄, 보호, 제국주의, 식민정책이라고 비판한다.[52] 그 외에도 현채는 을사조약 이후에 일본의 간도 관리 파견문제, 진해와 영흥만 해군기지 점거, 통신·철도·우편 시설 장악, 행정구역 개편, 재정과 금융 장악, 국사범 석방 약속 지연, 사법·경찰권 탈취, 문화재 탈취 등에 관해 자세히 설명하고 있다.[53]

현채의 일본 제국주의와 식민정책에 대한 이해는 상당히 객관적이며 과학적이고 논리적인 면모를 갖추고 있다. 특히 정한론에서부터 시작된 침략정책이 '대동연합'으로 은폐되었지만, 결국엔 병탄, 보호로 이

---

51) 위의 책, 78-79쪽.
52) 위의 책, 80-82쪽.
53) 위의 책, 84-89쪽.

어지고 있는 현실은 바로 일본이 제국주의의 일면을 드러냈을 뿐 아니라, 그것이 바로 식민정책이라는 지적은 그가 당대의 누구보다도 적확한 인식을 하고 있음을 보여준다. 더불어 이 같은 위기 상황에 대해 민영환 등 우국지사와 의병들의 투쟁을 높이 평가하고 있는 부분과 함께, 정부의 무능을 질타하는 서술은 그가 이미 왕조와 왕을 중심으로 한 중세적 역사인식에서 완전히 벗어나 있음을 보여준다.

현채의 역사인식에는 물론 한계도 보인다. 일본의 제국주의적 속성을 간파하고 있으면서도 그들의 영향을 긍정적으로 평가하고, 근대 문명과 그 대변자인 일본에 대한 미련을 떨쳐버리지 못하고 있는 모습을 보이고 있는 것이다. 그는 코앞에 닥친 망국 위기의 원인을 제국주의 열강의 침략에서 찾기보다 일본의 한국경영정책의 실패와 한국정부의 무능에서 찾고 있다. 그는 한국의 국난이, 청일전쟁 이후로 일본이 조선을 독립시키고 문명개화시키겠다는 약속을 온화한 얼굴로 권고하여 유도했어야 했지만 그렇게 하지 않은데다가, 한인과 한국정부가 우왕좌왕(反覆)함으로써 일본을 화나게 했기 때문에 스스로 초래한 화라고 생각했다.[54]

일본에 대한 우호적 서술은 일본에 대한 제국주의적 인식과는 배치되는 서술이다. 이 같은 모순이 발생한 것은 현채가 근대 문명에 대한 절대적인 신봉을 가지고 있기 때문에 발생하는 것이기도 했다. 그가 보기에 한국이 아직 근대사회로 나아가지 못했을 뿐 아니라, 그러한 준비조차 부족하기 때문에 문제가 발생하고 있다고 보는 것이다. 현채가 아직 전형적인 약육강식의 사회진화론적인 역사관에 머물고 있음을 보여주는 대목이다. 물론 근대 역사학의 중요한 속성 중의 하나가 바

---

[54] 위의 책, 79쪽.

로 그것이었기 때문에 그 조차도 근대적 역사인식임에는 틀림없다.

근대 문명에 대한 절대적 신봉은 전통에 대한 배제와 배척으로 나타나는 것이 근대이행기의 또 하나의 특징인데, 현채의 당대사 서술에서도 그런 부분이 노골적으로 드러나고 있다. 그는 일본이 '을사조약'이후 간섭함으로써 "궁내의 폐단을 일소하여, 무복(巫卜), 기도(祈禱), 제사(祭祀) 등의 병국(病國), 상재(傷財)"와 외국을 끌어들여 세계를 요란하게 하는 자를 금기하고 관리의 탐포(貪暴)를 그치게 하고, 세상물정 모르는 선비(迂儒)의 구습을 바로잡아 가히 볼만한 자가 많아졌다고 주장했다.[55] 현채는 무속과 기도, 제사 등의 전통을 나라를 병들게 하고 재물을 축내는 일로 치부하고 있다. 그리고 일본이 비록 정책을 잘못 펴고 있기는 하지만, 그러한 '악'을 일소해 주고 있는 것으로 이해하고 있는 것이다.

이처럼 현채의 『동국사략』 당대사 서술에서 보이는 역사인식은 근대적 역사서술을 넘어서서 근대주의적인 성격을 띠고 있다고 해도 과언이 아니다. 일본을 통해 들어온 근대적 세계관을 주체적으로 변용해 수용하기보다는 있는 그대로 수용함으로써 그것을 이념(-ism)화 하여 절대적으로 수용하고 있는 것이다. 그런 점에서 현채의 당대사 서술은 근대주의 역사학의 시조로 보아도 크게 어긋나지 않을 것이다.

그렇기 때문에 그는 일본이 '잘못된' 식민주의정책을 스스로 바로잡거나, 조선이 그것을 바로잡을 수 있을 정도의 역량을 가지지 않는 한, 한국사의 자주적 발전은 더 이상 존재할 수 없게 되는 것이다. 물론 그의 역사관과 세계관 속에는 조선인들이 스스로 근대화의 노력을 전개한다면 일본이 정책을 바로잡아 줄 것이라는 시혜적 세계관이 자리 잡

---

55) 「결론」, 위의 책, 11쪽.

고 있다고 할 수 있다. 또한 조선인 스스로 그러한 길을 개척하지 못한다면 문명국 일본의 지배는 어쩔 수 없는 과정이 되고 마는 것이다. 그렇기 때문에 최소한 현채가 결론을 추가할 당시인 1907년 하반기 즈음부터 1908년의 3판이 나오는 시기의 상황은 "한국인들이 일본의 일관성 없음을 탓하기만 하고 자수자립(自修自立)하지 않는 화나는 일"이 벌어지고 있는 상황이 되고 마는 것이다.56)

현채의 이 같은 한계는 이후 그의 삶의 족적에서도 그대로 드러나게 된다. 그는 1910년 이후 별다른 저작활동 없이 지내다가 1915년『매일신보』에 한일 양국이 일가(一家)가 되었다고 하면서 일곱 차례에 걸쳐 임나일본부설, 신공왕후 삼한 정벌설 등을 전제로 한 한일교류사를 연재하고 식민 지배를 긍정하는 글을 실었다. 1922년 조선사편찬위원회(조선사편수회)가 만들어질 때 창립위원으로 참여해 죽을 때까지 활동하는 등 적극적인 친일활동을 했다.57)『동국사략』에서 거부했던 임나일본부설을 비롯한 일본 편향적 고대사인식을 적극적으로 수용하는 데까지 나가고 만 것이다.

결국 1924년 현채는『중등교과 동국사략』의 내용을 일부 수정해『동사제강』이라는 이름으로 다시 발간했다.58) 고대사 부분에서 일본의 입장을 좀 더 수용했다. 한걸음 더 나아가 '을사신조약' 항목 이후부분을 삭제하는 대신 '한국병합전말(총독부공포전문)'을 수록해 병합과정에 대한 인식조차 일제의 입장을 수용해 버렸다. 또한 자신의 서문을 없애고 간단한 알림(謹告)만을 실어, 시대적 과제와 대한제국인들의 각성

---

56) 위의 책, 111쪽.

57) 주진오, 「제3장 김택영 · 현채」, 41쪽.

58)『동사제강』[대창서원(인쇄 대화상회인쇄소), 1924]. 대창서원은 현채의 아들 현공렴(玄公廉)이 경영하였다.

을 호소하던 자신의 주장마저 스스로 포기하고 망각시켜 버렸다. 독자들은 이 책이 하야시 저작의 번역에 기초하고 있다는 사실조차 알 수 없게 되었다. 다만 각 권의 본문 앞에 역술이라는 표기는 그대로 두어 어떤 책의 번역에 기초하고 있음을 알리고 있을 뿐이다. 독자들이 식민주의의 위험성을 찾아내기란 더욱 힘든 일이 되어버린 것이다.

그의 사후인 1928년 『동국사략』 혹은 『동국제강』은 단군-민영환에 이르기까지 30명의 인물그림과 사진(그중 사진은 대원군과 민영환 2매)이 앞부분에 덧붙여져 『반만년 조선역사』라는 이름으로 다시 간행되었다. 그런데 이때에 이르러 이 책은 현채의 저작(玄白堂 著) 또는 원작으로 둔갑했다. 『동사제강』과 마찬가지로 서문은 사라지고 간단한 알림만 실렸다.[59] 1909년 금서가 되었던 『동국사략』이 다시 판매 될 수 있었던 것은 강제병합 이후 일본의 자신감의 반영으로도 볼 수 있겠지만, 현채 스스로의 변신이 더 큰 요인이 되었다고 볼 수 있다. 하야시의 『조선사』나 1932년부터 조선사편수회가 펴내게 될 『조선사』와 현채의 『동국사략』은 더 이상 구별할 필요가 없어진 것이다.

5. 맺음말 : 『동국사략』의 '국민 만들기'

그동안 식민사관에 물든 『조선사』·『조선근세사』의 번역본으로만 주로 평가되던 현채의 『동국사략』은 당대사 역술과 서술에서 재평가되어야 할 부분이 적지 않다. 현채는 『동국사략』의 서문을 통해 통사적 인식의 필요성을 역설했다. 또 통사적 인식을 위해서 당대사 인식이

---

[59] 玄白堂先生 著, 『반만년 조선역사』 [덕흥서림 발행 (인쇄 경성신문사, 원작 현백당, 저작 겸 발행자 김동진), 1928].

무엇보다 중요하다는 점을 강조했다. 국난 극복을 위해서 무엇보다 세계 각국을 이해하는 가운데 한국사를 객관화시켜 인식할 수 있어야 한다는 점을 역설한 것이다. 또한 그는 그러한 역사인식을 위해서 문화, 예술, 산업, 풍속 분야를 포함한 다양한 역사를 알아야 한다고 주장한다. 당대사와 다양한 분야의 역사를 강조하는 그의 역사인식은 왕조나 유교적 질서 속에 갇힌 중세의 역사인식과는 사뭇 다른 근대적인 것이 분명했다.

현채의 근대적 역사인식은 『조선근세사』의 역술을 통해서, 그리고 자신이 스스로 덧붙인 동시대사에 대한 서술에서 분명하게 드러난다. 그는 역술을 통해 한국사만의 통사체계를 수립하기 위해 고심했다. 이를 위해 중국으로부터 자립적이고 타자화 된 역사인식을 하야시의 원문보다 더 강조했다. 또 일본 중심의 역사용어나 서술을 한국 중심으로 수정, 삭제, 보충하여 한국사의 통사체계를 세우고자 노력했다. 현채는 스스로 쓴 동시대사 서술에서 일본의 정책을 비판하고, 대한제국 정부의 무능을 탓한다. 나아가 정한론에서 시작해 대동연합론으로, 그리고 병탄과 보호를 거치며 점점 제국주의적 침략성을 드러내고 식민정책을 시행하는 일본의 본질을 비판하기도 한다.

다른 한편으로 우국지사들의 자결과 의병활동, 고종의 헤이그 밀사 파견, '을사신조약'의 법적인 무효 등을 주장한다. 현채는 이 과정을 통해 왕과 왕조 중심이 아닌 국민 또는 한인의 역할에 주목하고 있다. 바로 새로운 국민의 양성만이 국난을 극복할 수 있는 길임을 주장하고 있는 것이다. 이 같은 서술을 통해 현채는 애국심을 고취하고, 대한제국의 국민 만들기를 시도한다.

그런데 현채가 『동국사략』에서 시도하고 있는 국민 만들기는 그 한계를 동시에 드러내고 있다. 그의 서술에서 그가 수용한 근대적 역사인식이 당대를 풍미하던 약육강식의 사회진화론적 인식을 그대로 수용한 '근대주의'적인 것이었음이 드러나고 있는 것이다. 그에게 망국은 일본의 잘못된 정책과 더불어 우리의 무능함이 그 원인이었고, 그것을 극복할 능력이 없는 상황이 그저 화가 날 뿐이었다. 그의 역사인식의 한계는 그의 삶을 조선의 독립을 위한 투쟁보다는 근대문명의 수용으로 나아가게 만들었다. 『동국사략』에서 부정했던 임나일본부를 비롯한 식민주의적 역사관은 일제강점기 그의 친일활동의 과정에서 복원될 뿐 아니라 더 강화되기조차 하는 것이다.

그럼에도 불구하고 그의 삶의 족적과 『동국사략』이 추구했던 국민 만들기의 목표와 근대 역사학으로서의 성격은 구별되어 이해되어야 한다. 현채의 『동국사략』이 추구했던 '국민 만들기'는 대한제국의 망국과 함께 미완으로 남았다. 그의 시도는 근대주의 역사학이 가지고 있었던 제국주의성과 식민성을 어떻게 극복해 나가야 할 것인가의 과제를 남겨주었다.

유인식(柳寅植)의 『대동사(大東史)』를 통해 본 정통론적 역사인식의 근대적 전환

김종복

1. 머리말

성리학에 입각한 도덕정치의 구현을 표방한 조선왕조는 대외적으로 중국 중심의 세계질서를 인정하되 자신의 정체성을 견지하고자 하였다. 조선전기의 관찬 사서인 『동국통감』(1485)이 비록 단군·기자·위만 조선에 대해 외기(外紀)의 형식을 취했지만 단군을 서두에 배치한 것은 그 때문이었다. 그렇지만 유교 윤리상 왕위를 찬탈한 위만 조선이 단군·기자 조선과 동등할 수 없었다. 그래서 17세기 이후로 단군과 기자의 정통이 마한으로 이어졌다는 마한정통론(馬韓正統論)이 보편화되었다. 마한정통론은 단기정통론(檀箕正統論)과 동의어지만[1], 후자

---

1) 하우봉, 「이익」, 조동걸 외 엮음, 『한국의 역사가와 역사학』(창비, 1994), 243쪽. 檀箕正統論에 입각한 최초의 역사서술은 홍만종의 『東國歷代總目』이다(韓永愚, 「17세기후반-18세기초 洪萬宗의 會通思想과 歷史意識」 『韓國文化』12, 1991, 405쪽).

가 더 정확한 용어라고 판단된다. 단기정통론은 단군과 기자를 통해 중국에 대한 조선의 역사적 유구성과 문화적 동등성을 강조한다는 점에서 조선후기에 상고사 내지 북방사가 고조된 이론적 배경을 설명하는 데 유효하기 때문이다.

그래서 『동사강목』(1759)은 단군과 기자를 외기가 아닌 본기(本紀)로 서술할 수 있었던 것인데, 다른 한편으로 이종휘(李種徽)와 유득공(柳得恭)처럼 단기정통론에 의거하여 발해를 자국사에 파악하는 논리는 역으로 이때까지 부동의 지위를 누려온 신라정통론(新羅正統論)에 대한 이의를 제기하는 결과를 낳았다.[2] 그렇지만 신라정통론을 부정한 통사는 조선시대 내내 편찬되지 못하였다.

개항 이후 조선왕조는 대한제국으로 전환함으로써 자주적 근대국가를 수립하려고 하였다. 이때의 '자주'는 청으로부터의 독립 즉 전통적 사대관계로부터의 탈피를 의미하였다. 그래서 이 시기에 편찬된 사서들은 대체로 단기정통론의 강화와 신라정통론에 대한 회의를 역사 서술에 반영하기 시작하였던 것인데, 여기서 중세적 정통론을 기반으로 자주적 근대국가의 수립에 부응하려는 의도를 간취할 수 있다. 다만 단기정통론은 자주독립의 역사적 근거로서 모든 사서가 채택하였지만, 신라정통론에 대한 회의로 인한 발해사 서술의 증가는 한문 사서만 수용한 반면 국한문 사서는 그러지 못하였다.[3]

그러나 전통적 형식으로 새로운 역사상을 담아내는 데에는 한계가 없을 수 없었다. 예컨대 자주독립의 차원에서는 단군과 기자가 분리되

---

2) 김종복, 「조선후기 신라정통론의 전개와 발해사 인식의 전환」, 『서구학문의 유입과 동아시아 지성의 변모』 (선인, 2012a), 47-49쪽.

3) 김종복, 「중화질서의 와해와 유교적 사유체계의 변동―개항기 역사서의 발해사 서술을 중심으로―」, 『아시아문화연구』 26, 2012b, 가천대학교 아시아문화연구소.

어야 하지만 단기정통론의 차원에서 이들은 분리될 수 없었던 것이다. 마찬가지로 신라정통론을 부정하지 않는 한 발해사 서술의 분량이 늘어나더라도 발해는 신라에 부속된 존재일 뿐이었다. 이 점에서 본고는 이러한 한계를 극복한 『대동사(大東史)』에 주목하고자 한다.

『대동사』는 단군에서 고려까지는 김택영(金澤榮)의 『동사집략(東史輯略)』의 서술 방식을 따르되 단군의 정통이 고려 이전까지는 남북조(南北朝)로 분화되었다는 독특한 인식에 입각하여 고대사를 새롭게 정리하였다. 본고는 기존의 단기정통론과 신라정통론에 대한 양자의 서술이 어떻게 다른지를 검토함으로써, 개항 이후 역사학에 요구된 중화주의의 극복과 역사인식의 변화라는 문제를 살펴보고자 한다.

2. 『대동사』의 편찬 배경

『대동사』는 일제 초기에 한문으로 쓰여진 편년체 통사이다. 이 점에서 시대에 뒤진 복고적 역사서술이라고 오해하기 쉽지만, 저자의 행적을 살펴보면 결코 그렇지 않다.[4]

동산(東山) 유인식(柳寅植, 1865-1928)은 안동 출신의 유림으로서 을미의병에 참여했지만 1903년에 신채호(1880-1936)를 만나 위정척사에서 계몽운동으로 전환한 개신유학자였다. 그는 1907년에 고향에서 협동학교(協東學校)를 세워 신교육 운동을 추진하다가 아버지 서파(西坡) 유필영(柳必永, 1841-1924)으로부터 의절을 당했고 스승 척암(拓菴)

---

4) 유인식의 생애에 대해서는 金喜坤, 「東山 柳寅植의 생애와 독립운동」, 『한국근현대사연구』 7, 1997 및 박걸순, 『시대의 선각자 혁신 유림 류인식』 (지식산업사, 2009) 참조.

김도화(金道和, 1825-1912)로부터 파문을 당했다. 그 후 그는 1911년 만주로 망명하여 경학사의 교무부장으로 활동하였으며, 이듬해 일시 귀국하였다가 체포되었다. 1920년에는 조선노동공제회 안동지회의 조직을 지원하였고 1927년에는 신간회 안동지회 초대 회장에 취임하는 등 일생을 국권회복과 독립운동에 평생을 바쳤다.

그는 1912년 만주에서 귀국한 후 『대동사』를 집필하기 시작하여 1917년에 초고를 완성하였으나 1923년까지 계속 수정하였다. 신채호와의 교유, 김동삼 등과 만주로 망명할 때 했던 "발해의 옛 땅이 우리가 돌아갈 곳(渤海古域 是吾儕歸宿地)"이라는 발언, 대종교 가입(1913)[5] 등을 감안하면 『대동사』가 한문 사서라도 그 지향점은 기존 사서와 달랐으리라는 것을 충분히 예상할 수 있다.

유인식은 1920년에 이한걸(李漢杰)에게 대동사의 등초를 부탁하는 서간에서 『대동사』의 편찬 의도를 다음과 같이 밝혔다.

> 우리나라(我東)가 입국(立國)한 지 반만년 동안 예의(禮義)와 무강(武强)의 기풍이 천하에 알려졌으니 참으로 문명(文明)의 역사(歷史)가 있었을 것이로되 유래(由來)의 노사가(奴史家)들이 말살하여 일부도 완전한 것이 없다. … 지금 신진(新進)들은 도무지 역사에 관념(關念)이 없어서 단기삼국(檀箕三國)이 어떤 시대인지 전혀 알지 못하고 조국정신(祖國精神)이 날로 질곡 속에 없어져가니 작은 걱정이 아니다.[6]

여기서 과거 '문명(文明)의 역사'가 '유래(由來)의 노사가(奴史家)' 때문에 현재에 제대로 전달되지 않았다는 인식은 다음과 같이 신채호가 『대동제국사서언(大東帝國史敍言)』「구사가(舊史家)의 유견(謬見)」에서

---

5) 東山先生紀念事業會, 『東山文稿』, 『東山全書』 하 (東山先生紀念事業會, 1978), 145-146쪽.
6) 東山先生紀念事業會, 위의 책, 31쪽.

언급한 것과 거의 유사하다.

> 아국(我國)을 망하는 자는 정론(政論)도 아니며, 학제(學制)도 아니요, 기백년래(幾百年來) 망필(妄筆)을 휘(揮)한 노사가(奴史家)가 시(是)라 하노라. 단군사(檀君史)가 전하거나 부여사(夫餘史)가 전하거나, 고흥(高興)의 백제사(百濟史)가 전하거나, 이문진(李文眞)의 고구려사(高句麗史)가 전하거나, 거칠부(居柒夫)의 신라사(新羅史)가 전하였으면 아국이 금일에 지(至)하여 민력(民力)이 팽창하여 동아에 칭패(稱覇)함도 가(可)하며, 국위가 진작(震灼)하여 서구를 부시(俯視)함도 가하거늘, 오호라, 고대의 거필(巨筆)은 병화(兵火)에 투(投)하며 진토(塵土)에 매(埋)하여, 일단편(一短篇)도 전치 못하고 전한 것은 노배(奴輩)의 사필(史筆)뿐이라. 일필(一筆)에 국체(國體)를 폄오(貶汚)하며 재필(再筆)에 민기(民氣)를 최절(摧折)하여, 자소자모(自小自侮)하기 무필(無匹)한 노가지필(奴家之筆)을 거(擧)하여 사(史)를 저(著)하매, 선남(善男)이 차(此)를 독(讀)하매 선남의 지기(志氣)가 타(墮)하며, 신녀(信女)가 차를 독하매 신녀의 자격을 상(喪)하나니, 국(國)이 강(强)코자 한들 어찌 강하며, 민(民)이 장(壯)코자 한들 어찌 장하리오. 고로 왈, 아국을 참경(慘境)에 입(入)케 한 자는 노사가(奴史家)가 시(是)라 하노라.[7]

이처럼 신채호의 영향을 강하게 받은 유인식이 『대동사』를 굳이 한문으로 썼다면, 그 의도는 구학(舊學)의 유림(儒林)을 개화혁신(開化革新)시키는 데 있었음에[8] 틀림없다. 이 점에서 『대동사』는 중세적 정통론을 기반으로 자주적 근대국가의 수립을 지향한 개항기의 역사학이 어떻게 민족주의 역사학으로 전환해 가는지를 보여주는 유효한 텍스트라고 할 수 있다.

---

7) 단재신채호전집편찬위원회, 『단재 신채호 전집』 제3권 역사 (독립기념관 한국독립운동사연구소, 2007), 344-345쪽.

8) 宋贊植, 「解題」, 『大東史』(『東山全書』 上), 8쪽.

대한제국기의 마지막 한문 사서인 정교(鄭喬)의 『대동역사(大東歷史)』(1906.2)나 김택영의 『역사집략(歷史輯略)』(1905.10)는 각각 신라와 고려까지만 서술하였는데, 단기정통론과 신라정통론에 의거하여 조선 독립의 역사적 유구성을 강조하고, 발해사에 대한 관심을 가졌다는 공통된 특징을 지녔다. 조선시대에 비하면 진일보한 것이지만, 자주적 근대국가의 수립이라는 시대적 과제에는 미흡하였다. 이는 당대사를 서술 대상에 포함시키지 못한 한계에서 비롯되었다. 즉 조선왕조 내지 대한제국의 신민(臣民)의 입장에서 조선왕조의 정통성을 부정할 수 없었기 때문에, 정통론 자체를 극복할 수 없었던 것이다.

반면 『대동사』는 기존 사서와 같은 형식을 취했음에도 불구하고, 단군정통론(檀君正統論)에 의거하여 당대사까지 서술하였다. 이러한 인식의 발단은 이미 신채호가 「독사신론」(1908)에서 표명한 바 있지만, 단기(檀紀)를 사용한 역사 서술은 황의돈(黃義敦)의 『대동청사(大東靑史)』(1909)밖에 없다. 그러나 국한문으로 쓰여진 『대동청사』는 영정조까지만 대상으로 하였고 내용도 다소 빈약한 편이다.

또한 유인식과 같은 개신유학자로서 이상룡(李相龍, 1858-1932)이 1913년에 『대동역사(大東歷史)』를 지어 신흥학교에서 교재로 사용하였다고 하지만, 현재 전하지 않는다. 저자의 행적이나 서명의 유사성으로 볼 때, 『대동사』는 『대동역사』와 그 취지는 크게 다르지 않을 것이다. 따라서 『대동사』는 1920년대의 저작이라 하더라도 민족주의 사학의 초기 형태를 보여준다고 할 수 있다.

선행 연구는 『대동사』의 사학사적 특징과 의의를 1) 종족과 영토 중심의 역사서술, 2) 단군에 대한 적극적 해석, 3) 독특한 남북조 사관의 전개, 4) 발해에 대한 적극적 해석, 5) 기존 사서를 참용하되 자신의 주관적 사론을 논리적으로 전개, 6) 조선시대를 망국의 원인 규명 차원에서 논의, 7) 일제 침략과 민족운동에 대해 간략하지만 빠짐없이 기술, 8) 통사 체계로 저술 등으로 정리한 바 있다.[9]

이 가운데 1)과 2)는『대동사』서두에 실린「대동연혁지총도(大東沿革之總圖)」·「대동연혁국차도(大東沿革國次圖)」·「대동족통도(大東族統圖)」에서 명확히 드러난다. 이는 단군을 국조로 하고 배달족을 종족으로 하는 단일민족사를 도표로 체계화한 것인데, 그 인용서목에 제시되었듯이 김교헌(金敎獻, 1868-1923)의『신단실기(神檀實記)』(1914)와『신단민사(神檀民史)』(1923), 이원태(李源台, 1899-1964)의『배달족역대강역형세(분)도(倍達族歷代疆域形勢(分)圖)』(1923) 등의 영향을 받은 것이다.

3. 단군정통론(檀箕正統論)과 남북조(南北朝)의 설정

1) 단기정통론에서 단군정통론으로의 전환

갑오개혁 이후 학부(學部)는 한문 사서와 이를 요약한 국한문 사서들을 연이어 간행하였으니,『조선역대사략(朝鮮歷代史略)』(1895)과『조선역사(朝鮮歷史)』·『조선약사(朝鮮略史)』(1895),『동국역대사략(東國歷代史略)』·『대한역대사략(大韓歷代史略)』(1899)과『보통교과 동국역사(普通敎科東國歷史)』(1899) 등이 그것이다. 대체로 한문 사서는 김택영(1850-1927), 국한문 사서는 현채(玄采, 1886-1925)가 그 실무를 담당하였다. 김택영은 자신이 실무를 맡은 사서들의 오류와 미비점을 보완하

---

9) 朴杰淳,「東山 柳寅植의 歷史認識」,『植民地 시기의 歷史學과 歷史認識』(景仁文化社, 2004) 및 「解題(祖國精神·國粹論·南北朝史觀으로 민족사를 통찰한『大東史』)」,『大東史』上 (韓國國學振興院, 2006).

여 나중에『동사집략』(1902)과 다시 이를 수정한『역사집략』을 편찬하였다. 따라서 이들은 비록 개인 저술이지만 학부의 전통을 잇고 있었다. 한편 을사조약 이후 통감부가 학부의 교과서 편찬을 중단시키면서 개인이나 민간단체 명의의 사찬 사서가 등장하였는데, 대표적인 것이『대동역사』였다.[10]

학부가 편찬한 사서들은 단군 인식에 있어 1) 단군의 신성성 강조, 2) 단군에 의한 문명화 단계로의 진입, 3) 현재 또는 조선개국(朝鮮開國)에서 단군까지 수천년의 연대를 구체적 숫자로 제시, 4) 단군의 출생지(=태백산)는 묘향산, 도읍지는 평양으로 비정 등의 공통점을 보였다. 그런데『대동역사』부터 1) 단군에 대한 존경심이 더욱 강하게 표출, 2) 단군 재위 시대의 사실들에 대한 연대 부여(강화 마니산에서의 설단제천(設壇祭天)은 단기 59년 병인, 백악(白岳) 천도는 127년 갑술 등), 3) 태자 부루(扶婁)의 도산(塗山) 참가에 대한 표현이 조공(朝貢)에서 교빙통호(交聘通好) 등으로 변경, 4) 단군 강역에 대한 구체적 서술(동으로 태평양, 서로 요하, 남으로 조령, 북으로 흑룡강), 5) 단군의 계통이 부여 또는 북부여를 거쳐 고구려·백제로 이어진다는 점 등의 새로운 경향을 보였다.[11]

그런데 이들 사서들이 단군만 강조한 것은 아니었다. 즉『동국역대사략』은「마한기 존의(馬韓紀存疑)」라는 항목에서 애왕 기준(哀王箕

---

10)『대동역사』는 1905년 4월 崔景煥 編輯·鄭喬 評閱이라는 명의로 간행되었는데, 서술 범위는 단군-마한까지였다. 1906년 2월에는 정교가 단독 명의로 三國紀와 新羅紀까지 포함한 동명의『대동역사』를 간행하였는데, 이때 기존 부분을 상권, 새로 포함한 부분을 하권으로 구분하였다. 1905년과 1906년의『대동역사』를 구분할 필요가 있을 때에는, 전자를 구판『대동역사』, 후자를 신판『대동역사』로 표기하도록 한다.

11) 徐永大,「한말의 檀君運動과 大倧敎」,『韓國史硏究』114, 2001, 229-231쪽.

準)에서 왕학계(王學稽)까지 10명의 마한왕의 이름과 재위 기간을 수록하였다. 『보통교과 동국역사』 역시 기자연보(箕子年譜)를 인용하여 기자조선과 마한의 역대 왕계를 수록하였다. 나아가 『대동역사』는 선우씨·한씨·기씨의 족보를 활용하여 기자조선과 마한의 역사를 기년별로 상세히 서술하였다. 이 점 때문에 『대동역사』는 이미 1898년에 완성되었지만 학부대신 신기선(申箕善)의 반대로 간행이 8년이나 지연되었다.[12] 한편 김택영은 처음 『동사집략』에서 기자조선과 마한의 역대 왕계를 수록하지 않았지만, 『역사집략』에서 마침내 수록하였다.

결국 정도의 차이는 있지만, 아니 오히려 단군의 강조와 함께 기자조선과 마한의 역사까지 기년별로 상세히 서술해 나가는 경향은 기본적으로 단기정통론에 입각하여 조선 독립의 역사적 유구성을 증명하려는 의도에서 나왔던 것이다. 그럼에도 불구하고 1905년에 단군개국 기년이 사용되고, 1909년에 단군을 신앙의 대상으로 삼는 대종교가 출현하는 일련의 흐름은 차후의 역사서술에서 단군조선과 기자조선의 분리를 요구하였다. 「독사신론」은 기자가 단군을 계승한 부여왕의 신하이며 그가 거주한 평양은 부여의 속읍에 불과하다는 견해를 처음으로 제기하였는데[13], 이 견해를 『대동사』도 채택하였다.

『대동사』는 범례에서 "구사(舊史)는 기씨조선(箕氏朝鮮)이 곧바로 단군의 정통을 접한다고 하였다. 그러나 지금 살펴보니, 기자가 처음 거주한 조선은 광녕(廣寧)과 영평(永平) 사이 즉 중국 성경(盛京) 부근이었고, 당시 단씨(檀氏)는 북쪽의 예(濊) 지역 즉 북부여로 옮겼으니, 그 통서가 끊어지지 않았다. 그러니 기씨가 단씨의 통서를 끊었다고

---

12) 『大東歷史』 大東歷史敍(鄭喬) 및 정교 저(조광 편, 이철성 역주), 『대한계년사』 5 (소명출판, 2004), 38쪽.
13) 단재신채호전집편찬위원회, 『단재 신채호 전집』 제3권 역사, 319쪽.

하는 것도 부당하다. 이에 남북조(南北朝)로 나누어 남쪽은 기씨에 소속시키고 북쪽은 부여에 소속시킨다. 기씨 이후로는 다시 위씨·4군2부·고구려·발해를 북조(北朝)로 삼고, 마한·신라·백제·가락은 남조(南朝)로 삼는다. 고려로부터 본조에 이르기까지는 통일(統一)되었다고 쓰는 것이 역사적 사례에 부합한다."라고 하였다.[14]

이에 따라『대동사』는 한국사를 단씨조선기(檀氏朝鮮紀), 남북조기(南北朝紀), 고려기(高麗紀), 조선기(朝鮮紀)로 시대구분을 하였고, 남북조기는 다시 1기 '남조 기자조선과 북조 부여', 2기 '남조 기씨(箕氏)·마한(馬韓)과 북조 위만(衛滿)·평양(平壤)', 3기 '남조 신라·백제와 북조 고구려·부여', 4기 '남조 신라·백제와 북조 고구려', 5기 '남조 신라·백제와 북조 고구려', 6기 '남조 신라·후백제와 북조 발해·태봉'으로 구분하였다. '1기-6기'는 필자가 편의상 붙인 것이다.

『대동사』는 단군 기년을 사용한 최초의 통사이다. 범례에 의하면 서명을 '동사(東史)'라고 하고 다시 '대(大)'를 붙임으로써 국체(國體)의 존중을 표명하였다.[15] 정교의『대동역사』, 이상룡의『대동역사』, 황의돈의『대동청사』등 1905년 이후의 사서들에 '대동'이란 명칭이 공통되는 점으로 보아 아마도 대한제국의 국체를 의식한 것으로 추정된다. 그럼에도 불구하고『대동사』는 역대 왕들의 원년 표기에 대해 즉위년칭원(卽位年稱元)을 취한『동국통감』보다 유년칭원(踰年稱元)을 취한『동사집략』이 사체(史體)에 맞다는 점을 들어 후자를 따랐다.[16] 이 점은 성리학적 역사서술에 입각한 조선시대 및 대한제국기 사서의 전통을 계승한 것이다.

---

14)『大東史』上 (韓國國學振興院, 2006), 9쪽. 이하『대동사』인용 쪽수는 이 책에 의거하였다.

15) 위의 책, 9쪽.

16) 위의 책, 11쪽.

단씨조선기(檀氏朝鮮紀)는 5건의 기사와 이종휘·이익의 견해 및 『신단실기』의 인용, 그리고 2건의 자기 견해(按)로 구성되어 있다. 그런데 본문 기사는 단군조선에 대해 처음으로 기년을 설정한『대동역사』와 조금 다르다. 이를 도표화하면 다음과 같다.

〈표 1〉『대동역사』와『대동사』의 단군 기사

대동역사		대동사	
기년	내용	기년	내용
무진 1 (BC 2333)	단군 즉위 조선(朝鮮) 국호 제정 장안(長安, 평양) 도읍 왕후 비서갑녀(非西岬女) 영역 확장, 편발개수(編髮蓋首)	무진 1	왕검(王儉)이 태백산(太白山, 영변)에 강림한 후 국인의 추대, 단군 호칭 신도설교(神道設敎), 농업 관장, 영역 확정, 왕후 비서갑(匪西岬) 하백녀(河伯女), 편발개수
		경인 23 (BC 2311)	평양으로 천도, 조선 국호 제정
병인 59 (BC 2265)	강화 마니산(摩尼山)에서 제천(祀天) 삼랑성(三郞城) 축조		
		갑술 67 (BC 2267)	아들 부루를 도산에 파견하여 하우(夏禹)와 회합 지자(支子)는 부여, 여수기(余守己)는 예(濊) 군장, 비천생(裶天生)은 남해(南海) 군장에 임명 이들이 천단(天壇) 제사 후 삼랑성 축조 (강화) 당장경(唐莊京, 문화) 천도
		경자 93 (BC 2241)	단군이 아달산(阿達山, 구월산)에서 사망 자손이 수천년 동안 세습, 기록 미비
갑술 127 (BC 2207)	백악(白岳, 문화) 천도		
병자 129 (BC 2205)	태자 부루(扶婁)를 하(夏) 도산회(塗山會)에 파견		
		갑자 1017 (BC 1317)	단씨가 평양에서 예(북부여)로 이동
기묘 1212 (BC 1122)	후손이 기자에게 양위하고 부여로 이동		

『대동사』의 인용서목에[17] 『대동역사』는 없고, 현채의 『중등교과 동국사략(中等教科東國史略)』(1906.6)이 있다. 그런데 전자의 단군조선 내용은 후자에 기년 표기 없이 일괄적으로 서술되어 있다. 현채는 일찍이 구판 『대동역사』를 본 후 기뻐하며 출판하려고 할 정도였으니, 그 일부 내용을 『동국사략』에 수록하였던 것이다. 다만 위의 표에서 보듯이 『대동역사』와 『대동사』는 기년이나 내용에 있어 상당히 다르다. 그것은 『대동사』가 김교헌의 『신단민사』를 인용하였기 때문이다. 그렇지만 전자는 후자를 선택적으로 인용하였다. 예컨대 후자에는 경인 23년(BC2311) 기사에 이어 임술 55년에 홍수가 범람하여 당장경으로 천도하였다는 기사가 있지만[18], 전자는 이를 수록하지 않았던 것이다. 찬자의 신중한 태도를 볼 수 있다.[19]

단군정통론에 의거하여 통사를 서술하려는 입장에서 단군에 대한 기록의 부족은 문제가 아닐 수 없었다. 그래서 『대동사』는 이종휘·이익·삼국유사·춘관통고(春官通考)·박은식 등의 언급을 비롯하여 김교헌이 편찬한 『신단실기』(1914)의 단군릉변(檀君陵辨)·태백산변(太白山辨)·평양패수변(平壤浿水辨)·단군강역고(檀君疆域考)·고속습유(古俗拾遺)·족통원류(族統源流) 등을 전재하였다.

한편 『대동사』는 단군이 거주한 태백산(太白山)을 기존 사서에 따라

---

[17] 『대동사』의 인용 서목은 1978년의 활자본과 2006년의 영인본에는 누락되어 있지만, 박걸순, 『시대의 선각자 혁신 유림 류인식』, 119쪽에 수록되어 있다.

[18] 金教獻, 『神壇民史』, 2-a.

[19] 『신단민사』는 1923년에 초판이 간행되고 1946년에 재판이 간행되었는데, 모두 국한문으로 쓰였다. 그런데 『大倧敎重光六十年史』에 의하면 1914년에 한문으로 초판이 나오고 1923년에 국한문으로 다시 간행되었다고 한다리다자오(韓永愚, 『韓國民族主義歷史學』, (一潮閣, 1994) 97쪽). 『대동사』가 인용한 『신단민사』가 1914년의 한문본이라면, 『신단민사』는 1914년본과 1923년본 사이에 내용이 추가되었을 가능성도 있다.

영변 묘향산으로 비정하였다.「독사신론」과『신단실기』가 새롭게 비정한 백두산을 따르지 않았던 것이다. 서두의「대동역대일람표(大東歷代一覽表)」에서도 단씨조선의 '국도(國都)'가 묘향산·당장경·평양이라고 하고, '금명(今名)'에서도 묘향산은 지금의 영변(寧邊)이며, 당장경은 지금의 문화(文化)이지만 '어떤 이는 처음 수도가 압록강 서쪽이라고 한다(或曰 初都在鴨綠以西)'라고 하였을 뿐이다.

단씨조선기 말미에서 유인식은 자신의 견해를 두 차례 개진하였다. 하나는 선비·여진·요·금 족속의 근원은 단군에서 나왔기 때문에, 동국사를 서술할 때에는 강역과 종족의 분화에 주의하지 않을 수 없다는 것이다.[20] 다른 하나는 단군 기사의 신뢰성 문제에 대해 "상고시기는 천지개벽의 초창기로 인문(人文)도 열리지 않았으니 기록의 미진함에 대해 괴이하게 생각할 것도 없다. 중국 사마천의『사기』의 오제(五帝) 기사도 거칠고 황탄(荒誕)하니, 이것은 만국(萬國)의 사가(史家)들도 그런 사례를 보였다. 그러니 우리 역사의 미비점만 한탄하여 그것이 불경하다고 말살한다면, 천하의 서적 가운데 믿을 것이 얼마나 되겠는가?"라고 비판하며[21], 단씨조선기 설정의 정당성을 설파하였다.

2) 남조(南朝)로서의 기자조선

『대동사』는 범례에 이어 남북조기 본문 서술에서 다시 한 번 "옛 사가(古史)는 기씨조선(箕氏朝鮮)이 곧바로 단군의 정통과 접한다고 하였고, 근세(近世)의 신사가(新史家)는 기자를 외족(外族)이라고 하여 (자국사에서) 배제하고 전국통서(傳國統緒)와 무관하다고 하니 둘 다

---

20)『大東史』上, 30쪽.

21) 위의 책, 30-31쪽.

잘못이다."라고 부연 설명하였다.[22] 여기서 기자를 외족이라고 하여 자국사에서 배제하는 근세의 신사가는 신채호나 대종교 계열의 사가로 추정된다.[23] 물론 「독사신론」과 『신단민사』에서는 단군의 정통이 부여로 계승된 가운데 기자가 동래하여 신하가 되었다라고 주장하였을 뿐이다. 그러나 이러한 논리의 다음 단계에서는 기자가 '외족'이기 때문에 자국사에서 배제해야 한다는 주장으로 발전할 소지가 충분이 있다. 반면 개신유학적 입장에서 저술된 『대동사』는 단기정통론의 급격한 단절에 대해 비판적이었던 것이다.

기자조선에 대한 내용은 앞서 『대동역사』가 선우씨 · 한씨 · 기씨의 족보를 이용하여 기년별로 서술한 것과 크게 다르지 않다. 그러나 말미에서 제시한 자기 견해(按)는 주목할 만하다. 첫째, 기자가 처음 도읍한 평양은 영광(永廣, 永平과 廣寧) 사이였다가 나중에 지금의 평양으로 옮겼다고 함으로써, 기자가 단군의 신하였다는 점을 강조하였다. 둘째, 『동사집략』에서 기자에서 마한에 이르는 시기의 기년을 '모왕 몇 년(某王幾年)'으로 하고 중국 기년을 주(註)로 처리한 것은 아무 의미가 없으므로, 단기(檀紀)로 표기하는 것이 국통(國統)을 소중히 하는 첫 번째 의의라고 하였다. 셋째, 기씨 족보 등을 이용한 기존 사서가 기자 이후 41세 후손들이 칭왕(稱王)한 것이 사실인지, 어쩌면 후세의 추존일 수도 있다고 신중한 자세를 취하였다.[24]

기자와 한국사의 정체성 문제에 대해서는 김택영의 『한국역대소사(韓國歷代小史)』(1922)와 이에 대한 유인식의 비판인 「김사기오(金史記

---

22) 위의 책, 31쪽.

23) 朴杰淳, 「解題(祖國精神 · 國粹論 · 南北朝史觀으로 민족사를 통찰한 『大東史』)」, 22쪽, 주 50).

24) 『大東史』 上, 40-41쪽 및 43-44쪽.

誤)」(1923)가 좋은 대조를 이룬다.『역사집략』을 완성한 후 중국으로 망명한 김택영은 이를 보완하는 한편 조선시대를 서술한『한사경(韓史綮)』을 합쳐『한국역대소사』라는 서명으로 중국에서 간행하였다. 이 책은 태조와 세조가 왕위를 찬탈했다는 서술 때문에 식민지 조선의 유림들에게 격렬한 비판을 받았다.[25]

그러나『한국역대소사』의 더 심각한 문제는 현재의 조선인은 모두 중국인의 후예라고 주장하여 조선의 정체성을 전면 부정하였다는 점이다. 즉 단군의 후예인 토착인(舊種)과 기자의 후예인 이주민(新種)의 관계를 미국의 본종(本種)과 영국의 신종(新種)에 비유하면서, 전자가 후자에게 흡수되었다는 것이다.[26] 또한 고구려 고씨(高氏)는 중국 고신씨(高辛氏) 후예, 신라와 가야의 김씨는 소호금천씨(少昊金天氏)의 후예라는 기록을 무비판적으로 수용한 결과 고구려와 백제는 북부여의 객종(客種)에 불과하다고 하였다.

「김사기오」는 이 문제를 중시하여 상세히 반박하였다는 점에서 주목할 만하다.

우리나라의 종족이 부락(部落) 단위로 살던 시절에는 처음 군장이 없었다. 단군이 나라를 세우고 통치하니 국세가 강성해지고 자손이 영역에 가득차서 그 후에 삼국같이 강성해졌다. 총괄해서 말하면, 본래부터 조선민족(朝鮮民族)인 것이다. (물론 우리나라는) 중국과는 토지가 접하고 관계가 이어져서 중국에서 온 자도 많았다. 그러나 본족(本族)이 어찌 다 멸망했겠는가? 지금 김택영의『한국역대소사』(金史)는 '나라에 충만한 자는 모두 중국인이니, 우리 나라의 종족은 지금 미국(美利堅)의 본종(本

---

25) 崔惠珠,『滄江 金澤榮의 韓國史論』(한울아카데미, 1996), 158-206쪽.

26)『韓國歷代小史』上 [『韓國史學史資料大系 3, (民族文化社, 1987)], 34쪽. "凡充滿於國中者 大抵無非中國之種 則雖曰檀氏之民 自箕子以下 皆因之 以王未易之 然其實 舊種日奪於新種 而至於消滅 如近世美利堅國本種之爲英吉利國新種之所鑠"

種)과 같이 영국(英吉利) 종족에 흡수되었으며, 우리나라가 기자(箕子)를 기리는 것이 미국이 워싱턴(華盛頓)을 기리는 것과 같다'고 말한다. 저 김씨는 본국에 있을 때 『동사집략』을 편찬하며 국종종론(國種種論)을 주장하였는데, 지금 중국으로 이주하여 중국민(中國民)으로 자처하며 숭화열(崇華熱)이 여기에 이르렀다. 그가 조국을 무모(誣侮)하고 민족을 오멸(汚衊)시킨 것은 차마 바로 볼 수 없다. 이런 역사책은 하루라도 단군강역(檀君疆域)에서 존재할 수 없다.[27]

이에 뒤이어 『한국역대소사』의 역사왜곡을 조목별로 비판할 뿐만 아니라 중국인으로 자처하는 김택영이 왜 조국의 역사에 관심을 갖는지 모르겠다고 조롱하였다. 모화주의에 대한 유인식의 비판은 『대동사』에서도 발견된다. 그는 "우리나라 사람들이 중국을 존숭하는 것이 골수에 깊이 박혀 한 글자라도 비슷하면 곧바로 화족(華族)에 칭탁한다. 김수로왕이 금천씨(金天氏)의 후예이고 진한인(辰韓人)이 진인(秦人)이며, 고씨를 고신씨의 후예라고 하는 것이 그것이다. 이런 주장은 변론할 것도 못된다."라고 하였던 것이다.[28] 이처럼 유인식은 기자를 인정하더라도 민족사의 체계 안에서 파악했다는 점에서 과거의 중화주의적 인식과 다르고, 또 대종교 계통의 국수주의적 인식과도 달랐다.

---

27) 『東山文稿』(『東山全書』 하), 120-121쪽.
28) 『大東史』 上, 60쪽 및 101쪽.

4. 6기 남북조에서의 발해사 인식

1) 신라정통론의 비판

조선시대의 역사서들은『동국통감』이래로 신라정통론에 입각하여 발해를 주변국의 역사로 인식하였기 때문에, 대체로 발해사에 대한 서술도 빈약하였다. 그렇지만 조선후기에는 두 가지 새로운 특징을 보인다. 첫째는 기존 인식을 토대로 발해사에 대한 지식을 축적해 나갔던 것이고, 둘째는 단기정통론에 의거하여 발해사를 자국사로 파악하는 동시에 신라정통론의 부당함을 제기하였던 것이다. 전자를 대표하는 것이 안정복의『동사강목』이라면, 후자를 대표하는 것은 이종휘의『동사』였다. 그리고 양자를 결합하여 남북국론을 제기하고 처음으로 발해의 역사를 서술한 것이 바로 유득공의『발해고』였다.[29]

『역사집략』과『대동역사』등 대한제국기의 대표적인 사서들에 발해사 기사가 늘어나는 것도 이런 흐름을 이어받았기 때문이다. 그러나 '신라기'의 설정에서 보듯이 이들은 여전히 신라정통론을 견지하고 있었다. 즉 신라정통론과 발해사의 모순 관계를 인식하지 못하였던 것이다. 그런데『대동사』는 신라기(新羅紀) 대신 6기 '남조 신라·후백제와 북조 발해·태봉'를 설정함으로써 내용과 형식의 모순을 극복하였다. 그 근거는 고구려 멸망 기사에 부친 다음의 견해에서 찾아볼 수 있다.

> 고구려와 백제는 그 계통이 부여에서 나왔고, 부여는 단군에서 나왔다. 전후 3천여 년 동안 대체로 단군은 성신(聖神)의 국주(國主)로서 동방 생민(東方生民)의 조상이다. 그러므로 그 후세들이 더욱 멀리 퍼지고 더

[29] 김종복,「조선후기 신라정통론의 전개와 발해사 인식의 전환」, 49-50쪽.

욱 오래되었다. 가령 삼국이 화목하게 지내며 상호 관계를 유지했다면 동방에 웅거하며 천하를 노릴 수 있었을 것이다. 그러나 원대한 계획을 생각하지 못하고 오직 담장안의 싸움만 일삼아 서로 침략하여 시체가 즐비하였다. 신라가 분노를 참지못하고 당에 호소하여 군사를 요청하였다. 이에 전마(戰馬)가 대동강과 백마강의 기슭을 유린하여 700년 역사의 두 강국이 하루아침에 폐허가 되었는데도, 신라인(東人)은 멍하니 생기가 없었다. 이것이 어찌 바깥 도적을 불러다가 집안사람을 죽이는 것과 다르겠는가? 그래서 신사가(新史家)는 이를 폄하하여 내치며, 김유신이 동족(同族)에게 죄를 얻어 역사에 오염을 끼쳤다고 말한다.[30]

삼국이 단군의 후예라는 전제 하에 삼국간의 항쟁을 동족상쟁으로 파악하고, 나아가 신라가 당과 연합하여 백제와 고구려를 멸망시킨 것을 외세를 빌어 동족을 멸망시켰다는 인식은 「독사신론」에서 신채호가 피력한 견해와 동일하다. 주지하듯이 신채호는 이른바 신라의 삼국통일을 부정하고 신라와 발해가 양립한 양국시대로 파악하였다.

또한 『대동사』는 견훤과 궁예가 각각 백제와 고구려의 복수를 명분으로 내세운 사실을 근거로 "김유신이 외병을 빌려 동족을 멸망시킨 사실에 대한 삼국인(三國人)의 원한이 뼈에 사무쳤기에 이백년 후에 신라의 죄를 성토하려고 반란을 일으켰다."고 보았다. 다만 백제·고구려 멸망 이후 신라가 "다시 두 나라의 강역을 (당으로부터) 탈취하여 통일의 사업을 성취한 것은 말할 만하다."라고 하였다.[31] 이 부분은 나당전쟁의 승리를 강조한 것으로 여기서의 '통일'은 역시 신채호가 말한 '반변적(半邊的) 통일'과 맥을 같이한다.

한편 백제와 고구려의 문화 수준이 높았음에도 불구하고 기록이 전

---

30) 『大東史』上, 270-271쪽.
31) 『大東史』上, 272-273쪽.

하지 않는 것은 이적과 소정방의 소행일 것이라고 추측하였다. 그 이유는 다른 나라를 멸망시키는 자는 반드시 그 나라의 역사부터 멸망시켜서 신민들로 하여금 역사를 생각하고 나라를 사랑하는(感舊愛國) 마음이 자라지 않게 하려는 데 있다고 하였다. 뒤이어 미래에서 현재를 보는 것은 현재에서 과거를 보는 것과 같다(夫後之視今 猶今之視昔也)고 하였는데32), 이는 망국 이후에도 우리 역사를 잊어서는 안 된다는 경고이자,『대동사』편찬 목적이 어디에 있는지를 알려준다.

이처럼 신라정통론을 부정한 뒤에 발해가 신라와 함께 남북조로 파악되어야 하는 이유를 다음과 같이 설명하였다.

옛 역사(古史)는 고구려와 백제가 망하여 신라가 일통(一統)했다고 하고 발해기(渤海紀)는 조금도 언급하지 않았다. 김창강의『동사집략』만은 대략 그 역사를 기술하였지만, 대등하게(敵偶) 취급하지 않고 신라사에 복속시켰다. 대개 우리나라의 선유(先儒)들은 스스로 강역을 축소하여 국한시키고, 압록강 서쪽은 타국으로 간주하여 우리 강역으로 보지 않고 등한시하였다. 대씨는 고구려의 옛 신하로서 그 강토를 회복하여 만한(滿韓)의 두 경계에 걸쳐있었다. 또한 그는 당의 관작을 받지 않고 사엄의정(辭嚴義正)하여 의연하게 고국을 사랑하는 마음을 지니고 있었다. 그 후손까지 햇수가 길게 이어져서 나라가 무강(武强)하고 제도가 정비되었으니 동방의 성국(盛國)이라고 할 만하다. 또 고구려는 단군의 정통을 접하였으니 삼국시대에는 종국(宗國)이라고 할 만한데, 고구려를 이어서 일어난 것이 발해라면, (우리 역사에서) 폄하하여 내치는 것이 부당하다. 이런 까닭에 고려 천수 9년(936) 이전까지는 신라와 병렬시켜서, (양국을) 남북조로 나눌 뿐이다.33)

---

32) 위의 책, 272-273쪽.

33) 위의 책, 292-293쪽.

『동사집략』이 발해를 신라와 대등하게 취급하지 않고 신라사에 부속시켜 서술했다는 것은 약간 오해가 있다. 『동사집략』은 범례에서 이전 사서들이 가락과 발해를 강등한 데 반대하여 삼국과 대등한 적국(敵國)으로 취급한다고 밝혔기 때문이다.[34) 다만 본문에서는 "〈己亥〉(孝昭王)七年〈唐武后簒位十五年〉(699) 渤海太祖大祚榮 自立爲震國王 …" 과 같이 신라 기년에 의거하여 발해를 부기하는 형식으로 서술하였다. 결국 『대동사』는 새로운 문제의식이 과거의 서술 방식에 매몰된 『동사집략』을 비판하고, 이를 극복하기 위하여 신라와 발해의 기년을 동등하게 서술하였던 것이다.

2) 발해사 서술 내용

『동사집략』과 『대동사』의 발해 기사를 도표화하면 다음과 같다. 단 기년 표기에 있어 맨앞의 간지는 생략하였다. 한편 당의 연호를 『동사집략』은 신라 기년 다음에, 『대동사』는 기사 말미에 배치했지만, 역시 편의상 생략하였다.

---

34) 『東史輯略』凡例 "一 前史於駕洛·渤海二國 皆降等書之 如某君卒之類 是也 而二國至於三國 未嘗臣服 則强分尊卑 殊無義意 今只以敵例書之 …"

<표2> 『동사집략』과 『대동사』의 발해 기사

연대	동사집략(34건)		대동사(37건)	
	기년	내용	기년	내용
699	효소왕7	진국(震國) 건국	3032(효소왕 7/태조 1)	좌동 안(按)에서 남북조 언급
713	성덕왕11	발해로 국호 변경	3046(성덕왕 11/태조 15)	좌동
719	성덕왕17	고왕(高王) 대조영→대무예 안에서 『강역고』(정약용) 인용	3052(성덕왕 17/태조 21)	좌동 세주에서 『강역고』 인용
726	성덕왕24	발해의 흑수말갈 토벌 및 대문예의 망명	3059 (성덕왕 24/무왕 인안 7)	좌동
728			3061 (성덕왕 26/무왕 인안 9)	발해가 일본에 사신 파견
732	성덕왕30	발해의 등주(登州) 공격	3065 (성덕왕 30/무왕 인안 13)	좌동
733	성녁왕31	당의 요구로 인한 신라의 발해 공격 및 실패, 『강여 고』 인용	3066 (성덕왕 31/무왕 인안 14)	좌동 『강역고』 인용
735	성덕왕33	당이 신라에 패강(浿江) 이남을 하사한 이유는 발 해 때문	3068 (성덕왕 33/무왕 인안 16)	좌동
737	성덕왕35	무왕 대무예→대흠무 즉위, 당에 사신 파견 『강역고』 인용	3070 (성덕왕 35/무왕 인안 18)	좌동 『강역고』 인용
738			3071 (효성왕 1/문왕 대흥 1)	발해가 당에 사신 파 견, 발해의 문치(文治) 서술
739			3072 (효성왕 2/문왕 대흥 2)	발해가 일본에 사신 파견
755	경덕왕13	상경 천도	3088 (경덕왕 13/문왕 대흥 18)	좌동
756	경덕왕14	안록산의 난과 발해	3089 (경덕왕 14/문왕 대흥 19)	좌동
773	혜공왕8	재당 발해 왕자의 곤룡포 절도	3106 (혜공왕 8/문왕 대흥 36)	좌동
777	혜공왕12	발해가 일본의 무녀(舞女) 를 당에 헌상	3110 (혜공왕 12/문왕 대흥 40)	좌동
781	선덕왕1	신라의 패강 이남 안무 안에서 발해 언급	3114 (선덕왕 1/문왕 대흥 44)	좌동 안(좌동)
790	원성왕5	신라가 북국(=발해)에 사신 파견 안에서 안정복의 탁견 지적	3123 (원성왕 5/문왕 대흥 53)	좌동 안(좌동)

794	원성왕9	동경 천도, 문왕 대흠무→대원의	3127 (원성왕 9/문왕 대흥 57)	좌동, 단 동방승국(東方勝國) 추기
795	원성왕10	대원의→성왕 대화여→대숭린	3128 (원성왕 10/성왕 중흥 1)	좌동, 단 당과의 우호 추기
809	애장왕9	강왕 대숭린→대원유	3142 (애장왕 9/강왕 정력 14)	좌동
812	헌덕왕3	신라가 발해에 사신 파견	3145 (헌덕왕 3/정왕 영덕 3)	좌동
813	헌덕왕4	정왕→대언의	3146 (헌덕왕 4/정왕 영덕 4)	좌동
818	헌덕왕9	희왕→간왕 대명충→대인수	3151 (헌덕왕 9/희왕 주작 5)	좌동
826	헌덕왕17	신라가 발해를 대비하여 패강에 장성 축조	3159 (헌덕왕 17/선왕 건흥 8)	좌동
830	흥덕왕4	선왕 대인수→대이진, 발해 제도 안에서 『강역고』 인용	3163 (흥덕왕 4/선왕 건흥 12)	좌동 『강역고』 인용 후 말미의 안에서 요사 불신론 비판
833	흥덕왕7	당에 학생 파견	3166 (흥덕왕 7/선왕 건흥 13)	좌동
858	헌안왕1	대이진→대건황→대현석, 이후 기록 인멸 서술	3192[1] (헌안왕 1/이진 함화 28)	좌동, 단 안에서 이후 기록 인멸 서술
897	진성주10	발해와 신라의 쟁장(爭長)	3230 (진성 10/후백제 견훤 6)	좌동 안에서 기록 부재를 탄식
898	효공왕1	궁예의 패서도(浿西道) 장악 안에서 발해 경계 언급	3231 (효공왕 1/견훤 7)	좌동 『동사집략』의 안 인용
905	효공왕8	궁예에게 평양 성주 항복 안에서 발해 언급	3238 (효공왕 8/견훤 6/태봉 궁예 5)	좌동 『동사집략』의 안 인용
907	효공왕10	발해 대인선이 후량에 사신 파견	3240 (효공왕 10/견훤 16/ 궁예 7)	좌동
918	경명왕1	발해가 거란에 사신 파견	3251 (경명왕 1/견훤 27/ 궁예 18/고려태조 천수 1)	좌동
919	경명왕2	거란의 요양 고성 수축 및 발해 공격 안에서 평양의 번인(蕃人)=발해	3252 (경명왕 2/견훤 28/ 태조 천수 2)	좌동 『동사집략』의 안 인용

920	경명왕3	윤선(尹瑄)과 흑수의 고려 투항 안에서 흑수=발해	3253 (경명왕 3/견훤 29/ 태조 천수 3)	좌동 『동사집략』의 안 인용
924	경명왕7	요주를 둘러싼 발해와 거란의 공방, 발해가 후당에 사신 파견	3257 (경명왕 7/견훤 33/ 태조 천수 7)	좌동
925	경애왕1	발해가 후당에 사신 파견	3258 (경애왕 1/견훤 34/ 태조 천수 8)	좌동
926	경애왕2	발해 멸망. 발해의 특산물 『발해세가』(홍석주) 인용	3257 (경애왕 2/견훤 35/ 태조 천수 9/발해 망)	좌동 안에서 역년도(歷年圖) 기술, 말미에 『발해세가』 인용

　『대동사』는 『동사집략』을 토대로 한 만큼 발해 기사 자체에 큰 변화는 없지만, 기년 표기에 있어서 신라와 발해를 동등하게 취급하였다. 위의 표에서 '699년(효소왕7/태조1)'는 "신라 효소왕 7년(羅孝昭王七年) / 발해 태조 대조영 원년(渤海太祖王大祚榮元年)"를 간략히 한 것이다. 그 다음부터는 "신라 성덕왕 11년(羅聖德十一) / 발해 태조 15년(渤太祖十五)", 발해의 연호가 있는 경우는 "신라 성덕왕 18년(羅聖德十八 / 발해 무왕 인안 7년(渤武仁安七)"로 표기하였다.

　연호 표기와 관련하여 『대동사』의 신라역년도(新羅歷年圖)를 참고할만하다. 이것은 『동국통감』의 논찬을 인용한 것인데, 그 법흥왕조에서 신라의 연호 사용에 대해 "또한 춘추 대일통의 의리를 모르고 참람되게 연호를 시행하였으니, 예법을 벗어나고 분수를 어긴 것이 심하다 (又不知春秋大一統之義 僭行年號 越禮犯分 甚矣)"는 부분을 『대동사』는 삭제하였다.35) 물론 『대동사』는 신라 중고기(中古期)의 연호를 수록하였다. 참고로 『동사집략』도 신라 중고기의 연호는 표기하였지만, 발해 연호는 배제하였다.

---

35) 『大東史』 上, 376-381쪽.

한편 『대동사』는 『동사집략』에 없는 728년조와 739년조를 추가하였
는데[36], 이는 『한국역대소사』를 참조한 것이다.[37] 김택영은 『동사집략』
을 보완하여 『역사집략』을 완성한 후 다시 「광개토왕비문」과 일본사서
의 발해 기사를 보충하여 『한국역대소사』를 집필하였다. 유인식의 「김
사기오」는 바로 이를 비판한 것인데, 이때 『동사집략』에 없는 발해사
부분을 보았던 것이다.[38] 그러나 앞의 두 기사만 수록했던 것은 이미
『대동사』가 기본적으로 완성되었기 때문일 것이다.

『대동사』는 다른 자료 없이 『동사집략』에만 의거했기 때문에 사실의
오류도 있다. 그 중 하나는 858년조(헌안왕 1/이진 함화 28)이다. 우선
단기 3192년은 3191년의 오기이다. 여기서는 대이진→대건황→대현석
으로의 왕위 계승과 이 시기에 발해가 해동성국으로 불리어졌다고 서
술한 다음, 안(按)에서 현석왕 경진(858) 이후로 기록이 인멸되었다고
하였다. 그리고 다음해인 3193(860)을 대현석 원년, 그리고 3194년에는
"신라 헌안왕 4년(羅憲安四) / 이후로 발해 기록은 인멸되어 전하지 않

---

36) 위의 책, 298쪽. "戊辰三〇六一(羅聖德二十六/渤武王仁安九)渤海王遣使日本云云"
    위의 책, 301-302쪽. "己卯三〇七二(羅孝成二/渤文王大興二) 冬 渤海王遣若忽州
    都督胥忠武及大將軍胥要德 · 雲麾將軍己珍蒙 · 首領己闕棄蒙聘日本(聖武天皇十
    一年) 遇風船覆 要德等四十餘人俱死 惟珍蒙得免 日本主設宴慰之 觀其射藝 又奏
    渤海樂而聽之"

37) 『韓國歷代小史』 下, 321-322쪽. "戊辰二十七年(渤海武王十年/唐玄宗開元十六年)
    渤海王遣寧遠將軍郞將高仁義 · 果毅都尉德周 · 別將舍那婁 · 首領高齋德等通好
    于日本(聖武天皇五年) … 渤海王與日本書曰 武藝啓 山河異域 …"
    같은 책, 325-326쪽. "己卯三年(渤海文王三年/唐玄宗開元二十七年) 冬 渤海王遣
    若忽州都督胥忠武及大將軍胥要德 · 雲麾將軍己珍蒙 · 首領己闕棄蒙聘日本(聖武
    天皇十一年) 遇風船覆 要德等四十餘人俱死 惟珍蒙得免 日本主設宴慰之 觀其射
    又使奏本國樂聽之"

38) 『大東史』 上, 162쪽의 頭註에도 "…氏史古國壤…前年辛卯…正廣開…碑文亦當"라
    하여 〈광개토왕비문〉을 언급하고 있는데, 이 역시 『한국역대소사』를 참조하였을
    것이다. 아쉽게도 『대동사』 영인본은 영인 과정의 실수로 頭註의 상단이 누락되
    었다.

음(此後 渤年紀逸 不傳)"이라 하여 신라 기년만 표기하였다.

이 부분이『동사집략』에는 "헌안왕 원년(858) 봄 2월에 발해왕 대이진이 재위 18년에 죽으니 아우 건황이 즉위하였다가 이윽고 죽었다. 이진과 현석 두 시대에 나라가 더욱 부강하니 천하가 해동성국이라 불렀다. 그러나 이진 이후로 사서에서 그 역사를 망실하니, 현석 이후로 사서에서 그 세대의 역사를 상실하였다. 신라 진성여왕 말년〈후량 개평 연간〉에 인선이라고 하는 자가 왕이 되었다(憲安王元年 春二月 渤海王 大彝震 在位十八年而薨 弟虔晃立 尋薨 玄錫立 彝震·玄錫 兩世之間 國益富盛 天下號爲海東盛國 然自彝震以後 史失其史 玄錫以後 史失其世 至新羅眞聖主末年〈後梁開平中〉 有名諲譔者 爲王)"라고 되어있다. 그런데『대동사』는 18년간 재위한 대이진에 이어 대건황을 거쳐 대현석이 즉위한 해를 858년으로 보았기 때문에, 대이진의 재위 기간 18년을 28년으로 고쳤던 것이다. 그러나 858년은 대건황이 즉위한 해이다.[39]

대건황의 사망과 대현석의 즉위 시점은 대현석이 872년에 일본에 보낸 국서의 한 구절[40], 그리고 대현석의 사망과 대위해의 즉위는 895년 당이 대위해에게 가관(加官)했다는 기사를[41] 통해서만 알 수 있는 것이다. 이는 중국에서도『발해국기(渤海國記)』(1931)와『발해국지장편(渤海國志長編)』(1934)에서 겨우 밝혀낸 것이므로,『대동사』의 한계만 탓할 수 없다. 또한 924년조(3257(경명왕7/견훤33/태조 천수7))의 "발해

---

[39] 『舊唐書』권18하, 本紀18하, 宣宗 "大中十二年(858) 二月 以渤海國王弟權知國務 大虔晃爲銀青光祿大夫·檢校秘書監·忽汗州都督 册爲渤海國王"
『資治通鑑』권249, 唐紀65, 宣宗 "大中十二年 二月 勃海王彝震卒 癸未 立其弟虔晃爲勃海王"

[40] 『日本三代實錄』권21, (清和)貞觀 14년 5월 18일 "玄錫繼先祖之遺烈 修舊典之餘風"

[41] 『唐會要』권57, 翰林院 "乾寧二年十月 賜渤海王大瑋瑎敕書 翰林稱加官合是中書 撰書意 諮報中書"

왕이 조카 학당 친위 원겸을 보내어 당에 들어가 시국자감이 되었다. 이때 발해의 문사들로 중국의 진사에 합격한 자가 십 수 명이었다(渤海王遣其姪學堂親衛元謙, 入唐試國子監. 時渤海文士, 登中國進士者 十數人)"에서 발해의 대원겸(大元謙)이 빈공과(賓貢科)에 합격하였다고 서술하였는데[42], 이것은 후당이 발해 사신에게 국자감승(國子監丞)이라는 관직을 제수한 것을 오해한 것이다.

3) 발해사 인식의 특징

37건의 발해 기사 중에『대동사』는 11건에 대해 자기 견해(按)를 피력하였다. 그러나 대부분은 김택영의 견해를 전재한 것이고, 유인식 자신의 견해는 5건이다. 이 가운데 서두(699년조)에서 남북조로 설정한 이유를 밝힌 부분과 말미(926)에서 일종의 역년도(歷年圖)에 해당하는 부분은 그의 발해사 인식을 잘 보여준다. 서두 부분은 앞에서 언급하였으므로, 후자를 소개하면 다음과 같다.

> 고왕(高王)은 고씨가 멸망하자 동쪽에서 굴기(崛起)하여, 유민들을 수습하고 옛 강토를 수복하였으며, 당조(唐朝)를 거부하고 작명(爵名)을 거절하였으니 의롭다고(義) 할 수 있다. 또 돌궐과 연결하여 장벽을 쳤으니 지혜롭다고(智) 할 수 있다. 영역을 개척하고 터전을 세워서 마침내 동방의 성국(盛國)을 만들었으니 신무(神武)가 아니면 그럴 수 있었을까? 무왕(武王)은 말갈의 딴 마음에 분노하여 흑수를 치려고 했으며, 당조의 속임수를 책망하고 등주를 함락시켰으며, 말갈제부(靺鞨諸部)를 외복(畏

---

42)『大東史』上, 360쪽. 참고로『東史輯略』에는 "景明王七年 … 是歲 渤海王遣其姪 學堂親衛元謙 入後唐試國子監丞 時渤海文士 登中國進士第者 十數人"로 '丞'이 누락되지는 않았다. 그러나 김택영도 이때 대원겸이 빈공과를 본 것으로 오해하였던 것 같다.

服)시켜 영역을 더욱 개척하였으니, 무강(武强)하다고 할 수 있다. 문왕(文王)은 전쟁을 그치고 문물을 닦아 중국을 사모하며 본받아서, 당나라에 사신을 보내 서적을 구하고 예악을 닦아 문화를 크게 갖추었다. 또 서귀도(徐歸道)의 속임수를 알아채고 그 사신을 억류한 일로 당 황제가 사례하였으니, 어질고 지혜로운 임금(賢智之君)이라 할 수 있다. 성왕(成王)은 해를 넘기지 못하고 죽어서 공업(功業)이 드러나지 않았고, 강왕(康王)·정왕(定王)·희왕(僖王)은 수성(守成)의 임금이라고 할 수 있지만 특별한 덕은 없었다.

선왕(宣王)은 타고난 자질이 영무(英武)하여 고왕(高王)의 풍모를 지녀서 주변국을 물리쳐 영역을 더 넓혔고, 궁궐을 수축하고 부현(府縣)을 설치하였으며, 관직 제도를 제정하고 관복(冠服)을 개정하였다. 훌륭한 법령이 찬란하게 질서정연하니, 문화의 융성함이 삼국보다 뛰어났다. 이진왕(彝震王)은 학생을 파견하여 당나라 학교에 입학시켜 문화를 배우게 하였고 계속 우호를 유지하게 하였다. 현석왕(玄錫王)은 계속했으니, 두 임금 때에 나라는 더 부강해지고 대씨(大氏)의 공업(功業)은 이에 융성하였다. 그 후로 역사에서 왕위 전승이 소실되어 정치의 자세한 상황을 들을 수 없었다. 그러나 진성여왕 때에 발해 사자 대봉예(大封裔)가 입당하여 스스로 나라가 크고 병사가 강하다는 이유로 사신의 석차(席次)가 신라 위에 있어야 한다고 다투기를 그치지 않았으니, 그 나라의 위무(威武)를 알 수 있다. 경애왕 때 발해왕이 조카 대원겸을 입당시켜 국자감에서 시험치게 하였다. 발해인으로 중국에서 합격한 진사가 수십명이나 되니 문학의 융성함을 알 수 있다.

대인선 때에 거란에 병탄되어 대씨가 드디어 멸망했으니, 반드시 망하게 된 이유가 있었을 것이다. 가만히 살펴보니, 태자 광현(光顯)이 신하들과 연이어 동쪽으로 와서 고려에 귀복하였으니, 반드시 종국(宗國)의 멸망을 애통히 여겨 스스로 거란의 신하가 되지 않으려는 의리를 지킨 자일 것이다. 또 은계종(隱繼宗)은 투항하여 고려왕을 알현할 때 3번 절하였으니, 나라를 잃은 사람에게는 그것이 예법이었다. 이로 미루어보니 그 국속(國俗)의 아름다움이 대씨의 문치가 남겨준 교화가 아니겠는가? 애석하구나. 그 이백여년 문명 역사가 전해지지 않음이여! 대씨 이후로는 그 땅이 여진과 거란 같이 오랑캐의 고향이 되었으니, 누가 전조(前朝)의 역사를 수습하여 오래도록 전할 수 있겠는가? 또 우리나라 선유들은 외국으로 간주하여 연구하고 고거(考據)할 줄 몰라서 마침내 인멸되었으니 애석하구나.43)

여기서 고왕은 '의(義)·지(智)·신무(神武)', 무왕은 '무강(武强)', 문왕은 '어질고 지혜로운 임금(賢智之君)', 선왕은 '영무(英武)' 등 발해의 역대 왕에 대한 평가를 내리고 있다. 특히 고왕이 '당조(唐朝)를 거부하고 작명(爵名)을 거절'했다는 서술은 서두(699년조)에서도 '대씨가 … 당의 관작을 받지 않고'와 같이 이미 언급한 바 있다. 주지하듯이 고왕 대조영은 698년에 발해를 건국하였지만 713년에 당의 책봉을 받고 국교를 맺었다. 전통적인 모화주의에 비판적인 유인식은 발해가 건국 직후에 당의 책봉을 받지 않았다는 사실을 사대주의에 매몰되지 않은 역사적 사례로서 중시하였던 것이다.

한편 고려기(高麗紀)의 안(按)에도 두 차례 발해에 대한 언급이 있다. 먼저 만부교(萬夫橋) 사건(942)에 대한 유인식의 견해를 소개하면 다음과 같다.

이전 사서(前史)는 태조가 거란과 절교한 일에 대해서 혹자는 성덕(盛德)이라고 하고, 혹자는 개국 초에 교린(交隣)의 도리를 잃어 틈이 생기고 원한을 맺어서 고려 말까지 대대로 그 화를 입은 것이 다 여기서 비롯되었다고 한다. 두 설은 각자의 의견이다. 그러나 나는 다음과 같이 생각한다.

태조는 동국이 분열된 때를 만나 통일의 공업을 이루었는데, 발해가 이미 멸망하여 고구려의 옛 강역 즉, 요심(遼瀋) 일대의 지역은 거란에게

---

43)『大東史』上, 363-365쪽. 이 다음에는『동사집략』이 인용한 洪奭周의「渤海世家」를 전재하였다.

함몰되었다. 이에 태조는 이미 군사를 비축하고 무예를 연마시켜서 조선의 옛 강역을 회복할 뜻을 지니고 있었다. 그래서 먼저 발해 멸망을 거란의 죄로 삼아 그와 단교하였던 것이다. 그의 웅장하고 대담한 계획을 여기서 볼 수 있다. 그렇지 않다면 태조의 너그럽고 어진 덕으로 거란을 거절할 수는 있지만, 어찌 사신을 유배 보내고 낙타를 굶주리게 하듯이 단절함이 그토록 심했겠는가? 얼마 후 태조가 죽어 뜻하던 사업을 펼치지도 못했는데, 다음 왕들은 모두 원도(遠圖)가 없어 요심(遼瀋)을 경략하여 선왕의 뜻을 계승하지 못하고 앉아서 그 폐해를 받았으니, 애석하구나![44]

만부교 사건에 대해서는 최승로나 이제현 같은 고려의 관료는 환란에 대한 미연의 방지 또는 사치의 금지라는 측면에서 긍정하였고, 『동국통감』에서는 교린 정책의 실패라는 측면에서 부정적으로 파악하였다. 조선후기에 이익은 영토회복의 차원에서 새롭게 파악하였으나, 여기에는 마한정통론이 전제되어 있었다. 즉 고구려 멸망 이후 신라가 요동을 차지하지 못한 것은 발해 때문이었으니, 만부교 사건은 고려 태조가 요동을 차지하려고 한 것이었다는 것이다.[45] 발해가 자국사가 아니라는 전제하의 나름대로 객관적 인식이지만, 『대동사』는 여기서 한걸음 나아가 민족사의 차원에서 새롭게 해석했던 것이다. 즉 발해 유민을 받아들여 남북조의 분열을 통일한 고려는 한걸음 나아가 '조선의 옛 강역을 회복'하려는 의도에서 발해 멸망을 이유로 거란과 단교하였다는 것이다.

기존의 왕조사가 아니라 민족사의 차원에서 발해를 언급한 것은 「고려기」 말미의 최영의 요동 정벌에 대한 견해에서도 다시 확인된다. 여기서는 최영이 요동 정벌에 실패한 이유로 민생 도탄과 왜구 약탈에

---

44) 위의 책, 387쪽.
45) 김종복, 「조선후기 신라정통론의 전개와 발해사 인식의 전환」, 40-42쪽.

도 불구하고 군대를 일으켜 주변국과 화를 맺은 것, 그리고 용장예졸(勇將銳卒)을 원정에 동원한 결과 국내는 발호하는 강신(强臣)과 아둔한 임금에게 맡긴 것 등을 제시한 후 다음과 같이 주장하였다.

> 그의 본심을 살펴서 논해 보면, 최영의 뜻은 참으로 크다. 대개 요심(遼瀋)은 천하의 요충지인데, 고구려와 발해가 망한 후로 거란과 몽고의 영역이 되어버렸다. 고려 오백 년간 압록강 서쪽의 한걸음도 엿보지 못하니, 바로 강한 이웃에 속박(羈縻)되어서 강역이 축소되고 국력이 약해졌다. 원명(元明) 교체기에 우리 옛 강역을 회복하고 요계(遼薊)까지 차지해서 천하에 맞서서, 명조(明朝)와 남북의 형세를 이루었다면 고구려의 무강(武强)한 공업(功業)을 회복할 수 있었을 것이다. 이태조는 혁명에 급하여 순리를 어겼다는 죄목으로 최영을 얽어 죽였다. 이로부터 사대(事大)의 의리가 뇌수에 깊이 들어가 이조(李朝) 오백년 이래로 명청(明淸)의 제압을 받아 다시는 떨치지 못하게 되었다. 가령 사천년 단군의 옛 강역을 타가(他家)에 맡기고 안부를 묻지 않았던 것은 대개 위화도 회군에서 비롯된 것이다. 나는 그러므로 '최공의 처사가 비록 소활(疎闊)하지만 뜻은 컸다'고 말한 것이다. 고려와 조선 일천년간 한 사람도 최공에 미치지 못하였다.[46]

여기서는 고구려의 '무강'을 강조하였지만, 앞서 보았듯이 발해에 대해서도 "나라가 무강하고 제도가 정비되었으니 동방의 성국(盛國)이라고 할 만하다."라든가 무왕을 '무강'하다고 평가하였다. 최영의 요동 정벌이 성공했다면 우리나라가 명나라와 남북의 형세를 이루었을 것이라는 해석도 흥미롭다. 특히 위화도 회군으로 인해 사대주의가 팽배하게 되어 명청의 제압을 받았다는 인식은 망국의 원인을 사대주의에서 찾은 것이다. 이는 다른 한편으로 자신이 속한 조선왕조에 대해 비판

---

46) 『大東史』上, 770-771쪽.

적으로 인식하였음을 의미한다.[47) 결국 고구려와 발해 때의 무강(武強)한 공업(功業)을 회복하고 사천년 단군의 옛 강역을 되찾아야 한다는 주장은 망국에 처한 현실을 역사적으로 규명하고 그 대안을 제시하는 차원에서 나온 것이었다.

5. 맺음말

『대동사』는 개신유학자로서 안동에 거주하던 동산 유인식이 일제 초기에 한문으로 쓴 편년체 통사이다. 개항 이래 대한제국기에는 정통론에 입각하여 자주적 근대국가의 수립이라는 시대적 과제에 부응하려고 한 사서들이 적지 않게 편찬되었다. 이들은 조선후기에 제기되었던 단기정통론의 강화와 신라정통론에 대한 회의를 수용하였지만, 기본적으로 고려시대까지만 서술하였기 때문에 정통론 자체를 극복할 수는 없었다. 『대동사』는 체제상 대한제국기 사서들의 전통을 계승하면서도 내용상 이들의 한계를 극복했다는 점에서 주목되는 사서이다.

유인식은 신채호와 교유하면서 위정척사에서 계몽운동으로 사상을 전환하였고, 1913년에는 대종교에 가입하였다. 『대동사』는 기존의 단기정통론 대신 단군정통론에 의거하여 당대사까지 서술한 통사이다. 그리고 이른바 기자조선에서 신라시대까지를 기존의 기자정통론과 신라정통론이 아닌 남북조시대로 파악하였다. 즉 기자정통론과 기자부정론을 지양하고 '남조 기자조선과 북조 부여'를 설정함으로써, 중화주

---

47) 유인식은 「太息錄」(1928)의 1장 '論政府之腐敗' [『東山文稿』(『東山全書』 하), 98-99쪽] 에서 정부의 부패 현상으로 10가지를 지적했는데, 그중 여덟 번째 '事大主義'에서는 위와 동일한 논지를 다시 상술하였다.

의적 인식을 극복하는 한편 지나친 국수주의적 인식을 경계하였던 것이다. 또한 신라정통론에 의거한 발해사 서술이라는 논리적 모순 역시 '남조 신라와 북조 발해'라는 남북조시대에 입각하여 대등하게 서술함으로써 극복하였던 것이다.

『대동사』는 단군의 정통성과 함께 고구려와 발해의 '무강'을 강조하였는데, 이는 망국의 원인의 하나인 사대주의를 극복하는 차원에서 제기하였던 것이다. 이 점에서『대동사』는 서술 체제상에서 대한제국기 역사학의 전통을 잇는 한편 내용상으로는 민족주의 역사학의 초기 형태를 보여주고 있다고 할 수 있다.

출처

Ⅰ. 동아시아 근대 역사학의 탄생

■ |이진일| 근대 국민국가의 탄생과 '국사'(national history) ─ 동아시아로의 학문적 전이를 중심으로
『한국사학사학보』 27호(2013.6)에 실린 것이다.

■ |스다 쓰토무| 일본 근세사회에 있었던 '국사'의 맹아
성균관대 동아시아역사연구소 주관의 국제학술대회 '동아시아 인문지성의 전통과 변용'(2011.6.10.~11, 성균관대)에서 발표된 것을 수정 보완한 것이다.

■ |정현백| 일본 근대 역사학의 형성과 서구 역사학의 영향 그리고 조선 ─ 트랜스내셔널 전이를 중심으로
『한국사학사학보』 27호(2013.6)에 실린 것이다.

■ |스젠궈| 중국 근대 역사학의 형성에 관한 논의
성균관대 동아시아역사연구소 주관의 국제학술대회 '전통학문의 와해와 동아시아'(2012.3.9.~10, 성균관대)에서 발표된 것을 수정 보완한 것이다.

■ |도면회| 한국에서 근대적 역사 개념의 탄생
『한국사학사학보』 27호(2013.6)에 실린 것이다.

■ |이신철| 한국 근대 역사주체의 형성과 한국 근대 역사학의 태동 ─ 근대 역사학의 새로운 이해를 위한 시론(試論)
『사림』 42호(2012.6)에 실린 것을 일부 수정한 것이다.

Ⅱ. 근대 교육제도의 도입과 역사교육

■ |이규수| 근대 일본의 학제 형성과 역사 지식의 제도화
『한국사학사학보』 27호(2013.6)에 실린 것이다.

■ |김지훈| 중화민국 초기 학제개편과 역사교육
『아시아문화연구』 제26집(2012.6)에 실린 것이다.

■ |구희진| 대한제국 전반기 '국민의기(國民義氣)'의 고취와 국민교육
『한국사연구』 134호(2006)에 실린 것이다.

III. 한국 근대의 역사인식 변화

■ |김종복| 대한제국기 역사서의 고대사 인식과 유교적 사유체계의 변동
『아시아문화연구』 제26집(2012.6)에 실린 「중화질서의 와해와 유교적 사유체계의 변동－개항기 역사서의 발해서 서술을 중심으로」를 일부 수정한 것이다.

■ |조성산| 근대전환기 중화주의 위기와 조선사 인식
『사총』 79호(2013.5)에 실린 것을 일부 수정한 것이다.

■ |이신철|『동국사략』(현채)의 당대사 역술과 서술을 통해 본 한국 근대 역사학의 '국민 만들기'
『역사교육』 126호(2013.6)에 실린 「대한제국기 역사교과서 편찬과 근대역사학－『동국사략』(현채)의 당대사 서술을 통한 '국민 만들기'를 중심으로－」를 일부 수정한 것이다.

■ |김종복| 유인식(柳寅植)의『대동사(大東史)』를 통해본 정통론적 역사인식의 근대적 전환
『사총』 79호(2013.5)에 실린 「중화주의의 극복과 역사인식의 변화－柳寅植의『大東史』를 중심으로」를 일부 수정한 것이다.)

찾아보기

【ㅇ】

아관파천 290

『아국략사(俄國略史)』 98

『아대피득변정고(俄大彼得變政考)』 133

아마테라스 오오미카미(天照大神) 246

『아방강역고(我邦疆域考)』 195, 406

『아사노케기(淺野家記)』 68

아시아주의 450

아시카가씨(足利氏) 71

아이자와 세이시사이(會澤正志齋) 63

『아즈마가가미(吾妻鑑)』 55, 56

아편전쟁 120, 121, 122, 123, 125, 126, 129,
132, 133, 143, 147

안동도호부 342

安政大獄 74

안정복(安鼎福) 359, 389, 428

안종복 160

안종화(安鍾和) 194, 195, 347, 350, 352,
430, 431, 440

앙투아네트 108

『애급근세사(埃及近世史)』 98

애왕 기준(哀王箕準) 354

애장왕 359

야노 하루미치(矢野玄道) 224

야마가 소코(山鹿素行) 66

야마가타 데이사부로(山縣悌三郎) 245

야마타이국(邪馬台國) 54

양국시대론 371

양만춘 181

양명학(陽明學) 386, 387

양무운동(洋務運動) 127, 128

양재건 340

양정남(梁廷枏) 126

어제금사교(御制禁邪敎) 64

에르네스트 르낭(Ernest Renan) 21

에른스트 핵켈(Ernst Haeckel) 28

『에이가모노가타리(栄花物語)』 56

엘리아스(Norbert Elias) 44

역사모노가타리(歷史物語) 55

역사주의 20, 32, 34, 35, 37

『역사집략』 337, 341, 346, 356, 357, 358,
363, 364, 365, 368, 370, 371, 392, 428,
429, 466, 468, 469, 477, 484

역사필변(歷史必變) 132

『역사학보』 48

『억서휘변(譯書彙編)』 138

『연려실기술(練藜室記述)』 374, 389, 397

『연암속집(燕巖續集)』 405

『연암집』 405, 428

『연조귀감(椽曹龜鑑)』 196

연해주 211

『열양세시기(洌陽歲時記)』 397

『열조통기(列朝通紀)』 374, 389

『영국문명사』 86

『영국사(The History of England)』 87

영일동맹 322, 327

영일조약 87

영조 342

영평(永平) 469

영학당(英學黨) 321

『영환지략(瀛寰志略)』 125

『예운주(禮運注)』 133

옌푸(嚴復) 132, 134, 135, 136

오광찬 360

【ㅊ】

필자소개

(논문게재순)

|이진일| 독일 튀빙겐대학교 역사학부에서 독일사 박사학위를 받았다. 현재 성균관대학교 동아시아역사연구소 수석연구원으로 재직하고 있다. 역사에서의 공간과 경계의 문제에 관심을 가지고 있다. 주요 논저로 『역사의 비교, 차이의 역사』(공저), 「주권-영토-경계: 역사의 공간적 차원」, 「독재체제의 이해를 위한 비교방법론 검토」, 「패전과 바이마르 공화국에서의 인구정책적 구상」, 「서양 지리학과 동양인식―20세기 전환기 동아시아를 지리적으로 위치짓기」 등이 있다.

|스다 쓰토무(須田努)| 와세다대학교에서 박사학위를 받았다. 현재 메이지대 교수로 재직 중이다. 일본근세·근대사, 민중운동사, 민중사상사 등을 주로 연구하고 있다. 주요 저서로 『幕末の世直し 万人の戦争状態』(吉川弘文館, 2010年), 『センター試験 日本史Bの点数が面白いほどとれる本』(中経出版, 2005年), 『'悪党'の一九世紀 民衆運動の変質と"近代移行期"』(青木書店, 2002年), 『暴力の地平を超えて 歴史学からの挑戦』(青木書店, 2004年, 공저) 등이 있다.
[번역] 한혜인(건국대학교 연구교수) · 박민경(성균관대학교 박사과정 수료)

|정현백| 독일 보쿰(Bochum)대학교에서 독일 현대사 박사학위를 받았다. 현재 성균관대학교 사학과 교수로 재직 중이다. 여성문제와 통일문제 등에 관심을 가지고 있다. 저서로 『노동운동과 노동자문화』(한길사, 1990), 『민족과 페미니즘』

(당대, 2003), 『여성사 다시 쓰기』(당대, 2007), 『민족주의와 역사교육』(선인, 2007, 공저), 『처음 읽는 여성의 역사』(동녘, 2011, 공저) 등이 있다.

|스젠궈(石建國)| 상하이 푸단대학교에서 『抗日战争时期的在华韩国独立党研究』로 박사학위를 받았다. 현재 칭다오과학기술대학교 정법부 교수로 재직중이다. 중국 근현대사, 한국독립운동사 등을 연구하고 있다. 주요 논저로 『陆征祥传』, 『韩国独立运动政党与社团研究』, 『当代文化概论』, 『韩国学研究论丛』第二辑, 「抗战后期国统区抗日文化运动述论」, 「提高认识加快发展」, 「加入WTO与干部教育」, 「加强学习提高认识增强拒腐防变能力」, 「从"和平发展"到"和平崛起"」, 「和平崛起与世界秩序」 등이 있다.
[번역] 김지훈·정재균(성균관대학교 박사과정 수료)·이강(성균관대학교 석사과정 졸업)

|도면회| 서울대 국사학과에서 박사학위를 받았다. 현재 대전대학교 역사문화학과 교수로 재직 중이다. 대한제국시기를 전후한 역사를 주로 연구하고 있다. 주요 논저로 『역사학의 세기: 20세기 한국과 일본의 역사학』(휴머니스트, 2009, 공저), 『한말의 대전 충청남도』(다운샘, 2005, 공저), 「러시아측 사료로 재구성한 아관파천 전후 한국 정치사」(2012), 「1895~1908년간 서울의 범죄 양상과 정부의 형사정책」(2009), 「한국 근대 역사학의 창출과 통사 체계의 확립」(2008) 등이 있다.

|이신철| 성균관대학교에서 박사학위를 받았다. 현재 성균관대학교 동아시아 역사연구소 연구교수로 있다. 남북현대사와 한일관계사, 동북아평화공동체 등에 관심을 가지고 있다. 주요 저서로는 『한일 근현대역사논쟁』(선인, 2007), 『북한 민족주의운동 연구』(역사비평, 2008), 『서구학문의 유입과 동아시아 지성의 변모』(선인, 2011, 공저), 『역사를 바꾸는 역사정책』(역사비평, 2013, 공저) 등이 있다.

|이규수| 고려대학교 사학과를 졸업하고, 일본 히토쓰바시(一橋)대학 대학원 사회학연구과 박사과정을 졸업했다. 전공은 한일관계사이며 현재 가천대학교 아

시아문화연구소 연구교수로 재직 중이다. 저서로는『近代朝鮮における植民地地主制と農民運動』(信山社, 1996),『식민지 조선과 일본』(다할미디어, 2007),『제국 일본의 한국 인식, 그 왜곡의 역사』(논형, 2007) 등이 있고, 편저로는『布施辰治と朝鮮』(高麗博物館, 2008, 공편),『근대 한일 간의 상호인식』(동북아역사재단, 2009, 공편) 등이 있다.

|김지훈| 성균관대학교 사학과 대학원에서 박사학위를 받았다. 현재 성균관대학교 동아시아 역사연구소에서 중국현대사를 연구하고 있으며, 주요 논저와 역서로『중국 고등학교 역사교과서의 현황과 특징』(공저),『근현대 전환기 중화의식의 지속과 변용』(공저),「1950년 경기침체와 중국정부의 사영 상공업 조정정책」,「중국 정무원 재정경제위원회의 인적 구성」,「중일전쟁기 중국공산당의 한국인식」등이 있다.)

|구희진| 서울대학교 역사교육과에서 박사학위를 받았다. 현재 군산대학교 사학과 부교수로 재직하고 있다. 한국교육사와 한국근대사상사, 군산지역사 등에 관심을 가지고 있다. 주요 논저로는「韓國 近代改革期의 敎育論과 敎育改編」(서울대학교 박사학위논문, 2004)「한국사 길잡이」하(지식산업사, 2008, 공저),「해륙의 도시 군산의 과거와 미래」(선인, 2009, 공저),「한말 근대개혁의 추진과 '格物致知' 인식의 변화」(역사교육114, 2010) 등이 있다.

|김종복| 성균관대학교에서 한국고대사를 전공으로 박사학위를 받았다. 현재 성균관대학교 박물관 학예사로 있다. 발해사를 중심으로 고대 동아시아 국제관계사와 근대전환기의 사학사에 관심을 가지고 있다. 주요 논저로는『발해정치외교사』(일지사, 2009),「백제와 고구려 고지에 대한 당의 지배 양상」(『역사와 현실』78, 2010),『실학자들의 한국 고대사 인식』(경인문화사, 2012) 등이 있다.

|조성산| 고려대학교 사학과에서 박사학위를 받았다. 현재 성균관대학교 사학과 조교수로 있다. 조선시대 사상사, 문화사, 정치사 등에 관심을 가지고 있다.

주요 논저로는 「18세기 후반-19세기 중반 朝鮮 세시풍속서 서술의 특징과 의의—'中國' 인식의 문제를 중심으로—」, 「18세기 후반—19세기 전반 朝鮮의 歲時風俗書와 '일상'의 記述」, 「18세기 후반—19세기 전반 '朝鮮學' 형성의 전제와 가능성」, 「조선후기 소론계의 古代史 연구와 中華主義의 변용」, 『조선후기 낙론계 학풍의 형성과 전개』 등이 있다.